江苏省中特中心专项研究课题（项目编号 17WTA009）《中国特色社会主义发展新阶段和社会主义现代化建设新征程研究》成果。

江苏省决策咨询研究基地（党的群众工作研究基地）课题（项目编号 17SSL055 和 17SSL116）成果。

中共江苏省委党校"党的建设理论与实践创新研究院"（江苏省重点培育智库）2017 年支持项目阶段性成果。

现代化与民族复兴研究

XIANDAIHUA YU
MINZU FUXING YANJIU

苗成斌 著

人民出版社

目　录

序 民族复兴的求索

郑 新 立

在波澜壮阔的世界历史进程中,中华民族历经 5000 多年的沧桑,历经无数艰难险阻和存亡危机而坚持自立自强和民族复兴。一部中国近代史实际上就是中国现代化的探索史,也是实现中华民族伟大复兴的历史过程。实现中华民族伟大复兴,一直是近代以来无数中华儿女梦寐以求的理想,是中国历史进程中最鲜明的时代主题。习近平总书记在党的十九大报告中指出:"实现中华民族伟大复兴是近代以来中华民族最伟大的梦想。"实现中华民族伟大复兴的中国梦,不仅是一个理论问题,更是一个实践问题,还是一个哲学命题,有其形成和发展的时代背景、历史底蕴、实践基础和理论逻辑。《现代化与民族复兴研究》的作者苗成斌同志,长期从事党委研究部门工作和党刊思想理论宣传工作,近年来对现代化与民族复兴的理论和实践问题有着浓厚的研究兴趣,系统梳理和归纳了现代化与中华民族伟大复兴的历史脉络、实践探索、发展趋势、价值启示,这是一件值得鼓励和肯定的好事情。

从历史发展规律的纵深度看,现代化与民族复兴贯穿昨天、今天和明天的时空坐标,包含从过去走向未来的历史逻辑。运用历史思维和辩证思维,系统总结中华民族 5000 多年历史的经验教训,可以探寻中华民族在兴衰交替中孜孜不倦地追寻小康与大同社会的人间梦想的源动力;从世界社会主义 500 多年的历史中,可以揭示出中国特色社会主义道路自信、理论自信、制度自信和文化自信的实践价值和中国方案的世界意义;从中国近代以来170 多年的历史、中国共产党 97 年发展的历史中,可以清晰地看到中华民族从危亡到独立、从贫困到温饱、从富裕到总体小康,再走向全面小康和现代化的历史发展轨迹;从中华人民共和国成立 69 年发展的历史和改革开放 40 年的历史中,我们迎来了从站起来、富起来到强起来的伟大飞跃;党的十八大以来,我国改革开放和社会主义现代化建设取得历史性成就,推动党和国家事业发生历史性变革。可以说该书中对现代化与民族复兴历史脉络的梳理是清晰的,同时还从实现现代化与民族复兴的根本动力、法治保障和领导力量的角度,即从改革开放、依法治国和从严治党的角度,较为系统地阐述了现代化与民族复兴内在的逻辑联系,力求从历史的、现实的和未来的逻辑关系中探寻答案,从理论的、实践的和价值的层面寻求基本的原理。

　　从中国特色社会主义的伟大实践看,民族复兴中国梦是建立在改革开放和推进全面建设小康社会和社会主义现代化实践基础上的,蕴含着对当代中国怎样坚持和发展中国特色社会主义和实现怎样的民族复兴等时代课题、根本问题的回答,体现了党的创新理论形成的实践逻辑和现实逻辑。民族复兴是党的创新理论的聚焦点和生长点。与民族复兴中国梦紧密相关的我们党的奋斗目标,是我国改革开放以来每次党的代表大会都要特别明确强调和确立的,它要回答"举什么旗、走什么路,以什么样的精神状态,担负什么样的历史使命,实现什么样的奋斗目标"等根本问题,具有目标引领作用。譬如"三步走战略"、"'两个一百年'奋斗目标"、"中国梦"、"中国特色社会主义的总任务"等,这些进一步丰富和完善了民族复兴的目标定位和时间表、路线图。再如,作为全面深化改革总目标的"发展和完善中国特色社会主义制度、推进国家治理体系和治理能力现代化",作为使中国强起来的"实现中华民族伟大复兴的中国梦"和"新发展理念",作为引领民族复兴的"四个全面"战略布局,作为为实现民族复兴提供良好国际环境的"构建人类命运共同体"等,都进一步丰富和完善了实现民族伟大复兴的现实路径。还如,党的十九大提出"四个伟大",并对其进行了深刻论述,从理论和实践的结合上回答了实现民族复兴的内在逻辑联系。改革开放开创了中国特色社会主义新的"伟大事业",中国特色社会主义建设的伟大目标是实现民族复兴,要实现民族复兴必然要应对各种风险和挑战,就必须进行"伟大斗争"、建设"伟大工程"、推进"伟大事业"。本书不仅从理性思维的角度较为系统地论述了这些方面的道理,而且从实践的维度说明了实现民族复兴的认识论和方法论,并把江苏全面建成小康社会和区域基本现代化建设监测进程评估成果进行个案分述;借鉴国内有关智库研究成果,对"两个一百年"基础性指标体系前瞻;把民族复兴与现代化进程紧密结合起来,使民族复兴实现的目标路径更加实在具体,并运用马克思主义唯物史观和唯物辩证法对民族复兴中国梦的理论和实践进行思考和感悟,具有新的理论意蕴和一定的实践价值。

从共产党执政规律、社会主义建设规律和人类社会发展规律看,任何一个民族的崛起都离不开先进理论的指导、先进社会力量的领导和正确的道路选择。中国共产党在 97 年波澜壮阔的历史进程中,紧紧依靠人民,艰苦奋斗、跨越沟坎,团结带领人民完成新民主主义革命、建立中华人民共和国、完成社会主义革命、确立社会主义基本制度,进行改革开放新的伟大革命、开辟中国特色社会主义道路,进入中国特色社会主义新时代,展示出中国特色社会主义发展的必然趋势和焕发出强大的生机和活力,意味着近代以来久经磨难的中华民族迎来了从站起来、富起来到强起来的伟大飞跃,迎来了实现中华民族伟大复兴的光明前景! 历史和人民选择中国共产党,承担起领导实现民族复兴中国梦的历史使命,为根本改变民族命运铸就了坚强的领导核心;历史和人民选择走社会主义道路,推进国家富强、民族振兴历史进程,为实现民族复兴建立了根本的制度保障;历史和人民选择中国特色社会主义道路,全面建设社会主义现代化强国,为实现民族伟大复兴指引了正确的发展方向。书中这些论述启迪人们,只有牢记历史才能更加深切地关注现实和开创未来;只有中国共产党才能够成为领导民族伟大复兴的核心力量;只有社会主义才能救中国;只有中国特色社会主义才能发展中国,实现中华民族伟大复兴。

马克思曾经说过:"理论在一个国家实现的程度,总是决定于理论满足这个国家的需要的程度。"习近平总书记指出:"这是一个需要理论而且一定能够产生理论的时代,这是一个需要思想而且一定能够产生思想的时代。我们不能辜负了这个时代。"总书记对广大哲学社会科学工作者提出了新的更高要求,寄予了殷切期望,也是对我们的精神鼓励和鞭策。波澜壮阔的改革开放和社会主义现代化建设孕育了丰厚的思想创新土壤。坚持和发展中国特色社会主义、实现民族复兴是前无古人的伟大事业和伟大实践,给广大哲学社会科学工作者理论创新、学术繁荣提供了强大动力和广阔空间。长期以来,我国有许多社科理论工作者进行民族复兴中国梦的理论研究,都取得了可喜的成果。该书的出版也是我国民族复兴中国梦的理论研究众多成果之一。这本书梳理了现代化与民族复兴的理论脉络,阐述了民族复兴中国梦的新理念、新思想、新战略,探讨了现代化与民族复兴面临的矛盾问题和实践路径,总结了历史启示和价值,努力在价值逻辑层面,体现民族历史与时代潮流的统一,中国道路、中国力量、中国精神的统一,为人民谋幸福与为民族谋复兴的统一,肩负全球治理责任与构建人类命运共同体的统一。静下心读来,这本书有诸多新颖别致的见解,既有货有料,又在注重逻辑性中表达情理交融,具有一定的理论性和可读性,我深感欣慰。虽然书中存在一些不足,还有一些尚待深入研究的问题,但瑕不掩瑜。希望成斌同志不忘初心、再接再厉,继续在社科理论研究方面笔耕不辍,多出成果。

是为序。

2018 年 2 月 16 日于北京

序言作者:中共中央政策研究室原副主任,中国国际经济交流中心常务副理事长

绪　　论

　　思考和研究中国现代化与中华民族伟大复兴中国梦这个时代课题,有这样一些基本问题是绕不开的,也是值得我们认真深思探究的问题。

　　1. 怎样在世界历史的长河中看中国现代化和中华民族伟大复兴?

　　2. 历史和人民为什么最终选择中国共产党?

　　3. 历史和人民为什么最终选择社会主义道路?

　　4. 历史和人民为什么最终选择中国特色社会主义道路?

　　5. 西方人预言市场化、全球化和信息化将会冲垮中国共产党,为什么中国共产党不仅挺住了,而且还继续保持生机和活力?

　　6. 建设什么样的中国特色社会主义,怎样坚持和发展中国特色社会主义?

　　7. 建设什么样的社会主义现代化强国,怎样建设社会主义现代化强国?

　　围绕这些问题思考,我们应当如何从历史的、现实的和未来的逻辑关系中探寻答案? 怎样从理论、实践和价值的层面寻求基本的原理? 本书基于政治学的研究视野,从溯源与求索、问题与挑战、理论与实践、现实与未来、价值与启示五个方面,系统研究现代化与中华民族伟大复兴的历史脉络、实践探索、发展趋势、价值启示,力求在历史的纵深感、国际化大视野和未来的大趋势的研究中,诠释中国关切、植根中国历史、体现中国现实、探究中国未来。

一、历史维度:实现现代化与民族复兴,是中华民族近代以来最鲜明的时代主题

　　中国梦是习近平总书记在参观"复兴之路"展览时第一次阐释的新概

念。"实现中华民族伟大复兴,就是中华民族近代以来最伟大的梦想"。勿忘昨天,"雄关漫道真如铁";无愧今天,"人间正道是沧桑";不负明天,"长风破浪会有时"。总书记引用这三句诗,将中华民族的昨天、今天和明天,熔铸于百余年中国沧桑巨变的历史图景,展现于几代人为民族复兴奋斗的艰辛历程,令人感慨、催人奋进。

在波澜壮阔的世界历史演进中,中华民族历经5000年的沧桑,历经无数艰难险阻和存亡危机而坚持自立自强和民族复兴,实现中华民族伟大复兴是中国历史发展进程中最鲜明的时代主题。

在近代遭逢千年未有之危局之际,中国共产党人以"中国人民的彻底解放"、"为人民公天下"横空出世。中国共产党是扭转"数千年未有之大变局"的根本力量。经过鸦片战争以来170多年的持续奋斗,中华民族伟大复兴展现出光明的前景。从危亡到独立,从贫困到温饱,从富裕到总体小康,到即将全面建成小康社会,再走向基本现代化和全面建设现代化强国,明晰地展现出一张民族伟大复兴的时间表和路线图。

历史是奋斗者的坐标系。在97年波澜壮阔的历史进程中,中国共产党紧紧依靠人民,披荆斩棘、跨越沟坎,为中华民族作出了彪炳史册的三大历史贡献:从团结带领人民完成新民主主义革命、建立中华人民共和国,实现了中国从几千年封建专制向人民民主的伟大飞跃;到完成社会主义革命、确立社会主义基本制度,实现了中华民族由不断衰落到根本扭转命运、持续走向繁荣富强的伟大飞跃;再到进行改革开放新的伟大革命、开辟中国特色社会主义道路,进入中国特色社会主义新时代,展示出中国特色社会主义发展的必然趋势,意味着近代以来久经磨难的中华民族迎来了从站起来、富起来到强起来的伟大飞跃,迎来了实现中华民族伟大复兴的光明前景!

翻开世界民族发展史,可以清醒地看到,任何一个民族的崛起都离不开先进理论的指导、先进社会力量的领导和正确的道路选择。在中国现代化与民族伟大复兴的进程中,历史和人民最终选择了中国共产党,选择了社会主义,选择了中国特色社会主义道路,历史证明这是正确的,是实现中国现代化和民族复兴的必由之路。历史和人民选择中国共产党,承担起领导实现民族复兴中国梦的历史使命,为根本改变民族命运铸就了坚强的领导核心。历史和人民选择走社会主义道路,推进国家富强、民族振兴历史进程,为实现现代化与民族复兴建立了根本的制度保障。历史和人民选择中国特色社会主义道路,全面建设社会主义现代化强国,为实现民族伟大复兴指引了正确发展方向。

历史是曾经的当下,也是事件和时间的流动。从历史层面看,现代化与民族复兴是中华民族从千百年来的国家兴盛到近代以来由民族屈辱转向民族振兴富强的历史过程;从现实层面看,民族复兴是中华民族崛起与走向全面现代化建设征程中应对各种风险和挑战的必然选择;从未来层面看,民族复兴是中国特色社会主义进入新时代,完成"三大历史任务",到2035年基本实现社会主义现代化和到2050年把我国建成富强民主文明和谐美丽的社会主义现代化强国,是在社会主义初级阶段"三步走"发展战略的基础上的细化和深化,"两个一百年"的奋斗目标将使民族复兴的梦想更加真切、民族复兴的未来预期更加清晰。

二、现实维度:实现现代化与民族复兴,必须爬过发展不平衡不充分这道坎

从近代以来亡国灭种的危机中追寻中华民族伟大复兴的梦想,在社会制度创新的跋涉中为人类探索更美好的未来,沿着中国道路一路走来,我们从未像今天这样更加接近理想的彼岸,也从未像今天这样,在登顶伟大复兴的冲刺中遭遇难以想象的阻力和面临前所未有的严峻挑战。

科学把握社会主要矛盾的新变化。党的十九大作出新时代社会主要矛盾发生变化的重大判断,是新时代开启全面建设现代化国家新征程的逻辑起点,是对社会主义建设规律认识的新升华,体现了我们党着力解决发展不平衡、不充分问题的政治智慧和理论勇气。从我国社会主要矛盾的新变化看,社会主要矛盾转化是中国特色社会主义进入新时代的重要标志。从新时代新矛盾变化的规律看,要从发展不平衡不充分阶段性特点上系统认识。从把握发展不平衡、不充分的突破点看,要抓重点、补短板、强弱项,调整社会发展政策,实现平衡充分新发展。

破解发展起来以后面临的新难题。邓小平同志在晚年以非凡的洞察力

感知:"现在看,发展起来以后的问题不比不发展时少。"这句具有深刻思想性的话成为我们研判中国发展大势的重要依据。当今中国面临着体制转轨与经济社会转型带来的矛盾和困难、党群政群干群关系面临着新的挑战和问题、民族伟大复兴遇到各种陷阱的困扰和阻碍。改革发展稳定的任务之重前所未有、矛盾风险挑战之多前所未有、对党治国理政的考验之大前所未有。我们必须迎难而上、破冰远航,奋力解决这些重大而又艰巨紧迫的突出问题。

人民群众对党和政府提出的新期盼。民心是最大的政治,正义是最强的力量。党的利益实际上就是最广大人民群众的根本利益。保障和改善民生是人民群众的最大心愿,为实现民族复兴夯实群众根基。推进社会公平正义是人民群众的最强诉求,为实现现代化和民族复兴激发全社会的创造活力。惩治腐败刹歪风是人民群众的最新期盼,为实现民族复兴赢得民心、赢得民意。

三、理论维度:实现现代化与民族复兴,彰显新思想的理论逻辑和使命担当

一种理论,唯有与时俱进,才能永葆生机;一种思想,唯有引领时代,方显磅礴力量。建设社会主义现代化,实现中华民族伟大复兴中国梦,是习近平新时代中国特色社会主义思想的重要组成部分。现代化与民族复兴中国梦集中体现为"为中国人民谋幸福,为中华民族谋复兴",这是新时代中国特色社会主义的大目标、大任务、大使命、高追求;核心是以人民为中心,展示人的全面发展的价值依归,这与马克思人的全面发展理论一脉相承;方法是平衡和充分发展,满足人民群众美好生活的需要,体现"联系、协调和全面"的唯物辩证法的根本方法;路径是"总体布局"、"战略布局"、"新发展理念"、"四个伟大"和"构建人类命运共同体"一体推进,构成了实现社会主义现代化强国和民族复兴的完整的逻辑结构和系统;要义是中华民族强起来,全面建成富强民主文明和谐美丽的社会主义现代化强国。

走向现代化与民族复兴的行动指南。习近平新时代中国特色社会主义

思想是全党全国人民为实现中华民族伟大复兴而奋斗的领航灯塔。"四个伟大"是党的十九大理论创新的实践基础,是在继承和发展我们党治国理政思想的基础上提出来的,具有深厚的历史逻辑、理论逻辑和实践逻辑。实现伟大梦想是目标,进行伟大斗争、建设伟大工程、推进伟大事业分别是精神支撑、政治保障和必由之路。伟大斗争展现新的精神状态和奋斗姿态,伟大工程昭示党领航复兴的根本保障和勇毅担当,伟大事业宣示举什么旗、走什么路,伟大梦想指引"中国号"巨轮的目标方向,形成一个具有内在逻辑联系的有机整体,赋予了民族复兴中国梦的新内涵。

引领现代化与民族复兴的战略布局。党的十九大明确中国特色社会主义事业总体布局是"五位一体"、战略布局是"四个全面"。"四个全面"战略布局是进入中华民族伟大复兴关键阶段产生的全新理论,高度概括出战略目标与战略举措、发展动力与治理能力、制度建设与党的建设、全面小康与现代化建设相统一的理论形态,成为习近平新时代中国特色社会主义思想的重要组成部分。"四个全面"战略布局展现出全面的系统性与联动的协调性相结合、科学的继承性与时代的创新性相传承、战略的前瞻性与实践的导向性相融合、民族的内生性与世界的开放性相衔接、立场的人民性与发展的目的性相统一,标志着马克思主义中国化进入新境界。

涵育现代化与民族复兴的哲学基础。民族复兴中国梦、"四个全面"是一个内涵丰富、有机统一的完整的科学体系,既有丰富的实践基础,又有先进的理论基石,既体现了唯物史观和辩证法的意蕴,又彰显认识论和方法论的有机统一,丰富了马克思主义唯物史观的新发展、马克思主义唯物辩证法的新发展和马克思主义哲学方法论的新发展,体现了对马克思主义认识论、方法论的科学运用,具有深厚的哲学基础,闪耀着马克思主义唯物史观和唯物辩证法的思想光辉。

四、实践维度:实现现代化与民族复兴,丰富马克思主义实践观的深刻内涵

实践是实现现代化与伟大梦想的根本路径。民族复兴中国梦、"四个全面"是深刻总结我们党治国理政的实践经验的结晶,深化和拓展了党治国

理政的理论视野和实践领域,续写了中国特色社会主义现代化实践路径和实现民族复兴中国梦的行动纲领,蕴含着马克思主义实践观与中国特色社会主义现代化发展的辩证统一,是马克思主义实践观现实形态的具体展现,丰富和发展了马克思主义实践观的深刻内涵和实质。

现代化与民族复兴的实践根基。根植于中国特色社会主义道路,根植于坚持中国共产党的领导,根植于人民群众的实践创新。马克思主义实践观是民族复兴中国梦的思想基础,实践逻辑最鲜明的根本特征是中国共产党领导下的社会主义伟大事业的生动实践,是党的领导的核心力量与广大人民群众的创造力量的深度融合。

现代化与民族复兴的实践意蕴。主要体现在实践思维和理念意蕴、实践主体和动力意蕴、实践理性和理路意蕴上,蕴含着共产党人为人民谋幸福、为民族谋复兴的初心和使命;蕴含着创新、协调、绿色、开放、共享发展的新理念;蕴含着对人民群众智慧的依靠与改革引擎的发动相结合的内在动力;蕴含着对中国现实问题的解决与人民群众主观意志的尊重相结合的实践理性。

现代化与民族复兴的实践特征。理论依据是人民主体,落脚点在于人民历史观,最终归宿是人民的获得感。在实践的客观物质性、主观能动性与社会历史性上集中体现,在实践的方法上体现"弹钢琴"与牵"牛鼻子"相结合,在实践方向上坚持中国特色社会主义,在实践价值上彰显以人民为中心的发展思想。

五、未来维度:实现现代化与民族复兴,迎来从站起来、富起来到强起来的伟大飞跃

站在新时代的起点,眺望中华民族伟大复兴的 21 世纪前景,每一个中国人都心潮澎湃、兴奋不已,期待着全面建成社会主义现代化强国宏伟目标的实现,期待着中华民族巍然屹立于世界民族之林。

回眸世界历史,16 世纪以来每个世纪都发生大国兴衰的重大事件。16世纪,西班牙、葡萄牙成为世界大国;17 世纪,荷兰成为世界大国,西班牙和葡萄牙地位下降;18 世纪,英国成为世界强国;19 世纪,德国成为世界强国,

中国沦为半殖民地;20 世纪,美国成为世界强国,苏联解体。从这个历史发展的轨迹看,我们坚信 21 世纪一定是中华民族实现伟大复兴的世纪。

植根中华大地,中华民族既有过辉煌,也有过苦难经历。18 世纪以前,中国是一个经济发达国家,人均收入位居世界前列。18 世纪是世界现代化的分水岭,欧洲抓住科技革命和产业革命机遇成为发达地区;中国则错失发展机遇逐步衰落成为欠发达国家。欧洲赶超中国大约从 16—18 世纪用了 3 个世纪的时间,如果从 19 世纪中叶算起,中国现代化已经走过 170 多年历程。①

展望美好未来,华夏儿女已经走到"两个一百年"奋斗目标的后半程,中国现代化的时间进程大约完成三分之二。我国将于 2020 年全面建成小康社会,基本完成工业化和城市化;在 2030 年主要健康指标将进入高收入国家行列,人均预期寿命达到 79 岁;在 2035 年将达到世界中等发达国家水平,基本实现现代化;在 2050 年全面建成富强民主文明和谐美丽的社会主义现代化强国,步入世界发达国家行列。中国现代化不再遥不可及,民族伟大复兴不再只是空想,一个令世界为之震撼的中国梦必将变为美好的现实!

六、价值维度:实现现代化与民族复兴,体现人的自由全面发展的价值依归

马克思主义唯物史观是现代化与民族复兴价值生成的理论基础,中国共产党是现代化与民族复兴价值生成的逻辑主体,国家综合实力是现代化与民族复兴价值生成的物质条件,社会主义核心价值观是现代化与民族复兴的价值支撑,人的自由全面发展是现代化与民族复兴的价值依归,习近平新时代中国特色社会主义思想是实现全面现代化与民族伟大复兴的行动指南。

在现代化与民族复兴的价值意蕴上,蕴含着迎来新的伟大飞跃——中华民族从站起来、富起来到强起来新的伟大飞跃;蕴含着破解新的历史难题——怎样坚持和发展中国特色社会主义;蕴含着贯穿新的伟大实践——"四个伟大"统一于新时代中国特色社会主义伟大实践;蕴含着回应新的时

---

①　参见何传启:《基本现代化进入倒计时》,《中国科学报》2014 年 9 月 1 日。

代要求——怎样建成富强民主文明和谐美丽的社会主义现代化强国。

在现代化与民族复兴价值逻辑上,体现了民族历史与时代潮流的统一,中国道路、中国力量和中国精神的统一,为人民谋幸福与为民族谋复兴的统一,肩负全球治理责任与构建人类命运共同体的统一,向世人展示着中国共产党坚定的责任担当、远大的价值追求、崇高的精神境界和开放的世界眼光,具有重大的历史价值、理论价值和实践价值。

在现代化与民族复兴的价值依归上,体现了最鲜明的人民性价值,根本目标是为人民谋幸福,最终价值依归是实现人的自由全面发展。从价值依据看,民族复兴中国梦根植于党领导人民探索实现复兴之路的伟大实践;从价值主体看,民族复兴中国梦是国家梦、民族梦、人民梦,也是每一个中国人的梦,是集体梦与个体梦的辩证统一;从价值标准看,坚持把人民幸福作为最高价值目标;从价值实现看,最终表现为价值实现的人民性,必须紧紧依靠人民来实现,在造福于民中凝聚中国力量、弘扬中国精神、走好中国道路。

再没有什么使命,比引领一个民族走向现代化和实现伟大复兴更光荣;再没有什么事业,比团结带领 13 亿人民实现现代化和伟大梦想更崇高。中国共产党是团结带领人民群众实现民族复兴的坚强的核心力量,人民群众是党的力量和智慧的源泉。党的最大政治优势是密切联系群众,党的最大危险是脱离人民群众。没有和人民群众的血肉联系,就没有中国共产党。什么时候与人民群众联系紧密,伟大事业就兴旺发达;什么时候脱离人民群众,伟大事业就受到挫折。来自人民、服务人民、造福于民,以人民为中心是我们党永远立于不败之地的根本,也是实现现代化和中华民族伟大复兴中国梦的不竭的强大动力之源。

第一章　溯源与求索

我们对中国近代伟大梦想的历史主题的追问，就是中国向何处去。鸦片战争之后，中国社会应当向何处去？1921年中国共产党成立之后，中国的革命应当向何处去？1949年中华人民共和国成立之后，中国建设应当向何处去？1978年党的十一届三中全会之后，中国的改革开放应当向何处去？新的历史条件下民族复兴之路应当如何走？我们从历史中走来，从决胜全面建成小康社会中走来，我们要向哪里去？我们要向"两个一百年"奋斗目标走去。我们走到哪里了，我们处在全面建成小康社会的决胜阶段，走到了"两个一百年"奋斗目标的后半程。如果我们所走的道路选对了，我们就可以避免陷入现代化发展中的陷阱。如果我们今后的路走错了，我们就可能跌入社会政治动荡、经济低速发展、人民长期不富裕、国家竞争力不强，并陷入"中等收入陷阱"之中。今日之中国向何处去，对世界来讲，这个问题的答案远比100年前重要得多。全面小康即将在"十三五"期间实现，这个中华民族的千年梦想即将成为今天的辉煌。习近平总书记在党的十九大报告中指出："不忘初心，方得始终。中国共产党人的初心和使命，就是为中国人民谋幸福，为中华民族谋复兴。这个初心和使命是激励中国共产党人不断前进的根本动力。"[1]今天，我们奋进在中国特色社会主义的新时代，从历史与现实、理论与实践、国内与国外的视野，追根溯源中国现代化与民族复兴，具有重大的现实意义和深远的历史意义。

---

[1] 《党的十九大报告辅导读本》，人民出版社2017年版，第1—2页。

第一节　现代化与民族复兴的使然与必然

中国有着 56 个民族,是目前世界上人口最多的统一的多民族国家。在 56 个民族中有一个得到各族人民公认的总称,叫作中华民族。在波澜壮阔的世界历史发展进程中,中华民族历经 5000 多年的沧桑,历经无数艰难险阻和存亡危机而坚持自立自强和民族复兴。实现中华民族的伟大复兴,一直是近代以来无数中华儿女梦寐以求的理想,是中国历史发展进程中最鲜明的时代主题。中国梦是习近平总书记在参观"复兴之路"展览时第一次阐释的新概念。"实现中华民族伟大复兴,是中华民族近代以来最伟大的梦想。"[①]中华民族为什么会在近代出现民族复兴的现代思潮呢? 这些近现代的思潮的共同梦想、最大公约数可以说重点聚焦在现代化与民族复兴上。

中华民族曾经创造出居于世界前列的历史辉煌,并且在几千年的长时间绵延不绝,从来没有中断过。这是世界所公认的事实。"过去的 2000 年里,有 1800 年中国在世界国内生产总值中所占的比例都要超过任何一个欧洲国家。直至 1820 年,中国在世界国内生产总值的比例仍大于 30%,超过西欧、东欧和美国国内生产总值的总和。"[②]法国启蒙思想家伏尔泰在《路易十四时代》一书中写道:"由于它是世界上最古代的民族,它在伦理道德和治国理政方面堪称首屈一指。"[③]近代社会以前,中华文明长期闪耀东方,作为世界文明的先驱,对世界科技进步、经济发展、政治文明、文化繁荣和文明多样性作出了突出贡献。

但是,近代以来,由于清王朝的腐败衰落和外国列强的入侵,中国丧失掉了发展的机遇。18 世纪和 19 世纪之交的英国工业革命和法国大革命以后,西方在经济上和政治上发生重大变化,中国与西方相比越来越拉开了发

---

① 《习近平谈治国理政》,外文出版社 2014 年版,第 219 页。

② [英]安格斯·麦迪森:《世界经济千年统计》,北京大学出版社 2009 年版,第 261—263 页。

③ [法]伏尔泰:《路易十四时代》,吴模信等译,商务印书馆 1982 年版,第 594 页。

展的差距，很快就落后下来。1840 年鸦片战争后，在西方国家坚船利炮的轰击下，中国被迫签订《南京条约》，开始丧失独立的地位成为半殖民地半封建国家。之后便是一系列的侵略战争和不平等条约的签订，使中华民族越来越沦入被西方列强恣意掠夺和压榨的悲惨境遇。中日甲午战争的失败给了中国人更大的刺激。西方大国联合起来组成八国联军向中国发动武装进攻，强迫签订《辛丑条约》。从"九一八事变"到"七七事变"，日本侵略中国使各族人民更沦为连生命财产都无法获得起码保障的"亡国奴"。这一切让每一个中国人都清醒地看到，离开祖国的独立和民族的解放，个人的前途和命运是根本谈不上的。当人们唱起"中华民族到了最危险的时候"的那一刻，不管是汉族同胞还是其他兄弟民族，都同样难以抑制地热血沸腾。昔日的辉煌与任人宰割的现实之间的巨大落差，使每一个有血性的中国人对这种屈辱的生活格外感到难堪和无法忍受。实现中华民族的伟大复兴的思潮便深深地扎根在无数中国人的脑海里，成为一代又一代中国人顽强追求的奋斗目标，成为世界时代潮流中最鲜明的主题。①

在拷问历史规律的岁月中，明晰中华民族历经盛衰交替，成为点燃实现现代化与民族复兴的历史源动力；在上下 5000 多年的发展进程和历史解读中，分分合合的历史循环说一直是朝代更替的主流学说，但中华民族仍孜孜不倦地追寻小康与大同社会的人间梦想。这应当是中华民族现代化与复兴思潮的由来。

穿越时光隧道，从奔腾不息的历史长河中我们不难体察到，近代以来中华民族遭受的苦难之深、付出的牺牲之大、遭遇的屈辱之重，实为世所罕见。两次鸦片战争失败，锦绣中华从此山河破碎；一系列不平等条约签订，四万万国人自此深受丧权辱国之痛。先有列强瓜分，后有日本侵略，内是积贫积弱，外是群狼环伺。在这当中，无数仁人志士前仆后继，为了民族独立和国家富强付出了毕生的努力。戊戌六君子血溅刑场，去留肝胆；"五四运动"风起云涌，民智渐开；十次武装起义的失败换来辛亥革命的胜利，孙中山先生仍勉励道"革命尚未成功"。最终，中国共产党领导中国人民找到了一条

---

① 参见金冲及：《近代以来民族复兴思潮的历史演进》，《近代史研究》2014 年第 4 期。

正确的道路,取得了新民主主义革命的胜利,中华民族才结束了100多年黑暗中的摸索,迎来国家独立和民族崛起的曙光。①

现代化是从工业革命起,人类社会从传统农业社会向现代工业社会而深刻的社会变迁。中国一部近代史不仅是中华民族为实现民族独立、国家富强、人民幸福而斗争的历史,更是中国无数志士仁人探索中国现代化道路的历史。中国早期的现代化是在外来帝国主义和本国封建势力的双重桎梏下开始发展的,是在外国压力的挑战和刺激下,在中国远远落后于西方并面临亡国灭种的危急时刻,反击外国保全自己的具有一定防御性的被动的现代化。在这一百多年中,中国的无数志士仁人积极地投身于探索中国的现代化道路,遍尝了各种现代化发展模式,但是始终没有找到适合中国的、有中国特色的现代化道路。罗荣渠先生认为:"百年的变革始终在抄袭外国和回归传统之间摇摆,时断时续,杂乱无章,不论在理论上和实践上都没有找到有中国特色的发展模式。"鸦片战争以后,特别是洋务运动以后,中国逐渐形成了一个以西方文化进化坐标和社会改造为蓝本的救国理念,依样画葫芦,亦步亦趋,以追赶世界发展步伐。但是,他们的强国梦却一次次遭到重创,距离世界现代化迅速发展的潮流越来越远。从历史研究的角度来看,近代中国的工业化运动之所以出现摇摆与断续,其根本原因在于:工业化运动的推动者对中国面临的任务到底是什么并不很清楚,对怎么来完成这些任务更不清楚。他们没有从根本上弄清楚中国落后的真正原因,不懂得工业化的启动是需要一定前提条件的,因而也找不到治本的良方。②

当鸦片战争击破"居天地之中者曰中国"的"天朝上国"迷梦,当西方强烈冲击"天不变道亦不变"的心理,当中华民族面临"千年未有之变局"、面对"千年未有之强敌"时,刚毅坚卓、自强不息的中华儿女就有一个民族伟大复兴的梦想。170多年来,中华民族有无数仁人志士为了这个梦想而上下求索、矢志不移。③

---

① 参见刘文嘉:《长风破浪会有时》,《光明日报》2012年12月2日。
② 参见郭根山:《世纪跨越:改革开放以来的中国工业化》,人民出版社2015年版,第258页。
③ 参见石国亮:《解读中国梦》,人民出版社2013年版,第7页。

太平天国的小农天国梦没有实现现代化与民族复兴。面对千年变局下内外危机,太平天国领导者试图将基督教思想、农民阶级小国寡民思想掺杂糅合,希冀建立起一个理想化的农民天国,并以此为蓝本颁布了空想色彩浓郁的《天朝田亩制度》。太平天国运动使腐败的封建王朝濒临解体,打击了列强侵略者和殖民者的嚣张气焰,激励着革命群众救亡图存,却因阶级局限和领导人的分崩离析,未能带领中国摆脱殖民化的历史进程。

义和团的扶清灭洋梦没有实现现代化与民族复兴。面对中日甲午海战的惨败和西方列强对中国的鲸吞、控制和掠夺,暴动的农民和起义的清军联合发动了以"扶清灭洋"为外部主张的义和团运动。义和团运动突破了事实上曾经农民阶级的范畴,调动了一切爱国主义人士的热情与力量,标志着近代中华民族意识的自我觉醒,反映了极具代表性的人民群众基础,展现了危机之前中华民族的凝聚力和内在生机,试图阻击帝国主义疯狂瓜分中国的狂妄企图。但由于农民阶级的局限性,没有先进阶级的领导,提不出切合实际的革命纲领,再加上中外反动势力的联合剿杀导致失败。

地主阶级的富国强民梦没有实现现代化与民族复兴。面对内忧外患,近代的地主阶级试图挽大厦于即倒,扶栋梁于即倾,以自强求富为主题,追寻富国强民的中国梦,分别提出改良社会、改革社会、洋务运动等多角度、多视野、多层次的不同改革方案。在多地掀起工业体系建设运动。引领了救亡图存的洋务运动,是中国历史上首次现代化实践探索。洋务运动是封建王朝没落背景下,开明地主阶级主导的自上而下的、以工业领域为中心,辐射全社会的改良运动,希冀借鉴西方先进的工业化发展经验,开辟中国现代化发展之路,激发民族资本主义的萌发。但由于洋务派本身阶级的局限性和没有变革腐朽的封建制度,以及对外妥协而导致破产。

资产阶级维新派的改良梦没有实现现代化与民族复兴。甲午战争的军事失败代表着王朝复兴前途的黯淡;太平天国运动和义和团运动失败,标志着农民阶级救国图存梦想的最终破灭。洋务运动的改革失败,标志着维护王朝统治的式微,接连不断的失败激发了全社会的民族危机感。资产阶级维新派试图把儒家思想与资本主义理论糅合,主张走资本主义道路,建立资产阶级共和国。就连封建统治的清王朝,也于 1898 年 6 月推行戊戌变法,进行改良运动。但由于资产阶级力量弱小和利益集团的强烈反对,以及没有广大人民群众的支持,改良运动以失败而告终。

资产阶级革命派的共和梦没有实现现代化与民族复兴。资产阶级的历史使命就是废黜帝制,实行资本主义生产方式,建立资本主义社会制度。而振兴中华是全体中华儿女的奋斗目标和理想追求,是实现中华民族的独立富强、民主共和的梦想,两者融合在一起就促成了辛亥革命。1911 年,辛亥革命爆发,成功终结了封建王朝统治,完成了近代中国重大的社会变革。辛亥革命是资产阶级民主革命,在近代救亡图存的失败浪潮中延续民族复兴的希望,标志着中华民族伟大复兴梦进入新的阶段,是改变民族命运的重大转折,具有伟大的划时代意义,但辛亥革命无法完成反帝反封建的根本任务。

孙中山是资产阶级民主革命的先行者,也是中华民族复兴观念的开启者。他在 1894 年的《兴中会宣言》中提出了"振兴中华"这一使中华儿女深受感奋的口号,成为中华民族复兴观念的先声。他认为,"中国从前是很强很文明的国家,在世界中是头一个强国",但"到现在还不如殖民地","处于极危险的地位"。民族复兴就是要"恢复民族的地位",要恢复民族地位,一要恢复民族精神、恢复固有道德,恢复民族精神才可以恢复民族主义,"到了民族主义恢复了之后,我们才可以进一步去研究怎么样才可以恢复我们民族的地位","有了固有的道德,然后固有的民族地位才可以图恢复";二要"去学欧美之所长,然后才可以和欧美并驾齐驱"。他还强调:"中国如果强盛起来,我们不但是要恢复民族的地位,还要对于世界负一个大责任。"他在讲演中还直接使用了"民族复兴"一词,批评列强想维持垄断地位,"不准弱小民族复兴"。孙中山领导的辛亥革命终结了实行 2000 多年的君主专制制度,建立了亚洲第一个民主共和国,成为中华民族伟大复兴征程上一座巍然屹立的里程碑。但民国建立并没有根本性地改变国家、民族濒临亡国灭种的命运。勇往直前的中国人被迫继续寻求新的复兴之路。1917 年以后,孙中山系统总结了辛亥革命的经验和教训,提出了"民族、民权、民生"的观点,构想了工农业现代化的改革方案,阐述了中华民族复兴的发展方略,写成《建国方略》。① 孙中山先生曾经在演讲中号召"诸君立志"把中国建设成为"世界第一富强之国",提出"三民主义"、"天下为公"、"世界大同"的最高理想,希望四万万同胞都有这个志向。这些伟大的志愿和梦想,其实就是期望实现中华民族伟大复兴的梦想。孙中山身为革命先驱,为实现这一梦想进行了艰苦不懈的奋斗。他的奋斗历程和"开放兴国"、"开放赶超"、"创制精神"和"非兵力强盛不能立国"等治国理念,为后人探索现代化与中华民族伟大复兴中国梦的圆梦之路提供了十分宝贵的借鉴。②

李大钊相信社会主义能够给民族复兴带来新的希望、新的前景。他作为我国第一位马克思主义者,也是中共党史上最早提出"中华民族复兴"思想并以此理念探索国家前途的先哲。他用"中华民族之复活"、"青春中华"、"中华再生"等说法表达"民族复兴"。他在 1916 年 8 月指出,"故今后之问题,非新民族崛起之问题,乃旧民族复活之问题也"③;次月发表的《青春》提道,"吾族今后之能否立足于世界,不在白首中国之苟延残喘,而在青春中国之投胎复活"④。他在 1917 年 2 月提出,少年的责任"不在保持老大中华之苟延残喘,而在促进少年中华之投胎复活"⑤;同年 4 月发表的《大亚细亚主义》提出,"言大亚细亚主义者,当以中华国家之再造,中华民族之复活为绝大之关键"⑥。

1921 年 7 月,中国共产党以现代政治组织的形式正式成立,以马克思主义为指导思想,肩负起民族伟大复兴的人民重托与历史重任,领导全国各族人民走上了实现现代化与民族伟大复兴的艰辛征程。在 1935 年 12 月抗日战争时期,毛泽东同志就民族复兴问题敏锐地指出:"我们中华民族有同自己的敌人血战到底的气概,有在自力更生的基础上光复旧物的决心,有自立于世界民族之林的能力。"⑦表明中国共产党已经从历史手中,接过探寻

---

① 孙中山:《建国方略》,中州古籍出版社 1998 年版,第 5 页。
② 黄广东:《一脉相承"中国梦"》,《辽宁日报》2013 年 3 月 19 日。
③ 李大钊:《李大钊全集》第 1 卷,人民出版社 2006 年版,第 169 页。
④ 李大钊:《李大钊全集》第 1 卷,人民出版社 2006 年版,第 187 页。
⑤ 李大钊:《李大钊全集》第 1 卷,人民出版社 2006 年版,第 284 页。
⑥ 李大钊:《李大钊全集》第 2 卷,人民出版社 2006 年版,第 107 页。
⑦ 《毛泽东选集》第 1 卷,人民出版社 1991 年版,第 161 页。

独立的接力棒,明确了中华民族的独立之梦。

1949 年 3 月,党的七届二中全会认为,未来中国的发展强盛是可以预期、势在必行的。虽然当时经济体系尚不完善、生产力比较落后,但是中华民族内敛勤奋、坚毅勇敢,必将使中国以高速度发展走向复兴。1949 年 9 月 21 日,开国领袖毛泽东在政治协商会议上明确指出,中华民族近代以来落后只是暂时的,在追寻自立富强的道路上,也将融入世界大家庭中,以中国的发展促进世界共同进步。他说:"我们团结起来,以人民解放战争和人民大革命打倒了内外压迫者,宣布中华人民共和国成立了。我们的民族将从此列入爱好和平自由的世界各民族的大家庭,以勇敢而勤劳的姿态工作着,创造自己的文明和幸福,同时也促进世界的和平和自由。"①中国共产党的独立富强梦,是在抵抗外侮、争取独立的革命斗争中逐渐清晰起来的,为中国指明了方向,为世界和平与人类发展作出了贡献。1949 年 10 月 1 日,毛泽东同志在天安门城楼向全世界庄严宣告中华人民共和国正式成立,近代以来中国人民孜孜追求独立解放的民族梦想得以实现,标志着中华民族伟大复兴的中国梦从此翻开新的一页,开启了新的征程。至此,近代以来最伟大的中国梦终于迈出了最为坚实的一大步,实现了民族独立解放。1956 年毛泽东在《纪念孙中山先生》一文中正式提出:完成孙先生没有完成的民主革命之后,要把这个革命发展为社会主义革命;到 21 世纪的时候,要让中国的面貌发生更多的变化,让中华民族傲然屹立于世界民族之林。② 1959 年到 1960 年,毛泽东提出了工业现代化、农业现代化、科学文化现代化和国防现代化,即"四个现代化"的概念。毛泽东的梦想和实践成为后人追寻实现中国梦的十分宝贵的财富。

改革开放以来,以邓小平同志为核心的第二代中央领导集体,开创了中国特色社会主义道路,提出了"一个中心、两个基本点"的党的基本路线,坚持"四项基本原则"是立国之本,改革开放是强国之路,提出了"三步走"的战略构想。"第一步"和"第二步"现在已经顺利提前实现,"第三步"战略

---

① 《毛泽东文集》第 5 卷,人民出版社 1996 年版,第 343—344 页。
② 参见黄广东:《一脉相承"中国梦"》,《辽宁日报》2013 年 3 月 19 日。

即到 21 世纪中叶,人均国民生产总值达到中等发达国家水平,人民生活比较富裕,基本实现现代化。邓小平的中国梦想不仅体现在"三步走"战略构想上,还提出了建立国际政治和经济新秩序,彰显出他追求世界性大作为的战略气魄。以江泽民同志为核心的党的第三代中央领导集体提出"三个代表"重要思想和以胡锦涛同志为总书记的中央领导集体提出科学发展观,确立了"两个一百年"的奋斗目标,带领全国人民进一步坚持和发展中国特色社会主义,为全面建成小康社会打下了坚实的基础,标志着民族复兴中国梦的构想更加清晰,中国现代化的宏伟蓝图已具雏形。

党的十八大以来,以习近平同志为核心的党中央,带领全党全军全国各族人民开创了中国特色社会主义伟大事业和党的建设新的伟大工程新局面,协调推进"四个全面"战略布局,使之成为引领民族伟大复兴的行动指南;"完善和发展中国特色社会主义制度,推进国家治理体系和治理能力现代化";"建设中国特色社会主义法治体系和建设社会主义法治国家";丰富和完善"两个一百年"的奋斗目标,强调"创新、协调、绿色、开放、共享"新发展理念,拓展了现代化建设与民族复兴的实现路径;坚定不移地实现中国和平崛起,推进"一带一路"国际合作,在既有世界格局和国际秩序的挑战中,承担起全球治理的大国责任;在地缘战略格局的挑战中,打造经济共同体和构建人类命运共同体。

党的十九大作出了"决胜全面建成小康社会,夺取新时代中国特色社会主义伟大胜利"的具有划时代意义的报告。"这个新时代,是承前启后、继往开来、在新的历史条件下继续夺取中国特色社会主义伟大胜利的时代,是决胜全面建成小康社会、进而全面建设社会主义现代化强国的时代,是全国各族人民团结奋斗、不断创造美好生活、逐步实现全体人民共同富裕的时代,是全体中华儿女勠力同心、奋力实现中华民族伟大复兴中国梦的时代,是我国日益走近世界舞台中央、不断为人类作出更大贡献的时代。"①习近平新时代中国特色社会主义思想是十九大报告的灵魂,其鲜明的思想主题就是实现中国特色社会主义现代化与中华民族伟大复兴中国梦。"现在,

① 《党的十九大报告辅导读本》,人民出版社 2017 年版,第 11 页。

我们比历史上的任何时期都更加接近中华民族伟大复兴的目标,比历史上的任何时期都更有信心、有能力实现这个目标"。①　中国梦折射的是中华儿女对美好生活、美好家园的不懈追求,展现的是中华民族奋斗不息、昂扬向上的精气神,是近代以来中华民族最伟大的凤愿,凝聚和寄托了几代中国人的愿望,体现了中华民族和中国人民的整体利益,是每一个中华儿女的共同期盼。

第二节　小康社会的源起与发展

小康与民族复兴是中华民族最响亮的音符,也是中国现代化建设的必经阶段。在波澜壮阔的世界历史发展进程中,中华民族历经 5000 多年的沧桑,历经无数艰难险阻和存亡危机而坚持自立自强和民族复兴。习近平指出:"实现中华民族伟大复兴是中华民族近代以来最伟大的梦想。"②党的十五大首次提出"两个一百年"奋斗目标之后,党的十八大再次重申中国共产党成立 100 周年时全面建成小康社会,在中华人民共和国成立 100 周年时建成富强民主文明和谐的社会主义现代化国家。"全面建成小康社会是实现中华民族伟大复兴中国梦的关键一步",并将其作为战略目标纳入"四个全面"战略布局。

一、中国古代小康思想

小康,古代思想家的社会理想;小康,广大人民群众的生活梦想;小康,文明古国的千年追求。"小康"是中华民族的传统概念,从古到今几千年来广为流传,其含义也不尽相同。"小康"一词最早出现于《诗经·大雅·民劳》:"民亦劳止,汔可小康。惠此中国,以绥四方。"③这里的"小康"意思为"休整"、"安养"、"生息"之义,在生产力不发达的先秦时代,反映了广大劳

---

① 《习近平谈治国理政》,外文出版社 2014 年版,第 35—36 页。
② 《习近平谈治国理政》,外文出版社 2014 年版,第 219 页。
③ 王雪非:《全面小康与基本现代化读本》,江苏人民出版社 2006 年版,第 15 页。

动人民期盼安然度日的生活图景,也是几千年来人们梦寐以求的社会目标。

战国时期儒家、道家的思想家们曾经对小康社会提出过诸多设想,赋予它许多思想内涵。儒家"小康"思想是与"大同"相对应的一种社会状态。春秋战国时期《礼记·礼运》一书,描述了比"大同"理想社会较低一级的"小康"社会。"大同",是财产公有、财富涌流、政治民主、社会文明、秩序稳定的最高理想社会;"小康",则是财产私有、生活宽裕、上下有序、家庭和睦、讲究礼仪的社会模式。孔子认为,小康社会是人类追求更高理想社会过程中由于受现实条件的制约退而求其次的一种现实生活的追求,是人类社会向"大同"社会发展过程中的一种过渡形态。孔子所追求的"大同"社会是一个财产均等和人际关系极其和谐的"天下归仁"的社会。这是我国古代"大同"思想的发端。孟子发展了孔子的仁学和德政主张,构想"井田制",还曾设计过小康的标准:"五亩之宅,树之以桑,五十者可以衣帛矣,鸡豚狗彘之畜,无失其时,七十者可以食肉矣。百亩之田,勿夺其时,数口之家可以无饥矣。"①这是一个美丽的田园生活图景,设计的是一个温饱型的小康模式,但在当时这些美好的设想都是无法实现的。战国后期,荀子提倡"隆礼至法"既强调礼,又注重法,这在"隆礼贵义"等级制的大一统君主专制社会,使儒家社会小康内涵进一步丰富了。

从东汉末年何休提出由"衰乱世"到"升平世"再到"太平世",社会历史发展不断由乱到治、由低级到高级、由野蛮到文明、由落后到进步;到宋代的洪迈提出"然久困于穷,冀以小康",小康成为人们摆脱贫困、追求富裕的现实愿望。明代中叶以后,随着商品经济的萌芽和封建制度的危机,出现了早期启蒙思想,以颂古非今的方式表达了对理想社会的追求。黄宗羲提出了"均田"的设想,认为不应实行君主专制主张,"工商皆本"以富民,使人们对小康的追求开始有了"现代化"的文化意蕴。②

古代盛世描绘了小康图景。大凡盛世都和人民能够过上安居乐业的小康生活密切相关。直到 18 世纪以前,中国一直是世界上经济最发达、文

---

① 罗安宪:《中国孔学史》,人民出版社 2008 年版,第 155 页。
② 参见宋林飞:《全面建成小康社会》,江苏人民出版社 2015 年版,第 12 页。

明程度最高的国家之一。"文景之治"两代统治 40 年间,在汉初社会经济衰敝的情况下采取"与民休息"、"轻徭薄赋"政策,使社会生产逐渐得到恢复和发展。这是中国进入封建社会后的第一个小康盛世。唐代中国社会生产经过从唐高祖、唐太宗直至唐玄宗 100 多年的恢复和发展,达到了新的高峰,史称"开元之治"。当时,全国粮食布帛产量上升,"四方丰稔,百姓殷富",国家仓储盈满,以至"左右藏库,财物山积,不可胜较"。在清朝康熙、雍正和乾隆三任期间,经济社会发展达到了又一个高峰,史称"康乾盛世"。当时的中国不仅农业居于世界领先地位,而且手工业也相当发达,经济总量居世界第一位,人口占世界的 1/3。当时世界 50 万人口以上的大城市有 10个,中国占了 6 个。① 这些都曾创造了中华民族的辉煌。

在我国漫长的文明历史长河中,"大同"和"小康"作为人们憧憬的理想社会模式,激发着中华民族一代又一代的不懈追求。历史告诉我们,乱世求大同,治世奔小康。假如"大同"是高一级的和平与安乐,那么"小康"就是低一个层次的和平与安乐。"大同"侧重"天下为公",人们共同劳动、共同消费,治国以德;"小康"则是"天下为家",以"礼义"为纲纪,维护社会制度和社会秩序。"礼治"是儒家倡导的小康社会和治国安邦的基本思想。但是也要看到当时的儒家代表着封建贵族利益,没有也不可能提出"消灭剥削、消除两极分化,实现共同富裕"的小康社会思想。②

二、中国近代小康梦想

如果说 19 世纪以前,先哲们提出的"大同"、"小康"社会,只是思想家们对未来美好生活的向往,那么近代革命者为了实现"小康"、"大同"社会而作出的各种努力,则更有现实意义和实践价值。到了近代,随着清王朝的长期落后和内外交困,面临着"五千年未有之大变局",中国再次陷入了贫困和动荡之中。儒家要实现"小康"理想的旗帜,被资产阶级改良派和改革派思想家重新举了起来。先后有洪秀全、康有为和孙中山等改良者或革命

---

① 王雪非:《全面小康与基本现代化读本》,江苏人民出版社 2006 年版,第 15—16 页。
② 徐小兰:《小康理想的千年追求》,《东方企业文化》2014 年第 16 期。

者以不同的形式,不断探索强国富民新路。

19 世纪以后,清朝有志知识分子又重新树起了"大同"社会旗杆。最能代表"大同"社会理想的当属洪秀全,他吸收了基督教精神,在中国的"大同"理想和"小康"目标的基础上,提出了"人间天国"的理想社会。洪秀全在《原道醒世训》中,从"大同"观念出发,对社会现实作了批判,描绘了"天下一家、共享太平"的美好生活图景。由于受农民阶级地位的局限,太平天国失败了,但是中华民族对"大同"的追求始终没有停歇。

康有为在其富有浓厚资产阶级改良主义色彩的《大同书》中,构想了从"乱世"到"升平"再到"太平"的发展进程,提出"升平者,小康也","太平者,大同也"。他把封建专制统治下的社会比作"据乱世";把君主立宪制度称作"升平世",也就是"小康"社会;把资产阶级民主共和制度比作"太平世",也就是"大同"社会。虽然康有为构想了未来人类社会的美好蓝图,为"大同"理想增添了新内容、新含义,但这仍然只能是一种空想。

与儒家"小康"、"大同"理论相比,康有为认为,人类社会一定会沿着从"据乱世"经"升平世"再进化到"太平世"的过程向前发展,而儒家小康理论则认为,人类社会发展是一代不如一代,从最理想的"大同"降到"小康",再退到礼崩乐坏的封建"据乱世"。康有为想要建设的"小康"社会,实际上是带有中国传统文化特色,并兼有资本主义特点的社会。他主张发展股份公司,设立股票交易所,鼓励人们从事股票投资和投机来实现财富增值。但是,康有为的"小康"思想还保留了两千年的封建典章和制度,他认为西方的富强和东方的贫弱与政治制度并无关系。有学者强调,中国的封建制度是立国之本,可以通过改良的路径进行完善而不是废除。[①] 这些都表现出封建传统文化思想占据统治地位和对封建社会的严重妥协。

与洪秀全、康有为的"小康"、"大同"理想相比,中国民主革命的先驱孙中山的"三民主义"、"天下为公"、"世界大同"更有鲜明的时代进步的因素。孙中山在"华夏大厦之将倾"的危急之际,发出了"振兴中华"的号召,确立了"天下为公"、"世界大同"的最高理想,提出了"民族、民权、民生"的

---

① 宋林飞:《全面建成小康社会》,江苏人民出版社 2015 年版,第 14 页。

"三民主义"。他理想中的"小康之家"是贫富差距小、老百姓普遍安居乐业的一种生活状态,同时把实现民生作为"小康"思想的目标追求。在如何实现"小康"社会方面,孙中山认为:"我国革命之后,要实行民生主义,就是用国家的大力量,买很多的机器,去开采各种重要矿产。像煤矿、铁矿,中国到处皆有……我们也用机器去制造货物。……中国将来工业繁盛,把国家变成富庶,比较英国、美国、日本,还要驾乎他们之上。……我们革命成功之后……要建设成一个新国家,一定是要开矿,设工厂谋国家富足。"①孙中山认为,实现小康社会的根本路径是兴办实业,走中国现代化发展之路。孙中山在《建国大纲》中指出:"建设之首要在民生,故对于全国人民之食衣住行四大需要,政府当与人民协力,共谋农业之发展,以足民食;共谋织造之发展,以裕民衣,建筑大计划之各式屋舍,以乐民居;修治道路运河,以利民行。"②可见,孙中山把实行工业化与改善民生结合起来,并上升到从根本上解决吃饭、穿衣和提高人民生活水平的高度。

从洪秀全、康有为到孙中山,不论是中国的农民阶级和资产阶级改良派,还是资产阶级革命派,都只注重了对"大同"理想的设想,而忽视了对"小康"现实社会的建设,最终只能停留在空想的"大同"、"小康"社会之中。虽然孙中山小康社会理想并没有真正付诸实践,但是对后人探索中华民族强国富民之路具有重要的启示和意义。

从古代先哲们的小康思想,到近代改革先驱们为之奋斗的"大同",都奢望超越"小康"社会而直接达到"大同"社会。这是违背经济社会发展规律的,因此他们的种种努力也是难以成功的。然而,正是他们的教训让后人警醒,而且中国人民对美好生活的向往始终没有停止,广大人民群众对"大同"、"小康"社会的认识越来越现实,越来越进步和科学。穿越时光隧道,中华民族经过不懈的探索和实践,一个科学的而不是空想的社会主义小康社会,越来越被中国人民所认识。只有中国共产党才能从广大人民群众的根本利益出发,认识和掌握人类社会发展规律,找到通往人民群众美好生活、

---

① 《孙中山文集》,团结出版社 1997 年版,第 667—670 页。
② 《孙中山全集》第 9 卷,中华书局 1986 年版,第 126—127 页。

理想社会的康庄大道。

三、当代中国小康思想的引申

当代中国"大同"、"小康"思想的发展,源自中国共产党对发展理念的深化认识和生动实践。中国共产党一成立就肩负两大历史使命:一是"救亡",即争取民族独立、人民解放;二是发展,即实现国家富强、民族振兴、人民幸福。这是两个历史阶段的奋斗纲领,既有明显区别,又有密切联系。只有赢得"救亡"胜利,才能为发展奠定政治前提和制度基础。中国共产党在近百年的奋斗历程中,用了 28 年时间完成了"救亡"这个使命,建立了中华人民共和国。用了 60 多年时间致力于发展,特别是小康社会的建设,改善和提高了 10 多亿人民群众的生活水平,即将在 2020 年全面建成小康社会,中华民族几千年的"小康"梦想将变为实实在在的现实,创造让世界震撼的奇迹。

开国领袖毛泽东早年就在"大同"思想的影响下,积极接受西方各种共产党学说。1917 年毛泽东在给黎锦熙的信中就提到"大同者,吾人之鹄也"[1]。1935 年毛泽东写下了气势恢宏的《念奴娇·昆仑》,抒发了"太平世界,环球同此凉热"[2]的博大情怀,表达了为实现共产主义而奋斗的崇高理想。1944 年毛泽东在陕甘宁边区一次讲话中指出:"我们共产党是要努力于中国的工业化的","日本帝国主义为什么敢于这样地欺负中国,就是因为中国没有强大的工业,它欺侮我们的落后。因此,消灭这种落后,是我们全民族的任务。老百姓拥护共产党,是因为我们代表了民族与人民的要求。但是,如果我们不能解决经济问题,如果我们不能建立新式工业,如果我们不能发展生产力,老百姓就不一定拥护我们。"[3]中华人民共和国成立前夕,毛泽东向全世界发出这样的豪言壮语:"我们不但善于破坏一个旧世界,我们还将善于建设一个新世界。"[4]1954 年毛泽东在第一届全国人民代表大

---

① 许全兴:《从历史衡量毛泽东》,湘潭大学出版社 2010 年版,第 130 页。
② 许全兴:《从历史衡量毛泽东》,湘潭大学出版社 2010 年版,第 257 页。
③ 金冲及:《毛泽东传(1893—1949)》,中央文献出版社 2004 年版,第 727 页。
④ 王永贵:《马克思主义大众化及其在江苏实践研究》,人民出版社 2013 年版,第 49 页。

会第一次会议开幕词中提出："准备在几个五年计划之内,将我们现在这样一个经济上文化上落后的国家,建设成为一个工业化的具有高度现代文化程度的伟大国家。"①1959 年到 1960 年毛泽东提出了工业现代化、农业现代化、科学文化现代化和国防现代化,即"四个现代化"的概念。

毛泽东同志为实现共产主义社会的崇高目标奋斗终生,把古代和近代的"大同"、"小康"理想,由空想通过革命和建设转入了科学实践的发展轨道。这些都为中国现代化建设奠定了坚实的政治和社会基础。

当代中国,邓小平同志是"小康"的最早倡导者。历史上急于求成的惨痛教训和中国极其落后的客观国情,促使邓小平对在 20 世纪末实现"四个现代化"的目标进行了慎重反思。1979 年 12 月 6 日,邓小平在会见来访的日本首相大平正芳时提出:"我们要实现的四个现代化,是中国式的四个现代化。我们的四个现代化的概念,不是像你们那样的现代化的概念,而是'小康之家'。到本世纪末,中国的四个现代化即使达到了某种目标,我们的国民生产总值人均水平也还是很低的。要达到第三世界中比较富裕一点的国家的水平,比如国民生产总值人均 1000 美元,也还得付出很大的努力。就算达到那样的水平,同西方来比也还是落后的。"②这是邓小平第一次使用了"小康"、"小康之家"等新概念,称为"中国式的现代化",也是第一次用"小康"来描述中国未来 20 年的发展前景。

从 1979—1992 年的 13 年间,邓小平围绕"小康"问题先后发表了 20 多次重要讲话和报告,把实现小康作为中国人民在 20 世纪末的奋斗目标,并以此作为团结、组织、鼓舞人民去实现这个目标的精神力量。1982 年 9 月,党的十二大首次将"小康"作为一个政治概念提出,并作为全党的主要奋斗目标和我国经济社会发展的阶段性标志。1983 年,邓小平到江苏苏州地区视察,那里工农业总产值接近人均 800 美元后,人们的物质和精神面貌所发生的深刻变化,进一步坚定了他用小康目标引导全国人民走中国特色社会主义道路的信心和决心。1984 年 3 月 25 日,邓小平同志又进一步补充说:

---

① 廖盖隆等:《中华人民共和国编年史(1949—2009)》,人民出版社 2010 年版,第 78 页。
② 《邓小平文选》第 2 卷,人民出版社 1994 年版,第 237 页。

"所谓小康,就是到本世纪末,国民生产总值人均 800 美元。"①1987 年 4 月,邓小平在会见西班牙客人时提出:"我们原定的目标是,第一步在八十年代翻一番。以一九八〇年为基数,当时国民生产总值人均二百五十美元,翻一番,达到五百美元。第二步是到本世纪末,再翻一番人均达到一千美元,实现这个目标意味着我们进入小康社会,把贫困的中国变成小康的中国。那时国民生产总值超过一万亿美元,虽然人均数还很低,但是国家的力量有很大增加。我们制定的目标更重要的还是第三步,在下世纪用三十到五十年再翻一番,大体上达到人均四千美元。做到这一步,中国就达到了中等发达国家水平。这是我们的雄心壮志。"②党的十三大、十四大都把邓小平小康社会构想作为我国具体的设计和规划,并在党的文件中正式表达出来,进一步明确提出中国现代化建设实施"三步走"的发展战略。第一步从 1981 年到 1990 年国民生产总值翻一番,实现温饱;第二步从 1991 年到 20 世纪末,再翻一番,达到小康;第三步到 21 世纪中叶再翻一番,达到中等发达国家水平。

邓小平同志所设计的小康社会,既不是建立在私有制基础上的"天下为家"的农耕社会,更不是以儒家文化中的礼治为特征的封建社会,也不是"大工"、"大商"的资本主义社会,而是建立在以公有制为主体、多种所有制经济共同发展的基本经济制度之上,以人民共同富裕为目标的中国特色社会主义社会,是一个人民不愁吃、不愁穿、安居乐业的社会,是一个经济、政治、文化、社会全面发展的社会。它上承温饱社会,下启基本现代化,是社会主义初级阶段中一个人民丰衣足食、生活较为富裕的历史时期。

邓小平同志在传承中华民族传统思想文化遗产的基础上,提出了"小康社会"的新概念,并赋予了其时代新内涵。邓小平的小康社会思想,不仅蕴含了传统小康思想中人民对生活富裕的理想与追求,还充实丰富了内涵。邓小平的"小康"不只是一个经济概念,而是一个全面性的社会概念,是经济总量目标和人民生活水平目标的统一,是人民的物质生活水平与精神生活

---

① 王雪非:《全面小康与基本现代化读本》,江苏人民出版社 2006 年版,第 18 页。
② 《邓小平文选》第 3 卷,人民出版社 1993 年版,第 226 页。

水平的全面提高。邓小平的小康社会思想是对传统小康思想的一种创新和超越,它自身也在随时代不断发展,是个不断发展的概念,指的是中国社会主义现代化过程中一个较低的阶段,一种过渡状态。党的十六大报告提出的全面建设小康社会的目标,正是邓小平小康社会思想的新发展。

四、全面建设小康社会的提出

从温饱到总体小康,从总体小康到全面小康,再到基本现代化,清晰地展现出我国现代化建设的发展轨迹。1979年至1991年,我国解决了温饱问题,开始迈向了总体小康的新征程。1992年至2000年,我国实现了总体小康。到2000年年底,全国人均国内生产总值(GDP)仅有800多美元,仍属于中下收入国家水平,只相当于日本人均GDP的2.3%。按照世界银行1990年的分类标准,我国居民2001年人均收入500美元,虽然是1980年的3倍多,但与同期的发达国家相比,仍处于很低的水平。美国人均年收入超过2万美元,英国、德国、法国、意大利等国家都在1.5万美元以上。城乡二元结构仍未改变,全国城镇化率为36.2%,远低于发达国家的75%,也低于2000年世界平均城镇化率的47%。城乡和地区的收入差距较大,2001年东部11个省市的人均GDP为1600美元,而西部12个省区仅为610美元,相差2.6倍。从城乡居民收入差距看,2000年农民人均纯收入2253元,城镇居民人均可支配收入6280元,相差2.8倍。从人口看,到2000年全国基本达到小康水平的只占74.84%,接近小康水平的占12.82%,还有12.34%的人口未达到温饱和小康。① 因此,我国的总体小康是一个"低水平、不全面、不平衡"的小康。

针对总体小康"低水平、不全面、不平衡"的问题,让小康建设惠及大多数人民群众,以江泽民同志为核心的党中央领导集体,对邓小平的小康社会思想具体化,并且承前启后继承和发展了邓小平同志的这一战略构想。2000年,党的十五届五中全会提出了全面建设小康社会的新目标:"从新世纪开始,我国将进入全面建设小康社会,加快推进现代化的新的发展阶

---

① 参见宋林飞:《全面建成小康社会》,江苏人民出版社2015年版,第26页。

段……我们已经实现了现代化建设的前两步战略目标,经济和社会全面发展,人民生活总体上达到了小康水平,开始实施第三步战略部署。这是中华民族发展史上一个新的里程碑。"①2002 年 11 月,党的十六大进一步明确提出全面建设小康社会的奋斗目标,即建设惠及十几亿人口的更高水平的小康社会,一个使经济更加发展、民主更加健全、科教更加进步、文化更加繁荣、社会更加和谐、人民生活更加殷实的小康社会;一个更高水平的、更全面的、发展比较均衡的小康社会。以党的十六大为标志,我国在 2000 年实现"总体小康"的基础上,在新世纪迈出了实现中华民族伟大复兴新步伐,从"建设小康社会"走向了"全面建设小康社会"的新征程。

党的十六大报告一个重要贡献,就是制定了"全面建设小康社会"奋斗目标和纲领。以胡锦涛同志为总书记的党中央领导集体,坚持以科学发展观的新理念引领全面建设小康社会的新实践,不断丰富和发展全面建设小康社会的科学内涵。一方面,突出坚持以经济、政治、文化的全面发展,着力解决经济与环境、资源与人口等关系的可持续发展问题;另一方面,强调紧紧抓住大有作为的重要战略机遇期,用 20 年的时间,把低水平的小康社会发展成为更高水平的小康社会。2003 年 10 月,在党的十六届三中全会上,胡锦涛同志提出以人为本、全面协调可持续的科学发展观,进一步明确了全面建设小康社会的发展路径,形成了比较系统的关于全面建设小康社会的思想。2003 年到 2007 年,我国的全面建设小康社会取得了显著成绩。国内生产总值年均增长超过 10%,总量突破 24 万亿元,成为世界第四大经济体。2002 年人均国内生产总值超过 1000 美元,到 2006 年又超过 2000 美元,我国由低收入国家步入了中等收入国家行列。全面建设小康社会监测报告显示,2000 年至 2007 年,全面建设小康社会的进程逐年加快,实现程度从 59.3%提高到 72.9%,平均每年增加 1.95 个百分点。②

2007 年 10 月,党的十七大提出实现全面建设小康社会目标的新要求。主要是增强发展的协调性、保障人民权益和社会公平正义、提高全民族文化

① 宋林飞:《全面建成小康社会》,江苏人民出版社 2015 年版,第 26 页。
② 宋林飞:《全面建成小康社会》,江苏人民出版社 2015 年版,第 27 页。

素质、加快发展社会事业、建设生态文明五个方面。与十六大相比,十七大提出的新要求主要是在保持目标一致性和连续性的同时,体现了"新"和"高"两个基本特征。"新"体现在对目标新内容的增加和对全面建设小康社会规律性的认识,渗透着科学发展观的新理念。"高"体现在用 20 年翻两番目标由"国内生产总值"提高到"人均国内生产总值"这一经济发展指标上,而且从经济、政治、文化、社会、生态等各个方面都提出了更高、更科学的评价标准。党的十七大提出,到 2020 年全面建设小康社会目标实现之时,我们这个历史悠久的文明古国和发展中社会主义大国,将成为工业化基本实现、综合国力显著增强、国内市场总体规模位居世界前列的国家,成为人民富裕程度普遍提高、生活质量明显改善、生态环境良好的国家,成为人民享有更加充分民主权利、具有更高文明素质和精神追求的国家,成为各方面制度更加完善、社会更加充满活力而又安定团结的国家,成为对外更加开放、更加具有亲和力、为人类文明作出更大贡献的国家。

总体小康向全面小康的建设过程,具体地讲是"三个转化"升级的过程。相对于总体小康而言,全面小康社会生活水平更高、内容更丰富、发展更均衡。① 一是"低水平"向"更高水平"的转化。从逻辑上讲,小康是介于温饱与富裕之间的一个生活发展阶段,在没有达到"富裕"之前都属于"小康"阶段。可以说,"小康"不是一个点,而是一个阶段性和动态性的过程区间,是跨度相当大的一个过程,有一个从低到高的变化过程。总体小康是一个低水平、低标准的小康,2000 年我国人均 GDP 为 856 美元,而全面小康要达到 3000 美元以上,是总体小康的 3.5 倍之多,是一个更高标准、更高水平的小康。二是"不全面"向"更全面"的转化。总体小康是一种偏重于物质消费、不全面的小康,而全面小康则以社会的全面进步和物质、政治、精神和生态四大文明的共同发展为宗旨,注重"四全",即内容全面、地域全面、对象全面和指标全面。目前我国已经达到的小康生活主要是生存型消费的满足,而享受型和发展型消费需求当前还没有得到较充分满足,社会保障水平较低,环境质量恶化尚未根本扭转,精神生活还不够丰富。所以,要通过 20

① 王雪非:《全面小康与基本现代化读本》,江苏人民出版社 2006 年版,第 59—60 页。

年的努力,使小康生活的内涵更加丰富,小康的覆盖面更加全面。三是"不平衡"向"更均衡"的转化。总体小康是一种发展还很不平衡的小康,地区之间、城乡之间、阶层之间、行业之间在发展水平上差距较大。达到总体小康时,我国尚有近 3000 万人的温饱问题还没有完全解决,城镇也有一些人在最低生活保障线以下,还有一定比例的人口尚未达到小康。2016 年全国仍有 7000 多万贫困人口没有实现脱贫。总之,总体小康是全面建设小康社会的阶段性成果和必要准备,全面小康是总体小康的升华,是建设一个惠及十几亿人口的更高水平的、更全面的、发展比较均衡的小康社会,是我国现代化事业承前启后的新阶段,也是建党 100 周年时努力奋斗实现的新目标。

五、全面建成小康社会新目标

党的十八大以来,以习近平同志为核心的党中央,对小康社会建设的认识脉络逐步深化,丰富和发展了全面小康社会建设内涵,标志着我们党对小康社会建设认识上的一次飞跃。小康社会建设的目标从注重经济发展和人民生活水平提高,到扩展为经济、政治、文化、社会等各个领域在内的整个社会结构体系的发展目标,再到生态环境和可持续发展等方面的目标,使小康社会成为一个完整的社会发展阶段。在不断总结全面建设小康社会实践基础上,针对发展不平衡、不协调、不可持续等突出问题,根据国内外形势发展的新变化,顺应经济发展新常态和广大人民群众新期待,党的十八大对全面建设小康社会目标进行了充实和完善,提出了更加具体明确的政策导向、更加针对发展难题、更好顺应人民群众意愿的目标和要求。在党的十六大、十七大提出"全面建设小康社会"目标的基础上,党的十八大提出"全面建成小康社会"的目标概念。这是我们党对小康社会建设认识上的一次飞跃。

党的十八大指出:"纵观国际国内大势,我国发展仍处于可以大有作为的重要战略机遇期。我们要准确判断重要战略机遇期的内涵和条件的变化,全面把握机遇,沉着应对挑战,赢得主动,赢得优势,赢得未来,确保到 2020 年实现全面建成小康社会的宏伟目标。"[1]这个报告根据我国经济社

---

① 《十八大报告辅导读本》,人民出版社 2012 年版,第 17 页。

会发展的阶段性特征,对全面建设小康社会中两个根本性问题,即"全面性"和"完成性"作了强化。"全面性"决定着小康社会是否覆盖全中国,全面建成小康社会的核心是覆盖的人群全面、涉及的领域全面、发展的内容全面、融入的格局全面。"完成性"则强调的是小康社会建设的指标能否完成,能否达到不含水分、老百姓满意的小康。全面建成小康社会是我国小康社会建设的最后一步,也是基本实现现代化的起步,关系着中华民族伟大复兴中国梦能否如期实现。

党的十八大明确建设中国特色社会主义的总体布局,是经济建设、政治建设、文化建设、社会建设、生态文明建设"五位一体"。全面建成小康社会就是经济、政治、文化、社会、生态文明全面协调发展的小康社会,全面建成小康社会的概念在当代中国现代化的伟大实践中,进一步丰富和完善。

党的十八大提出这五个方面的新目标要求,与十七大相比具有三个基本特征。一是抓住突出矛盾问题发力。针对存在的发展不平衡、不协调、不可持续的突出矛盾和问题,修订和增加了一些定性和定量指标,强化发展质量效益,强化环境保护和可持续发展的目标导向。二是突出全面深化改革。着力打破利益固化的藩篱,破除一切妨碍科学发展的思想观念和体制机制弊端。三是突出民生改善,体现了民生优先的政策取向,要求实现城乡居民人均可支配收入到 2020 年比 2010 年翻一番,顺应了广大人民群众过上好日子的新期盼。

党的十八届五中全会明确了"十三五"时期我国发展的指导思想,首次把"四个全面"战略布局纳入指导思想,坚持发展是第一要务,坚持稳中求进、统筹推进经济建设、政治建设、文化建设、社会建设、生态文明建设和党的建设,"确保到 2020 年如期全面建成小康社会,为实现第二个百年奋斗目标、实现中华民族伟大复兴的中国梦,奠定更加坚实的基础。"今后五年,要在已经确定的全面建成小康社会目标要求的基础上,努力实现以下新的目标要求,即经济保持中高速增长、人民生活水平和质量普遍提高、国民素质和社会文明程度显著提高、生态环境质量总体改善、各方面制度更加成熟更加定型五个方面的新的目标要求。

习近平总书记在党的十八届五中全会提出创新、协调、绿色、开放、共享的发展理念,既是对我国改革开放以来发展实践经验的科学总结,是对世界各国发展探索有益启示的积极借鉴,又是立足当下的深刻思考和面向未来的理论创新,是把握中国现在和引领中国未来发展、实现中华民族伟大复兴中国梦的行动指南。在全面建成小康社会决胜的历史关口,需要用新思路寻找新出路、以新理念引领新发展。坚持创新发展,才能避免动力衰退、低水平循环的"平庸之路";坚持协调发展,才能避免畸轻畸重、顾此失彼的"失衡之路";坚持绿色发展,才能避免资源枯竭、环境恶化的"透支之路";坚持开放发展,才能避免画地为牢、自我设限的"封闭之路";坚持共享发展,才能避免贫富分化、社会动荡的"风险之路"。唯有全面贯彻落实好新发展理念,才能更好地全面建成小康社会。

党的十九大报告提出:"从十九大到二十大,是'两个一百年'奋斗目标的历史交汇期。我们既要全面建成小康社会、实现第一个百年奋斗目标,又要乘势而上开启全面建设社会主义现代化国家新征程,向第二个百年奋斗目标进军","从全面建成小康社会到基本实现现代化,再到全面建成社会主义现代化强国,是新时代中国特色社会主义发展的战略安排。"①

从现在到 2020 年,是全面建成小康社会决胜期。十九大报告指出,要坚决打好防范化解重大风险、精准脱贫、污染防治的攻坚战,使全面建成小康社会得到人民认可、经得起历史检验。让贫困人口和贫困地区同全国一道全面建成小康社会,是我们党的庄严承诺。报告提出,"确保到二○二○年我国现行标准下农村贫困人口实现脱贫,贫困县全部摘帽,解决区域性整体贫困,做到脱真贫、真脱贫。"②

从"解决温饱"到"小康水平",从"总体小康"到"全面小康",从"全面建设"到"全面建成",以及从"全面建成"到"基本现代化",小康社会发展目标的形成、发展和完善,标志着中国社会主义现代化建设不断步入新阶段、开创新境界。以习近平同志为核心的党中央作出了"四个全面"战略布局,以"全面建成小康社会"为战略目标,这是对邓小平小康社会思想的丰

---

① 《党的十九大报告辅导读本》,人民出版社 2017 年版,第 27—29 页。
② 《党的十九大报告辅导读本》,人民出版社 2017 年版,第 47 页。

富和发展。这一战略目标关注建成全面小康所必须解决的重点、难点问题，着眼发展中国特色社会主义事业"五位一体"总布局，坚持以经济建设为根本，以政治建设为保障，以文化建设为灵魂，以社会建设为条件，以生态文明建设为基础，突出解决发展不平衡、不充分、不可持续等社会矛盾和问题，具有很强的针对性、战略性和指导性。

"小康"与"大同"，几千年来激荡起千百万仁人志士的家国情怀。"小康"这个中国人的千年梦想，今天已经被中国共产党人赋予了更加深刻的思想内涵。要把一个人口数比欧盟、美国、日本人数加起来还要多的大国全面建成小康社会，这是人类历史上从未有过的伟大壮举。今天这个穿越无数苦难与辉煌岁月的小康梦想，令 13 亿中国人民心驰神往的美好图景，让一代又一代共产党人为之接续奋斗，即将使这艘伟大的航船幸福靠岸。到 2020 年全面建成小康社会，将充分展现出中国特色社会主义的巨大优越性，更加坚实地筑牢社会主义现代化大厦的基石，使中华民族伟大复兴梦想成真，使 13 亿中国人民幸福安康梦想成真，使古老中国成为社会主义现代化强国梦想成真。

第三节　深化改革的肇始与探索

改革开放是实现中华民族伟大复兴的根本动力。当代中国的改革开放已走过 40 个春秋。40 年来，我国改革开放有自身的历史逻辑和发展逻辑，全面深化改革的提出、形成和确立先后经历了由"改革"到"全面改革"和"深化改革"再到"全面深化改革"的演进过程。正如习近平所指出的"中国特色社会主义之所以具有蓬勃生命力，就在于是实行改革开放的社会主义。我国过去 30 多年的快速发展靠的是改革开放，我国未来发展也必须坚定不移依靠改革开放。只有改革开放才能发展中国、发展社会主义、发展马克思主义。中国特色社会主义在改革开放中产生，也必将在改革开放中发展壮大。"[1]今天，

---

[1]　《"四个全面"学习读本》，人民出版社 2015 年版，第 131 页。

身处"千年未有之变局"的中国,既面临着前所未有的挑战,也面临着前所未有的历史机遇。梳理清楚中国改革开放的历史脉络,探究 40 年的奋斗如何走完西方发达国家上百年的发展历程,如何让充满活力的中国实现制度文明和治理转型,开创了一条社会主义现代化强国之路。

一、改革的历史探源

历史、现实和未来都是相通的。只有搞明白历史怎样走来,又怎样走下去,才能站在历史的深厚基础上走向未来。我们如何看待 40 年改革开放的历史位置?一要有大历史眼光,也就是中国改革开放是"千年变局中"的百年变革的延续。二要有大改革视野,也就是改革开放是社会主义国家普遍转型的继续。改革开放以来,我们党不断总结历史经验,不断艰辛探索,终于找到了全面建成小康社会和现代化建设、实现中华民族伟大复兴的正确道路,并且取得了举世瞩目的成就。但是,中国特色社会主义这条道路我们还没有走完,一些制度还没有成型和定型,在从物质文明走向制度文明的过程中,还有很多的时代难题需要破解。正如《人民日报》社论所阐述的:"经济换挡升级肯定要经历化蛹为蝶的阵痛,全面深化改革必然会动很多人的奶酪,国家治理现代化没有任何捷径可走,一个十几亿人的国家要穿越历史的三峡,走向复兴的彼岸,跨越之难、阻力之大,很多方面会超出人们的想象。"①

从大历史的眼光看,要把中国的改革放到"千年大变局"中思考。中国历史上第一次重大改革是商鞅变法,两千多年前商鞅变法,引发了中国政治社会制度的第一次大转型,从封建制转到郡县制,围绕着"废封建,立郡县;废井田,开阡陌"这 12 个字转变。改革转型从秦国公元前 4 世纪中叶"商鞅变法"开始,一直到汉武帝与昭帝之间(公元前 86 年前后)才大致安定下来,前后"转"了二三百年之久,形成了秦汉模式的中国政治、经济、文化制度,开启了中国中央集权的历史时期。② 但是君主专制制度始终没有改变。

① 《干在实处,走在前列——热烈庆祝中国共产党成立九十四周年》,《人民日报》2015年 7 月 1 日。

② 邹东涛:《改革发展再扬帆》,国家行政学院出版社 2013 年版,第 9 页。

中国社会第二次大转型，是"在西方文明挑战之下，我们的传统制度被迫做有史以来'第二次政治社会制度大转型'"。① 1840 年当英国人用坚船利炮夹带着鸦片打破了有 3000 年之久的古老专制中国的大门时，李鸿章惊呼"三千年变局"开始了。其间虽经多次战争与革命，但我们仍处于中国皇权专制解体的"千年变局"的百年振荡和变革之中，从那时候起至今已有 170 多年的历史，如果 200 年算一个周期，30 年的改革开放无疑是百年振荡和变革的延续，也就是历史学者黄仁宇称为 200 年"大革命"历史进程的延续。在这个千年变局的百年振荡中，中国通过改革开放，正在走出传统循环的周期律，正在建立一个富强文明民主和谐的现代化的社会主义强国。②

　　从大改革的视野看，要把中国的改革放到中国特色社会主义制度转型、成型和定型的发展历程中去思考。中华人民共和国的成立标志着我国从封建主义旧社会转型到了社会主义新社会。这是中国开天辟地、亘古未有的大事变，结束了几千年的封建王朝统治。可以说没有中华人民共和国的成立，没有社会主义道路的选择，我们今天的改革开放、全面建设小康社会和现代化建设，以及实现中华民族伟大复兴都是一句空话。虽然改革开放前 30 年我们在苏联模式的计划经济的体制下，还没有真正找到社会主义发展生产力的有效途径，甚至犯有像"文化大革命"这样的错误。但是，正是这些"穷过渡"、"瞎折腾"的大挫折，以血的教训唤醒了一代共产党人，催生了改革开放和中国特色社会主义理论。在通往中华民族伟大复兴的"两个一百年"奋斗目标的征程上，我们正在从指令性经济转向市场经济，从全能型政府转向公共服务型的有限政府，从人治思维转向法治思维，从国家管理转向国家治理。一言蔽之，从物质现代化的中国走向制度现代化的中国，需要切实把中国特色社会主义制度体系完善起来、成熟起来、定型下来，这几个层面的转型有快有慢，但其进程远远还没有结束，还有很长的路要走。即使我们到 2050 年建成社会主义现代化强国，进入世界发达国家行列，要想保持国家制度先进和长治久安，深化改革、制度转型和成型的艰巨任务依然任

　　① 邹东涛：《改革发展再扬帆》，国家行政学院出版社 2013 年版，第 9 页。
　　② 袁绪程：《中国改革开放 30 年回望与前瞻——历史进程、经验和走向》，《中国改革》2008 年第 5 期。

重道远。

从世界历史角度看,形成和定型一套制度需要很长的历史时期。英国从1640年发生资产阶级革命,到1688年光荣革命,形成君主立宪制度,用了几十年的时间,而这套制度成熟起来的时间就更长了。美国从1775年开始独立战争到1865年南北战争结束,总统制才大体稳定下来,用了90年时间。法国从1789年发生资产阶级革命到1870年,其间经历了多次复辟和反复辟的较量,用了80多年时间。德国于1990年实现统一后,仍然实行历史传承下来的议会内阁制。① 这些西方大国巩固和发展一种社会制度,需要几代人的较长时间才完成,同时无一例外地选择了适合本国国情的政治制度模式。

历史是过去的现实,现实是未来的历史。在千百年来中华民族改革开放和发展的历史长河中,只有中国共产党的改革才能代表最广大人民群众的根本利益,才能找到社会主义的正确道路,代表社会文明进步的方向;只有全面深化改革,才能破除利益固化的藩篱,实现全面小康才有动力,才能破解民族复兴进程中的深层次矛盾和问题,带领全国各族人民奔向具有中国特色的社会主义现代化之路。

二、改革的实践历程

伟大的思想孕育伟大的改革,伟大的改革凝聚伟大的力量。回顾改革开放的历史进程,厘清我们党改革开放思想认识的形成和发展过程,对于我们深刻认识改革开放的理论价值和实践价值,进一步增强实现"两个一百年"奋斗目标的信心,加快实现现代化与民族复兴中国梦,具有重大的现实意义和深远的历史意义。

1978年以前,我国的经济体制是"计划经济和公有制占绝对优势"。这"两个绝对优势"也是当时所有的弊端之发端。党的十一届三中全会以后,经济领域里所有改革基本上是围绕这两个基本制度框架进行改革的。纵观我国经济体制改革的发展历程,我们可以清晰地看出走的是一条由易到难、

---

① 唐洲雁、韩冰:《中国照抄照搬他国政治制度行不通》,《人民日报》2014年9月23日。

从微观到宏观、从外围到内核、从单一到全面的渐进式改革之路。按照构建社会主义市场经济体制这条主线来划分,有学者认为,大体上可以分为以下五个重要阶段。

(一)从 1978 年到 1984 年,改革艰难起步阶段

1978 年 12 月,中共十一届三中全会召开,标志着中国改革开放正式启动。邓小平同志以巨大的政治勇气和理论勇气进行拨乱反正,实现了从"以阶级斗争为纲"向"以经济建设为中心"的伟大历史性转折。这一阶段以实践是检验真理标准大讨论为契机,开展了一场声势浩大的思想解放运动。这场大讨论冲破了教条主义的藩篱,打碎了"两个凡是"的精神枷锁,极大地解放了人们的思想,奠定了我国改革开放的思想基础。改革首先在农村开始实施,之后在城市从扩大企业自主权入手,进行了综合和专项改革试点。农村改革和扩大企业自主权的改革,即家庭联产承包责任制和企业承包制。这两种新体制的理论基础就是"两权分离"说,即所有权和经营权可以分离。

1982 年 9 月,党的十二大报告明确提出以"计划经济为主、市场调节为辅的原则"。[①] 报告的一个重要突破是把计划经济管理区分为指令性计划和指导性计划,突破了计划经济直接等同于指令性计划的传统理论,为直接计划管理向间接计划管理的转变提供了原则和基础。虽然这些观点和主张反映了当时人们的认识水平,无疑具有一定的历史局限性,但是党的十二大报告已经打开了传统的计划经济观念的一个缺口,动摇了传统计划经济观念和计划经济体制,为改革传统计划经济体制迈出了坚实的第一步。

(二)从 1984 年到 1988 年,改革试水探索阶段

1984 年 10 月,中共十二届三中全会通过《中共中央关于经济体制改革的决定》,全会提出发展社会主义商品经济,标志着我国改革的重点由农村转移到城市,经济体制改革正式开始,它在理论上的贡献是提出了"社会主义经济是公有制基础上的有计划的商品经济"概念。[②] 阐述了计划经济与

---

① 《中国共产党第十二次全国党代表大会文件汇编》,人民出版社 1982 年版,第 28 页。
② 陈述:《改革开放重大事件和决策述实》,人民出版社 2008 年版,第 182 页。

商品经济并不是对立的,强调商品经济的充分发展,是社会经济发展不可逾越的阶段,是实现我国经济现代化的必要条件。在理论上解决了马克思主义学说史上一直没有很好解决的一个重大问题,即社会主义社会是否需要发展商品经济。这一概念的推出,为全面改革我国现行的经济体制提供了理论依据。

1987年10月,党的十三大提出利用计划调节和市场调节两种形式。十三大报告第一次提出了党在社会主义初级阶段建设有中国特色的社会主义的基本路线:"领导和团结全国各族人民,以经济建设为中心,坚持四项基本原则,坚持改革开放,自力更生,艰苦创业,为把我国建设成为富强、民主、文明和谐的社会主义现代化国家而奋斗。"①改革开放由此成为党在社会主义初级阶段的基本路线的重要内容,十三大报告的另一个重点是提出实行全面改革,阐述了包括政治体制改革等各项改革问题。

(三)从1988年到2003年,改革调整攻坚阶段

1988年9月,中共十三届三中全会确定了"治理经济环境、整顿经济秩序、全面深化改革"的方针。1989年11月,中共十三届五中全会又作出了《中共中央关于进一步治理整顿和深化改革的决定》,要求用三年或更长一点时间缓解社会供需矛盾,逐步解决通货膨胀,使国民经济走上持续、协调、稳定发展的轨道。②

1992年10月,党的十四大提出建立社会主义市场经济体制,加快改革开放和现代化建设步伐。在党的十四大召开之前,邓小平发表了著名的南方谈话,他指出:"计划经济不等于社会主义,资本主义也有计划;市场经济不等于资本主义,社会主义也有市场。计划和市场都是经济手段。……计划多一点还是市场多一点,不是社会主义与资本主义的本质区别。"③邓小平同志的这个精辟论断,从根本上解除了把计划经济和市场经济看作属于社会基本制度范畴的思想束缚,对于计划与市场关系问题的认识有了新的

---

① 陈述:《改革开放重大事件和决策述实》,人民出版社2008年版,第121页。
② 张平:《中国改革开放:1978—2008 地方篇(上)》,人民出版社2009年版,第87页。
③ 谭虎娃:《马克思设想的社会主义经济特征与当代改革》,人民出版社2009年版,第118页。

重大突破。党的十四大报告高度评价了邓小平南方谈话,确定了"我国经济体制改革的目标是建立社会主义市场经济体制",①确立邓小平建设有中国特色社会主义理论在全党的指导地位。以党的十四大为标志,我国进入了从计划经济体制转向社会主义市场经济体制的新阶段。

1993 年 11 月,党的十四届三中全会通过《中共中央关于建立社会主义市场经济体制若干问题的决定》,就如何建立社会主义市场经济体制进行了具体部署。这是我国经济体制改革进入攻坚阶段的一个重大战略决策,是实现从旧经济体制向新经济体制过渡的宏伟蓝图,把邓小平南方谈话的思想和党的十四大精神,转化为深化改革、扩大开放、加快发展的行动纲领。其中突出的贡献是提出了建立现代企业制度。

1997 年 9 月,党的十五大提出调整国有经济战略布局,把国有企业作为改革重点,全面系统地论述了国有企业改革问题,提出了一系列重要的、有突破性意义的观点和主张。党的十五大报告首次提出社会主义初级阶段基本经济制度概念。十五大报告指出:"公有制为主体、多种所有制经济共同发展,是我国社会主义初级阶段的一项基本经济制度。"②由此,非公有制经济获得了平等发展的制度保证,而不仅仅是补充;同时,公有制经济的主体地位也获得了制度保证。1999 年,党的十五届四中全会通过了《中共中央关于国有企业改革和发展若干重大问题的决定》,提出了关于国有企业改革的 10 条指导方针。

2002 年 11 月,党的十六大宣告"社会主义市场经济体制初步建立"。这次大会确立了江泽民提出的"三个代表"重要思想的指导地位,提出用 20 年时间全面建设小康社会的具体目标:"我们要在本世纪头 20 年,集中力量,全面建设惠及十几亿人口的更高水平的小康社会,使经济更加发展、民主更加健全、科教更加进步、文化更加繁荣、社会更加和谐、人民生活更加殷实。"③党的十六大报告总结归纳了党领导人民建设中国特色社会主义必须坚持的十条基本经验,改革开放被列为十条基本经验之一。报告明确提出

①　包心鉴:《中国特色社会主义发展道路论纲》,人民出版社 1994 年版,第 89 页。

②　闫志民:《中国特色社会主义理论发展史》,人民出版社 2012 年版,第 361 页。

③　杨信礼:《科学发展观研究》,人民出版社 2007 年版,第 35 页。

改革开放是强国之路,必须坚持社会主义市场经济的改革方向,使市场在国家调控下对资源配置起基础性作用。改革要从实际出发,整体推进,重点突破,循序渐进,注重制度建设和创新。党的十六大报告非常明确地从经济体制改革、政治体制改革、文化体制改革三个方面提出了改革任务。

（四）从 2003 年到 2012 年,改革制度创新阶段

2003 年 10 月,党的十六届三中全会通过《中共中央关于完善社会主义市场经济体制若干问题的决定》,标志着中国的改革开放进入了一个新的发展阶段,其突出特点是制度创新,特别是以完善社会主义市场经济体制为核心内容的制度创新。在这次会议上胡锦涛同志提出了"科学发展观",强调"坚持以人为本,树立全面、协调、可持续的发展观,促进经济社会和人的全面发展"①,以及统筹城乡发展、统筹区域发展、统筹经济社会发展、统筹人与自然和谐发展、统筹国内发展和对外开放的"五个统筹"要求,明确了完善社会主义市场经济体制的目标和主要任务,深刻阐述了科学发展观。科学发展观的科学内涵:第一要义是发展,核心是以人为本,基本要求是全面协调可持续,根本方法是统筹兼顾。十六大把以人为本作为发展观的核心,作为党的执政理念,其意义重大而深远。

2004 年 3 月召开的十届全国人大二次会议,通过了《宪法》修正案,明确了"国家保障和尊重人权"、"公民的合法的私有财产不受侵犯"、"国家依照法律规定保护公民的私有财产权和继承权"、"国家为了公共利益的需要,可以依照法律规定对公民的私有财产实行征收或者征用,并给予补偿"等重要规定。②

2007 年 10 月,党的十七大报告认真回顾了我国改革开放的伟大历史进程,全面论述了我国改革开放的目的以及所取得的历史性成就,阐述了改革开放的历史经验。报告指出:"这场历史上从未有过的大改革大开放,极大地调动了亿万人民的积极性,使我国成功实现了从高度集中的计划经济体制到充满活力的社会主义市场经济体制、从封闭半封闭到全方位开放的

---

① 《科学发展观学习辅导读本》,人民出版社 2013 年版,第 5 页。
② 《与人大代表谈人民代表大会制度》,人民出版社 2004 年版,第 52 页。

伟大历史转折。"①报告宣告我国成功实现了从高度集中的计划经济体制到充满活力的社会主义市场经济体制的伟大历史转折。鲜明地指出,改革开放是决定当代中国命运的关键抉择,是发展中国特色社会主义、实现中华民族伟大复兴的必由之路。报告用大量篇幅阐述了科学发展观,强调用科学发展观指导建设小康社会,确立科学发展观与邓小平理论、"三个代表"重要思想一样为我国经济社会发展的重要指导方针,是发展中国特色社会主义必须坚持和贯彻的重大战略思想。

2008年2月,党的十七届二中全会提出了《关于深化行政管理体制改革的意见》和《国务院机构改革方案》。② 明确了深化行政管理体制改革的指导思想、基本原则和总体目标。这标志着新一轮行政管理体制改革开始启动。这既是深化经济体制改革的必然要求,也是政治体制改革的重要内容。这表明中国改革进入了以完善社会主义市场经济体制为中心、相应改革政治体制和法律体制的阶段。中国经济改革所面临的任务已经不可能仅在经济领域解决,必须着力解决旧体制遗留的深层体制矛盾,必须在政治体制方面作出创新。

(五)从2012年到现在,改革全面深化阶段

2012年11月,党的十八大报告总结了改革开放以来,特别是近十年来党领导中国人民发展建设的经验与启示,勾画出中国未来发展的蓝图,首次将科学发展观确立为党必须长期坚持的指导思想。大会把"解放思想,改革开放"作为主题的重要思想内容之一,把"改革开放"与"全面建成小康社会"作为奋斗目标,提出要"加快完善社会主义市场经济体制和加快转变经济发展方式","全面深化经济体制改革","坚持走中国特色社会主义政治发展道路和推进政治体制改革","深化行政体制改革"等。③ 这些新思想、新要求,体现了我们党对改革的进一步深刻认识,开始从注重某个领域的改革,走向全面性、系统性和整体性改革,为党的十八届三中全会提出全面深

---

① 《科学发展观学习读本》,中国经济出版社2009年版,第108页。

② 《中国特色社会主义若干重大理论与现实问题研究》,人民出版社2010年版,第284页。

③ 《十八大报告辅导读本》,人民出版社2012年版,第1—29页。

化改革明确了目标性、方向性的要求。十八大报告对中国特色社会主义道路、中国特色社会主义理论体系、中国特色社会主义制度内涵作了深刻阐述，同时指出道路是"实现途径"，理论体系是"行动指南"，制度是"根本保障"，三者统一于中国特色社会主义伟大实践。其中，把"中国特色社会主义制度"首次写入党的报告。这是中国特色社会主义进一步走向成熟的标志之一，我们党把改革与制度建设提高到了新高度。

2013 年 11 月，党的十八届三中全会审议通过了《中共中央关于全面深化改革若干重大问题的决定》（以下简称《决定》），提出了"总目标"，即"全面深化改革的总目标是完善和发展中国特色社会主义制度，推进国家治理体系和治理能力现代化"①。"总任务"是"六个紧紧围绕"，涵盖经济、政治、文化、社会、生态和党的建设制度六个方面，是全面深化改革的路径；"总时间表"是到 2020 年在重要领域和关键环节改革上取得决定性成果，完成全会《决定》提出的改革任务；"总设计"是中央成立全面深化改革领导小组，负责总体设计，设立国家安全委员会，完善国家安全体制和安全战略；"总判断"是必须立足于社会主义初级阶段这个最大实际，发展仍是解决我国所有问题的关键，以经济建设为中心、发挥经济体制改革牵引作用；"总经验"是坚持党的领导，坚持解放思想、实事求是，坚持以人为本，坚持处理好改革发展稳定关系；"总部署"是坚持和完善基本经济制度，加快完善现代市场体系……加强和改善党对全面深化改革的领导等"15 项改革措施"②。全会《决定》第一次提出了"完善国家治理体系"和"提升国家治理能力"两个新概念，确立了市场配置资源从基础性作用变为决定性作用，同时还提出了化解经济风险、社会风险、信任风险、政治风险"四大风险"，提出的改革措施，不管政治改革、经济改革、社会改革，还是文化改革，都是针对社会发展中突出的深层次矛盾和问题进行，很多措施针对性非常强。要实现全面深化改革的总目标，关键是完善社会主义市场经济体制，核心问题是处理好政府和市场的关系，使市场在资源配置中起决定性作用和更好地发挥政府作用。这也

---

① 《党的十八届三中全会〈决定〉学习辅导百问》，学习出版社 2013 年版，第 2 页。
② 《党的十八届三中全会〈决定〉学习辅导百问》，学习出版社 2013 年版，第 5—38 页。

意味着无论维护社会稳定，还是实现民族复兴，发展还是硬道理，而可持续有质量的发展，必须依赖市场的力量，释放社会活力和创造性，努力营造一个全民创业创富的新浪潮。可以说这次改革是我们党历史上涉及的领域和范围最广、触及的矛盾问题最复杂、下的决心和力度最大，目标任务和实现路径最明确的改革，彰显出以习近平同志为核心的党中央对改革的坚强决心和超人的智慧，必将为实现中华民族伟大复兴的中国梦增添强大的动力。

2015 年 11 月 10 日，习近平总书记在中央财经领导小组第十一次会议上，首次提出"供给侧改革"。12 月中央经济工作会议强调，要着力推进供给侧结构性改革，推动经济持续健康发展。按照创新、协调、绿色、开放、共享的发展理念，加大结构性改革力度，矫正要素配置扭曲，扩大有效供给，提高供给结构适应性和灵活性，提高全要素生产率。会议明确了"五大政策支柱"，即宏观政策要稳、产业政策要准、微观政策要活、改革政策要实、社会政策要托底；"五大任务"，即"抓好去产能、去库存、去杠杆、降成本、补短板"。从我国当前实际情况看，推进供给侧结构性改革是适应和引领经济发展新常态的重大创新，是适应国际金融危机发生后综合国力竞争新形势的主动选择，是适应我国经济发展新常态的必然要求。推进供给侧结构性改革，是在综合分析世界经济长周期和我国发展阶段性特征及其相互作用的基础上，集中全党和全国人民智慧，从理论到实践不断探索的结晶。

2017 年 10 月，党的十九大报告作出了坚持全面深化改革的明确宣示。过去五年"改革全面发力、多点突破、纵深推进，着力增强改革系统性、整体性、协同性，压茬拓展改革广度和深度，推出 1500 多项改革举措，重要领域和关键环节改革取得突破性进展，主要领域改革主体框架基本确立。中国特色社会主义制度更加完善，国家治理体系和治理能力现代化水平明显提高，全社会发展活力和创新活力明显增强"[1]。站在新时代的起点上，十九大报告对全面深化改革作出战略部署。首次把"坚持全面深化改革"纳入中国特色社会主义基本方略，强调坚持和完善中国特色社会主义制度，不断推进国家治理体系和治理能力现代化，坚决破除一切不合时宜的思想观念和

---

[1] 《党的十九大报告辅导读本》，人民出版社 2017 年版，第 4 页。

体制机制弊端,突破利益固化的藩篱,吸收人类文明有益成果,构建系统完备、科学规范、运行有效的制度体系,充分发挥我国社会主义制度优越性。报告对深化供给侧结构性改革,加快完善社会主义市场经济体制,深化农村土地制度改革,深化机构和行政体制改革等作出了全面部署。

中国的改革从1978年起步,到现在已走过40个春秋,一条循着从易到难、从局部到全局、从增量到存量、从涉险滩到动奶酪,再到啃硬骨头的发展轨迹清晰可见,体现着根本在"改革"、关键在"深化"、重点在"全面"的认识论和方法论,全面深化改革的"大厦"夯实地基,确立框架,进入了扎实施工的高峰期。从1978年党的十一届三中全会拉开改革序幕,到1982年党的十二大提出以计划经济为主、市场调节为辅;从1984年党的十二届三中全会提出发展社会主义商品经济,到1987年党的十三大提出计划调节和市场调节并重;从1992年党的十四大提出建立社会主义市场经济体制,到2002年党的十六大宣告社会主义市场经济体制初步建立;从2007年党的十七大宣告成功实现从计划经济体制到市场经济体制的伟大历史转折,到党的十八届三中全会通过《中共中央关于全面深化改革若干重大问题的决定》,再到党的十九大,标志着中国进入了"全面深化改革"的新时代。这是一个探索的、渐进的、系统的思想认识进程,也是一个阶段性、累积性和历史性的深刻变化。破局开路、历经艰辛、纵深推进,全面深化改革让中国特色社会主义道路越走越宽广。

三、改革的经验启示

回顾中国改革40年的生动实践,我们既积累了许多宝贵的经验,总结出了许多重要的结论,也有值得吸取的教训。40年是中国改革解放思想、与时俱进、全面深化发展的40年,也是经受各种严峻考验、战胜艰难险阻、发生翻天覆地巨大变化的40年。在改革上围绕计划经济与市场经济、公有制经济与非公有制经济、按劳分配与按生产要素分配、政府与市场、党与政府和社会的关系等诸多问题展开,以及在转变人治思维与确立法治思维等问题上进行深化改革。经过全面深化改革,现在计划经济体制已经被冲破,市场经济体制初步建立,以公有制为主体、多种所有制经济共同发展的基本经济制度已经确立;按劳分配与按生产要素分配相结合的分配制度已经在实践中全面推行;政府、市场、企业的关系正在按照市场经济规则进行调整;全面深化改革的基本格局已经形成。40年后的今天,我们对改革与人类历史发展有了更加深刻的认识,积累了弥足珍贵的经验与启示。

(一)必须始终坚持解放思想、实事求是、与时俱进

事实证明,40年来,我国改革发展的一切成就都是贯彻党的思想路线的结果。在经济社会发展的每一个重要阶段,坚持以解放思想为先导,冲破了"两个凡是"的思想禁锢,打破了姓"社"、姓"资"的思想束缚,明确"计划"与"市场"的本质属性,从农村实行家庭联产承包责任制,到转向城市全面进行经济体制改革,到实现从计划经济体制向市场经济体制的历史性转折,再到全面深化改革,都是以思想的大解放推动改革大突破、经济大发展、社会大进步的。在实践中存在这样和那样的思想障碍,主要是一些"左"的观念在作祟。如农村改革之初,有的人把农村家庭联产承包责任制说成是搞资本主义复辟;深圳等经济特区刚建立时,有人说特区除了五星红旗是社会主义之外,其余都是资本主义的;还有的长期以来把市场经济视为洪水猛兽,斥之为社会主义的异端;还有些人认为,非公有制经济是资本主义土壤,搞股份制和股份合作制就是搞资本主义,就是所谓的私有化,等等。直到现在,仍然有一些人认为改革得差不多了,该改的都改了,想把既得利益固化下来,改革没有动力。由此可见,如果不解放思想,不冲破传统观念,不打破思想枷锁,不抛弃"左"的教条,那么改革就无从谈起,也无从全面深化。过去、现在和将来都是如此。任何一个民族,如果没有一种精神力量作为支柱,没有一种良好的精神状态,都是难以生存的。从历史上看,任何一次社会变革,无不以思想解放为先导,改革的深化也有赖于思想的进一步解放。思想解放就是打破条条框框,一切从实际出发,破除旧的教条。正如邓小平同志所指出的:"一个党、一个国家、一个民族,如果一切从本本出发,思想僵化,迷信盛行,那它就不能前进,它的生机就要停止了,就要亡党亡国。"[1]

---

[1]　《改革开放三十年:从历史走向未来:中国经济体制改革若干历史经验研究》,人民出版社2008年版,第85页。

中国改革开放近40年的历史,就是一部不断解放思想、与时俱进的历史。改革的过程就是一个不断解放思想、大胆探索、开拓创新的过程。因此,必须在改革的理论和实践创新中,把握中国特色社会主义理论体系的拓展与提升,把握其核心理论的创新与升华,站在历史变革的高度,紧紧把握鲜明的实践性与时代性,与时俱进地推进马克思主义中国化的理论创新。改革每前进一步,就要消除一个思想障碍,而每消除一个思想障碍,改革就前进一步。实践永无止境、发展永无止境、创新永无止境,解放思想也永无止境。

(二)必须始终坚持社会主义市场化改革取向、解放和发展社会生产力、增强社会活力

党的十八届三中全会指出:"进一步解放和发展社会生产力,进一步解放和增强社会活力。"这是我国改革开放40年最宝贵的经验总结之一。从历史角度看,由于我国长期以来,形成了权力过分集中、所有制结构单一的计划经济体制,严重束缚了生产力发展,压抑了劳动者的积极性、主动性和创造性,使社会失去了活力。邓小平同志之所以把改革称为"第二次革命",其根本原因就是从根本上改变束缚我国生产力发展的经济体制,建立充满生机与活力的社会主义市场经济体制。不改革没有出路,只能把社会主义引向死胡同,葬送活生生的社会主义事业。但是,如果借改革之机,企图从根本上否定社会主义制度,全面走向资本主义,也难以找到出路。这是中国改革40年的首要经验。这个基本结论,已经得到世界上许多社会主义国家改革实践的证实。从世界社会主义国家改革的情况看,有的忌讳改革、不敢改革,固守已经僵化过时的旧体制,最终导致矛盾越积越深,困难越积累越大,最后引发全社会的动荡和危机,被人民所唾弃;有的积极改革,也曾一度出现繁荣局面。但当改革进入攻坚阶段,在外有压力内有困难的情况下,把改革变为"改向",否定社会主义制度,取消共产党的领导,实行所谓"休克疗法",企图在短时间内全盘照搬欧美的政治经济模式,结果是经济滑坡、社会动乱、国家解体、民族分裂;还有的既大胆改革开放,又坚守改革的社会主义方向,始终把解放和发展生产力与提高人民生活水平作为改革的起点和归宿,取得了令世界震撼的成就。这方面的典型代表就是中国。世界上这些正反两方面的经验教训我们应当铭记。在推进改革的实践中,

邓小平同志始终把是否有利于发展社会主义社会的生产力,是否有利于增强社会主义国家的综合国力,是否有利于提高人民生活水平,作为衡量改革成败和判断是非得失的标准;把改革的出发点和落脚点始终放在解放和发展生产力、提高人民生活水平上。只有以解放和发展生产力与提高人民生活水平为中心内容的改革实践,才能动员最广泛的人民群众直接参与,极大地调动广大人民群众的积极性和创造性,使社会主义建设事业焕发出生机与活力。正如习近平总书记所指出的:"改革开放是我们党在新的时代条件下带领人民进行的新的伟大革命,是当代中国最鲜明的特色,也是我们党最鲜明的旗帜。35年来,我们党靠什么来振奋民心、统一思想、凝聚力量?靠什么来激发全体人民的创造精神和创造活力?靠什么来实现我国经济社会快速发展、在与资本主义竞争中赢得比较优势?靠的就是改革开放。"[1]这段重要论述是对我国改革开放近40年最深刻的经验总结。实践充分证明,每一次重大改革都为我国经济社会发展注入新活力、给社会主义事业发展增添强大动力。只有深化改革,才能解放和发展社会生产力;只有解放和发展社会生产力,才能保障深化改革持续健康推进。

(三)必须始终坚持改革与开放的良性互动、以开放带动改革、以改革促进开放

我国的改革从一开始就把"改革开放"一起提出、双向并举,并且把开放也作为改革。40年的实践证明,以开放带动改革,改革促进开放,改革和开放如同车之两轮、鸟之双翼,成为推动社会发展的主要动力。我国的改革之所以必须与开放紧密结合,是因为在生产社会化和经济全球化的今天,各国的发展都离不开世界。历史一再证明,闭关自守,只能导致落后,落后就要挨打。中国吃过这个苦头。正如邓小平所说,现在的世界是开放的世界。中国在西方国家产业革命之后变得落后了,一个重要原因就是闭关自守,我们吃过这个苦头,我们的老祖宗也吃过这个苦头。如果从明朝中叶算起,到鸦片战争,有三百多年的闭关自守。如果从康熙算起,也有近二百年。长期闭关自守,把中国搞得贫穷落后,愚昧无知。中华人民共和国成立以后,第

---

① 《"四个全面"学习读本》,人民出版社2015年版,第134页。

一个五年计划时期是对外开放的,不过那时只能是对苏联东欧的开放。以后关起门来,影响了中国发展。中国要获得发展,不开放不行。这是一个大政策。① 我国的改革是全方位的,开放也是全面的。中国发展离不开世界,世界发展需要中国。从对外开放看,要促进国内国际要素有序流动,资源高效配置,市场深度融合,推进"一带一路"国际合作,坚持共商共建共享原则,完善双边和多边合作机制,以企业为主体,实行市场化运作,推进同有关国家和地区多领域互利共赢的务实合作,以赢得与资本主义相比较的优势。从对内开放看,对内开放就是改革,就是打破地区壁垒,实现社会主义统一大市场。这是建立市场经济的基本条件之一。这就需要对现行体制进行深化改革。不实施改革,开放也难以实施,中国也就发展不起来。而开放的实行,特别是对外开放,又势必推动国内的体制改革。因此,改革与开放是相互促进、密不可分的。但是,我们在对外开放中也不能"大门洞开",对哪些能对外开放、哪些不能对外开放、有的开放到什么程度,要心中有数。对涉及国家安全领域和资本主义意识形态领域的一些风险性问题,一方面要管控结合、严格把握;另一方面要注意防范、积极引导,不能麻木不仁、放任放纵。在这方面,世界上一些社会主义国家走向失败的教训是深刻的,值得吸取和警惕。我们必须从思想上和制度上防止犯颠覆性错误。

(四)必须始终坚持破旧立新、把各项制度更加成熟、更加定型起来

40 年来,我国的改革从破除计划经济旧体制,到创建社会主义市场经济新体制;从 1992 年邓小平南方谈话提出"恐怕再有三十年的时间,我们才会在各方面形成一整套更加成熟、更加定型的制度",到党的十八届五中全会把"各方面制度更加成熟更加定型"作为到 2020 年全面建成小康社会的五大目标之一,深化改革的逻辑主线始终是把破除旧体制与创建新体制结合起来,善用制度变革中的破与立,并善于运用法律法规不断巩固改革成果。不破不立是制度建设的客观规律。我国把破作为立的前提,把立作为破的要求和动力,坚持破立并举、统筹兼顾。正如习近平所指出的:"从形

---

① 参见王怀超:《中国改革开放的历史进程与基本经验》,人民网理论频道,2010 年 2 月 9 日。

成更加成熟更加定型的制度看,我国社会主义实践的前半程已经走过了,前半程我们的主要历史任务是建立社会主义基本制度,并在这个基础上进行改革,现在已经有了很好的基础。后半程,我们的主要历史任务是完善和发展中国特色社会主义制度,为党和国家事业发展、为人民幸福安康、为社会和谐稳定、为国家长治久安提供一整套更完备、更稳定、更管用的制度体系。"①这是习总书记对深化改革的深刻思考,是对世界社会主义国家经验教训的深刻总结,对于推进我国改革开放和社会主义现代化建设,尤其是政治制度改革,具有十分重要的现实意义。实践证明,全面深化改革,需要正确处理破与立的辩证关系,只有破旧思维、破旧格局、破"中梗阻"、破"肠梗阻",才能立信心、立新规、立新理念、立新结构、立远景,在大破大立中除旧布新,不断在实践中完善和发展中国特色社会主义制度体系。全面深化改革,说到底就是一个全面破除旧体制、创建新体制的过程。随着全面深化改革实践向纵深推进,不断把经过实践检验是行之有效的改革措施,通过法律程序从制度层面上把它固定下来,把全面深化改革纳入法制化轨道。强化改革的制度创新,不仅要加强经济体制改革,而且要重点推进各级政府全面依法行政,降低行政成本,提高工作效率与效能,从建章立制、理顺体制、完善机制三个方面探索建立高效、廉洁、法制的服务政府,以此带动国家各项民主法治制度创新与建设。只有这样才能使改革成果得到巩固,使人们在改革过程中的行为规范化。只有这样才可以避免由于人事更迭,使改革进程发生逆转。唯有如此,我们才能随着改革的拓展和深入,把中国特色社会主义制度体系建立起来、完善起来、定型起来,为我国走向社会主义制度现代化奠定坚实的基础。

(五)必须始终坚持以人民为中心的改革思想、协调好各方面的利益关系

我国改革历史证明一个真理,就是人民群众创造历史,人民利益至高无上。只有以人民为中心的改革思想,才能使改革最终走向成功。邓小平同志认为,改革开放和现代化建设是人民群众自己的事业,改革为了人民群

---

① 《"四个全面"学习读本》,人民出版社 2015 年版,第 145—146 页。

众,改革也必须依靠人民群众,要保护好他们的积极性和创造性。① 这是邓小平改革思想的现实意义所在。简单地说,我们所有的改革都是为了人民群众的改革,最广大人民群众开心了,我们的改革就成功了。习近平提出"以人民为中心的发展思想",也是以人民为中心的改革思想,因为改革的根本要求是为了发展。以人民为中心的发展思想、改革思想,具有深厚的马克思主义理论渊源和中国特色社会主义实践基础,彰显了人民至上的价值取向,体现了人民是推动改革发展的根本力量的唯物史观。把人民群众看作社会生产、社会生活和社会历史的主体,是马克思主义唯物史观的基本观点。我们党的根本宗旨是全心全意为人民服务,党的性质决定了改革发展必须为了人民、改革发展依靠人民、改革发展成果由人民共享。我国改革开放的伟大实践反复证明,依靠人民、为了人民是取得伟大成就的宝贵经验。改革什么时候偏离了为人民服务的宗旨,什么时候改革就会受到挫折,改革就会失去原动力,为大多数人而改革的天平就会失衡,甚至导致贫富差距拉大、两极分化,最终导致改革失败。正如邓小平和他弟弟邓垦谈话里所提到的,大家想一想,中国现在真正一部分先富起来的人是百万富翁吗? 如果出现了严重的两极分化,我们这个改革就失败了,等中国改革开放我们富裕起来了,解决两极分化问题会比改革开放本身还难。② 因此,一切为了人民的利益、以人民为中心的改革思想是一个永恒的命题。农村联产承包责任制的建立、国有企业的改革、非公有制经济的发展,按劳分配与按生产要素分配相结合、全国农村脱贫攻坚的推进、共享发展等,以人民利益至高无上的实践,尊重人民群众的首创精神,使中国共产党人时刻把对国家、人民、历史高度负责的精神永远铭记在心。立党为公、执政为民,让改革普惠广大人民群众的根本利益,使人民对党从过去的"感恩性"认同转变为"利益性"认同。同时注重从解决关乎人民群众切身利益的问题入手,努力兼顾好各方面的利益,在经济发展的基础上实现社会公平。通过妥善处理好改革过程中的各种利益关系,使广大人民群众能够共享改革发展的成果,达到以制度

---

① 参见唐铁汉:《邓小平现代领导理论与实践》,人民出版社 2001 年版,第 9 页。
② 参见王继军:《启蒙与开放》(七),人民出版社 2014 年版,第 47 页。

建设促进社会和谐、改善人民生活的目标。这是中国改革区别于其他任何国家和政党的试金石,也是中国改革开放行稳致远的法宝。我们要牢记习近平总书记指出的:"'水能载舟,亦能覆舟。'这个道理我们必须牢记,任何时候都不能忘却。老百姓是天,老百姓是地。忘记了人民,脱离了人民,我们就会成为无源之水、无本之木,就会一事无成。"①

(六)必须始终坚持党的坚强领导核心地位是全面深化改革的根本保障

办好中国的事情,关键在党、关键在人。这是我国改革开放近40年最为深刻的经验总结,也是全面深化改革取得全面胜利的最根本的保障。我国社会主义改革是亘古没有先例的探索,是一个十分庞大而又复杂的系统工程,是一场伟大的社会深刻变革。它既涉及经济体制的改革,又涉及政治、文化、社会、生态等各个方面的调整;既涉及权力的调整,又涉及各方面利益的分配,直接影响到每一个公民的利益,事关利益固化的藩篱能否突破,事关中国特色社会主义的生死存亡。要通过全面深化改革,加快"两个一百年"奋斗目标的实现。要把如此巨大的社会系统工程顺利完成,没有一个坚强有力的领导核心是根本不可能实现的。这个领导核心就是忠实代表最广大人民根本利益的中国共产党。实践证明,我们党能够在革命战争年代带领人民取得新民主主义革命的伟大胜利,同样能在改革开放的新时期带领人民取得全面深化改革的伟大胜利。因为只有依靠党的坚强领导,依靠全国各族人民的智慧和创造力,才能有组织、有秩序、分步骤地积极推进全面深化改革,才有可能实现既定的目标。世界上一些社会主义国家在改革遇到困难时,自己否定党的领导,解散基层党的组织,结果导致国家分裂、社会动荡、改革失败、人民遭殃的灾难性恶果。这些前车之鉴,值得警醒。当今中国进入了全面深化改革的新阶段,在改革中走到了攻坚期、深水区,我们不能犯世界上这些社会主义国家所犯的颠覆性错误,要在党的坚强领导下,进行全面深化改革的新的伟大长征。如果我们离开了党的领导,全国稳定的政治中心就不复存在,搞改革和发展的最基本的政治基础和社会

---

①　习近平:《在纪念红军长征胜利80周年大会上的讲话》,人民网,2016年10月21日。

稳定基础就会丧失掉,不仅改革搞不下去,建设也无从谈起,甚至连起码的社会秩序也难以维持。这是近百年来中国人民在长期奋斗的实践中被反复证明了的一条真理。改革是社会主义制度的自我完善和发展,是自上而下进行的社会结构性调整和体制改造,必须有组织、有领导、有秩序、分步骤地进行。作为领导社会主义事业的核心力量,我们党必须牢牢掌握改革的领导权,紧紧把握改革的进程和方向,使改革始终沿着中国特色社会主义正确的方向前进,走好全面深化改革的新的伟大长征。如习近平所述,"弘扬伟大长征精神,走好今天的长征路,必须加强党的领导,坚持全面从严治党,为推进党的建设新的伟大工程而矢志奋斗。长征胜利启示我们:党的领导是党和人民事业成功的根本保证。"①深入贯彻好总书记的重要讲话精神,把中国共产党人和红军将士用生命和热血铸就的伟大长征精神,更好地融入我们的血脉和灵魂,汇聚起全面深化改革的磅礴力量,我们必将在新长征路上不断攻坚克难、从胜利走向胜利。

第四节　依法治国的探源与进展

　　法治,繁荣稳定的基石,实现现代化和民族复兴的保障。中华人民共和国成立 69 年来,在翻天覆地的巨大变化中,依法治国走过了 69 年的光辉历程。依法治国对于中国这样一个有着几千年人治传统的国家,无疑是治理领域一场广泛而深刻的革命。这是深刻总结我国社会主义法治建设成功经验和深刻教训作出的重大抉择,是全面建成小康社会和全面深化改革的重要保障,是为了实现中华民族伟大复兴中国梦、实现党和国家长治久安的深谋远虑。认真总结中华人民共和国成立 69 年来依法治国的经验,探寻发展的历史轨迹,研究未来法治中国建设新趋势,对于站在新的历史起点上的中国走向制度现代化,完善和发展中国特色社会主义制度体系,建设具有中国特色社会主义制度文明,具有重大的现实意义和深远的历史意义。

---

① 《习近平在纪念红军长征胜利 80 周年大会上的讲话》,人民网,2016 年 10 月 21 日。

一、依法治国的历史进程

法治是政治文明发展到一定历史阶段的标志,凝结着人类智慧,为各国人民所向往和追求。依法治国是我们党领导人民治理国家的基本方略;依法执政是党执政的基本方式;依法行政是政府行政权运行的基本原则。中华人民共和国成立 69 年来,我国的法治建设经历了一个不平凡的历史过程。全面依法治国的提出、形成和确立,经历了由"法制"和"法治"到"依法治国"再到"全面依法治国"的演进过程。

(一)1949—1978 年,以中华人民共和国成立为标志,开启了我国法治建设的新纪元

1949 年 9 月 21 日,在中国人民政治协商会议第一届会议上,庄严宣告"占人类总数四分之一的中国人从此站立起来了"的时候,古老的中华民族法律文明开始获得了新生。中国人民政治协商会议第一届全体会议通过了起临时宪法作用的《中国人民政治协商会议共同纲领》[①](以下简称《共同纲领》)。1954 年我国颁布了第一部宪法,是在对中华人民共和国成立前夕由全国政协制定的起临时宪法作用的《共同纲领》进行修改的基础上制定的。宪法规定国家的根本政治制度、经济制度、公民基本权利和义务,以及立法、行政、司法体制等,为我国后来的民主建设与制度建设奠定了根本法基础。毛泽东说,这部宪法"把人民民主和社会主义原则固定下来,使全国人民有一条清楚的轨道,使全国人民感到有一条清楚的明确的正确的道路可走"[②]。正是沿着这条道路,我国的法治建设取得了很大成就。在中华人民共和国成立以来的相当长一段历史时期内,我国法治发展的一个明显特点是,法治发展与群众运动交织在一起,形成了有机的互动关系。

譬如 1950 年 6 月 28 日我国通过了《中华人民共和国土地改革法》,1950 年 7 月 14 日通过了《人民法庭组织通则》等一系列法律与政策文件,把土地改革运动纳入法律与政策的轨道,有力地保障了这一革命性变革的

---

① 《宪法知识干部读本》,人民出版社 2004 年版,第 54 页。
② 刘世华:《中国民主政治模式研究》,人民出版社 2014 年版,第 140 页。

进行。1950 年 3 月 18 日,中共中央发出了《关于镇压反革命活动的指示》,一场镇压反革命运动在全国展开,经过三年取得了全面胜利。1951 年 12 月 1 日,中共中央决定开展"三反"运动,作出了《关于实行精兵简政、增产节约、反对贪污、反对浪费和反对官僚主义的决定》。1952 年 4 月 21 日公布施行《中华人民共和国惩治贪污条例》等法律与政策文件,成为"三反"运动的重要法律与政策机制。同时,我们党还开展了打退资产阶级进攻的反行贿、反偷税漏税、反盗骗国家财产、反偷工减料、反盗窃国家经济情报的"五反"运动。1952 年 3 月 24 日,政务院发布了《关于"五反"运动中成立人民法庭的规定》,运用法律手段保障"五反"运动的顺利开展。①

虽然大规模的群众运动有力地推动了中华人民共和国成立之初的法制建设,在中华人民共和国政权刚刚成立的社会历史条件下,发动群众运动、进行社会改革是我们党组织社会动员、巩固新生政权的基本方式。但是群众运动与法治权威之间往往有其矛盾的一面。"因为群众运动是不完全依靠法律的,甚至对他们自己创造的表现自己意志的法律有时也不太尊重。"②在我国特殊的社会历史条件下,群众运动的副作用造成的影响是相当深刻与深远的。这集中表现为助长不重视和不尊重法治的现象的滋生蔓延,损害法治权威的确立。从 1957 年开始,法律虚无主义思潮蔓延,直至采取大规模群众运动的方法,导致了"文化大革命"错误的发生,使国家和民族蒙受了灾难。这使我们懂得一个深刻的道理,就是国家必须有成熟和定型的法律和制度,而且这种法律和制度要有稳定性、连续性,是广大人民群众制定的,具有极大的权威性。只有经过法律程序才能修改,而不能以任何领导人的个人的意志为转移。③

(二)1978—1997 年,以党的十一届三中全会为标志,迈出了我国依法治国的新步伐

1978 年 12 月,党的十一届三中全会召开,这是当代中国政治生活中具有里程碑意义的一件大事,从此我国法治建设进入了一个历史变革的新时

---

① 公丕祥:《全面依法治国》,江苏人民出版社 2015 年版,第 7 页。
② 《董必武法学文集》,法律出版社 2001 年版,第 196 页。
③ 公丕祥:《全面依法治国》,江苏人民出版社 2015 年版,第 8 页。

代。以邓小平同志为核心的党的第二代领导集体反思"文化大革命"的沉痛教训，深刻认识到，如果我国的法治建设不起来，也不可能真正建成社会主义国家。这就如没有民主就没有社会主义一样，没有法治也就没有社会主义。党的十一届三中全会确立了我国法治建设的指导方针，提出了"为了保障人民民主，必须加强社会主义法制，使民主制度化、法律化，使这种制度和法律具有稳定性、连续性和极大的权威，做到有法可依，有法必依，执法必严，违法必究"①的方针，重启了被"文化大革命"中断的法制建设进程。

1979 年 9 月，中共中央专门向全党发出了《关于坚决保证刑法、刑事诉讼法切实实施的指示》，第一次明确提出"实行社会主义法治"，并且把刑法、刑事诉讼法能否严格执行，上升到"直接关系到党和国家信誉"的高度来加以突出地强调，这确乎意义重大而深远。②

1982 年 12 月，全国人大五届五次会议通过的宪法（亦称"八二宪法"），确定了国家法制统一的原则，规定"国家维护社会主义法制的统一和尊严"，进一步推动了当代中国法制现代化的进程。③ 在"八二宪法"的指引下，20 世纪 80 年代，我国立法初步形成了以宪法为核心的中国特色社会主义法律体系的基本框架。

1993 年 3 月，宪法修正案将 1988 年宪法原有第 15 条关于计划经济的规定，修改为"国家实行社会主义市场经济，国家加强经济立法，完善宏观调控，国家依法禁止任何组织或个人扰乱社会经济秩序"，从而启动了中国市场经济及其发展中的法制建设。④

1993 年 11 月召开的党的十四届三中全会，作出了《中共中央关于建立社会主义市场经济体制若干问题的决定》，提出到 20 世纪末初步建立起新的经济体制，并且强调必须围绕社会主义市场经济的主要环节建立相应的法律体系。⑤ 这表明，我国要从传统的计划经济体制向现代市场经济的转型，在很

---

① 《改革开放以来历届三中全会文件汇编》，人民出版社 2013 年版，第 12 页。

② 参见《三中全会以来重要文献汇编》（上），人民出版社 1982 年版，第 257 页。

③ 公丕祥：《全面依法治国》，江苏人民出版社 2015 年版，第 9 页。

④ 参见李文娟：《中国特色社会主义法治建设的回顾与展望》，《武汉冶金管理干部学院学报》2009 年第 2 期。

⑤ 公丕祥：《全面依法治国》，江苏人民出版社 2015 年版，第 9—10 页。

大程度上意味着国家制度的转型变革。

（三）1997—2012 年，以党的十五大召开为标志，将"依法治国"确立为基本方略，进入全面加强法治建设的新时期

1997 年 9 月，党的十五大明确提出了"依法治国，是党领导人民治理国家的基本方略"，同时将"依法治国建设社会主义法治国家"，确定为社会主义现代化的重要目标，并提出"到 2010 年形成有中国特色社会主义法律体系"的重大任务。① 1999 年 3 月，全国人大九届二次会议将"中华人民共和国实行依法治国建设社会主义法治国家"载入宪法。②

2002 年 11 月，党的十六大明确提出依法执政的新命题，并将"社会主义法制更加完备，依法治国基本方略得到全面落实"等纳入了全面建设小康社会的目标。十六大报告指出："必须增强法制观念，善于把坚持党的领导、人民当家做主与依法治国统一起来，不断提高依法执政的能力。"③

2004 年 9 月，党的十六届四中全会通过的《中共中央关于加强党的执政能力建设的决定》，强调"依法执政是新的历史条件下党执政的一个基本方式"④，这个全新的执政理念的提出，反映了在新的历史发展时期对党的执政能力提出的新要求，突出了把依法治国、依法执政、依法行政紧密结合起来等一系列科学的战略思想，为贯彻落实依法治国基本方略指明了方向。

2006 年 10 月，党的十六届六中全会作出了《中共中央关于构建社会主义和谐社会若干重大问题的决定》，强调"以制度建设来保障社会公平正义，最重要的是推进国家经济、政治、文化、社会生活的法制化、规范化，以法治理念、法治体制、法治秩序维护和促进社会公平正义"⑤。这是我们党历史上第一次把社会更加和谐作为党的重要目标之一，紧密把和谐社会建设与社会法治治理结合起来，丰富和发展了中国特色社会主义法治建设的内涵。

---

① 《十五大以来重要文献选编》（上），人民出版社 2000 年版，第 31、30、33 页。
② 邸乘光：《"四个全面"形成与确立的历史考察》，《当代中国史研究》2015 年第 4 期。
③ 《中国共产党第十六次全国代表大会文件汇编》，人民出版社 2002 年版，第 39 页。
④ 《十六大以来重要文献选编》（中），中央文献出版社 2006 年版，第 281 页。
⑤ 《十六大以来重要文献选编》（下），中央文献出版社 2006 年版，第 710 页。

2007 年 10 月,党的十七大提出"全面落实依法治国基本方略,加快建设社会主义法治国家",并对加强社会主义法治建设作出了全面部署。明确要"坚持依法治国基本方略,树立社会主义法治理念,实现国家各项工作法治化,保障公民合法权益"①。这是首次提出了"树立社会主义法治理念"和"弘扬法治精神"的命题,为我国建设中国特色社会主义法治文化指明了发展方向。

2011 年 3 月,十一届全国人大四次会议宣布:"党的十五大提出到 2010 年形成中国特色社会主义法律体系的立法工作目标,如期完成。"②这标志着我们国家和社会生活总体上实现了"有法可依"。

(四)2012 年党的十八大以来,以党的十八届四中全会为标志,掀开了全面依法治国的新篇章

党的十八大以来,以习近平同志为核心的党中央,把依法治国的基本方略提到一个更新的高度,掀开了我国法治建设的崭新篇章。

2012 年 11 月,党的十八大报告指出,法治是治国理政的基本方式,要加快建设社会主义法治国家,全面推进依法治国,完善中国特色社会主义法律体系,要更加注重发挥法治在国家治理和社会管理中的重要作用,并确立了依法治国的新任务和新目标,即到 2020 年"依法治国基本方略全面落实,法治政府基本建成,司法公信力不断提高,人权得到切实尊重和保障"③。并且把这些内容纳入了全面建成小康社会的目标。

2013 年 11 月,党的十八届三中全会提出"法治中国"新概念,指出:"建设法治中国,必须坚持依法治国、依法执政、依法行政共同推进,坚持法治国家、法治政府、法治社会一体建设。"④这一重要论述为建设法治中国规划了新的路线图,对建设法治中国具有重要的战略指导作用。

2014 年 10 月,党的十八届四中全会审议并通过了《中共中央关于全面推进依法治国若干重大问题的决定》,确定了全面依法治国的指导思想、总

① 肖贵清等:《中国特色社会主义制度基本问题研究》,人民出版社 2013 年版,第 118 页。
② 《十七大以来重要文献选编》(下),中央文献出版社 2013 年版,第 262 页。
③ 《十八大报告辅导读本》,人民出版社 2012 年版,第 18 页。
④ 《党的十八届三中全会〈决定〉学习辅导百问》,学习出版社 2013 年版,第 20 页。

体目标、根本原则、重大任务和具体部署,突出强化了"党领导人民治理国家的基本方略"、"坚定不移走中国特色社会主义法治道路"、"建设中国特色社会主义法治体系和建设社会主义法治国家"①等,为全面依法治国指明了目标方向,提供了基本遵循。这是我们党历史上第一次关于加强法治建设的专门决定,从立法、执法、司法、守法四个方面作出全面部署,开启了中国法治新时代。

2017 年 10 月,党的十九大胜利召开。十九大报告指出:"新时代中国特色社会主义思想……明确全面推进依法治国总目标是建设中国特色社会主义法治体系、建设社会主义法治国家"②,"全面依法治国"被列入习近平新时代中国特色社会主义思想主要内容的"八个明确"之一,"坚持全面依法治国"被列入"14 个坚持"的基本方略之一。在法治建设上突出六个方面。一是强调推进全面依法治国,必须坚定不移走中国特色社会主义法治道路。从坚持党的领导、中国特色社会主义制度和中国特色社会主义法治理论三个方面,体现了中国特色社会主义法治道路的核心要义,规定和确保了中国特色社会主义法治体系的制度属性和前进方向。二是重申全面依法治国是国家治理的一场深刻革命和中国特色社会主义的本质要求和重要保障。三是明确和重申推进全面依法治国的总抓手。四是明确了全面依法治国的工作布局和加强党的领导,完善立法、执法、司法制度和推进全民守法的重点任务。五是要求加强宪法实施和监督、推进合宪性审查工作。六是依法推进国家监察体制改革。以十九大为标志,全面依法治国进入了中国特色社会主义新时代。

中华人民共和国成立 69 年来,我国法治建设的历史逻辑、关键节点清晰可见,经验弥足珍贵。在创建中华人民共和国的历史进程中,打碎了旧的国家机器、废除了国民党旧法统,建立了社会主义法制的基本框架;在改革开放的历史进程中,恢复和发展了社会主义法治,确立了法律的崇高地位和权威;在建立社会主义市场经济体制的历史进程中,提出并坚持依法治国的

---

① 《习近平总书记系列重要讲话读本》,学习出版社、人民出版社 2016 年版,第 85—91 页。

② 《党的十九大报告辅导读本》,人民出版社 2017 年版,第 19 页。

基本方略,建设社会主义法治国家;在全面建设小康社会的历史进程中,确立党依法执政的基本方式,坚持依法治国、依法执政、依法行政三位一体推进;在实现"两个一百年"奋斗目标即中华民族伟大复兴中国梦历史进程中,建设中国特色社会主义法治体系和社会主义法治国家,加快推进国家治理体系和治理能力现代化,标志着当代中国正从物质现代化走向制度现代化,为世界制度文明探索新路子。

二、历史巨变中的法治变革

法律是治国之重器,法治是国家治理体系和治理能力的重要依托。在中国共产党的领导下,中国人民经过革命、建设和改革开放,逐步走上了中国特色社会主义法治道路,其间经历了一个艰难曲折的探索过程。党的十八届四中全会《关于全面推进依法治国若干重大问题的决定》指出:"中国特色社会主义法治道路,是社会主义法治建设成就和经验的集中体现,是建设社会主义法治国家的唯一正确道路。"[1]在中国特色社会主义法治道路的形成和发展过程中,伴随着中国社会两次重大历史性巨变,产生了两次法治革命。[2]

1949年中华人民共和国的成立,表明中国共产党领导人民进行的伟大革命的胜利,结束了几千年来中国封建社会旧法律秩序,催生了中国社会主义法治发展历程中的第一次法治革命。这场法治革命是在新民主主义法制发展的基础上进行的,目的在于推动从半殖民地半封建社会的法律秩序向新民主主义及社会主义法律秩序的历史更替,从而为中国特色社会主义法治道路的形成奠定坚实基础。在新民主主义革命时期,中国共产党在领导全国各族人民反帝、反封建、反官僚主义的伟大斗争中,高度重视法制建设,并把法制建设作为新民主主义政治建设的重要组成部分,对革命军队和红色政权的发展,对革命统一战线的巩固,对新民主主义革命的胜利和党领导革命群众在全国范围内夺取政权等,都起到了重要的保障作用。如土地革命时期,诞生于瑞金的《中华苏维埃共和国宪法大纲》,是中国历史上由人

---

① 《〈中共中央关于全面推进依法治国若干重大问题的决定〉辅导读本》,人民出版社2014年版,第12页。

② 参见公丕祥:《全面依法治国》,江苏人民出版社2015年版,第22页。

民代表机关正式通过并公布施行的第一部人民宪法。抗日战争时期,颁布了以陕甘宁边区抗战时期施政纲领为代表的一系列宪法性文件。先后通过和颁布了一系列法律、法令、条例、训令以及大量法规性文件,在民主政权内形成了宪法、土地法、组织法、行政法、经济法、劳动法、婚姻法、税法、选举法、刑法、军事法、商法和社会保障法等法科门类的雏形。这些法律法规体现了原创性、革命性、阶级性、针对性和公正性等特点,为人民民主专政奠定了重要的基石,也是中华人民共和国法制建设的直接渊源。① 这些法律文件确立了中国共产党领导下的革命根据地的法律制度框架,提倡平等、自由、人权和依靠人民群众的法制建设理念。尽管这些法律制度在形态上比较简单,也有一定的局限性,但它所确立的重要法律原则和制度,体现了新型法治发展道路的基本性质,为后来中国特色社会主义法治道路打下了初步的基础。

从 1949 年中华人民共和国成立,到 1956 年生产资料私有制的社会主义改造胜利结束,这是中国历史上最深刻、最伟大的社会变革时期之一,也是中国特色社会主义法治道路的奠基时期。在这个重要的节点上,我国经历了从新民主主义性质的国家制度,向社会主义类型的国家制度的转变过程。1949 年的《中国人民政治协商会议共同纲领》、《中央人民政府组织法》和其他一系列法律、法令,对巩固新生的共和国政权,维护社会秩序和恢复国民经济,起到了重要作用,对中华人民共和国成立之初的新民主主义国家制度及其政权组织系统做了明确的规定,标志着一个全新的国家制度的确立,实现了对于近代中国以来各种国家制度方案的历史性超越。1954年第一届全国人民代表大会第一次会议,制定的《中华人民共和国宪法》,以及随后制定的有关法律,规定了国家的政治制度、经济制度和公民的权利与自由,规范了国家机关的组织和职权,确立了国家法制的基本原则,初步奠定了中国法治建设的基础。这对于中国特色社会主义法治道路的形成和发展具有深远的历史意义。在制定这部宪法时毛泽东就说过:"用宪法这

---

① 参见王硕:《中国共产党在新民主主义革命时期的法制建设》,《党史文苑志》2010 年第 11 期。

样一个根本大法的形式,把人民民主和社会主义原则固定下来,使全国人民有一条清楚的轨道,使全国人民感到有一条清楚的、明确的和正确的道路可走,就可以提高全国人民的积极性。"①

总之,1949 年开始的当代中国第一次法治革命,是在新民主主义法制发展的基础上,适应中国社会经济、政治条件历史性的革命变革的客观要求,坚实地走向社会主义法治,创设和发展了中国社会主义国家制度所要求的社会主义法律秩序,是历史发展的必然逻辑。②

1978 年召开的党的十一届三中全会,推动了当代中国发展进步的历史性转折,开辟了中国特色社会主义道路的新时期,具有划时代的里程碑意义。从此,当代中国法治建设进入了一个历史变革的新时代,推动了人治向法治的深刻转变,产生了当代中国的又一次法治革命。这场法治革命一直延续到了今天,其本质性意义在于实现从传统的计划经济体制下的政策型的法治秩序,向社会主义市场经济体制下的现代法理型法治秩序的历史性变革。③"长期以来,特别是党的十一届三中全会以来,我们党深刻总结我国社会主义法治建设的成功经验和深刻教训,提出为了保障人民民主,必须加强法治,必须使民主制度化、法律化,把依法治国确定为党领导人民治理国家的基本方略,把依法执政确定为党治国理政的基本方式,积极建设社会主义法治,取得历史性成就。"④

经过 40 年广泛而深刻的社会与法治变革,中国特色社会主义法治道路显示出强大的生命力。一是确立依法治国为党领导人民治理国家的基本方略。党的十五大在我们党历史上第一次提出了依法治国、建设社会主义法治国家的基本方略。这是历史性的重大战略决策。随着依法治国基本方略的提出与贯彻落实,随着建设社会主义法治国家宏伟目标的确立与实施,拓展了中国特色社会主义法治道路的内涵,加快了中国特色社会主义法治发

---

① 沙健孙:《毛泽东思想通论》,人民出版社 2013 年版,第 567 页。
② 参见公丕祥:《全面依法治国》,江苏人民出版社 2015 年版,第 23 页。
③ 参见公丕祥:《全面依法治国》,江苏人民出版社 2015 年版,第 24 页。
④ 《中共中央关于全面推进依法治国若干重大问题的决定》,人民出版社 2014 年版,第 2—3 页。

展进程。现代法治与民主政治密切相连,它要求法律的权威高于任何个人的权威,法律是治理国家的基本手段。二是确定依法执政为党治国理政的基本方式。进入 21 世纪以来,我们党提出了依法执政的重大命题,并作为改革和完善党的领导方式和执政方式、提高党的执政能力的重要内容。党的十八届四中全会把坚持党的领导,作为全面依法治国必须坚持的首要原则,明确提出社会主义法治必须坚持党的领导,党的领导必须依靠社会主义法治,提出坚持依法执政、加强和改进党对全面推进依法治国领导的"三统一"、"四善于"的基本要求,完善保证党确定依法治国方针政策和决策部署的工作机制和程序,加强对全面依法治国的统一领导、统一部署、统筹协调等等。① 这些都进一步明确了建设社会主义法治国家的性质、方向和道路,对于推动当代中国法治发展具有重大的指导意义。三是形成了中国特色社会主义法律体系。党的十五大第一次提出到 2010 年形成有中国特色社会主义法律体系的历史任务。2011 年十一届全国人大四次会议正式宣布,党的十五大提出到 2010 年形成中国特色社会主义法律体系立法工作目标,如期完成。在形成中国特色社会主义法律体系的过程中,先后经历了从 20 世纪 80 年代初步形成法律体系的基本框架,到九届全国人大初步形成,到十届全国人大基本形成,再到十一届全国人大如期形成,②经历了四个发展阶段,走过了一条不平凡的国家立法之路。我国法律体系的形成,标志着中国特色社会主义法律制度的成熟和完善,有力地推动了建设社会主义法治国家的历史进程。"这是一个了不起的重大成就",是在中国特色社会主义法治发展进程中具有里程碑意义的大事。

党的十八大以来,以习近平同志为核心的党中央,从"四个全面"战略布局出发,精心谋划全面依法治国的总体布局。一是确立全面依法治国的总目标,就是建设中国特色社会主义法治体系,建设社会主义法治国家。习近平指出:"全面推进依法治国涉及很多方面,在实际工作中必须有一个总揽全局、牵引各方的总抓手,这个总抓手就是建设中国特色社会主义法治体

---

① 参见《中共中央关于全面推进依法治国若干重大问题的决定》,人民出版社 2014 年版,第 5—6、33—34 页。

② 参见公丕祥:《全面依法治国》,江苏人民出版社 2015 年版,第 26 页。

系。依法治国各项工作都要围绕这个总抓手来谋划、来推进。"①这段重要论述为全面依法治国、加快建设法治中国指明了前进方向。二是坚持依法治国、依法执政、依法行政共同推进。中国特色社会主义事业涉及党的建设、国家发展和社会生活方方面面，非常需要统筹协调、整体谋划、全力推进，要有中国特色社会主义法治发展的整体观。三是坚持法治国家、法治政府、法治社会一体建设。中国特色社会主义法治发展的过程，实际上是一个从人治型治理模式向法治型治理模式转型与变革的过程。这可以称作为一场深刻的法治变革，其基本目标就是要建设法治国家、法治政府和法治社会，从而不断实现中国法制现代化。四是实现科学立法、严格执法、公正司法、全民守法。从党的十一届三中全会提出的十六字社会主义法制建设基本方针，即"有法可依、有法必依、执法必严、违法必究"，到党的十八大对新时期全面依法治国重点任务作出新的概括，即"科学立法、严格执法、公正司法、全民守法"，并确立为新的十六字方针，再到党的十八届四中全会将其纳入全面依法治国的总目标之中，不仅表明我们党对社会主义法治建设有了更加完整系统的规划，也说明党对现代化历程中治国理政的规律有了更加准确的把握，必将对中国特色社会主义法治道路产生深远的影响。

总之，中国特色社会主义法治道路产生、形成和发展的过程，实际上就是在全面深化改革中不断创新和完善中国特色社会主义法律制度的过程，也是中国特色社会主义法治优越性不断得到充分发挥的过程。在这个历史进程中，实现了从传统的人治向法治的历史性转变，从传统的计划经济体制下政策型的法治秩序向市场经济体制下现代法理型法治秩序的历史性变革。

三、依法治国的基本启示

法治立而国运昌，法治废则国运衰。党和国家的兴衰与法治息息相关。中华人民共和国成立 69 年来，我们党在不断总结社会主义法治建设成功经

---

① 《中国共产党第十八届中央委员会第四次全体会议文件汇编》，人民出版社 2014 年版，第 81 页。

验和深刻教训的基础上,特别是改革开放以来,在探索依法治国道路上积累了许多宝贵经验。这是我们党治国理政的宝贵财富,对于全面依法治国,加快实现国家治理现代化,具有重要的理论价值和实践价值,为我们依法治国留下了宝贵的经验启示。

首先,必须更加注重法治在国家治理和社会管理中的重要作用。社会主义是一种新生的社会制度,相对于资本主义制度而言,尚处在实践和发展的初期。世界社会主义历史上没有治理社会主义社会的现成经验,只能在实践中探索。我国经济和社会结构正在发生深刻变革,新的科技革命正在改变人们的生产生活方式,利益诉求日益多样,利益关系更加复杂,社会矛盾不断加剧,人们对法治的期待越来越强烈,法治的作用空间越来越广阔。然而现实生活中,我国法治权威不足,有法不依、执法不严、违法不究、司法不公、徇私枉法等现象仍然存在。现在我们比以往任何时候都更加需要发挥法治的重要作用,坚持依法治国、依法执政、依法行政共同推进,坚持法治国家、法治政府、法治社会一体建设。特别是各级领导干部,要善于运用法治思维和法治方式调节经济社会关系、统筹协调各种利益冲突;善于运用法治思维和法治方式化解社会矛盾、维护公平正义;善于运用法治思维和法治方式预防惩治犯罪、维护社会秩序,形成办事依法、遇事找法、解决问题用法、化解矛盾靠法的良好法治环境。① 实践证明,法律是治国之重器,法治是国家治理体系和治理能力的重要依托。什么时候重视法治,法治就昌明,就国泰民安;什么时候忽视法治,法治就松弛,就国乱民怨。全面依法治国是深刻总结我国社会主义法治建设成功经验和深刻教训作出的重大战略抉择。

其次,必须坚持党的领导、人民当家作主和依法治国的有机统一。这"三者的有机统一",实质上是把依法治国基本方略同依法执政基本方式统一起来,把党总揽全局、协调各方同人大、政府、政协、审判机关、检察机关依法依章程履行职能开展工作统一起来,把党领导人民制定和实施宪法法律

---

① 参见何毅亭:《学习习近平总书记重要讲话(增订本)》,人民出版社 2014 年版,第62—63 页。

同党坚持在宪法法律范围内活动统一起来,善于使党的主张通过法定程序成为国家意志,善于使党组织推荐的人选通过法定程序成为国家政权机关的领导人员,善于通过国家政权机关实施党对国家和社会的领导,善于运用民主集中制原则维护中央权威、维护全党全国团结统一。① 这是我国法治建设最为深刻和宝贵的经验启示。依法治国必须正确处理好政党、国家、社会三者之间的关系,党的领导是根本,人民当家作主是核心,依法治国是保证,三者相互联系、相互促进、相得益彰,形成有机整体,缺一不可。坚持依法治国的基本方略离不开党的理论和路线指引,更不能脱离民主制度建设。国家治理现代化与党的领导、人民民主、依法治国具有根本的一致性。国家要素功能充分发挥的重要条件是依法治国,政党具有领导功能,社会具有决定作用,坚持三者的统一,有利于充分发挥制度的优越性,把各方面制度优势更好地转化为管理国家的效能。② 实践证明,党的领导是中国特色社会主义最本质的特征,是社会主义法治最根本的保证。坚持人民当家作主的主体地位,必须坚持法治为了人民、依靠人民、造福人民、保护人民。法治思维是我们党的主张成为国家意志的思想灵魂,坚持以法治思维为统领,才能使党的主张沿着正确的路径上升为国家意志。

再次,必须坚定不移走中国特色社会主义法治道路。69 年的实践告诉我们,坚持中国特色社会主义法治道路,是建设法治中国的唯一正确道路,是我们党坚持马克思主义法治思想的基本原理与我国具体法治实践相结合,在社会主义法治实践中走出的一条符合中国国情条件的法治发展道路。在道路这个根本问题上,如果路走错了,南辕北辙了,我们就会犯历史性错误。正如习近平所指出的:"走中国特色社会主义法治道路是一个重大课题,有许多东西需要深入探索,但基本的东西必须长期坚持。""全面推进依法治国这件大事能不能办好,最关键的是方向是不是正确,政治保障是不是坚强有力,具体讲就是要坚持党的领导,坚持中国特色社会主义制度,贯彻

---

① 《习近平总书记系列重要讲话学习读本》,学习出版社、人民出版社 2016 年版,第88—89 页。

② 王建国、张林林:《成就与经验:改革开放以来中国共产党对依法治国的探索——以国家治理现代化为分析视角》,《中共南京市委党校学报》2015 年第 2 期。

中国特色社会主义法治理论。"①这三个方面,实质上是中国特色社会主义法治道路的核心要义,规定和确保了中国特色社会主义法治体系的制度属性和前进方向。坚持法治道路,本质上是中国特色社会主义道路在法治领域的具体体现;发展法治理论,本质上是中国特色社会主义理论体系在法治问题上的理论成果;建设法治体系,本质上是中国特色社会主义制度的法律表现形式。只有在党的领导下依法治国、厉行法治,人民当家作主才能充分实现,国家和社会生活法治化才能有序推进。这是中国法治与西方"宪政"的根本区别。

最后,必须建设中国特色社会主义法治体系。法治体系作为法治建设的"纲",是国家治理体系的骨干工程。我国推进国家治理体系和治理能力现代化,是实现国家的善治,其本质特征在于政府与公民对公共生活的合作管理,实际上是国家的权力向社会的回归。实践使我们认识到,建设中国特色社会主义法治体系,首先要完善以宪法为核心的中国特色社会主义法律体系,维护宪法尊严和权威;坚持依法治国,首先要坚持依宪治国,坚持依法执政,首先要坚持依宪执政;全面依法治国要建立严密的法治监督体系,做到有权必有责、用权受监督、违法必追究;必须进一步健全法制保障体系,提高依法执政能力和水平,为全面依法治国提供坚强有力的政治保障和组织保障;必须加强党内法规制度建设,构建以党章为根本、若干配套党内法规为支撑的党内法规制度体系。实践证明,法律的生命力在于实施,法律的权威也在于实施。要使法律成为对国家权力的限制和对公民权利的确立的标准,在国家治理现代化实践中,要更加注重法律在价值理念的运用,实现良法之治和善治。

第五节 从严治党的探索与创新

实现现代化和民族伟大复兴,关键在党。治国必先治党,治党务必从

---

① 《中国共产党第十八届中央委员会第四次全体会议文件汇编》,人民出版社 2014 年版,第 78—79 页。

严。全面从严治党的提出、形成和确立,经历了由"整党"到"治党",到"从严治党",再到"全面从严治党"的演进过程。深入研究全面从严治党产生的思想根源、发展历程和经验启示,对于我们进行伟大斗争、建设伟大工程、推进伟大事业、实现伟大梦想,具有重大而深远的现实意义。

一、全面从严治党思想产生的渊源

2014 年 12 月,习近平总书记在江苏调研时首次提出"四个全面"战略布局,他指出要"协调推进全面建成小康社会、全面深化改革、全面推进依法治国、全面从严治党,推动改革开放和社会主义现代化建设迈上新台阶"①。首次把全面从严治党上升为国家的战略布局,成为"四个全面"战略布局的重要组成部分,体现了党中央全新的战略谋划。探究全面从严治党思想之源,我们要从马克思、恩格斯、列宁、毛泽东的经典著作里找答案。经典作家关于从严治党的理论阐述,是全面从严治党产生的思想之本。

马克思主义经典作家的从严治党思想,是我们党党建理论的思想之源,是指导中国共产党怎样建设党、建设一个什么样的党的指导纲领。② 虽然在马克思所处的时代共产党尚不能够以执政党的身份登上历史舞台,但是当时的马克思、恩格斯已经预见到了从严治党的必要性和重要性。马克思、恩格斯在《共产党宣言》中,深刻剖析了共产党人和人民群众之间的关系,指出"他们没有任何同整个无产阶级的利益不同的利益"③。无产阶级的运动,是绝大多数人的为绝大多数人谋利益的独立的运动。在马克思看来,无产阶级政党代表人民群众的根本利益,社会主义的公职人员就应当以全心全意为人民服务为根本宗旨,而清正廉洁的工作作风是对他们的基本要求。如果公职人员不能按照人民的意志行使权力、践行宗旨,甚至损害人民的利益,人民群众可以随时对这些人进行罢免。十月革命胜利以后,共产党从严治党从理论转为实践。列宁针对苏共党内出现的一些贪污腐败的现象,鲜明地指出:"没有什么东西比苏维埃政权的代表和不称职的公仆的掠夺行

---

① 《"四个全面"学习读本》,人民出版社 2015 年版,第 19 页。
② 吴春艳:《习近平全面从严治党思想研究》,《党政干部学刊》2016 年第 8 期。
③ 龚超:《马克思社会教育思想研究》,人民出版社 2013 年版,第 161 页。

为更使苏维埃政权丢脸的了。"①列宁认为要把贪污腐败、不纯洁的党员清除出党,法庭对共产党员的惩处必须严于非党员。针对贪污受贿者处罚较轻的现象,列宁指出:"不枪毙这样的受贿者,而判以轻得令人发笑的刑罚,这对共产党员和革命者来说是可耻的行为。这样的同志应该受到舆论的谴责,并且应该开除出党。"②马克思主义经典作家关于从严治党的思想,是马克思主义政党管党治党的思想之源,为全面从严治党的提出提供了良好的理论基础。

中国共产党从严治党的探索是全面从严治党的实践之根。③从严治党是我们党的优良传统,毛泽东在理论和实践方面进行了积极探索,为我们党在不同时期管党、治党提供了宝贵经验。早在土地革命战争时期,毛泽东就先后提出"支部建在连上"、"党对军队的绝对领导"等重要思想。1941年9月10日,毛泽东在中央政治局扩大会议上指出:"路线是'王道',纪律是'霸道'。"④强调这两个方面都不可少,并在党的建设实践中不断形成了一系列管党、治党的有效方法。如"理论与实践相结合"、"批评与自我批评"、"群众路线"等。在延安时期,我们党就对思想建党与制度治党进行了积极的探索,并对党内政治规矩和政治纪律的制度化推进有了三个重要界标。⑤一是党的六届六中全会通过了《关于中央委员会工作规则与纪律的决定》、《关于各级党部工作规则与纪律的决定》、《关于各级党委暂行组织机构的决定》。这些党规主要是用来严格党的纪律,使党及其各级领导机关达到政治上和组织上团结得像一个人一样的程度。二是延安整风运动,目的是反对党内教条主义、主观主义和宗派主义。1943年3月20日通过的《中共中央关于中央机构调整及精简的决定》,着眼于党的最高领导权的规范,对中央政治局、书记处的构成和议事规则进行了新的调整。抗战以来,我们党

---

① 《列宁全集》第34卷,人民出版社1985年版,第422页。
② 《列宁全集》第34卷,人民出版社1985年版,第263页。
③ 参见吴春艳:《习近平全面从严治党思想研究》,《党政干部学刊》2016年第8期。
④ 《毛泽东文集》第2卷,人民出版社1993年版,第374页。
⑤ 参见任晓伟:《延安时期思想建党和制度治党紧密结合的历史经验》,《中国特色社会主义研究》2016年第5期。

顺利发展的一个重要因素,就是我们党是一个"有严格纪律的党。它有严格的建立在民主基础上的集中制,有自觉的铁的纪律"。三是党的七大在建党以来第一次全面科学系统地阐述了民主集中制对于党的建设的重大意义,以及在党的建设中如何坚持和发展民主集中制的问题。党的七大制定的党章高度重视制度治党,以及党内政治规矩和政治纪律建设,指出:"在党内不容许有离开党的纲领和党章的行为,不能容许有破坏党纪、向党闹独立性、小组织活动及阳奉阴违的两面行为。中国共产党必须经常注意清除自己队伍中破坏党的纲领和党章、党纪而不能改正的人出党。"①解放战争不断取得胜利,毛泽东更加认识到从严治党和从严治吏的重要性。毛泽东在党的七届二中全会上谆谆告诫全党,要警惕"糖衣炮弹"的袭击,克服故步自封、骄傲自满等不良情绪,"务必使同志们继续地保持谦虚、谨慎、不骄、不躁的作风,务必使同志们继续地保持艰苦奋斗的作风。"②谦虚谨慎、不骄不躁、艰苦奋斗在思想和行为两个维度,集中反映了毛泽东时代党对领导干部的基本要求,指导了建立中华人民共和国之后党的建设。

毛泽东从严治党的思想主要体现在以下五个方面。③ 一是严格党员要求。为了保证党组织的纯洁性和先进性,毛泽东从发展新党员、培养党员干部等方面提出严格要求。如在发展新党员过程中,毛泽东要求严格审查,坚持"大胆发展而又不让一个坏分子侵入"④的方针,防止投机分子入党。在培养党员干部方面,毛泽东主张高标准建设党员干部队伍,指出:"指导伟大的革命,要有伟大的党,要有许多最好的干部。"⑤并强调坚持任人唯贤的干部路线和德才兼备的干部标准,选拔、培养党的领导干部。要"努力精通技术和业务,使自己成为内行,又红又专"⑥。二是严明党的纪律。毛泽东

---

① 吴珏:《民主革命时期中国共产党党内监察机制研究》,人民出版社 2012 年版,第225 页。

② 《毛泽东著作选读》下册,人民出版社 1986 年版,第 666 页。

③ 参见彭庆红、潘春玲:《毛泽东从严治党思想及其重大意义》,《红旗文稿》2015 年第24 期。

④ 《毛泽东选集》第 2 卷,人民出版社 1991 年版,第 524 页。

⑤ 《毛泽东选集》第 1 卷,人民出版社 1991 年版,第 277 页。

⑥ 《毛泽东文集》第 7 卷,人民出版社 1999 年版,第 309 页。

很注重党的纪律制度建设。早在井冈山时期,为密切军民关系,就提出了三大纪律六项注意,奠定了中国工农红军统一革命纪律的基础。后来,鉴于张国焘事件对党的纪律的严重破坏,毛泽东向全党重申了党的纪律:(1)个人服从组织;(2)少数服从多数;(3)下级服从上级;(4)全党服从中央。他强调,谁破坏了这些纪律,谁就破坏了党的统一。① 三是严肃党的作风。1945年,毛泽东在论《联合政府》中对三大作风进行了概括:"理论和实践相结合的作风,和人民群众紧密地联系在一起的作风以及自我批评的作风。"②要求全党以这三大作风为行动准则。中华人民共和国成立后,毛泽东要求全党必须坚持党的七届二中全会提出的"两个务必",防止骄傲自满,始终保持革命热情和拼命精神。为了肃清全党上下存在的不良作风,毛泽东带领全党进行了整风运动,集中解决了当时党内存在的各种不良作风,尤其纠正了党内的错误思想,纯洁了干部队伍。四是严惩党内腐败。在不同的历史时期,毛泽东带领全党制定了一系列惩治腐败的党内规章制度。如《中华苏维埃共和国中央执行委员会训令,第 26 号——关于惩治贪污浪费行为》、《陕甘宁边区惩治贪污条例(草案)》、《中华人民共和国惩治贪污条例》等。对于贪官污吏,毛泽东坚持要严厉惩治。他强调要"厉行廉洁政治,严惩公务人员之贪污行为,禁止任何公务人员假公济私之行为,共产党员有犯法者从重治罪"③。毛泽东向全党提出警告:"一切从事国家工作、党务工作和人民团体工作的党员,利用职权实行贪污和实行浪费都是严重的犯罪行为。"④中华人民共和国成立初期处理的刘青山和张子善案,就很好地体现了我们党严惩贪污腐败分子的决心。五是坚持严宽相济。严和宽是毛泽东治党思想的两个方面。如善待犯错误的同志,不提倡"一棒打死"。毛泽东认为:"犯了错误不要紧,只要认识自己犯的错误,并且能改正,这就很好,就是很好的同志。"⑤他强调要秉承"治病救人"的原则,积极找犯了

----

① 《毛泽东选集》第 2 卷,人民出版社 1991 年版,第 528 页。
② 《毛泽东选集》第 3 卷,人民出版社 1991 年版,第 1094 页。
③ 《毛泽东文集》第 2 卷,人民出版社 1993 年版,第 335 页。
④ 《毛泽东文集》第 6 卷,人民出版社 1999 年版,第 208 页。
⑤ 《毛泽东文集》第 2 卷,人民出版社 1993 年版,第 416 页。

错误的同志谈话,做他们的工作,帮助他们改正缺点和毛病。

从严治党是毛泽东思想的重要组成部分,毛泽东对党的建设的重要思想和实践活动,是我们探索和研究中国共产党全面从严治党的本源。

二、改革开放新时期从严治党的发展

改革开放以来,以邓小平同志为核心的第二代中央领导集体,丰富和发展了毛泽东的从严治党思想,并以党情、国情为基础,将从严治党思想更加具体化。党的十一届三中全会以后,我们党认真总结了历史经验,特别是"文化大革命"的教训,拨乱反正,重新确立了党的思想路线、政治路线和组织路线,更加自觉地加强自身建设。针对党内思想不纯、作风不纯、组织不纯的问题,1983 年 10 月,党的十二届二中全会专门作出了《中共中央关于整党的决定》。① 1987 年 10 月,党的十三大报告指出:"必须从严治党,严肃执行党的纪律",明确提出"党要管党"、"从严治党"的方针。针对改革开放后出现的严重的不正之风和贪污腐败之风,邓小平强调:"如果我们党不严重注意,不坚决刹住这股风,那么,我们党和国家确实要发生会不会'改变面貌'的问题。"②1989 年 6 月 16 日,邓小平同志在同中央几位负责同志谈话时再次强调:"常委会的同志要聚精会神地抓党的建设,这个党该抓了,不抓不行了。"③1992 年,邓小平在南方谈话中再次强调,"在整个改革开放过程中都要反对腐败"④。他还强调:"对于干部和共产党员来说,廉政建设要作为大事来抓。还是要靠法制,搞法制靠得住些。"⑤这些重要论述是邓小平对我们党开展反腐败斗争、从严治党实践经验的高度概括和总结,特别是强调从法制上确保从严治党的贯彻落实具有重要的前瞻性和指导性。

20 世纪末,共产主义运动遭受了严重的挫折,我们党吸取东欧剧变、苏

---

① 《中共中央关于整党的决定》,《人民日报》1983 年 10 月 13 日。

② 罗恢远等:《马克思主义哲学与中国社会主义历史命运》,人民出版社 2012 年版,第289 页。

③ 《改革开放三十年重要文献选编》(上),中央文献出版社 2008 年版,第 526 页。

④ 孟继群:《邓小平领导理论研究》,人民出版社 2008 年版,第 81 页。

⑤ 《邓小平文选》第 3 卷,人民出版社 1994 年版,第 379 页。

联解体的沉痛教训,继承并发展邓小平"党要管党、从严治党"的思想,回答了"怎样从严"、"怎样治党"的历史性课题。1992 年 10 月,党的十四大强调,要坚持党要管党和从严治党。党的十四大通过的《中国共产党章程(修正案)》,①明确提出党的建设必须"坚持从严治党",并把"从严治党"写进党章。这标志着我们党正式将其作为管党治党的遵循和原则。

1997 年 9 月,党的十五大提出,"从严治党,是保持党的先进性和纯洁性,增强党的凝聚力和战斗力的保证","把从严治党的方针贯彻到党的建设的各项工作中去。"②

2002 年 11 月,党的十六大重申"坚持党要管党、从严治党的方针",强调:"一定要把思想建设、组织建设和作风建设有机结合起来,把制度建设贯穿其中,既立足于做好经常性工作,又抓紧解决存在的突出问题。"③党的十六大以来,党中央自觉坚持党要管党、从严治党,全面推进党的建设新的伟大工程。

2004 年 9 月,党的十六届四中全会审议通过《中共中央关于加强党的执政能力建设的决定》。④ 该决定指出:加强党的执政能力建设是关系中国社会主义事业兴衰成败、关系中华民族前途命运、关系党的生死存亡和国家长治久安的重大战略课题。

2007 年 10 月,党的十七大报告提出并阐发了"一条主线"、"五个重点"、"一个目标"、"六项任务"的党的建设总体布局,突出"把党的执政能力建设和先进性建设作为主线",努力"使党始终成为立党为公、执政为民、求真务实、改革创新、艰苦奋斗、清正廉洁、富有活力、团结和谐的马克思主义执政党"。⑤ 报告内容涵盖了党的先进性建设、执政力建设和思想建设、组织建设、作风建设、反腐倡廉建设等各个方面。

2009 年 9 月,党的十七届四中全会强调,要"坚持党要管党、从严治党,

---

① 雷厚礼、武国辉:《中国共产党执政 60 年》(下册),人民出版社 2010 年版,第 892 页。
② 《改革开放三十年重要文献选编》(下),中央文献出版社 2008 年版,第 918 页。
③ 《十六大以来重要文献选编》(上),中央文献出版社 2005 年版,第 14 页。
④ 赵智奎:《改革开放 30 年思想史》(下卷),人民出版社 2008 年版,第 965 页。
⑤ 赵智奎:《改革开放 30 年思想史》(下卷),人民出版社 2008 年版,第 996 页。

提高管党治党水平",特别是要"突出重点,突破难点,全面推进思想建设、组织建设、作风建设、制度建设和反腐倡廉建设,提高党的建设科学化水平"①。

在这一时期,我们党对长期执政条件下滋生腐败的严重性和危险性,始终保持清醒的认识和高度的警惕,并经过历代中国共产党人的不断探索和实践,使从严治党形成了一套比较完整的理论和实践体系,为全面从严治党的提出奠定了良好基础。

三、新时代全面从严治党的新发展

"踏石留印、抓铁有痕",是党的十八大以来全面从严治党实践留给人们最鲜明深刻的印象。全面从严治党是从贯彻执行中央八项规定精神起的步、开的局,到十八届六中全会和十九大释放出全面从严治党最强音,标志着"四个全面"战略布局更加成熟和完善,标志着全面从严治党思想体系的形成和确立。

党的十八大胜利召开,全面从严治党的大幕就此拉开。2012 年 11 月,党的十八大报告提出:"全党要增强紧迫感和责任感,牢牢把握加强党的执政能力建设、先进性和纯洁性建设这条主线,坚持解放思想、改革创新,坚持党要管党、从严治党,全面加强党的思想建设、组织建设、作风建设、反腐倡廉建设、制度建设,增强自我净化、自我完善、自我革新、自我提高能力,建设学习型、服务型、创新型的马克思主义执政党,确保党始终成为中国特色社会主义事业的坚强领导核心。"②根据全面建成小康社会的客观需要,以及新形势下党面临的"四大考验"和"四大危险",确定了"五位一体"的全面加强党的建设总体布局。

2012 年 12 月,中共中央政治局召开会议,审议中央政治局关于改进工作作风、密切联系群众的八项规定。这八项规定明确提出,抓作风建设首先要从中央政治局做起,要求别人做到的自己先要做到,要求别人不做的自己

---

① 《十七大以来重要文献选编》(中),中央文献出版社 2011 年版,第 144—145 页。
② 《十八大报告辅导读本》,人民出版社 2012 年版,第 50 页。

坚决不做,以良好党风带动政风民风。这八项规定像当年井冈山时期制定的"三大纪律"和"六项注意"一样,发出了正风肃纪、从严治党的强烈信号,全党全社会为之一振。

2013 年 1 月,习近平总书记在第十八届中央纪委二次全会上发表重要讲话,强调要更加科学有效地防治腐败,坚定不移把反腐倡廉建设引向深入,在这次会上提出要坚持"老虎"、"苍蝇"一起打。这一重要讲话精神贯穿了十八大以来中央党风廉政建设和反腐败工作的全过程。

2013 年 5 月,《中国共产党党内法规制定条例》和《中国共产党党内法规和规范性文件备案规定》①发布。这两部党内重要法规的制定和公布,使我们党有了第一部正式公开的党内"立法法",对推动以党内法规建设为核心环节的党的制度建设,提升党的建设的科学化水平,丰富拓展执政党建设的新路子,促进从严治党,推进科学执政、民主执政、依法执政,具有重要意义。

2013 年 6 月,党的群众路线教育实践活动工作会议召开,部署在全党开展以为民务实、清廉为主要内容的教育实践活动,以"照镜子、正衣冠、洗洗澡、治治病"为总要求,以保持党同人民群众的血肉联系为核心,聚焦"四风"问题不放松,为全面从严治党建设指明了方向。

2013 年 11 月,十八届三中全会审议通过《中共中央关于全面深化改革若干重大问题的决定》,提出"加强反腐败体制机制创新和制度保障"和"健全改进作风常态化制度"。②

2014 年 1 月,中共中央印发了新修订的《党政领导干部选拔任用工作条例》,贯彻了中央对干部选拔任用工作的新要求,吸收了干部人事制度改革的新成果,把好干部标准贯彻体现到干部选拔任用的基本原则、基本条件、基本要求等各个方面,是我们党关于党政领导干部选拔任用工作必须遵循的基本规章,也是从源头上预防和治理用人上不正之风的有力武器。

2014 年 10 月,党的十八届四中全会审议通过《中共中央关于全面推进

---

① 《深入学习习近平总书记重要讲话读本》,人民出版社 2013 年版,第 59 页。

② 《中共中央关于全面深化改革若干重大问题的决定》,人民出版社 2013 年版,第 36—37 页。

依法治国若干重大问题的决定》,提出:"加强党内法规制度建设……形成配套完备的党内法规制度体系。注重党内法规同国家法律的衔接和协调,提高党内法规执行力,运用党内法规把党要管党、从严治党落到实处,促进党员、干部带头遵守国家法律法规。"①我们党首次把反腐败纳入法治建设,并强调党规党纪严于国家法律,以及党内法规与国家法律的衔接和协调。

2014 年 11 月,北京 APEC 会议通过《北京反腐败宣言》,成为第一个由中国主导起草的国际性的反腐败宣言。

2014 年 12 月,习近平总书记在江苏调研时提出,协调推进全面建成小康社会、全面深化改革、全面推进依法治国、全面从严治党,首次把全面从严治党纳入"四个全面"战略布局,把全面从严治党提高到党和国家事业发展战略的新高度。

2015 年 4 月,中央决定在县处级以上领导干部中开展"三严三实"专题教育活动。"三严三实"即严以修身、严以用权、严以律己,谋事要实、创业要实、做人要实,立足从严治党,为党员干部树立和发扬优良作风指明了实践方向。

2015 年 10 月,中共中央制定实施《中国共产党廉洁自律准则》和《中国共产党纪律处分条例》,从德与纪两个方面规定了党员干部的思想与行为,将党的十八大以来落实中央八项规定精神、反对"四风"方面的要求,转化为纪律条文。

2015 年 10 月,十八届五中全会审议通过《中共中央关于制定国民经济和社会发展第十三个五年规划的建议》,提出:"反腐倡廉建设永远在路上,反腐不能停步、不能放松。要坚持全面从严治党,落实'三严三实'要求,严明党的纪律和规矩,落实党风廉政建设主体责任和监督责任,健全改进作风长效机制,强化权力运行制约和监督,巩固反腐败成果,构建不敢腐、不能腐、不想腐的有效机制,努力实现干部清正、政府清廉、政治清明,为经济社会发展营造良好政治生态。"②

---

① 《党的十八届四中全会〈决定〉学习辅导百问》,党建读物出版社、学习出版社 2014 年版,第 26 页。

② 《党的十八届五中全会〈建议〉学习辅导百问》,党建读物出版社 2015 年版,第 33 页。

2016 年 2 月,党中央决定在全体党员中开展"学党章党规、学系列讲话,做合格党员"学习教育。开展"两学一做"学习教育,是面向全体党员深化党内教育的重要实践,是推动党内教育从"关键少数"向广大党员拓展、从集中性教育向经常性教育延伸的重要举措。

2016 年 10 月,党的十八届六中全会审议通过《中共中央关于新形势下党内政治生活的若干准则》和《中国共产党党内监督条例》①(以下简称《准则》、《条例》)。这次全会最具标志性历史性意义的成果,就是明确了习近平总书记在党中央和全党的核心地位。这是众望所归、民心所向、当之无愧,是历史的选择。全会制定了《准则》和修订了《条例》,加上之前公布的问责条例、廉洁自律准则、纪律处分条例等法规,形成了完善的党内监督体系,把全面从严治党落到了实处。六中全会的重大理论成果,闪烁着马克思主义党建理论与实践相结合的光辉。全会着眼全局、面向未来,开辟了党中央治国理政的新境界。

2017 年 10 月,党的十九大报告提出了新时代党的建设总要求。党的十九大报告在党的建设方面一个重大贡献,就是根据新时代新要求,深化了对党的建设的规律性认识,提出了新时代党的建设总要求。这个总要求是由六个层次构成的:一个根本原则,就是坚持和加强党的全面领导;一条指导方针,就是坚持党要管党、全面从严治党;一条工作主线,就是加强党的长期执政能力建设、先进性和纯洁性建设;一个总体布局,就是以党的政治建设为统领,全面推进党的政治建设、思想建设、组织建设、作风建设、纪律建设,把制度建设贯穿其中,深入推进反腐败斗争;一个基本要求,就是提高党建工作质量;一个基本目标,就是把党建设成为始终走在时代前列、人民衷心拥护、勇于自我革命、经得起各种风浪考验、朝气蓬勃的马克思主义执政党。这为新时代党的建设提供了一个立体"坐标系"和精准"定位仪"。② 党的十九大在党建方面最大创新是首次把党的政治建设纳入党的建设总体布

---

① 《党的十八届六中全会文件学习辅导百问》,党建读物出版社 2016 年版,第 12—35、36—48 页。

② 参见《江金权:党的建设贯穿全篇是十九大报告的"纲"和"魂"》,新华网,2017 年 10 月 26 日。

局,强调以党的政治建设为统领。

党面临的"赶考"远未结束,全面从严治党永远在路上。以党的十九大为标志,伟大的中国共产党开启了全面从严治党的新时代,也迎来了中华民族强起来的新时代。

从历史层面看,实现现代化和民族复兴,是中华民族从千百年来的国家兴盛到近代以来由民族屈辱转向民族振兴富强的历史过程;从现实层面看,民族复兴是中华民族崛起与走向全面现代化建设征程中应对各种风险和挑战的必然选择;从未来层面看,民族复兴是中国特色社会主义进入新时代,完成"三大历史任务"。十九大提出,到 2035 年基本实现社会主义现代化,到 2050 年把我国建成富强民主文明和谐美丽的社会主义现代化强国,将使民族复兴的梦想更加真切,民族复兴的未来预期更加清晰。

第二章 问题与挑战

站在新时代的前沿,在实现现代化与中华民族伟大复兴的征程上,我们应当如何应对和解决中国特色社会主义伟大事业发展的最关键问题、中华民族伟大复兴最深层次问题和人民群众最关切的实际问题。这是建设社会主义现代化强国亟待破解的难题。正如习近平总书记指出的"中华民族伟大复兴,绝不是轻轻松松、敲锣打鼓就能实现的","我们党要团结带领人民有效应对重大挑战、抵御重大风险、克服重大阻力、解决重大矛盾,必须进行具有许多新的历史特点的伟大斗争,任何贪图享受、消极懈怠、回避矛盾的思想和行为都是错误的。"①因此,从中国特色社会主义新阶段和我国社会主义主要矛盾的新变化,研究解决民族复兴进程中的矛盾和问题,应对错综复杂的国际国内各种风险和挑战,具有重要的实践价值和意义。

第一节 科学把握社会主要矛盾的新变化

我们党既是新的主要矛盾的揭示者,也是破解新矛盾的实践者。十九大报告指出:"中国特色社会主义进入新时代,我国社会主要矛盾已经转化为人民日益增长的美好生活需要和不平衡不充分的发展之间的矛盾。"②这个重大判断是新时代开启全面建设现代化国家新征程的逻辑起点,是对社会主义建设规律认识的新升华,体现了我们党着力解决发展不平衡、不充分

---

① 《党的十九大报告辅导读本》,人民出版社 2017 年版,第 15 页。
② 《党的十九大报告辅导读本》,人民出版社 2017 年版,第 11 页。

问题的政治智慧和理论勇气,我们必须牢牢把握我国社会发展阶段的新特征、发展的新的历史方位和社会主要矛盾的新变化,立足中国国情、总结中国经验、破解中国难题、迎接严峻挑战。

一、正确认识我国发展新的历史方位

历史方位是指客观事物在历史进程中的前进方向和所处位置。认清发展所处的历史方位是决定发展成功的战略性问题。十九大报告指出:"经过长期努力,中国特色社会主义进入了新时代,这是我国发展新的历史方位。""必须认识到,我国社会主要矛盾的变化,没有改变我们对我国社会主义所处历史阶段的判断,我国仍处于并将长期处于社会主义初级阶段的基本国情没有变,我国是世界最大发展中国家的国际地位没有变。"[1]"两个没有变"和社会主要矛盾的变化,是我们党根据新的时代条件和实践要求,对我国发展所处历史方位作出的新判断。我们要在"变"与"不变"的统一中科学判断新时代中国特色社会主义的历史方位。

我国最大的实际就是仍然处于社会主义初级阶段基本国情没有变。这个阶段从 20 世纪 50 年代开始,到 21 世纪中叶即中华人民共和国成立 100 周年时实现社会主义现代化强国,至少需要上百年的时间。从 1956 年我国生产资料私有制的社会主义改造基本完成,到社会主义建设全面展开;从实行改革开放脱贫致富奔小康,到全面建设小康社会;从全面建成小康社会,到 2035 年基本实现现代化,再到 21 世纪中叶建成社会主义现代化强国,社会主义初级阶段的发展轨迹十分清晰。这一时期都属于社会主义初级阶段。在中华人民共和国成立初期,我国的社会主义初级阶段可以说是一穷二白、百废待兴。1954 年 6 月,面对当时的基本国情,毛泽东深有感慨地指出:"现在我们能造什么? 能造桌子椅子,能造茶碗茶壶,能种粮食,还能磨成面粉,还能造纸,但是,一辆汽车、一架飞机、一辆坦克、一辆拖拉机都不能造。"[2]针对当时中国是贫穷落后的农业大国、人口多、底子薄的现状,毛泽

---

① 《党的十九大报告辅导读本》,人民出版社 2017 年版,第 10—12 页。
② 《毛泽东选集》第 6 卷,人民出版社 1999 年版,第 329 页。

东提出了自力更生、艰苦奋斗、工业强国的历史任务。

1980年4月12日,邓小平在会见赞比亚总统卡翁达时指出:"现在说我们穷还不够,是太穷,同自己的地位完全不相称。……不解放思想不行,甚至于包括什么叫社会主义这个问题也要解放思想。经济长期处于停滞状态总不能叫社会主义。人民生活长期停止在很低的水平总不能叫社会主义。"①从1981年党中央《关于建国以来党的若干历史问题的决议》作出的"我们的社会主义制度还是处于初级的阶段"的判断,到1987年党的十三大报告系统论述社会主义初级阶段理论,自此党的历次党代会的报告都以我国还处于社会主义初级阶段为依据,制定实施党的一系列方针政策和战略举措。党的十八大报告再次重申:"我们必须清醒认识到,我国仍处于并将长期处于社会主义初级阶段的基本国情没有变。"②习近平指出:"要深刻领会建设中国特色社会主义的总依据、总布局、总任务。社会主义初级阶段是当代中国的最大国情、最大实际,我们在任何情况下都要牢牢把握这个最大国情,坚持'一个中心、两个基本点'不动摇。"③总书记的这段重要讲话,坚定而又明确地回答了当代中国最大的国情和最大的实际,就是社会主义初级阶段,也是建设中国特色社会主义的总依据。总书记之所以始终坚持并强调这一点,目的是提醒全党不能脱离实际、超越阶段发展社会主义。虽然我国经济社会发展已经发生了历史性的巨大变化,但这种变化仍然是社会主义初级阶段框架内的变化,我们必须保持清醒头脑,防止出现盲目乐观、脱离实际、急功近利的错误。

我国社会主义初级阶段不同时期的内涵发生了深刻变化。我国仍处于并将长期处于社会主义初级阶段的基本国情没有变,但是经济社会发展呈现出鲜明的阶段性特征,面临的矛盾问题、目标任务、社会环境都发生了深刻变化。在社会主义建设初期,没有完全摆脱苏联社会主义模式的束缚,同时存在着对马克思主义教条式的理解,离开生产力空谈社会主义;沿袭革命时期的许多做法,大搞群众运动和政治斗争,束缚和延误了生产力的发展;

---

① 《邓小平文选》第2卷,人民出版社1994年版,第312页。
② 《十八大报告辅导读本》,人民出版社2012年版,第16页。
③ 《习近平在中共中央政治局第一次集体学习时的讲话》,人民网,2012年11月17日。

到"文化大革命"结束时,我国国民经济已濒临崩溃的边缘。党的十一届三中全会以后,我们党进一步总结了苏联和中国社会主义建设的经验教训,对中国的国情作出科学的判断,在纠正了过去以阶级斗争为纲的错误基础上,进行拨乱反正,把党和国家工作的重点转移到以经济建设为中心上来,实行改革开放,极大地解放和发展了生产力。在总结中华人民共和国成立30年的经验时,邓小平同志指出:"第一,不要离开现实和超越阶段采取一些'左'的办法,这样是搞不成社会主义的。我们过去就是吃'左'的亏。第二,不管你搞什么,一定要有利于发展生产力。发展生产力要讲究经济效果。"①这说明,过去"左"的做法超越了阶段,搞社会主义最终要落脚到是否有利于发展生产力上。从此,中国社会主义建设走上了以经济建设为中心、大力发展生产力的正确航道,有了新的社会主义观。

党的十一届三中全会以后,以邓小平同志为代表的中国共产党人,开辟了中国特色社会主义道路,坚持"四项基本原则"这个立国之本,走改革开放强国之路,解决了中国发展的动力问题,摆脱了贫困,解决了温饱,开始走向全面小康社会,中国成为世界第二大经济体,在对外贸易、产品制造等诸多方面都跃居世界第一。我们用30多年走完了西方走了上百年的路,实现了跨越式发展。

进入全面建设小康社会的新阶段,特别是党的十八大以来,针对发展起来以后存在的突出矛盾和问题,以习近平同志为核心的党中央提出了一系列治国理政的新理念、新思想、新战略,无论是改革开放,还是经济社会发展都有着与以往阶段不同的特征和要求。从经济发展看,更加注重全面、协调、可持续,突出经济发展方式的转变,从规模扩张转向质量效益的提升。从社会发展看,更加注重民生改善和社会公平,解决重经济而轻社会发展问题。从深化改革看,更加注重整体性、系统性、协同性,从单向改革转向全面深化系统性改革。从对外开放看,更加注重对外贸易发展方式的转变,从大规模引进来转向高水平引进来与大规模走出去。从法治建设看,追求形成更加成熟更加完善的制度体系,突出法治国家、法治政府、法治社会"三个

---

① 《邓小平文选》第2卷,人民出版社1994年版,第312页。

共同推进"和"三个一体建设",加快治理体系和治理能力的现代化进程。从生态文明建设看,环境保护和生态修复任务相当艰巨,必须注重源头保护、系统治理和法治约束。从党的建设看,更加注重思想建党与制度治党相结合,加强反腐倡廉和党内法规建设,由从严治党转向全面从严治党。习近平指出:"我们提出要协调推进全面建成小康社会、全面深化改革、全面依法治国、全面从严治党,这'四个全面'是当前党和国家事业发展中必须解决好的主要矛盾。"①"四个全面"战略布局正是对不同时期基本国情的内涵变化,及时作出的具有针对性和指导性的战略性调整。它既有战略目标又有战略举措,既有个体协调又有整体协调,既回应了人民群众的现实诉求,又遵循了社会治理的内在规律,充分体现了社会主义初级阶段的特点,是坚持和发展中国特色社会主义道路、理论、制度的重要战略抓手。

深刻认识我国国情和所处历史方位,是建设中国特色社会主义和党治国理政的重要依据。从党的十三大到党的十九大,我们一直把社会主义初级阶段作为我国的最大国情和制定一切路线、方针、政策的出发点。经过改革开放 40 年的发展,我国现代化建设"三步走"战略的前两步,即解决人民温饱问题、人民生活总体上达到小康水平,这两个战略目标已提前实现。我国的社会生产力水平明显提高,人民生活显著改善,国内生产总值从 54 万亿元将增长到 80 万亿元,稳居世界第二,经济社会发展实现了历史性变革。与此同时,我们也要清醒地看到,尽管我国的综合国力大幅提升,但无论人均 GDP 水平、科技教育水平、生态建设水平,还是国家治理水平,同西方发达国家相比都还有较大差距。即使在将来经济总量超过美国,成为世界第一,人均 GDP 水平也仍然不高,我国仍处于并将长期处于社会主义初级阶段的基本国情没有变,我国是世界最大发展中国家的国际地位没有变。②因此,在任何情况下,推进任何方面的改革,我们都要始终立足于社会主义初级阶段。

---

① 《"四个全面"学习读本》,人民出版社 2015 年版,第 21 页。
② 参见董振华:《科学判断新时代中国特色社会主义的历史方位》,《群众》2017 年第 21 期。

二、深化对我国社会主要矛盾变化的认识

在新时代条件下,科学认识我国社会主要矛盾的特点,对于我们科学决策、推动新时代中国特色社会主义现代化建设具有重要意义和价值。我们要从理解我国社会主要矛盾的新变化、把握新时代矛盾变化规律和发展不平衡不充分的突破点等三个方面深化认识。[①]

一是从我国社会主要矛盾的新变化看,社会主要矛盾转化是中国特色社会主义进入新时代的重要标志。辩证唯物主义告诉我们,事物是不断发展变化的,矛盾不是一成不变的。我们党对中国社会主要矛盾的认识和判断是与时俱进、逐步深化的。1956 年我国建立了社会主义制度,进入了社会主义社会。党的八大对社会主要矛盾进行分析,并提出"人民对于建立先进的工业国的要求同落后的农业国的现实之间的矛盾,人民对经济文化迅速发展的需要同当前经济文化不能满足人民需要的状况之间的矛盾"[②]。1981 年党的十一届六中全会审议和通过的《中国共产党中央委员会关于建国以来党的若干历史问题的决议》,恢复了党的八大对我国社会主要矛盾的判断,并结合社会主义初级阶段的实际,将社会主要矛盾概括为"我国所要解决的主要矛盾,是人民日益增长的物质文化需要同落后的社会生产之间的矛盾"。在此基础上,我们党制定了"一个中心,两个基本点"的基本路线。[③] 2017 年党的十九大提出"我国社会主要矛盾已经转化为人民日益增长的美好生活需要和不平衡不充分的发展之间的矛盾"。十九大报告阐明了我国社会主要矛盾发生的重大变化,深刻揭示了我国经济社会发展的阶段性特征,为准确把握新时代的发展新要求提供了重要的依据和实践遵循。一方面,"落后的社会生产"的提法已不能真实反映我国发展的现状。经过改革开放 40 年的发展,我国社会生产力水平明显提高,社会生产能力在许多方面都进入世界前列,我国长期所处的短缺经济和供给不足状况已经发生根本性转变,继续再讲"落后的社会生产"已经不符合我国实际情况。另

---

① 参见《科学把握我国社会主要矛盾的新变化》,《领导决策信息》2017 年第 47 期。
② 《胡乔木文集》第 1 卷,人民出版社 2012 年版,第 552 页。
③ 《胡乔木文集》第 2 卷,人民出版社 2012 年版,第 185 页。

一方面,只讲"物质文化需要"已不能真实全面反映人民群众的愿望和要求。随着人民生活水平显著提高,对美好生活的向往更加强烈,特别是对民主、法治、公平、正义、安全、环境等的要求日益增长,并呈现多样化、多层次、多方面等基本特点,在需要的领域和重心上已经超出原先物质文化的层次和范畴。

二是从新时代新矛盾变化的规律看,要从发展不平衡不充分阶段性特点上系统认识。马克思和恩格斯曾有过关于事物矛盾问题的重点论,及蕴含于其中的矛盾发展不平衡性思想。毛泽东同志较早提出主要矛盾和社会主要矛盾的概念,并全面系统地论述了中国近代以来的社会主要矛盾问题。社会主要矛盾在不同社会形态和不同时代的表现是不同的。我们党在领导中国革命、建设和改革的进程中,就是根据社会主要矛盾的变化来认识社会发展的阶段性特征,确定党的工作重点转移。今天,党和国家事业发生历史性变革,中国特色社会主义进入新时代,对社会主要矛盾的准确把握成为执政党必须面对的重大时代课题。只有精准把握时代主题和主要矛盾,才能让党的路线方针政策接地气、真管用、利长远。新时代社会主要矛盾的表述,既没有脱离社会主义初级阶段这一大的历史过程,又实事求是地反映了现实社会发生的深刻变化。同时,还要清醒认识到我国社会主要矛盾的变化,没有改变对我国社会主义所处历史阶段的判断。要牢牢坚持党的基本路线这个基准线和生命线,始终坚持以经济建设为中心,坚持发展这个硬道理。发展"不平衡",主要表现为民生领域还有不少短板,脱贫攻坚任务艰巨,城乡区域发展和收入分配差距依然较大。居民收入不平衡,特别是城乡收入差距,农村和欠发达地区的收入水平赶不上发展水平;地区之间同样不平衡,东部发达地区、特大城市的收入较高,中西部欠发达地区和农村地区收入较低。"不充分"主要是发展质量和效益还不高,创新能力不够强,实体经济水平有待提高,生态环境保护任重道远;群众在就业、教育、医疗、居住、养老等方面面临不少难题;社会文明水平尚需提高;社会矛盾和问题交织叠加,全面依法治国任务依然繁重,国家治理体系和治理能力有待加强。不平衡不充分的发展应该是一个整体,不能把不平衡与不充分截然分割开来。不充分是不平衡的客观基础,不平衡是不充分的客观结果。譬如城乡二元结构问题,产生的基础是农村生产力水平发展不充分,在整个社会资源过度向城市倾斜的制度安排下,引发和放大了城乡发展不平衡,而不平衡又会反过来加剧不充分。

三是从把握发展不平衡不充分的突破点看,要抓重点、补短板、强弱项,调整社会发展政策,实现平衡充分新发展。一方面,破解"不平衡不充分"问题,东部地区要走在前列、当好排头兵。东部地区和一些大城市,经济发展水平同西方中等发达国家水平差不多,2016 年 GDP 总量前三位的广东、江苏、山东三省占所有省份总和的接近三分之一。但同时,东部地区也存在不平衡不充分的问题。比如,东部多数地区存在着城乡区域发展不协调、产业核心竞争力不强、现代化基础设施体系还不够完善等方面的短板。东部有的地区产业结构不尽合理,财政收入增长内生动力不足;公共服务设施总体分布不平衡、服务能级不高;住宅小区综合治理力度需要进一步加大;城区环境品质有待提升;干部队伍建设面临服务群众效能尚需提升、考核评价机制不够完善等。另一方面,补齐"不平衡不充分"发展短板,中西部是主战场,更是主力军。不平衡不充分对于中西部地区来说,既是一个发展问题,又是一个改革问题,更是一个创新问题。思路不能窄,着眼点不能偏。应当围绕解决民生等重点问题,更好满足人民经济、政治、文化、社会、生态等方面日益增长的需要,推动人的全面发展和社会全面进步。

三、尚未完成制度"定型化"的历史性课题

社会主义初级阶段的制度成熟定型化的历史性课题还没有完成。改革开放以来,中国特色社会主义建设取得了举世瞩目的成就,创造了诸多世界奇迹。经济从"濒临崩溃"走向"世界引擎";生活从"温饱不足"走向"全面小康";社会保障从低水平到全覆盖;开放从大规模"引进来"到大踏步"走出去"。中国从贫困到小康,从短缺到丰裕,从封闭到开放,13 亿多中国人意气风发地融入现代文明的新生活,我们离民族复兴的梦想从未像今天这样接近。中国经济综合实力显著增强,人民生活水平明显改善,国际影响力极大提高。由此也产生两个方面的认识问题。一方面,我国是否还处于社

会主义初级阶段? 有的人怀疑我们不是社会主义初级阶段了,我国与美国经济总量都跨入 10 万亿美元大关。有的国外人士借此炒作说我们已经进入发达国家行列。另一方面,我国现阶段的生产关系和上层建筑的制度体系都成熟了吗? 是否存在"利益固化的藩篱",有的认为我们的制度体系比较先进和完善了,只是缺乏改革创新的动力。但越是在这样的关键历史时期,我们越要保持清醒的认识,越不能犯历史性错误。

虽然我国经济社会发展发生翻天覆地的巨变,经济总量稳居世界第二大经济体。但是从整体生产力发展水平看,我国的人均生产总值和人均富裕程度仍居世界后列。根据世界经济信息网发布,2017 年中国人均 GDP 为 8582.94 美元,在世界排名第 74 位。根据中国 2016 年国民经济和社会发展统计公报:按照每人每年 2300 元(2010 年不变价)的农村贫困标准计算,2016 年我国农村贫困人口 4335 万人,比 2015 年减少 1240 万人。如果再加上我国城镇贫困人口,中国仍然是一个贫困人口较多的国家。我国没有完成工业化就迎来了信息化,没有富裕起来就迎来了人口老龄化。一部分现代的工业化与一部分落后的工业现状并存;一部分经济较发达地区与一部分落后地区和贫困地区并存;少量的世界先进技术与大量的一般技术水平并存;较少的高端人才与占有一定比例的文盲半文盲人口并存。现实的基本国情和生产力发展水平,说明我国仍处于并将长期处于社会主义初级阶段的基本国情没有变,我国是世界最大发展中国家的国际地位没有变。这也决定了我国的生产关系与上层建筑不可能很快成熟和完善起来,全面深化改革的任务还相当艰巨,建设制度文明任重道远。

早在 1980 年邓小平同志在《党和国家领导制度的改革》中指出:"我们进行社会主义现代化建设,是要在经济上赶上发达的资本主义国家,在政治上创造比资本主义国家的民主更高更切实的民主,并且造就比这些国家更多更优秀的人才。"[1]这一段重要论述,邓小平提出了一个好制度的三个标准,那就是在经济上赶上发达资本主义国家;在政治上创造出比资本主义国家的民主更高更切实的民主;造就出比这些国家更多更优秀的人才。制度

---

[1] 《邓小平文选》第 2 卷,人民出版社 1994 年版,第 322 页。

建设是邓小平理论的重要组成部分,建设好的制度任务非常紧迫。邓小平
尖锐地指出:"我们今天再不健全社会主义制度,人们就会说,为什么资本
主义制度所能解决的一些问题,社会主义制度反而不能解决呢? 这种比较
方法虽然不全面,但我们不能因此而不加以重视。"①邓小平从制度层面去
认识问题和反思问题,从"文化大革命"的教训中揭示了问题的实质,说明
我国社会主义初级阶段制度还存在诸多弊端,制度体系还不完善,与资本主
义制度相比除了有优势的方面外,还存在一些不足,强调了坚持和完善社会
主义初级阶段制度体系的重要性和紧迫性。

　　1992 年年初邓小平在南方谈话时指出:"恐怕再有三十年的时间,我们
才会在各方面形成一整套更加成熟、更加定型的制度。……在这个制度下
的方针、政策,也将更加定型化。"②这一重要论断,从建设中国特色社会主
义根本性问题的高度,阐述了制度建设的根本性、全局性、稳定性和长期性,
强调了要将其作为关系党和国家前途命运的重大问题来思考,期望制度建
设要持之以恒,动摇不得,并提出了用 30 年乃至更长的时间完善我们的社
会主义制度的目标要求。邓小平关于制度建设的重要论述,是对我们党领
导革命和建设历史经验的精辟总结,是强调必须把党和国家的政治生活建
立在不断完善的制度基础之上的"定型化"的战略思想。这深刻说明了只
有党的各项方针政策和制度成熟和定型,中国特色社会主义道路才能定型。
只有通过制度完善和建设,才能调动人的积极性、主动性和创造性,创造经
济发展和社会进步良好的秩序。只有制度成熟和定型了,才能不因领导人
的改变而改变,不因领导人的看法和注意力的改变而改变,保持党和国家的
方针政策的连续性、稳定性,维护全党的团结和统一,保证党中央的政令畅
通,保证各项方针政策决策的民主化、科学化。只有制度有权威性和执行
力,才能用制度弥补带有"说服性"的思想政治工作的不足,对人更具有感
召力。

　　2012 年,习近平指出:"应该看到,中国特色社会主义制度是特色鲜明、

──────────

①　《邓小平文选》第 2 卷,人民出版社 1994 年版,第 333 页。
②　《邓小平文选》第 3 卷,人民出版社 1993 年版,第 372 页。

富有效率的,但还不是尽善尽美、成熟定型的。中国特色社会主义事业不断发展,中国特色社会主义制度也需要不断完善。"①2014 年,习近平指出:"今天,摆在我们面前的一项重大历史任务,就是推动中国特色社会主义制度更加成熟更加定型,为党和国家事业发展、为人民幸福安康、为社会和谐稳定、为国家长治久安提供一整套更完备、更稳定、更管用的制度体系。"②习近平的这些重要论述与邓小平关于"定型化"的战略思想是一脉相承的,深刻阐述了完善和发展中国特色社会主义制度的极端重要性、必要性、紧迫性,进一步丰富和发展了邓小平关于制度建设的内涵。习近平关于制度建设的阐述,进一步明确了制度"定型化"的根本指针和目标任务。

　　围绕邓小平南方谈话关于"定型化"战略思想和习近平有关重要讲话精神,党的十八届三中全会提出了"完善和发展中国特色社会主义制度,推进国家治理体系和治理能力现代化"③的总目标,同党的十八大报告关于"构建系统完备、科学规范、运行有效的制度体系,使各方面制度更加成熟更加定型"④相比,新增加了推进国家治理体系和治理能力现代化的新目标,首次把制度的成熟定型与推进国家治理体系和治理能力紧密结合起来。前一句规定了根本方向,就是中国特色社会主义道路;后一句规定了在根本方向指引下完善和发展中国特色社会主义制度的鲜明指向。两者缺一不可,两者相互促进、相得益彰,是一个有机的整体,明确了完善中国特色社会主义制度的方向和实现路径。习近平指出:"国家治理体系和治理能力是一个国家制度和制度执行能力的集中体现,两者相辅相成。"并强调完善中国特色社会主义制度体系"这项工程极为宏大,必须是全面的系统的改革和改进,是各领域改革和改进的联动和集成,在国家治理体系和治理能力现代化上形成总体效应、取得总体效果"⑤。这些重要论述从国家治理体系和治理能力现代化的高度认识制度建设问题。这是党的制度建设理论的重大

---

① 《习近平谈治国理政》,外文出版社 2014 年版,第 10 页。
② 《习近平谈治国理政》,外文出版社 2014 年版,第 104、105 页。
③ 《党的十八届三中全会〈决定〉学习辅导百问》,学习出版社 2013 年版,第 2 页。
④ 《十八大报告辅导读本》,人民出版社 2012 年版,第 8—9 页。
⑤ 《习近平谈治国理政》,外文出版社 2014 年版,第 105 页。

创新,丰富和发展了马克思主义关于国家治理学说的理论,为党的制度建设的科学化进行了目标定位。

党的十八届五中全会明确把"各方面制度更加成熟更加定型。国家治理体系和治理能力现代化取得重大进展,各领域基础性制度体系基本形成"①作为全面建成小康社会的目标之一,这在原来的小康目标中是没有列入的。这充分说明了我们党对制度建设认识的深化,并把制度定型作为一个目标硬任务,纳入了"十三五"发展规划,这在我们党制定的历次五年发展计划和发展规划文件中还是第一次。"四个全面"战略布局首次被列入我国"十三五"发展的指导思想,这是从党的十八大到十八届五中全会党的理论创新和实践创新的最新成果,在科学理论指导和行动的指南中是一个主体内容,也是统领中华民族伟大复兴的总方略。这既是完善和发展中国特色社会主义制度的行动指南,又是实现制度成熟定型和实现"两个一百年"奋斗目标的现实有效路径和根本保证。

第二节　破解发展起来以后面临的新难题

邓小平同志在晚年以非凡的洞察力感知:"现在看,发展起来以后的问题不比不发展时少。"②这句具有深刻思想性的话成为我们研判中国发展大势的重要依据。无论是观察研究发展中的问题,还是研判发展所带来的问题,都要动态地认识中国发展道路的逻辑演进,对发展中的问题通过发展来解决。在全面建成小康社会的决胜阶段,要解决发展起来以后带来的突出矛盾和问题,必须科学把握新时代社会主要矛盾的新变化,把握中国发展的新规律、新特点,不断开辟现代化发展的新境界、新路径,加快实现中华民族伟大复兴的中国梦。

---

① 《党的十八届五中全会〈建议〉学习辅导百问》,党建读物出版社 2015 年版,第6—7 页。

② 刘海涛:《中国特色社会主义论纲》,人民出版社 2010 年版,第 170 页。

一、体制转轨与经济社会转型带来的矛盾和困难

站在现代化建设和民族伟大复兴更高的新起点上,我国发展起来以后的问题,一点也不比不发展时少。全面建成小康社会本质上是发展的问题。从辩证的角度看,一方面,改革开放 40 年取得了举世瞩目的成就;另一方面,也积淀了很多深层次的矛盾和问题。十八大报告用"四个依然"和"一个任务艰巨"明确提出了存在的突出问题。"四个依然"是:发展中不平衡、不协调、不可持续问题依然突出,科技创新能力不强,产业结构不合理,农业基础依然薄弱,城乡区域发展差距和居民收入分配差距依然较大,反腐败斗争形势依然严峻;"一个任务艰巨"是:"资源环境约束加剧,制约科学发展的体制机制障碍较多,深化改革开放和转变经济发展方式任务艰巨"。① 由于制约科学发展的体制机制障碍问题大量存在,造成了经济发展中不平衡、不协调、不可持续的问题越来越突出。这些问题实际上又带来了三大差距的拉大,就是城乡差距、区域差距和贫富差距。三大差距扩大意味着大多数人消费能力不足,大多数人消费能力不足又会带来中国内需不足,内需不足又无法消化中国日益变大的产能。产能过剩问题是我们战略性结构调整的最大阻碍。现在我国人口红利已经进入拐点,利用外资和出口拉动经济发展优势明显减弱,一些早些时候改革的制度优势下降,发展的动力不足,依靠投资拉动经济增长的方式走到了尽头。这就倒逼经济必须转型升级,实施创新驱动发展,深化供给侧改革。正如十九大报告指出的,发展不平衡不充分的一些突出问题尚未解决,发展质量和效益还不高,创新能力不够强,实体经济水平有待提高,生态环境保护任重道远;民生领域还有不少短板,城乡区域发展和收入分配差距依然较大;群众在就业、教育、医疗、居住、养老等方面面临不少难题;意识形态领域斗争依然复杂,国家安全面临新情况;党的建设方面还存在不少薄弱环节等。简单地说,这些矛盾和问题错综复杂、相互交织,制约体制转轨与经济转型的问题相互叠加和互相掣肘。解决这些问题,必须依靠创新发展来解决。创新发展的前提和保障是破除妨

---

① 《十八大报告辅导读本》,人民出版社 2012 年版,第 5 页。

碍科学发展的思想观念和体制机制阻碍。

　　回顾我国40年改革开放的历程,贫穷不是社会主义、发展是硬道理的理念深入人心。20世纪70年代末,我国城乡居民十分贫穷。城市以天津为例:1975年,工厂的生产第一线70%以上是二级工,月薪为41.5元,再没有其他收入。职工家里没有任何财产,成了名副其实的"无产阶级"。1950年,天津人均住房面积3.8平方米,1972年下降到3平方米。50年代初为工人修建的工棚式临时住宅,一直住到80年代后期。这代表了当时大多数城市职工的生活状况。当时的农村情况相当贫困。1978年新华社记者沈祖润等到安徽的定远、凤阳、嘉山去采访,看到的情况使他们心酸。凤阳县前五生产队,10户人家中有4户没有大门,3户没有桌子,68人中有40多人没有棉裤。这只是当时农村的一个缩影。在1978年一个冬天的夜晚,安徽凤阳小岗村的18位农民偷偷在一份契约上按下了手印,"宁愿坐牢杀头,也要分田到户搞包干"。这是当时农民为了生存的真实写照。"如果现在再不实行改革,我们的现代化事业和社会主义事业就会被葬送。"①这是邓小平发出的中国必须改革的坚定话语。1978年党的十一届三中全会果断决定,把全党全国工作的中心转移到社会主义现代化建设上来。中国从此拉开了改革开放的大幕。从冲破"两个凡是"的严重束缚,到解放思想、发展生产力;从传统的计划经济,到社会主义市场经济,极大地解放和发展了生产力。1990年之后,我国总体上从贫困阶段走上了温饱社会,整个社会的需求发生改变。

　　1993年,邓小平指出:"十二亿人口怎样实现富裕,富裕起来以后财富怎样分配,这都是大问题。解决这个问题比解决发展起来的问题还困难。分配的问题大得很。我们讲要防止两极分化,实际上两极分化自然出现。要利用各种手段、各种方法、各种方案来解决这些问题……少部分人获得那么多财富,大多数人没有,这样发展下去总有一天会出问题。分配不公,会导致两极分化,到一定时候问题就会出来。这个问题要解决。过去我们讲

---

①　《邓小平文选》第2卷,人民出版社1994年版,第150页。

先发展起来。现在看,发展起来以后的问题不比不发展时少。"①虽然 20 多年过去了,但邓小平晚年这些话语重心长、发人深省。他从发展问题的反思中,警醒人们"发展起来以后的问题不比不发展时少",收入差距问题"发展下去总有一天会出问题"。这说明他对改革开放以来,我国经济社会发展中存在的突出矛盾和问题已经有了新的觉察和感知。

不发展是大问题,发展了也会带来问题。如果说过去发展的重点是解决人民群众的"温饱"问题,那么现在解决的难点是"环保"问题;如果说过去发展重点解决的是"做大蛋糕"问题,那么现在是"做大蛋糕"的同时要解决"分好蛋糕"的问题;如果说过去发展的重点是解决发展的动力问题,那么现在的重点不仅要解决发展动力问题,还要解决发展不平衡不充分问题。这三个方面既是客观现实的突出问题,也是我们发展起来的认知和思路必须转变的问题。习近平指出:"当前,国内外环境都在发生极为广泛而深刻的变化,我国发展面临着一系列突出矛盾和挑战,前进道路上还有不少困难和问题。比如:发展中不平衡、不协调、不可持续问题依然突出,科技创新能力不强,产业结构不合理,发展方式依旧粗放,城乡区域发展差距和居民收入分配差距依然较大,社会矛盾明显增多,教育、就业、社会保障、医疗、住房、生态环境、食品药品安全、社会治安、执法司法等关系群众切身利益的问题较多,部分群众生活困难,形式主义、官僚主义、享乐主义和奢靡之风问题突出,一些领域消极腐败现象易发多发,反腐败斗争形势依然严峻,等等。解决这些问题,关键在深化改革。"②这说明当下面临着许多突出的矛盾和困难,涉及经济、政治、文化、社会、生态等建设的方方面面,必须通过全面建成小康社会、全面深化改革、全面依法治国和全面从严治党,才能标本兼治。

从经济发展角度看,全面建成小康社会需要破难题、防风险、补短板,实现更高水平和更有质量的发展。目前,我国产业结构不优,处于产业链的低端,制造业过剩产能呈现行业面广、绝对过剩程度高、持续时间长等特征。

---

① 冷溶、汪作玲:《邓小平年谱:1975—1997》,中央文献出版社 2004 年版,第 1364 页。

② 《习近平谈治国理政》,外文出版社 2014 年版,第 71—72 页。

在需求结构上,内需与外需、投资与消费结构失衡,供给体系总体上是中低端产品过剩,高端产品供给不足,对低收入群体供给有余,而对中等收入群体供给没有跟上。在要素投入上,劳动者素质提高、科技创新、制度创新、管理创新对经济增长的贡献不足。随着人口老龄化的到来,传统工业化接近尾声,消费增长率不高,经济下行压力加大,金融风险进一步暴露。当前,中国正面临经济增速下降、工业品价格下降、实体企业盈利下降、财政收入增幅下降、经济风险发生概率上升等一系列经济问题。解决面临的经济问题,既要学习运用宏观经济学,又要学好、用好微观经济学。制定实施的各项政策要有长远的眼光和全球的视野,要把重点放在如何促进实体经济发展、促进企业发展上,因为这是国家实力的根基,也是经济活动的微观主体。

在经济发展新常态下,在"三期叠加"(即经济增长换挡期、结构调整阵痛期、前期政策消化期)的前提下,要认识新常态、适应新常态和引领新常态。增长速度要由高速增长向高质量发展转变,发展方式由规模速度型粗放增长向质量效率型集约增长转变,产业结构由中低端转向中高端,增长动力由要素驱动、投资驱动向创新驱动转变,资源配置由市场起基础性作用向市场起决定性作用转换,把握经济面临的速度变化、结构优化、动力转换的新态势,在全面建成小康社会中破解发展难题,在解决发展难题中全面建成小康社会。

从政治发展角度看,坚持党的领导、人民当家作主和依法治国的有机统一,需要在全面依法治国中破解政治制度存在的诸多弊端,运用现代治理使我国政治制度的具体运行和实践规范定型化,并把社会主义政治制度的功能和作用充分发挥出来。从政治角度观察,"过去的十余年,中国出现了一次新跃进:社会保护力度大大增强。这个新跃进已静悄悄地给中国社会带来翻天覆地的变化:一方面,它阻止了不平等进一步恶化的趋势;另一方面,它为降低人类不安全创造了有利条件。只要继续推进这两方面的变化,社会主义就不是一句空话"[1]。改革开放以来,我国的民主政治建设有了长足

---

[1]　鄢一龙、白钢等:《大道之行——中国共产党与中国社会主义》,中国人民大学出版社2015年版,第6页。

的发展,法治国家建设取得了很大的成就,为我国经济社会发展起到了有力的促进和保障作用。

但是,过去曾有一段时期,我们对民主与法治重视不够,甚至把民主与法治对立起来。现在政治领域也存在一些值得重视的突出矛盾和问题。譬如,官员腐败问题较为严重,有的地方出现了塌方式腐败。腐败问题实质是把私人利益置于公共利益之上,意味着把政治价值标准与政治制度置于个人经济价值的从属地位。这说明体制和制度在规范官员的行为方面还存在软肋,导致一些官员有腐败的机会。再譬如,社会财富分配不公平问题,出现了贫富差距扩大,实质上是权力分配和资源分配的不公平造成的后果,其根本原因是权力的贪婪与资本恶性的结合。再譬如,现实的中国社会出现了"信访不信法"、"信闹不信理"、"信上不信下"倾向。不管是民与官的矛盾,还是民与民的矛盾,信访似乎成为解决矛盾的一种习惯心理。一些领导干部不按法办事,知法犯法、以言代法、以权压法、徇私枉法现象依然存在。有的地方群体性事件高发,不同程度出现了暴力社会化问题。

上述问题产生的原因主要是法治的权威性不足,缺乏有效的制度安排,缺乏把尖锐的社会矛盾减少至最低程度的政治程序。解决中国"成长中的烦恼",必须切实处理好全面深化改革与全面依法治国的关系,依靠法治权威是最现代、最文明、最有效的手段。这是中国从制度领导到制度治理,从特殊论走向规则论,从运动论走向制度论,最终是从物质文明、精神文明建设走向制度文明建设的必由之路。

从文化发展角度看,全面实现"文化小康"依然任重道远,需要巩固和提高马克思主义在我国意识形态领域的指导地位,强化社会主义核心价值体系在经济社会发展中的主导作用。全面建成小康社会,不仅是经济的小康,还有文化的小康。现在多数地区经济上达到甚至超过小康指标,但在文化小康的建设指标上还有较大差距。思想文化软实力与经济发展硬实力尚未形成相互促进、相得益彰的合力。

虽然我国意识形态领域总体是向好的,但面临的情况不容乐观且十分复杂。当前各种社会思潮纷纷扰扰,多元价值观念相互碰撞,马克思主义一元化指导思想遇到了多元化社会思潮的挑战,社会主义核心价值观遇到了市场经济追求个人利益和财富的挑战,传统的思想政治工作宣传遇到了发展迅猛的全媒体的挑战,我国在实现民族复兴中国梦过程中遇到了西方敌对势力遏制和渗透的挑战。什么"普世价值"观、新自由主义、西方"宪政民主"、公民社会、历史虚无主义等思潮干扰着我国的改革和发展。这些思潮的代表人物在理论上与国外的敌对势力遥相呼应,否定我国社会主义的国体和政体,鼓吹私有化、自由化和市场化,鼓噪政治的多党制度等,这使意识形态领域的管控和引导的难度日益加大。

总体上看,多元思潮激荡和一元引领共识的矛盾愈加突出,文化生产繁荣发展与思想市场活力不足的矛盾愈加明显。近年来在文化生产日益繁荣的同时,思想市场相对发育不足,制约着文化建设深入发展。如果思想没有了"主心骨",文化发展就会失去方向;假如思想缺少了"含金量",文化发展就会失去底蕴和厚度。我国在实现"两个一百年"奋斗目标的伟大进程中,文化软实力是不可缺少的重要因素。

一个民族的繁荣富强,首先源于思想文化的先进和富强。文化看似无形,实则力量无穷。要以先进的思想文化为引领,大力弘扬社会主义核心价值观,牢牢把握"两个巩固"的根本任务,着力用当代中国马克思主义凝聚思想共识,着力营造决胜全面建成小康社会的舆论氛围,着力加强宣传思想文化阵地建设和管理,以中国特色社会主义理论的理性之美、信仰之美、创造之美、实践之美,照亮人们的精神世界,让中华民族行稳致远,实现中华民族文化复兴,屹立于世界民族之林。

从社会发展看,城乡、区域和贫富差距依然较大,社会矛盾多发易发,需要全面深化改革,动动既得利益集团的奶酪,努力把社会公平正义的事情做好。改革开放初期,由于人民群众普遍处于贫困状况,摆脱贫困、实现温饱成为改革的普遍共识和共同的利益追求,那时的改革面临的主要问题是旧的思想观念的束缚,那时是皆大欢喜的改革,几乎是人人受益的改革,改革利益格局的问题很容易突破。40 年一路走来,改革先易后难,把好改革的先改掉,不好改的放到以后改。现在剩下的都是难啃的硬骨头,改革进入了"深水区",遇到了"大冰川"。目前深化改革也好,反对腐败也好,利益固化问题的阻碍非常突出,人们通常把利益固化称为"利益铁藩篱"。

2012 年 12 月,习近平在广东考察时指出:"我们要坚持改革开放正确方向,敢于啃硬骨头,敢于涉险滩,既勇于冲破思想观念的障碍,又勇于突破利益固化的藩篱。"①在改革开放的进程中,由于制度不完善、法规不健全等原因,造成改革的某些原本属于广大民众的利益被少数人所独占。这些利益藩篱呈现出刚性化的特点,其他人很难进入被少数人独占的利益领域;其利益一旦被触及,就会表现出强烈的排斥性。就像李克强总理在 2013 年全国"两会"答记者问所讲的那样:"至于你刚才说到改革进入了深水区,也可以说是攻坚期,的确是因为它要触动固有的利益格局。现在触动利益往往比触及灵魂还难。但是,再深的水我们也得趟,因为别无选择,它关乎国家的命运、民族的前途。"②这样的藩篱涉及的领域比较广泛,既有传统资源性领域的藩篱,也有公共服务领域的藩篱;既有行政垄断领域的藩篱,也有行业监管领域的藩篱。

现在改革的难题不仅如此,还有各种利益诉求和政治诉求的多元化和多样化。突出表现在收入分配不公。在改革开放的初期,那时人心思改,大家的利益是共同的,可以给所有人带来利益,思想认识比较好统一。现在的改革与那时就不一样了,难度大就大在各方面的利益诉求和政治诉求不好满足。马斯洛的需求层次理论把人的需求分成生理、安全、社交、尊重和自我实现五类,依次由较低层次到较高层次。人的需求是好了还要好,最后一直到需求好得没法好。如何解决这个问题呢?那就是唯有改革。简单地说,改革就是切蛋糕,用什么办法切得公平合理。现在的改革难题还要统筹国际和国内因素的影响,既要排除各种"左"和右的干扰,不走封闭僵化的老路,不走改旗易帜的邪路,又要应对国际上带来的各种挑战,这比改革开放初期国门还没有打开遇到的问题要复杂得多、艰巨得多。

从生态建设看,生态环境恶化与生态危机凸显,亟待促进生产方式和生活方式的绿色变革,开创人与自然和谐共生的现代化建设新格局。虽然我国生态文明建设取得了显著成绩,但是,目前资源约束趋紧、环境污染较重、

---

① 《习近平总书记系列讲话精神学习问答》,中共中央党校出版社 2013 年版,第 60 页。
② 《2013 全国两会记者会实录》,人民出版社 2013 年版,第 11 页。

生态系统弱化的形势依然严峻,已成为制约可持续发展的一大矛盾、提高人民生活质量的一大障碍、实现我国永续发展的一大隐患。低碳产品成为最短缺的产品,低碳发展成为群众最响亮的呼唤,绿色低碳循环发展成为最可持续的现代化发展道路的必然选择。

面临的生态环境问题,有自然的历史的原因,也有主观的客观的原因。但总体上看,改革开放40年来,经济快速发展中部分领域和地区的盲目开发、无序开发和过度开发是其主要原因。"绿色发展"的考核机制还不完善,环保责任追究和环境损害赔偿制度还不健全,资源有偿使用和生态补偿等机制没有全面建立,多元化的投入机制还没有发挥应有作用,是其制度层面的原因。生态文明的理念和低碳发展的意识还不牢固,传统的粗放发展模式尚未根除,节约优先、环保优先方针的执行力度,在有些地方受经济形势的影响产生波动,人们对尊重自然的绿色消费、低碳消费行为尚未形成全社会的自觉行动,是其思想层面的原因。

习近平指出:"我们追求人与自然的和谐、经济与社会的和谐,通俗地讲就是要'两座山':既要金山银山,又要绿水青山,绿水青山就是金山银山。"①习总书记从发展最紧要的地方着力,彰显出对生态问题的高度重视,生动形象地阐明了经济发展与生态保护的辩证关系,为生态文明建设指明了方向。解决这些问题要从转变思想观念的源头抓起,牢记资源总量有限、环境容量有限,让绿色发展、循环发展、低碳发展的理念在人们的思想上扎根。迈向生态文明新时代、建设美丽中国,这是我们党提高执政能力的重要体现,是筑就中国梦的重要内容。良好的生态环境就是生产力,就是发展后劲,也是一个地区的核心竞争力。实现可持续发展,要把生态文明建设融入经济、政治、文化和社会建设各个方面和全过程,用绿色低碳循环发展的理念打开调整经济结构、生产方式和消费模式等深层次问题的闸门,下大力气调整有利于节约资源和保护环境的空间格局、产业结构、生产方式和生活方式。抢抓全球"低碳经济"方兴未艾的机遇,自觉投身到全球"低碳革命"的大潮中来,推动一场新的科技产业革命。在今后漫长的"低碳之路"上,为

---

① 习近平:《之江新语》,浙江人民出版社2007年版,第186页。

老百姓能看到蓝天白云、呼吸到新鲜空气、喝到干净清水,为子孙后代健康成长,为实现我国可持续发展的现代化,让我们每一个人都投身到低碳发展中,争当"低碳革命"的领跑者,以实际成效改变传统经济增长的轨迹,迎接低碳化发展时代的到来。

二、党群政群干群关系面临的问题和挑战

人民群众信任是一个政党能否长期巩固执政地位的"基石"。当下中国进入了中国特色社会主义新时代,在社会大变革、制度大转型、利益大调整的过程中,党群、政群关系面临着一系列新的考验。党群政群关系的时空基础、阶级基础、利益基础、价值基础均发生了重大变化,社会转型期诸如贫富差距拉大、民主政治机制不完善、公共权力违规运作、社会政策缺失、舆论环境复杂等问题和矛盾突出,使党群政群关系发生"异化"的风险不断加大。建立一种适应新时代变革要求和社会发展需要的新型党群政群关系,及时有效地回应各种社会质疑、密切党群干群关系,是坚持立党为公、执政为民执政理念的题中应有之义。

政党与社会各方的关系总是处在一个不断协调的过程中,不同历史时期社会的主要矛盾不同,党群政群关系也体现出不同的特点。

首先,党所处历史方位的转变,影响党群政群关系的时空基础,党面临着长期执政的重大考验。中国革命胜利以后,一直到建立社会主义基本制度,再到改革开放,中国共产党已经从领导人民为夺取全国政权而奋斗的党,成为领导人民掌握全国政权并长期执政的党;从受到外部封锁和实行计划经济条件下领导国家建设的党,到成为对外开放和发展社会主义市场经济条件下领导国家建设的党。随着党所处历史方位的深刻变化,党的目标和任务、党与国家权力的关系发生了变化。党的功能、党的领导方式等方面也要发生变化。这种转变也影响到党群政群关系的调整。

党同群众的关系发生了变化。革命战争年代,党靠人民群众打天下,离开了群众的支持,就会丢掉生命、丢掉根据地、丢掉胜利。但在党长期执政的新形势下,现实中还存在着官僚主义、文牍主义、等级主义等现象;有的党员干部与人民群众在客观上由过去的同等地位变成了管理者与被管理者的

关系,由于领导干部掌握了公共权力,容易导致骄傲情绪和官僚主义等不良作风的滋生和蔓延,增加了一些党组织和党员干部脱离群众的危险;长期执政,民众要求高,容易成为矛盾的焦点;长期执政,容易陷入事务主义,导致党政不分,难以做到党要管党。

一个政党长期执政后,能否克服精神懈怠、忧患意识淡化、执政活力不足的问题,关键是要经受住权力诱惑的考验。中国古代之所以会发生周期性的王朝更替,一个很重要的原因就是历代王朝都没有经受住执政的考验。2012 年 12 月 27 日,习近平总书记在与八个民主党派中央和全国工商联座谈时,重提毛主席与黄炎培先生的历史周期律谈话,称仍然对我们党有很好的鞭策与警示作用。

从历史周期律看,一个朝代刚开始时,由于政治比较清明,社会矛盾缓和、发展兴盛。但是到后来由于政治逐渐腐败而使发展停滞,再到后来由于贫富差距拉大、社会不公,矛盾逐渐激化引起农民起义而被推翻衰亡。在中国,极端的贫富悬殊是历史周期律的推手,极端的社会不公是导致社会崩溃的最大原因。一个社会从不公平到实现新的公平,由新的公平社会所取代,这样周而复始。1945 年 7 月 4 日下午,毛泽东在延安回应黄炎培关于政权更迭历史周期律的坦率提问时说:"我们已找到新路,我们能跳出这个周期律。这条新路,就是民主。只有让人民来监督政府,政府才不敢松懈。只有人人起来负责,才不会人亡政息。"①

黄炎培听完这段话后,表示首肯。他说:"这话是对的,只有把大政方针决之于公众,个人功业欲才不会发生。只有把每个地方的事,公之于每个地方的人,才能使得地地得人,人人得事。把民主来打破这周期律,怕是有效的。"②

毛泽东和黄炎培在延安窑洞的这段关于历史周期律的对话,被人们称为堪与千古"隆中对"媲美的"窑洞对",时隔 70 多年,对我们党仍有很好的鞭策和警示。这既是一个善意的提醒,又是一种警示的告诫,更是一记长鸣

① 胡大牛:《中共中央南方局统战史论》,人民出版社 2008 年版,第 302 页。
② 孙宝义、刘春增等:《毛泽东成功之道》,人民出版社 2013 年版,第 261 页。

的警钟,还是一种庄严的宣示,深刻而直白地提醒人们,科学执政、民主执政、依法执政是衡量中国共产党执政能力和执政水平的"金钥匙"。

从"跳出历史周期律"、实现长期执政的目标出发,必须推进国家治理体系和治理能力现代化,正确处理好民主与法治的关系,全面依法治国、依规治党。落实依法执政原则,在党群政群关系上要从以往依靠情感动员、道德动员为主的人格化、伦理型关系,转变为依靠制度约束和法治规范的法理型关系。我们正处在向现代化迈进的过渡地带,一方面需要集中力量开展反腐败斗争,打破固化的利益藩篱;另一方面又需要适应国家治理体系和治理能力现代化的新要求,把制度引导到更加民主化和更加法制化的轨道上来。

党的十八届三中全会要求,"加快推进社会主义民主政治制度化、规范化、程序化"。习近平强调:"法律是治国之重器,法治是国家治理体系和治理能力的重要依托。全面推进依法治国,是解决党和国家事业发展面临的一系列重大问题,解决和增强社会活力、促进社会公平正义、维护社会和谐稳定、确保国家长治久安的根本要求。"①习总书记明确提出解决好事关党和国家长治久安的制度现代化问题,实现国家长治久安的根本要求是全面依法治国,并以之作为治国理政的基本方略。只有通过科学执政、民主执政、依法执政,才能防止权力失控、决策失误、行为失范,从而真正实现为人民掌好权、用好权;只有通过法治国家、法治政府、法治社会一体化推进,才能在党群政群关系上实现从为民作主向由民作主的转变,为广大人民群众充分行使民主权利、有序参与国家政治治理创造更有利的条件。

其次,经济体制深刻变革,多元利益格局的复杂化,影响了党群政群关系的利益基础,带来历史条件下正确处理党群关系的新难题。社会主义市场经济体制的建立和完善过程,也是一场全方位的利益调整过程。经济体制变革的巨大成就,集中体现为社会生产力的迅速发展、综合国力的极大提升和城乡居民生活水平的显著改善。广大群众普遍从改革中获益,在社会

---

① 《〈中共中央关于全面推进依法治国若干重大问题的决定〉辅导读本》,人民出版社2014年版,第2页。

主义市场经济体制的建立完善中表现出极大的积极性。但也必须看到,随着改革的深入和社会主义市场经济的发展,社会环境已发生重大变化。经济成分、组织形式、就业方式、分配方式日益多样化,利益格局呈现前所未有的复杂局面,旧的平衡机制被打破,新的平衡体系尚未确立,在利益分配上围绕社会公平正义的问题和矛盾不断涌现,考验着党和政府的应对能力,影响和制约党群关系的和谐发展。

改革开放以来,群众的经济利益增加了,生活改善了,但是在利益格局的调整中,由于收入分配等方面存在的问题,造成政府、企业和个人的分配失衡,贫富差距拉大。虽然近年来我国的基尼系数总体上呈下降趋势,但是2016年基尼系数为0.465,比2015年提高了0.003。2016年我国城乡居民收入的相对差距缩小,从2015年的城乡收入倍差2.73下降到2016年的2.72。[①] 我国现在的城乡差距、行业差距、区域差距、贫富差距问题还是较重的,这都是亟待解决的重大问题,因为这直接影响广大群众的根本利益,影响党的执政基础,事关中国改革开放的成败。事实上,我国市场化改变了收入分配的手段和方式,创造了新的发展空间和机会空间。但是,市场也影响着社会各阶层在收入分配中的相对地位和收入分配的原有因素。市场配置资源不仅关乎经济运行方式,还将转变政府职能和政府运作方式。在这个过程中,在计划经济底层的普通工人、农民以及其他无权力者,面临着前所未有的经济机会;掌握政治和行政权力的人群,也拥有市场经济带来的新的经济机会。政治权力可以影响甚至主导市场机制的运行,"政治资源和政治权力在市场转型过程中将不会贬值"[②]。

市场经济的缺陷之一就是出现贫富差距扩大,在市场化的改革进程中,由于制度不完善、法规不健全等原因,改革中的某些原本属于大多数民众的利益被少数人所占有。贫富差距的拉大,社会的基本特征表现为利益主体的多元化,利益趋向的多极化,利益差别的明显化,利益矛盾的集中化。同

---

① 《统计局:2016年基尼系数为0.465　较2015年有所上升》,中国新闻网,2017年1月20日。

② 边燕杰、吴晓刚:《社会分层与社会流动:国外学者对中国研究的新进展》,中国人民大学出版社2008年版,"导论:述评与展望"第4页。

时,因为我国改革主要依靠自上而下推动,各级党委、政府掌握了大量资源,使党的干部面临着权力和利益的双重诱惑和考验。改革开放以来,干部队伍中一些侵犯群众利益的现象和腐败现象依然存在,这使有的地方党与群众的关系出现了裂痕。在这种情况下,有的地方党的群众工作受到冲击和削弱,党群政群关系背离的风险加大。

因此,我们党如何维护好、发展好人民群众的根本利益,使群众从"感恩性"认同转变为"利益性"认同,不断提高党和政府在广大人民群众中的公信力,就成为当下正确处理党群关系的时代难题。

第三,社会阶层结构分化重组,社会群体阶层的多元多样化,影响党群政群关系的社会基础,带来了群众路线"离散"的新挑战。随着经济体制和政治体制改革不断深入,特别是社会主义市场经济体制建立,我国原有的社会阶层结构发生了分化与重组,原来以工农两大阶层和知识分子阶层为主体的基本构架被冲破,从原有社会阶层内部结构中演化出许多新的社会力量,形成多元化的社会阶层结构。

社会学家陆学艺提出,我国已形成十大社会阶层,从上到下依次为国家与社会管理者阶层、经理人员阶层、私营企业主阶层、专业技术人员阶层、办事人员阶层、个体工商户阶层、商业服务业员工阶层、产业工人阶层、农业劳动者阶层和城乡无业失业半失业者阶层。[1] 从以上排序可以看出,一方面,随着市场经济兴起,一批新的阶层发展壮大;另一方面,国家与社会管理者阶层雄踞各阶层之首。其实这十大阶层可以简化分为三大阶层:一是国家与社会管理者阶层,二是有实业、有知识的资本阶层,三是劳动阶层。资本阶层近几年不断发展壮大,包括实物资本、文化资本和知识资本等。劳动阶层发生深度分化,农民阶层中的贫困户和工人阶层的下岗失业人员,成为整个劳动阶层的弱势群体。由于经济利益的贫困性、生活质量的低层次性、政治上的低影响性和心理承受能力的脆弱性,形成了当今中国社会不稳定的群体。由于少数的拥有政治资本的国家与社会管理者阶层与资本阶层之间发生的非法行为和贪污腐败,严重侵害了劳动阶层的根本利益。资本阶层和

---

[1]　参见陆学艺:《当代中国社会阶层研究报告》,社会科学文献出版社 2002 年版,第 9—10 页。

劳动阶层之间的矛盾,也是十分尖锐的劳资关系矛盾。有的民营企业付给工人的劳动报酬极不合理。这三大阶层之间的矛盾和问题正在不断成为我国社会矛盾的焦点问题,这也是造成干群关系紧张的根本性原因之一,已经成为制约中国经济社会发展的突出问题。

社会阶层的分化与重构对党群关系的发展提出了新挑战。一方面,阶层的分化导致阶层意识的模糊,阶层归属感、使命感和责任感大大降低,党对各阶层进行思想整合、价值引领的难度加大;另一方面,愈发快速的阶层演变和流动使党的群众工作面临新的困难和挑战,以往依靠各级党委政府包办,"一刀切"、"一锅煮"的群众工作方式、手段与社会分化、利益多元、高度信息化新形势不相适应,有的地方责任部门各自为战、上层与基层脱节、封闭和半封闭运行等问题日益突出,体现广覆盖、多主体、分众化要求的群众工作新体系尚未形成。

随着经济体制改革不断深化,广大群众由于经济地位、政治地位和社会地位以及价值观念等方面的不同,形成了若干不同层次的群体,社会经济成分、组织形式、就业形式、利益关系和分配方式日益多样化,有的地方引发城乡之间、地区之间、工农商学等不同社会阶层之间以利益为核心内容的复杂矛盾。社会经济成分多样化为党的纯洁性建设带来了挑战;社会组织形式的多样化,促使人们的自主意识、民主意识和维权意识提高;物质利益和分配方式的多样化,使得群众自主性增强,但对党的依赖减弱。群众这一主体结构和利益要求也出现多元化发展,也给我们党带来了不同程度的群众路线"离散"的新挑战。

第四,思想观念的深刻变化,社会思潮的多元多变,影响党群政群关系的价值基础。社会意识和社会价值差异的扩大,导致个别领导干部官德下滑,与"人民公仆"的形象相去甚远。在日益明晰的社会分化中,不同的社会主体自然会有不同的思维方式、不同的价值取向。这是社会文明进步的体现,也是社会创造力的解放,但是价值多元中伴生出的价值扭曲、价值沦落,破坏了社会价值底线,影响了社会包容,并对党的长期执政产生负面作用。我们党从诞生之日起就把马克思主义写在自己的旗帜上,用追求社会主义、共产主义的远大目标动员广大群众,用与之相应的一套价值观凝聚全社会共识。

在社会深刻变革和对外开放不断扩大的条件下，一方面，世界范围内各种思想文化交流交融交锋更加频繁，西方国家把中国崛起视为对其价值观和制度模式的挑战，加紧对我国进行思想文化渗透，一些被赋予特殊内涵的观念如宪政民主、公民社会等以"普世价值"的面目出现，混淆和扰乱社会公众思想，党的意识形态对广大群众的吸引力动员力减弱；另一方面，在国内，转型期各种社会矛盾和问题相互叠加、集中呈现，人民思想活动的独立性、选择性、多变性、差异性明显增强。有的党员干部理想信念不坚定，腐朽落后思想沉渣泛起，拜金主义、享乐主义、极端个人主义有所滋长，党群关系中原有的共同理想信念和价值观基础遭到冲击。

改革开放的深入、社会生活的丰富，群众受各种思想观念影响的渠道增多，形成了选择、主体、利益、信息、观念多元的局面。一方面，群众由主要关注物质利益向同时关注生活转变，民主法治和公平尊严意识增强；另一方面，一些领导干部的价值观发生变化，有的淡化了为人民服务的宗旨，转向拜金主义、享乐主义。有的"跑官要官、买官卖官"等违法乱纪的事件不断出现，从政治伦理角度反映出个别领导干部"官德"已经滑落到群众不能容忍的严重地步。有的党员干部不讲人民民主专政，偏讲宪政；不讲核心价值，偏讲普世价值，甚至信奉"马列主义对人，自由主义对己"。有的认为理想信念不能当饭吃，过自己的好日子才是硬道理，认为为官不易，甚至散布"当官不为人民币，不如回家去种地"等错误思潮，有的懒作为、不作为、乱作为，"看到黄灯跑过去、遇到红灯绕过去"，"不求百姓拍手、只求领导点头"。这些都成为腐蚀党员干部、败坏党的风气的沉疴毒瘤。

这些问题严重影响执政党的纯洁性和先进性，影响中国共产党的执政地位，影响中华民族伟大复兴中国梦的实现。全面建成小康社会，非党员干部不可靠之，非风清气正不可为之，非真抓实干不可成之。"两个一百年"奋斗目标越接近，使命越艰巨，就越要从严治党、从严治吏，解决一些干部不作为、乱作为和贪污腐败等突出问题。只有建设一大批高素质干部队伍，形成党员干部敢于担当、奋发有为的精神状态，发展有带头人，政策有执行力，才能带领广大群众把全面小康的蓝图一步步变为现实。

第五，从党群关系的外部环境看，新媒体条件下舆论环境复杂多变，对执政党巩固和提升公信力提出了新的挑战。在传统社会条件下，社会矛盾往往是物理隔断的，彼此之间"串烧"得少，社会群体之间也很难实现大范围的沟通，社会情绪的传染烈度较低。在传统舆论环境下，是"你传我受"、"你编我看"的模式，比较容易把握舆论的导向。但是，以互联网为代表的新媒体给网络舆情治理带来了前所未有的困难和挑战。在高速发展的网络社会，网络舆论传播的信息参差不齐、真假难辨，让人们无所适从。网络信息的传播是开放的、即时性的，网络舆论很难进行调控与管理，任何人都可以在网上发布与传播信息，导致人们对网上信息难以鉴别真假，给社会上一些人的价值观、世界观、人生观的形成造成了负面影响。

随着新媒体、全媒体、自媒体的发展，思想舆论环境复杂多变，群众无所适从。"互联网+"技术的迅猛发展，移动网、卫星电视、互联网等新技术传播、新媒介的迅速发展和广泛普及，使传媒格局和舆论形成机制发生深刻变化，特别是网上论坛、新闻跟帖、微信微博等十分活跃，我们正进入一个"人人都有麦克风"的传播自媒体时代。在这一时代背景下，各种言论相互交织，舆论生态复杂多变，针对同一舆论焦点事件，官方主流媒体、民间舆论领袖、普通网民共同发声，广大群众在纷繁复杂的信息面前无所适从。近年来发生的一些重大群体性事件，往往只是一些局部突发事件，但经互联网、手机等放大传导，吸引了不明真相的群众聚集关注，很多真实信息在传播中出现了严重的歪曲，影响了受众对真相的判断，造成极坏影响。新的传播技术手段就像一柄"双刃剑"，既给党有效调控大众媒体、正确引导社会舆论提供了新的平台和手段，又给党的宣传舆论工作带来巨大的变数和不确定性。如何始终走在传播技术变革的前沿，在"民间舆论场"不断壮大的同时，巩固并进一步壮大主流舆论，做到在多元中立主导、在多样中谋共识，是对党的宣传舆论工作的一项重大考验。

党的十八届五中全会强调，"实施'互联网+'行动计划，发展物联网技术和应用，发展分享经济，促进互联网和经济社会融合发展。实施国家大数据战略,推进数据资源开放共享。"①"互联网+"带来的新技术,改变了人们的社会、经济、文化、生态,甚至改变了人类的生存方式,改变了人们的学习方式和思想观念。大数据技术成为转变治理思维、创新治理模式、挖掘舆情规律、撬动科学决策的支点,也必将成为提升网络舆情治理能力的拐点。今天我们谈论的"互联网+"已经不是过去讲的互联网思维的概念,而是由一种观念、理论进入到现实的生活和社会实践,并成为一种行动的计划。网络技术的发展及网络舆情的形成为基层意识形态教育带来了新的元素和活力,为基层思想政治教育者提供了意识形态管理创新的契机和途径。要抓住网络舆情下基层意识形态管理面临的机遇,在网络舆情的引导中渗透意识形态教育的内容,引导群众理性思维,树立正确的价值观。要运用"互联网+"技术,把基层党支部建在"云"上,把群众工作的开展要"从网络中来、到网络中去",充分发掘新媒体的独特优势,不断地创新和发展新媒体环境下的思想政治教育工作,为密切党群干群关系探索新路径和新方式。

三、现代化与民族复兴过程中各种陷阱的困扰和阻碍

中国的迅速崛起和发展壮大,为实现中华民族伟大复兴中国梦奠定了坚实的基础。中国从来没有像现在这样更加接近"两个一百年"奋斗目标的实现,也从来没有像现在这样遇到前所未有的矛盾和挑战,在中国前进的道路上,各种矛盾和风险叠加、陷阱与挑战并存,尤其是各种陷阱的困扰和阻碍,成为当代中国发展亟待研究解决的时代课题。我们如何跨越"中等收入陷阱",应对"话语陷阱",破解"塔西佗陷阱",防范"修昔底德陷阱"呢? 应当怎样审视由此衍生出来的"转型陷阱"、"民主陷阱"、"城市化陷阱"、"资产泡沫陷阱"、"福利陷阱"、"老龄化陷阱"、"捧杀陷阱"、"金融陷阱"等重大现实问题和挑战? 这是当今中国发展中绕不过的"一道坎"。

第一,正确审视现代化进程中"中等收入陷阱"问题。

2007 年,世界银行在《东亚复兴》报告中首次提出"中等收入陷阱"的概念:一个经济体迈入中等收入阶段之后,既不能继续又难以摆脱以往的增

---

① 《党的十八届五中全会〈建议〉学习辅导百问》,党建读物出版社 2015 年版,第 10 页。

长模式,经济在起落中徘徊,长期停滞不前,陷入增长的困境难以自拔。①

从国际发展经验看,一个国家从低收入迈向中等收入的过程,就是从经济起飞走向摆脱贫困的过程。当人均 GDP 突破 1000 美元的"贫困陷阱"后,一般将以较快的增长速度迈向人均 GDP1000 美元至 3000 美元的"起飞阶段"。当一个国家的人均收入达到 3000 美元至 6000 美元时,起飞阶段快速发展中积聚的矛盾和问题将集中爆发,经济社会结构发生深刻变动,本身体制与机制的转型与更新进入临界点,从而进入生产率和收入增长停滞的阶段。许多国家都经历过这种发展速度放慢的阶段。实际上这个阶段是从中等收入迈向高收入的过程,既有发展机遇,也有矛盾凸显;可能出现经济增长回落和停滞,贫富差距拉大、失业率增大、腐败高发、民主乱象、社会动荡、信仰缺失、城市化过度、公共服务产品短缺等,以至于长期深陷困难的境地。在一些国家,有的成功领导了经济起飞的执政党,不仅没能巩固住自己的执政地位,反而在创造经济奇迹之后丢掉了政权,墨西哥、巴西等都曾发生过这样的事情。"中等收入陷阱"几乎成了阻碍新兴国家"更上一层楼"的一道魔咒。②

从我国经济社会发展看,经过 40 年改革开放,中国综合国力大大增强,抗风险能力明显提高,发展中的失衡风险仍然可防、可控。但是,我们还没有成功跨越"中等收入陷阱"。我国处在全面建成小康社会的决胜阶段、经济发展新常态阶段。在这一阶段中"三期叠加"的阶段性特征明显,即增长速度进入换挡期,由高速转向中高速,这是由经济发展的客观规律所决定的;结构调整面临阵痛期,去产能、去库存、去杠杆、降成本、补短板,深化供给侧结构性改革,这是加快经济发展方式转变的主动选择;前期刺激政策消化期,这是化解多年来积累的深层次矛盾的必经阶段。在这个阶段各种"陷阱"密布,大大小小的"陷阱"林立,突出地表现出中国进入中等收入阶段之后的阶段性新特征,形成了前所未有的中国式的"中等收入陷阱"的严峻挑战。在经济方面,发展不平衡、不充分、不可持续的问题十分突出,调结

---

① 《理论热点辨析》,红旗出版社 2012 年版,第 190 页。
② 《理论热点辨析》,红旗出版社 2012 年版,第 190 页。

构、转方式的压力巨大,传统粗放的发展模式难以为继,而短期内又难以摆脱这种发展模式,经济下行的压力和风险逐步增大,处于"两难"困境。在社会方面,收入分配不公、贫富差距扩大、环境污染加重、群体性事件多发易发,都可能引发社会动荡。在思想政治领域,有的宣扬西方宪政民主,否定党的领导和中国特色社会主义政治制度;宣扬所谓"普世价值",企图动摇党执政的思想理论基础;宣扬西方的公民社会,企图瓦解党执政的社会基础;等等。在国际方面,西方大肆鼓吹"中国崩溃论",妄图唱衰中国;鼓吹"中国威胁论",从各方面打压中国;西方主导下的"民主化浪潮"大行其道,企图对我国西化和分化。

面对各种困难与挑战,我国能否顺利跨越"中等收入陷阱"?习近平在2014年11月,出席亚太经合组织(APEC)领导人同工商咨询理事会代表对话会时指出,"对中国而言,'中等收入陷阱'过是肯定要过去的,关键是什么时候迈过去、迈过去以后如何更好向前发展。我们有信心在改革发展稳定之间,以及稳增长、调结构、惠民生、促改革之间找到平衡点,使中国经济行稳致远。"①习总书记的这段讲话坚定地回答了我国能够跨越"中等收入陷阱"。这主要是因为我国政治安定、金融稳定,具有较强的抵御外部冲击能力;我国人才总量大,劳动力资源丰富,资本充裕,发展的回旋余地仍然大;我国科技资源丰富,创新驱动发展的潜力巨大;全面深化改革的"制度红利"还有很大潜力,新型城镇化推进和"二孩政策"的释放将形成新的"人口红利";我国工业化中期的后发优势还没有完全释放。我国幅员辽阔、发展不平衡、市场潜力大,仍具备持续增长的基础和条件,人民群众对国家发展的预期良好。这些都与一些掉进"中等收入陷阱"的国家不同,特别是改革开放为我国顺利度过中等收入阶段和跨越"中等收入陷阱"积累了宝贵经验,全面深化改革和全面依法治国将为经济长远可持续发展提供制度保障。2017年我国人均GDP已达到8582.94美元,达到中高收入国家平均水平。李克强总理指出,"十三五"时期是全面建成小康社会的决胜阶段,夺取这一胜利意味着,到2020年我国人均国内生产总值将接近高收入国家水平,

---

① 习近平:《中国肯定要迈过"中等收入陷阱"》,新华网,2014年11月11日。

基本跨越"中等收入陷阱",这将是我国现代化进程中又一个里程碑。但全面建成小康社会目标不会自动实现,天上不会掉馅饼,我们面前的风险挑战还很多,困难不可低估。必须牢牢扭住发展这个第一要务,紧紧围绕全面建成小康社会,踏踏实实去干。[①]

我国发展到了跨越"中等收入陷阱"的最后冲刺阶段,事关中国未来,事关改革开放事业成败。我们应当精准把握未来发展走势,采取针对性的有效措施。一要把"做大蛋糕"与"分好蛋糕"纳入国家发展的重要内容,正确处理好"做大蛋糕"与"分好蛋糕"的关系。如果没有全面协调和可持续增长,分配就缺乏物质基础;如果没有合理分配,经济增长也会缺乏持久动力和稳定的社会环境。科学合理有效地配置生产与分配环节的资源,是实现经济良性增长的重要条件。二要把解决收入分配问题作为跨越"中等收入陷阱"的关键。从各国发展经验看[②],既有落入"中等收入陷阱"不能自拔的典型,也有成功越过陷阱的范例。前者如拉美地区,在其33个经济体中,中等收入者高达28个,平均已在"中等收入陷阱"中滞留37年,阿根廷更是高达50年。与之形成鲜明对比的是创造了"东亚速度"的日本和"亚洲四小龙",它们都在不到20年的时间里成功实现了从中等收入向高收入的跃升,其中韩国仅用了8年。这里的原因很多,而收入分配问题解决得好不好是一个关键。因此,我们要吸取各国正反两方面的经验教训,深入贯彻落实党的十八届五中全会精神,坚持共享发展,缩小收入差距,"调整国民收入分配格局,规范初次分配,加大再分配调节力度……实行有利于缩小收入差距的政策,明显增加低收入劳动者收入,扩大中等收入者比重"[③]。切实防止"两极分化",从"权力制衡"的角度,使用好公共权力,配置好公共资源,下大力气解决好社会分配不公问题。三要实施民生优先的发展方针,从顶层设计好国民收入分配格局。"必须坚持以人民为中心的发展思想,把

---

① 《李克强:2020年中国人均GDP将接近高收入国家》,中国政府网,2015年11月6日。

② 《理论热点辨析》,红旗出版社2012年版,第194页。

③ 《党的十八届五中全会〈建议〉学习辅导百问》,党建读物出版社2015年版,第30页。

增进人民福祉、促进人的全面发展作为发展的出发点和落脚点。"①从深化税制改革突破，加大对一些高收入群体征税力度，尤其是对那些致富不是靠诚实劳动所得，而是靠投机钻营、以权力占有廉价资源、经营暴利产业暴富的，探索开征"高额累进税"。否则"两极分化"必然引发社会动荡，到头来也将危及富人的根本利益。

第二，警惕西方"话语陷阱"，认清本来面目，坚定不移走好中国特色社会主义道路。

"话语陷阱"是日常生活中存在的一种语言现象，也是一个国家在一定的国际舆论结构之下经常面临的问题。在西方价值观念和政治制度"普世化"、国际舆论"西强我弱"的大背景下，在自媒体时代人们有了一个前所未有的自我表达的自由空间大环境下，在中华民族伟大复兴的现代化进程的关键时期，西方一些发达国家利用话语权的霸主地位，对中国设置了各种"话语陷阱"，企图对我国西化和分化。这是全面建成小康社会进程中遇到的严峻挑战，如果我们应对不当就会陷入歧途，应当引起高度的重视和警惕。

避免和应对在国际话语陷阱下对"中国梦"的错误解读。党的十八大以来，习近平总书记提出了实现中华民族伟大复兴中国梦的概念，这是中国在 21 世纪的第二个十年提出的最重要的国家话语，一经提出便走红媒体、热及网络，这有助于改变国际舆论对中国议题的认知和态度，提升我国的国际形象。但是，一些西方媒介错误地认为，中国崛起实现中国梦，将会实行对外扩张的国策，还把我国主动参与非洲国家的经济建设，与拉美国家进行多方位合作，误读为是一种"新殖民主义"；把中国在海外建立孔子学院开展中国文化巡演活动，视为是一种"文化扩张和渗透"，甚至为中国戴上"扩张国家"的帽子。还有的把"中国梦"误解为"称霸梦"，错误地解读"一带一路"等。当今中国崛起并非对外扩张，而是顺应经济全球化大势，共享和平发展之机遇，加强与世界各国的合作与交流，促进人类和平发展的梦想。因此，在对外传播中必须阐明"中国梦"的内涵和实质，避免西方国家形成

---

① 《党的十八届五中全会〈建议〉学习辅导百问》，党建读物出版社 2015 年版，第 4 页。

"中国梦=强国梦=扩张梦"的逻辑谬论,①从而获得其推行围攻、孤立中国和进行意识形态争夺的把柄。我们要正确宣传和解读"中国梦",为全面建成小康社会和加快实现基本现代化营造良好的舆论氛围。

避免和应对西方舆论针对中国的经济成就、经济制度等方面的话语陷阱。改革开放以来我国取得了令世界瞩目的骄人业绩,这已被世界所公认。采用市场经济的同时坚持社会主义的基本原则,可以说是改革开放后中国经济制度的最大特点。然而,西方舆论却将当今中国的经济制度归属于资本主义性质②,如美国麻省理工学院教授黄亚生在 2008 年出版的一本书就叫作《有中国特色的资本主义》,《澳大利亚人报》亚太版主编罗恩·卡里克将中国经济模式称为"威权资本主义",英国《观察家报》专栏作家威尔·赫顿、马丁·雅克则称中国经济模式为"国家资本主义"等。在中国国内,也有学者将中国的经济制度称为"权贵资本主义"。这种对中国经济制度或模式的"资本主义"定性,不仅歪曲了中国社会主义市场经济的性质,而且影响了中国人民对于发展社会主义的期望,诱导民众将当今中国社会的矛盾归因为经济与社会性质的变化,而非改革的不完善。还有的把出现的收入分配不公、贫富差距拉大、市场经济不完善、农民征地补偿不到位等问题,错误地解读为是市场化改革的问题,使正当的改革措施被曲解为贫穷者与富裕者两个阶层的利益对抗与博弈,削弱了改革的经济伦理基础与正当性。这样的话语无疑会阻滞趋向社会公正的经济改革。

避免和应对历史虚无主义话语的"历史陷阱"。有学者指出③,历史虚无主义思潮以"重评"、"反思"和"还原"历史的面貌出现,有时甚至打着"学术研究"的幌子和"理论创新"的旗号,片面引用剪裁史料,随意歪曲历史,精心设置一个个"历史陷阱",具有很大的欺骗性、迷惑性和渗透性。历史虚无主义思潮主要是企图否定中国共产党历史和中华人民共和国历史。它从否定"老祖宗"开始,散布种种言论否定中国历史和现实,否定重大历

---

① 参见吴贤军:《传播中国梦与避免国际话语陷阱辨析》,《闽江学院学报》2014 年第 3 期。
② 参见张志洲:《警惕话语陷阱,走好中国道路》,《红旗文稿》2013 年第 21 期。
③ 参见《理论热点辨析》,红旗出版社 2014 年版,第 331 页。

史事件和重要历史人物。针对中国共产党历史上曾犯过的一些错误,西方舆论不从历史看失误,而从失误看历史,以随意夸大党的历史上的错误,甚至把对"文革"等一些曲折错误的不满,转化为对毛泽东思想的全盘否定和对中国共产党领导社会主义革命和道路的诋毁,宣扬社会主义"只起破坏作用",别有用心地指责我国选择社会主义是"误入歧途"。苏共亡党、苏联解体就是历史虚无主义从批判列宁和斯大林开始的,全面否定苏联社会主义,最终导致全民族精神支柱坍塌。正如习近平所阐述的,"全面否定苏联历史、苏共历史,否定列宁,否定斯大林,搞历史虚无主义,思想搞乱了,各级党组织几乎没任何作用了,军队都不在党的领导之下了。最后,苏联共产党偌大一个党就作鸟兽散了,苏联偌大一个社会主义国家就分崩离析了。这是前车之鉴啊!"①这段精辟透彻的论述,道破了历史虚无主义思潮的巨大危害,道出了旗帜鲜明地反对历史虚无主义思潮的极端重要性和紧迫性。历史虚无主义企图割断中国特色社会主义制度存在的历史根基,通过歪曲和否定历史,从而达到否定中国特色社会主义根本制度和发展道路的目的。在全面建成小康社会、实现民族复兴的伟大进程中,要以尊重历史作为反对历史虚无主义的重要前提,正确认识历史、科学对待历史,以辩证客观的态度对待历史上发生的错误和曲折,以实事求是的科学态度对待重要历史人物和重大历史事件,抓住历史的主流主线,从历史发展的主流中汲取正能量。以坚定自信作为破除历史虚无主义的根本途径,坚定中国特色社会主义道路自信、理论自信、制度自信、文化自信,坚持和完善中国特色社会主义制度,加快推进国家治理体系和治理能力现代化,使中国社会主义制度更加成熟、更加定型和更加持久。

避免和应对西方话语中的"民主陷阱"。长期以来,西方凭借经济、政治和军事优势及话语霸权地位,鼓吹与资本主义联姻的西式民主。有的学者把西方"民主陷阱"分为八个方面:所谓"民主一元论"——西式民主具有普世价值,其他国家无需以"民族性"为借口另搞一套;所谓"民主速成论"——西式民主已经有了成熟定型的模式,其他国家无需以任何"借口"

---

① 《理论热点辨析》,红旗出版社2014年版,第333—334页。

拖延民主的进程;所谓选举至上论——民主就是选举,"有没有普选"是衡量一国是否迈入民主门槛的唯一标准;所谓民主富强论——所有的富裕国家都是民主国家,西方富强乃拜民主所赐;所谓民主和平论——一个自由民主国家不会同另外一个自由民主国家打仗,战争往往发生在不同价值观的国家之间;所谓民主目的论——民主是最高的目的,以民主的名义任何代价都是值得的;所谓民主万能论——民主是把万能钥匙,西式民主是解决中国一切问题的关键;所谓民主终结论——西式民主是人类意识形态进步的终点与人类统治的最后形态,人类走向民主的步伐止步于西式自由民主。[①]以上这八个方面的谬论是西方精心设计的话语陷阱,企图将民主神圣化和绝对化,将西方的民主模式当作普世价值强加于人,企图建立超阶级、永恒的价值体系。

然而,美国大力向世界各地输出的"美式民主",都遭遇了"震荡、惨痛和失败"的命运。如海地用 20 年实行美式"民主化"换来的是"失败的海地"。西亚、北非发生的"茉莉花革命"之花凋零,"阿拉伯之春"变成了"阿拉伯之冬",埃及"民选总统"的惨败,泰国政权的频繁交替,伊拉克、叙利亚的持续内战……正像俄罗斯 Ridus 网站 2016 年 3 月 30 日发表的文章所述:"华盛顿表示,面对美国的影响力及民主传播计划,中亚地区正变得越来越不开放。美国分析家们指出,美国人没有想到,正是美国在中亚地区的民主传播计划让该地区国家感到害怕,美国正失去在中亚的影响力。目前这一地区正发生重大地缘政治变化,中国和俄罗斯的影响力大幅增加。美国在中亚地区的影响力下降是由多种因素造成的,多数是由于华盛顿的错误政策。美国及其盟国在阿富汗的军事冒险起了负面作用,阿富汗的现实让中亚国家明白,西方模式是无法接受的。它们也看到了美国的民主计划给利比亚、伊拉克和叙利亚带来了何种后果。"[②]

西方对中国设置的"话语陷阱"还有很多,如用"普世价值"衡量中国道

---

① 参见陈曙光、刘影:《西方话语中的"民主陷阱"及其批判》,《毛泽东邓小平理论研究》2015 年第 2 期。

② 伊弋尔·谢列勃里亚内:《俄媒:在中亚,中国的"丝绸之路"日益战胜美式民主》,柳玉鹏译,《环球时报》2016 年 4 月 1 日。

路,包装所谓的民主、自由、法治、人权等价值,对不同于这些价值标准的中国政治制度、意识形态和文化传统进行抹黑,企图否定中国的根本政治制度。针对中国的外交政策与国际行为,叫嚣"国强必霸论"、"中国威胁论"等,有意识地把中国塑造成西方的乃至整个国际社会的敌人,呼吁在中国强大之前进行扼杀。针对中国捧杀,一些西方"评论家"借助媒体推销"中美国"或"中美共同体"、"中美共治"等概念,表面上在国际经济与国际政治中赋予中国与美国"平起平坐"地位,而逻辑的自然延伸就是"中国责任论",实质是让中国在美国规制的框架内承担超出自己能力的责任。① 如果中国认同了这些诱人的概念,还将动摇自身发展中国家的地位;利用"网络自由"企图对中国输出其不可告人的"政治图谋",等等。

总之,从目的上看,西方舆论热衷于对中国设置各种话语陷阱,其主要目的是:通过话语来展开对我国政治价值观和意识形态的争夺;在根本上推行其所信奉的崇尚实力与理性自私的国家政治哲学;将西方利益进行道义性的话语包装;隐含着西方国家国际战略上的盘算。② 从实质上看,一是巧妙地把西方制度打扮成"包治百病"的灵丹妙药,向世界各不同形态的国家推行,这在实践上是有害的,在思想方法上也是错误的,西方的政治、经济、文化、社会等方面的制度不可无视国家差别而通行于世界。二是西方企图用"普世价值""普世"中国,企图通过在西方价值观与意识形态的全球扩张中"拿下中国"。三是西方国家利益通常经过话语包装,当然话语权本身也是国家利益的一种形式。如美国针对"南海争端"、气候变暖与二氧化碳减排等问题,对中国进行无理指责等,都体现了西方国家将利益视为国家对外行为的核心因素。四是企图把中国纳入西方的发展轨道,西方学界用二元论视角,选择负面的词汇与话语描述中国与中国道路。我们一定要高度警惕西方话语陷阱,认清西方话语实质,走好中国道路。

第三,正确认识"塔西佗陷阱"问题,促进党和政府与人民群众互信。

什么叫"塔西佗陷阱"? 习近平总书记在兰考县委常委扩大会议上的

① 参见张志洲:《警惕话语陷阱,走好中国道路》,《红旗文稿》2013年第21期。
② 参见张志洲:《警惕话语陷阱,走好中国道路》,《红旗文稿》2013年第21期。

讲话中,意味深长地提到"塔西佗陷阱"。他说:"古罗马历史学家塔西佗提出了一个理论,说当公权力失去公信力时,无论发表什么言论、无论做什么事,社会都会给以负面评价。这就是'塔西佗陷阱'。我们当然没有走到这一步,但存在的问题也不谓不严重,必须下大气力加以解决。如果真的到了那一天,就会危及党执政基础和执政地位。"①习总书记这段讲话是意味深长的,是忧国忧民的,在全面从严治党的新常态下,"塔西佗陷阱"为世人鸣警钟,足以令人反思,我们要从新的视野和高度认识这个问题和研究这个问题。

从辩证思维看,经济发展了,人民生活水平提高了,并不等同于党和人民群众的联系就更加密切了,有时候反而是疏远了。中国共产党成立 97 年来,正是坚持一切为了人民、一切依靠人民,得到了人民的高度信任,才能够带领人民打胜了一个又一个硬仗,搞改革开放和经济建设,才能取得一个又一个胜利。革命战争年代,党和人民群众的长远利益和短期利益都是一致的,打土豪、分田地、吃饱饭,翻身求解放做主人。现如今,党群干群关系发生了深刻变化,干部与群众的利益分化程度加大,老百姓从过去的"感恩性"认同转变为"利益性"认同,虽然党同人民的长期利益关系高度一致,但由于资源分配的不公,导致在短期利益的认同上不同程度地存在分歧,尤其是"劳动人民的主体地位不彰"②,具体表现在一些农村能人、强人、大户、村干部与普通群众之间的贫富分化在拉大,出现了在衣食住行、孩子教育、社会保障、公共服务等方面的过渡区隔,资本对基层的治理在增强,而党组织对基层的治理在弱化;基层群众生活的共同性在降低,一些乡村交粮纳税觉得重要,而在组织活动、文化生活、伦理教育等方面让群众还感受不到"共同体"的存在,"基层社会正在从'延安体系'下'团结的基层',转变成市场体系下'松散的基层'"③;有的地区群众发挥主体作用不够,主要是政治参

---

① 《习近平在兰考县委常委扩大会上的讲话》(2014 年 3 月 18 日),新华网,2015 年 9 月 8 日。

② 鄢一龙、白钢等:《大道之行——中国共产党与中国社会主义》,中国人民大学出版社 2015 年版,第 110—111 页。

③ 鄢一龙、白钢等:《大道之行——中国共产党与中国社会主义》,中国人民大学出版社 2015 年版,第 107 页。

与程度偏低,群众参与基层治理的空间不大、权限较小、渠道不够畅通等,一些地方官员喜欢"为民作主",不愿意"由民作主"。

从客观现实看,基层组织、政府和领导干部存在的许多问题,使群众对党和政府认识和态度发生了改变,甚至对一些问题产生质疑和反感。这也是造成政府公信力下降的重要因素。主要表现在以下八个方面。

一是有的领导干部精神状态和形象较差,在老百姓心中没有地位。如部分党员干部"混日子"不作为,心思不用在干事上,安于现状,做一天和尚撞一天钟,在岗不在状态,遇到困难绕道走,服务群众责任感不强,对群众缺乏感情。还有的党员干部"磨洋工"慢作为,缺乏创一流的精神状态,干事没有激情,工作上自由散漫、松松垮垮,对群众反映的问题敷衍了事、糊弄应付。部分基层干部"摆摊子"乱作为,组织观念不强,我行我素,重大事项不请示、不报告,乱干、蛮干、盲目干,损害群众利益。

二是群众诉求长期不能得到有效解决,群众对组织和领导心里有怨气。有的部门出台涉及群众利益举措时,没有充分听取群众意见。个别部门对群众反映的问题不及时处理、不及时反馈回复;个别干部对群众诉求漠不关心、不放在心上、不认真帮助解决。有的地方群众诉求表达渠道不畅,造成群众有话无处说,出现越级上访等现象。

三是简政放权存在"最后一公里"问题,有的群众对政府不满意。具体表现在:个别部门授权不到位,政务服务中心成了接件处、中转站,群众办事跑冤枉路;有的部门权力下放不到位,群众办事程序多,效率不高;有的部门服务不主动,行政管理权一放了之,没有针对乡镇站所人员开展培训,导致乡镇站所人员业务知识不熟悉,服务群众水平不高。

四是社会帮扶体制尚未完善,特殊、弱势群体对政府有怨言。具体表现在有的单位对精神病人、吸毒人员、艾滋病患者、刑满释放人员、社区矫正人员等特殊群体不愿管、不会管、不敢管,没有及时提供针对性帮扶;对空巢老人、留守儿童、残障人员、低收入家庭等弱势群众关爱帮扶不够深入、不够系统、不够全面;特殊群体帮教机构和残疾人康复机构等基础设施建设不够完善,管理力量和服务人员有待加强。

五是农村便民服务体系不健全,农村公共服务质量偏低。部分乡镇、村

（社区）干部服务意识差，责任心不强，基层干部没按规定坐班，存在群众办事找不到人的现象；个别部门服务没有延伸到村社，特别是村级便民服务中心的便民超市、卫生室、金融服务、邮政代办、文化服务等服务机构不健全、不集中，群众不方便；有的干部不关心群众冷暖，代办服务、上门服务制度挂在墙上、说在嘴上，落实不到位。

六是有的地方惠民政策落实难、到位难，群众感到对政策的享受度偏低。主要是惠民政策公开和宣传不到位，没有做到家喻户晓；执行政策不够公正，办事凭人情、讲关系，优亲厚友、吃拿卡要等现象时有发生；落实政策不够到位，个别部门执行政策缩水走样、打折扣；个别干部办事不公、假公济私、与民争利。

七是直接联系服务群众动力机制不完善，群众感到形式大于内容。部分党员干部直接联系服务群众意识不强，随意性大，规定动作不到位，联系服务群众不规范；有的部门直接联系服务群众不经常，热一阵冷一阵，存在"一阵风"现象；有的干部直接联系服务群众不深入，做表面文章，蜻蜓点水，走马观花，流于形式，没有在后续发展帮扶上想办法。

八是一些基层组织的核心地位在下降，群众对党和政府的社会治理能力不满意。个别基层党组织软弱涣散，没有凝聚力、战斗力和执行力；部分"两新"组织存在有组织无活动，有活动无效果的现象；个别基层党组织带头人为民意识不够强，服务群众能力有待提高，工作方法简单粗暴；部分村级集体经济薄弱，"空壳村"现象较严重，服务能力不够强。

从原因分析看，能够造成群众不信任的问题都不是小问题，而是"冰冻三尺非一日之寒"的累积，要么是某些行为冲破群众的信任底线，有时让人产生一种不满的宣泄；要么是政府公信力的下降和发展起来以后问题的增多，使一些群众产生了逆反心理，以至于"老不信"。这既有领导干部本身存在的让老百姓不能原谅和理解的问题，也有政府治理能力不高存在的问题，还有群众对党和政府期望值过高，很多问题源于政府的"大包大揽"，办到的事没有承诺的事多，老百姓就不信了。同时群众对领导干部在认识观念和比较观念上也发生了新的变化。

一是从思想上看，有的干部认为群众的幸福生活是自己创造的，以领导者自居,可以高高在上,对群众颐指气使,忘记了中国特色社会主义共同理想,忘记了自己是人民公仆,忘记了党的根本宗旨,忘记了人民群众是我们的衣食父母,甚至有的走向了人民群众的对立面。

二是从作风上看,由于党长期执政,少数干部脱离群众十分严重,发生了角色错位,认为不是我们离不开群众,而是群众离不开我们,认为群众觉悟低、很难缠,看见群众就头疼,有的把群众作为管制的对象,甚至是斗争的对象。

三是从政治上看,少数领导干部把人民给予的权力变成了谋取利益的工具,不是简政放权,还权于民、还利于民、还政于民、服务于民,而是与民争利,直接或间接损害群众利益,贪污腐化,损害党在群众中的威信和形象,有的已经走向人民群众的反面。从全国查处的一些重大贪污腐败案件看,贪污数额惊人,有的几千万,甚至多的几个亿,老百姓对此恨之入骨。

四是从信访看,一些领导干部在对待群众利益上,出现了与执政党宗旨不一致的做法。一是"拖",想拖几年一走了之;二是"躲",群众从前门来,领导从后门溜,躲矛盾问题、躲难听的话,想一躲了之;三是"捂",怕暴露问题,影响仕途、考核丢分,想方设法掩盖矛盾;四是"推",群众反映多年的问题,往往涉及几个部门,谁都不想过问,常常变成领导批来批去,部门转来转去,落实踢来踢去,群众跑来跑去,最后问题哪来哪去。

五是从群众工作方式看,部分党员干部在群众工作中的"失语"和无作为状态,群众工作方法的"失效",一些党员干部在思想上陷入了种种误区,使得群众工作方法效果不明显,甚至出现了许多负面效应。有的地方出现了"与新社会群体说不上去,与困难群众说不下去,与青年学生说不进去,与老同志说不到一起去"的被动局面。

综合上述分析,群众"老不信"的原因很多,客观原因是收入分配不公,利益分化与失衡是决定性成因。干群关系错综复杂,有的地方政府对群众的利益分配不公和利益协调不够,是造成干群关系紧张的客观原因。关键原因是有的公共权力滥用、政府未公正协调利益。有的大量的群众合法利益没有被政府重视。主观根源是官本位意识严重,公仆意识和宗旨观念淡薄。群众原因是群众往往考虑局部实际多,并且重视利益比较。群众考虑实际利益比较多,考虑长远利益比较少。

解决"塔西佗陷阱"问题,是我们党和国家面临的重大的政治问题,事关党和国家的长治久安,必须按照全面从严治党的新要求,始终坚持以人民为中心的发展理念,以密切党群干群关系为核心,以政治再组织、经济再组织、文化再组织、人民再凝聚为路径,迎着人民群众的方向走,顺着老百姓的意愿办,加快构建基层善治治理体系,创建良性互动、和谐高效的党群干群关系,把基层建设成为以劳动人民为主体的共同体。

政治再组织,理应回归"人民政治"的政治发展理念,研究探索从市场经济条件下"松散型基层"转向"团结型基层"的方法与路径。① 现在一些人心中社会主义方向不清晰、理想信念不坚定;有的认为"从群众中来,到群众中去"变得不够切合实际;有的地方党组织好像除了赚钱什么也不会,在许多社会生活领域没有多少声音,党组织的影响力和存在感不足。办好基层很多事务不是光靠钱就能解决的,也不是依靠自上而下的行政命令就能解决的,而是靠群众高度信赖的基层骨干来完成的。应当重建基层党组织与所在村、社区、厂矿企业群众的利益一致性,把群众的自然代表吸纳到党组织中来,把孤立的群众联系起来,把分散的群众整合起来,激活基层党组织发动群众、组织群众、引导群众的活力。

经济再组织,坚持共产党的政治逻辑驾驭市场的资本逻辑,把市场逻辑圈禁在经济领域,把资本关进笼子里,把正在脱嵌的市场、资本、金融重新嵌入社会生活,防止资本下乡瓦解农村土地制度,防止把几亿农民逐出土地,动摇共产党的政治信念,要把资本下乡扭转到社会主义方向上来,必须高度重视农村和城市的经济再组织。② 在农村,要吸取历史上国际和我国土地私有化带来的两极分化和社会动荡的深刻教训,坚持农村土地集体所有制的大框架下,发挥村社、农协及各类经济社会团体的组织、协调、调节和教育

① 鄢一龙、白钢等:《大道之行——中国共产党与中国社会主义》,中国人民大学出版社2015年版,第112—115页。

② 鄢一龙、白钢等:《大道之行——中国共产党与中国社会主义》,中国人民大学出版社2015年版,第115—117页。

等政治功能,防止放任资本带来的大搞圈地运动。要探索"公司+协会+农户"、公司化经营、专业合作社、农业合作社、社会企业、家庭农场、种粮大户等发展模式,大力推进农业农村现代化,建设社会主义新农村。在城市各类所有制企业中,构建政府、企业和工人三方合作机制,推行基层协商民主,探索解决长期以来我国存在的劳资公平和劳资纠纷难题,避免工人变成"工资奴隶",在发挥党组织和工会重要作用的同时,有效提高工人的主人翁地位,为建设中国特色社会主义夯实根基。

文化再组织,理应确立新的政治伦理,把顶层设计建立在群众路线基础之上,有效驾驭资本、凝聚人民,以劳动人民的福祉为依归,从无限的为人民服务而不是等级制的行政命令中获得政治的自主性、活力、力量和正当性。① 应恢复和完善以劳动人民为核心的荣典体系,大力提高自主创业、勤劳致富、占人口大多数的工人农民职员等普通劳动者的社会地位,不能让那些一夜暴富、资本意志、精英生活成为主旋律和擎天柱,用文化的力量消弭人民内部分歧,重新凝聚人民的力量,解决经济社会地位不公平固化了的资源分配不公平的深层次矛盾。在资本的全面深度渗透中,现在人群的隔离、群众的分化、思想的冲击和心理的压力在颠覆着价值观,要通过走群众路线获得高度自主性和强大的政治能力,对恶质资本进行抑制,防止权力随意进入市场,把文化的领导权置于党的领导之下,提高党的号召力和凝聚力,赢得民心,增强党和政府的公信力。

人民再凝聚,理应坚持以人民为中心的发展思想,将分化成不同群体的人民群众重新整合为一个共同体。以新的发展理念和标准定义新时期的人民,充分运用优势传统资源,开发有活力、可持续的新的政治制度资源。要让政治的正当性回归"人民政治",把基层人民群众组织起来,推行基层民主,让每一个劳动人民都能过政治上、组织上的集体生活,最大限度地扩大基层群众的政治参与程度,还权于民、还利于民,真正"回归民本"、"依靠人民"、"驯服资本",最大程度争取实现"农者有其地、来者有其尊、劳者有其

---

① 鄢一龙、白钢等:《大道之行——中国共产党与中国社会主义》,中国人民大学出版社2015 年版,第 118—121 页。

得、工者有其居、孤者有其养、优者有其荣、力者有其乐、外者有其归"①,把人民团结起来、凝聚起来,让人民主体思想深深扎根在人民群众的土壤之中,赋予"人民就是江山、江山就是人民"的新内涵。

第三节　人民群众对党和政府提出新期盼

习近平总书记指出:"人民对美好生活的向往,就是我们的奋斗目标。"②这充分体现了习总书记情系人民、关爱群众民生的为民情怀,指明了新的历史条件下党对人民的责任,体现了党性与人民性的统一,也是全面建成小康社会的本质要求。千方百计让人民群众学习得更好、工作得更好、生活得更好是人民的新期盼,也是实现"两个一百年"奋斗目标中国梦的重要组成部分。

一、保障和改善民生是人民群众的最大心愿,为实现现代化和民族复兴夯实群众根基

悠悠万事,民生为大。十九大报告指出:"坚持在发展中保障和改善民生。增进民生福祉是发展的根本目的。"③现在虽然老百姓的生活水平有了很大的提高,但是在民生方面存在许多问题,使群众的幸福感和满意度仍然不高。比较突出的是食品安全、环境污染,影响了群众的身体健康;看病难、看病贵,上学难、上学贵,成为老百姓的"心头病";社会就业困难、养老保险不到位,高房价、高物价,一些群众的基本生活没有保障;人民群众的社会地位低,导致社会资源分配不公,降低了群众生活的尊严;社会治安、城市交通等城市病依然突出。这些问题日益凸显,正在成为影响执政基础、不利于安定团结、制约发展、阻碍现代化与民族复兴中国梦实现的重大问题。

---

① 习近平:《干在实处　走在前列——推进浙江新发展的思考与实践》,中共中央党校出版社 2016 年版,第 258 页。

② 何毅亭:《学习习近平总书记重要讲话》,人民出版社 2013 年版,第 10 页。

③ 《党的十九大报告辅导读本》,人民出版社 2017 年版,第 23 页。

　　中国革命和建设的历史证明,党的路线方针政策能否顺利执行,规划的宏伟目标能否实现,关键在于人民群众的理解认同和支持。战争年代我们能够在难以想象的艰难困苦的条件下打败强敌,改革开放能够取得让世界震撼的巨大成就,根本在于我们一切为了群众,一切依靠群众,代表了人民的根本利益,体现了广大人民群众的愿望,得到了人民群众的广泛支持与拥护。在全面建成小康社会的决胜阶段,进入中国特色社会主义新时代,实现中华民族伟大复兴的中国梦,同样需要人民群众的理解认同和大力支持。要做到这一点,必须把解决群众的民生问题作为头等大事来抓,作为党和国家一切工作的出发点和落脚点来抓实抓好。物质决定意识。只有下决心解决好这些民生问题,才能有效提升人民群众对党和国家的理解和认同,调动人民群众对党和国家各项事业的支持和参与热情,实现中国梦就有广泛的群众基础。如果我们连最基本的民生问题都解决不好,再大的力度宣传社会主义好也不会有意义,再怎么教育人民群众也不会有说服力。因此,要从巩固党的执政根基的高度,下大力气解决好民生保障问题,带领人民群众向着美好生活迈进。

　　解决民生问题,要把群众声音作为第一信号,把群众需要作为第一选择,把群众满意作为第一标准。唯有这样,才能践行全心全意为人民服务的党的根本宗旨。党的利益实际上就是最广大人民群众的根本利益,除此之外我们党没有任何自己特殊的利益;党的立场实际上就是人民群众的立场,就是党的政策立场,除此之外我们党没有任何自己的其他立场;党的历史使命和执政活动的明确目标,实际上就是人民群众对美好生活的期待。在现实生活中,群众的笑脸是对政府的褒奖,叹息是受到了委屈或生活上有过不去的坎儿,指责是对有些失职不满。这些表情告诉党委和政府哪些工作要加强、哪些制度要完善、哪些失误要纠正……观察群众表情不在会议上、不在办公室里、不在文件里,而在田间地头、简陋住户、馒头饭菜和投诉群众的泪水里。党员干部要了解群众的喜怒哀乐,用共产党人的博大情怀,走向基层倾听百姓心声,真正把人民群众拥护不拥护、赞成不赞成、高兴不高兴、答应不答应作为衡量工作的根本标准,使惠民决策、民生工作,更加符合人民群众的意愿,更加符合经济社会发展规律和人民群众的利益需求;努力做到在思想上贴近群众,在行动上服务群众,在感情上温暖群众,在保障和改善民生中提高党和政府的公信力,在提高党和政府的公信力中赢得人民群众的最大信赖和广泛支持。

解决民生问题,要践行共享发展理念,在共建中共享发展成果,在共享发展成果中共建。我们所有的发展都是为了人民的发展,依靠人民的发展,发展成果由人民共享的发展,共享发展是发展的根本目的。改善民生没有终点,只有起点。全面建成小康社会首先是人民群众的小康,补上"民生"短板,要精准扶贫、科学扶贫,让弱势群体、贫困群众享受到改革发展的红利。解决好民生问题,根本途径在于共享发展,既要"做大蛋糕",又要"分好蛋糕"。"做大蛋糕",要坚持创新、协调、绿色、开放和共享发展的理念,不断解放和发展社会生产力,转变经济发展方式,提高发展质量和效益,确保有能力去做改善民生的工作。"分好蛋糕",就是要坚持经济发展和民生改善相统一,国家富强与人民富裕相统一,切实做到发展为了人民、发展依靠人民、发展成果由人民共享。

解决民生问题,要坚持远大理想与现实目标相统一,把保障和改善民生作为实现中国梦的重要举措。实现共产主义是我们党的最高理想和最终目标,我们要坚信这个远大目标一定能够实现。但也要清醒地看到,这是一个长期而又非常艰巨的过程。我们党最现实、最紧迫的目标就是全面建成小康社会,实现"两个一百年"奋斗目标,进而实现中华民族伟大复兴的中国梦。这样宏伟的目标从来没有像今天这样离我们越来越近。但也要看到,我国仍处于并将长期处于社会主义初级阶段的基本国情没有变,我国是世界上最大的发展中国家的国际地位没有变,总体上生产力水平还不高,影响和制约生产力发展的体制机制障碍尚未彻底破除,实现中国梦这个现实目标不可能一蹴而就,突出的民生问题也绝非一朝一夕能够解决。我们不能超越阶段、急于求成,要着眼长远、立足当前,一个一个民生问题来研究,一个一个民生问题去解决,充分考虑社会各个方面、各个层次、不同群体的利益诉求,把解决民生问题与全面深化改革和发展各项工作有机结合起来,从群众最需要的地方抓起,从群众最不满意的地方改起,不断取得实实在在的成效,让人民群众在民生的改善中提高对党和政府的信赖程度,增强实现中国梦的信心,从源头上把人民群众创造历史的动力凝聚起来,为实现民族复兴的中国梦增添强大的动能。

二、推进社会公平正义是人民群众的强烈诉求,为实现现代化与民族复兴激发全社会的创造活力

公平正义是人类社会共同的追求,公平正义是中国特色社会主义的内在要求,是社会主义和谐社会的核心内容,也是新时期广大人民群众的强烈愿望。维护社会公平正义,是党的十八大的庄严承诺,是全面建成小康社会的题中应有之义和重要指标。党的十八届三中全会提出全面深化改革,化解社会矛盾,赋予人们特别是农民更多的财产的权利,归根结底都是要解决公平正义的问题。全面依法治国,"我们提出要努力让人民群众在每一个司法案件中都感受到公平正义,所有司法机关都要紧紧围绕这个目标来改进工作,重点解决影响司法公正和制约司法能力的深层次问题。"①习近平总书记的这段重要讲话,为司法体制改革提出了很高的目标要求,体现了我国经济社会发展的必然要求和人民群众的殷切期待。维护社会公平正义,是全面从严治党、消除特权现象、惩治贪污腐败的重要内容。社会公平正义比阳光还温暖,比春天还有生机与活力。它是民主法治的基础,诚信友爱的伦理前提,社会充满活力的必要条件,社会安定有序的制度保障。

从人类社会的发展进步看,主要表现为"两个关系"问题,一是人与自然的关系问题,二是人与人的关系问题。人与自然的关系主要是经济问题,是为了解决人类的生存问题,核心是使人们的生存条件变得越来越好,让人们过上幸福的生活。人与人的关系问题,主要是社会公平正义问题。随着生产力的发展,财富积累愈多,就会产生财富占有的多寡问题,社会的公平问题凸显出来了。贫富差距拉大是近年来人民群众反映强烈的突出问题。避免两极分化、实现共同富裕是全面建设小康社会的应有之义,应当作为全面深化改革的重要内容。我们要把促进社会公平正义、增进人民福祉作为改革的出发点和落脚点。

---

① 《习近平谈治国理政》,外文出版社 2014 年版,第 145 页。

　　中国共产党诞生97年来,经历了不同的历史阶段,每一阶段都有不同的历史任务,解决不同的重点问题。从我们党的发展轨迹看,可以清晰地勾勒出三大阶段面临的重点矛盾和问题的不同。一是用革命武装斗争的形式解决政权问题。从新民主主义革命开始,在党的坚强领导下,用了28年时间经过长期浴血奋战,终于赢得了胜利,在全国夺取了政权,实现了民族独立、人民解放,成为执政党。二是用改革开放解放生产力解决发展的根本动力问题。中华人民共和国成立以来特别是改革开放以来,把一个贫穷落后的中国建设成为世界第二大经济体,建设全面小康社会,赢得了人民的信任,巩固和发展了社会主义。为解决这个问题我们党用了60多年时间,当然也走过了一些弯路,包括"文化大革命"这样的历史性错误。但是我们通过改革开放、建立社会主义市场经济体制,探索出一条中国特色社会主义道路。三是要用现代治理的方式解决社会公平问题。我们党正在面临的一个重大问题就是公平正义问题,解决这个问题我们面临着诸多挑战和考验。这个问题能不能解决好,事关我们党能不能长期执政的大问题。历朝历代都是因为社会不公引发社会动荡,甚至产生暴力革命,使一个朝代分崩离析、走向灭亡。习近平总书记高度重视这个问题,并告诫全党:"这个问题不抓紧解决,不仅会影响人民群众对改革开放的信心,而且会影响社会和谐稳定。"①他高瞻远瞩地洞察到这个问题攸关党的兴衰存亡。当然,现在强调公平问题决不是提倡回到"一大二公"的"大锅饭"的平均主义时期,也不是只要公平不要效率、只要分蛋糕不要做蛋糕,而是要解决因为不公平制约着效率提高的问题、制约着发展的动力增强的问题。这些问题的背后都是与体制、政策等还存在弊端有关,都是深层次矛盾和问题。解决这些问题,要以党的十八届五中全会提出发展的"平衡性、包容性和可持续性"以及共享发展为目标要求,还需要更长的时间才能逐步解决到位。

　　导致一些地方不公平不正义问题产生的原因是多方面的,但主要有两条,一是社会制度还不够完善,二是社会管理还存在弊端。从社会制度看,由于与我国市场经济相配套的社会政策没有跟上,在市场自发调节机制的

---

　　①　《习近平谈治国理政》,外文出版社2014年版,第95页。

作用方面还存在缺失,有时会导致资源分配的不均等现象。如果劳动力市场不规则竞争,就会产生收入差距;如果教育进行完全市场化,就会引起教育机会的不平等。因此,需要采取政策措施,实施社会保障、社会福利以及税收等扶持政策,调节资源配置,保证社会处于既有自由竞争,又是相对公平的状态,避免差距过大。从社会管理看,社会管理的主体是各阶层的人民群众,行政机关是人民群众的代表,但是当前对社会的管理还没有转向社会治理,有的地方仍然不同程度地存在着"权力崇拜"和"权力依赖"等问题,认为用行政权力和强制就能管理好社会。其实权力不等同于权威,社会管理的根基在于党和政府的公信力。有的把人民群众仅仅看成管理的对象,不尊重人民群众参与社会管理的权利,只想为民作主,不愿由民作主,有的甚至肆意侵犯公民合法权利,从而引发一系列社会矛盾。还有的利用行政垄断获得垄断利润,然后再将利润转化为个人的收入,这也是造成收入分配不公的一个重要原因。还有分配制度不合理,信息不对称,机会不均等,既得利益固化,社会利益格局出现了扭曲,导致老百姓对政策的公平公正性进行质疑和怀疑。这些问题已经演化为社会层面的风险,值得警醒和重视。

从我国国情出发,实现社会公平正义,从根本上要靠制度来保障,最根本的是要从制度安排和制度执行着力,运用现代治理的方法,探索出一条具有中国特色社会主义特征的社会治理新路子。习近平指出:"我们要通过创新制度安排,努力克服人为因素造成的有违公平正义的现象,保证人民平等参与、平等发展权利。要把促进社会公平正义、增进人民福祉作为一面镜子,审视我们各方面体制机制和政策规定,哪里有不符合促进社会公平正义的问题,哪里就需要改革;哪个领域哪个环节问题突出,哪个领域哪个环节就是改革的重点。"①这段重要论述为我们制定实施公平正义的政策和制度提出了明确要求。要着力解决群众最关心、最直接、最现实的公平正义问题,制定有针对性的解决措施,解决好群众身边不公平的现象。如何实现权利公平、机会公平、规则公平? 如何全面建成覆盖城乡居民的社会保障体系? 如何促进农民工子女平等接受教育? 如何冲破社会不公背后的特权思

---

① 《习近平谈治国理政》,外文出版社 2014 年版,第 97 页。

想障碍？如何解决在某些方面的利益固化藩篱？这都需要在实践中寻求破解办法。要加强政府职能转变，现在各种寻租行为和腐败现象已经对收入分配制度造成了冲击，政府只有从配置资源的领域退出，才能从根本上避免行政权力转化为不平等收入，完善收入分配制度。要消除行业垄断，引入竞争机制，推进市场化进程，打破垄断利润，使人与人、企业与企业都能处在同等的收入分配起点，完善收入分配制度。要完善社会公平保障体系，采用社会政策托底的办法，解决行政机关、事业单位、企业和社会人员社会保障差距较大的难题。制度是社会公平正义的根本保证，必须建立和完善公平正义的制度体系，逐步建立一个以权利公平、机会公平、规则公平、分配公平为主要内容的社会公平制度保障体系，从现代治理的层面解决社会公平正义问题。

三、惩治腐败刹歪风是人民群众的最新期盼，为实现现代化与民族复兴赢得民心、赢得民意

民心是最大的政治，正义是最强的力量。党的十八大以来，以习近平同志为核心的党中央，站在"不治理腐败就会亡党亡国"的历史高度，顺应人民群众对党风廉政建设和反腐败斗争的新期待，旗帜鲜明地向腐败宣战，向全社会发出了"对腐败零容忍"的强烈信号，极大地调动了人民群众全面建成小康社会的积极性和创造性，增强了人民群众对全面依法治国和全面从严治党的信心，提高了党和政府在人民群众中的威望。面向"十三五"时期新的发展，群众期盼反腐倡廉绝不能停歇，必须狠刹群众身边的不正之风，加强和改善党内监督，强化领导干部纪律约束。这些新期盼既是全面从严治党的更高要求、重点所在，也是人民群众对党能不能根除腐败这个社会毒瘤之忧心和担心所在。

人民群众"一盼"：反腐倡廉绝不能停歇。随着党中央铁腕高压反腐的深入推进，反腐败斗争取得了举世瞩目的成就。然而，随着中国经济发展脚步放缓，一些似是而非的奇谈怪论开始混淆视听：什么反腐是经济的"减速带"，认为反腐造成了经济下行压力增大；甚至有的认为腐败是经济的"润滑剂"，是保持经济持续发展的"必要之恶"；还有的认为反腐是"一阵风"，

现在要"降降温",没有必要搞这么紧张,等等。这些严重错误的论调,具有一定的欺骗性,值得人们警惕。人民群众对此产生了种种猜测和担心:高压反腐会不会停歇? 反腐败斗争会不会半途而废? 实际上反腐绝非经济发展的"绊脚石",而是营造良好的经济发展市场环境的根本保障,也是经济软实力的题中之义。我国经济从高速到中高速,并不是动力不足,而是自我选择调整,是对客观经济规律的遵循。有的把腐败当作发展的"润滑剂",如此"发展逻辑",只能让经济步入沙上筑塔的歧途。腐败永远是社会的"癌细胞",政治清明、社会清廉才能增强经济发展的"免疫力"。如果用于"再生产"的资金被私人占有;如果公开竞争的投资项目变成了一些利益输送;如果暗箱操作多了、"潜规则"多了,这样的市场环境还有什么公平竞争和正当竞争可言呢? 发展后劲从何而来? 可持续增长基础何在? 相反,惩治腐败,打击权力寻租,能够清扫阻碍市场机制运行的绊脚石,规则公平的投资环境才能营造,企业的交易成本才会真正降低。只有反腐营造公平竞争的市场环境,企业才能健康发展。一个腐败横行的市场一定不是一个健康有序的市场,越是经济下行压力增大,越要踩下反腐的"离合器",反腐能够为经济注入"防腐剂"。现在一些深层次的改革之所以推不动,就是因为在进步的道路上有一座厚厚的腐败墙在阻挡,只有通过反腐撼动既得利益格局,才能推倒这座墙,改革之路才能通畅,实现民族复兴才有希望。美国政治学者约瑟夫·奈曾如此评价正在中国上演的这部永不落幕的反腐"连续剧"时说,"反腐就是增加中共的软实力"①。

开弓没有回头箭,反腐没有休止符。面对党风廉政建设和反腐败斗争的严峻形势,党员干部群众期待反腐既要治标又要治本。一把利剑,倘若任由污垢侵蚀,最终会生锈变钝;一棵大树,假如不制止蠹虫繁衍啃咬,最终会枯萎死亡。反对腐败是一场必须打赢而且输不起的"无硝烟的战斗",要摆在关系国家兴衰、政党存亡、人心向背的高度来推进。正如习近平在十八届中央纪委六次全会上强调的两个"没有变",即党中央坚定不移反对腐败的决心没有变,坚决遏制腐败现象蔓延势头的目标没有变。反腐败决没有松

---

① 《反腐绝非经济发展的"绊脚石"》,《人民日报》2016年1月25日。

口气、歇歇脚一说,只有越来越严,这是党中央旗帜鲜明的态度和决心。

人民群众"二盼":狠刹身边的不正之风。基础不牢,地动山摇。基层的不正之风和贪污腐败问题,损害的是老百姓的切身利益,降低的是人民群众的获得感,挥霍的是党和政府的公信力。有的地方搞"雁过拔毛",挖空心思造假、克扣侵占惠民资金;有的单位在救济中搞优亲厚友、吃拿卡要;有的领导干部高高在上、漠视群众疾苦;有的目无国法,甚至横行乡村、欺压百姓。基层的这类腐败对群众的危害更直接、更大。打"大老虎"基层群众感觉激动,但因离"大老虎"距离远,如同"传说"中的"故事",而身边的"苍蝇"依然张狂,人民群众看在眼里、恨在心里。老百姓需要反腐带来现实的"获得感"。因此,要高度重视发生在群众身边的"四风"和腐败问题,着力解决领导干部花钱规范化、制度化、法制化问题,解决好领导干部行为规范化、制度化、法制化问题。作风问题的核心是党与人民群众的关系问题。根本问题是什么? 就是对待人民群众的态度。关键环节抓哪个? 就是要抓住制度建设这个关键环节,用制度建设的进步保证群众路线的贯彻落实。领导班子怎么做? 从领导做起,以身作则、率先垂范,教育才有说服力,制度才有威慑力。坚持"老虎"、"苍蝇"一起打,露头就打,绳之以纪,让群众感受和分享正风反腐实实在在的成效。

人民群众"三盼":加强和改善党内监督。大量事实证明,一些领导干部走向人民群众的反面,甚至走上不归之路,很大程度上与党内监督不够到位有关。现在党内生活严格化程度不足,有的认为:批评上级仕途错,批评同级麻烦多,批评下级选票落,把党内政治生活庸俗化;民主集中制原则执行松软,重大问题决策与审批程序不规范、制约措施不到位。在干部管理上,有的仍存在凭少数乃至领导者个人意志选拔任用干部的行为,党组织对党员的监督松散不硬,监督功能流于形式。在实际工作中,往往"一把手"的"一票权"具有拍板权,"一家之言"变成了"一锤定音"。在决策时有的不走群众路线,不广泛听取群众意见。在决定重大问题时,不搞反复酝酿和广泛论证,或者虽然该走的程序也走了,只是走过场,草草了事,最后还是执行"一把手"的意见。这些问题已经影响了党群关系和干群关系,老百姓有怨气、有意见。要从监督问责落实上严起。针对干部监督"缺位"等问题,在重点对象、重点环节、重点领域上从严。制定实施领导班子和领导干部权力清单,对重大决策、重大事项跟踪监督。运用大数据、云计算技术手段,开启干部监督全天候探照灯,使干部接受监督成为常态。针对问责不力等问题,敢于亮剑、动真碰硬,对违反政治纪律、政治规矩的决不迁就;对有令不行、有禁不止的行为,发现一起、查处一起;对典型案例要解析通报,警示一起、教育一批、震慑一片,真正使制度规定成为"带电的高压线",让制度执行起来、神圣起来。

人民群众"四盼":强化领导干部纪律约束。党的十八大以来查处的腐败案例显示,有的地方和单位由于不重视执行党的纪律、规矩、制度、优良传统,造成塌方式腐败;有的无视党的政治纪律和政治规矩,甚至到了肆无忌惮、胆大妄为的地步。守纪律、讲规矩是对党员干部党性的重要考验,是对党员干部对党忠诚度的重要检验。能不能守纪律、讲规矩,是党员干部党的观念强不强的试金石。心中明明白白,牢记纪律和规矩,才不会走岔了路、走偏了方向。多少腐败分子,就是从不讲规矩始、以腐化堕落终。守纪律、讲规矩,对党员干部既是约束更是爱护,既是限制更是保护。党员干部要认真贯彻《关于新形势下党内政治生活的若干准则》和《中国共产党党内监督条例》,务必严规矩、紧纪律,把依规治吏与依德治吏结合起来,心中有党、心中有戒,坚持严字当头,强化监督执纪问责,让铁规发力、让禁令生威,自觉做到对党忠诚、个人干净、敢于担当,争当廉洁自律的表率。

一言蔽之,"什么叫问题?问题就是事物的矛盾。哪里有没有解决的矛盾,哪里就有问题。"①从我国社会主要矛盾的新变化看,社会主要矛盾转化是中国特色社会主义进入新时代的重要标志。从新时代新矛盾变化的规律看,要从发展不平衡不充分阶段性特点上系统认识。从把握发展不平衡不充分的突破点看,要抓重点、补短板、强弱项,调整社会发展政策,实现平衡充分新发展。当今中国面临着体制转轨与经济社会转型带来的矛盾和困难,党群政群干群关系面临着新的挑战和问题,现代化建设

---

① 《毛泽东箴言》,人民出版社 2009 年版,第 1 页。

与民族伟大复兴遇到各种陷阱的困扰和阻碍。改革发展稳定的任务之重前所未有、矛盾风险挑战之多前所未有、对党治国理政的考验之大前所未有。我们必须迎难而上、破冰远航,奋力解决这些重大而又艰巨紧迫的矛盾和问题。

第三章　理论与实践

时代是思想之母,实践是理论之源。习近平总书记在党的十九大报告中强调:"中国特色社会主义道路是实现社会主义现代化、创造人民美好生活的必由之路,中国特色社会主义理论体系是指导党和人民实现中华民族伟大复兴的正确理论,中国特色社会主义制度是当代中国发展进步的根本制度保障,中国特色社会主义文化是激励全党全国各族人民奋勇前进的强大精神力量。"[①]习近平新时代中国特色社会主义思想,阐明了事关党和国家未来发展的重大理论和实践问题,是实现中华民族伟大复兴中国梦的行动指南,是马克思主义中国化的新飞跃,必将指引全国各族人民为实现"两个一百年"奋斗目标和中华民族伟大复兴而不懈奋斗。

建设社会主义现代化强国,实现中华民族伟大复兴中国梦,是习近平新时代中国特色社会主义思想的重要组成部分。现代化与民族复兴中国梦集中体现为"为中国人民谋幸福,为中华民族谋复兴",这是新时代中国特色社会主义的大目标、大任务、大使命、高追求;核心是以人民为中心,展示人的全面发展的价值依归,这与马克思人的全面发展理论一脉相承;方法是平衡和充分发展,满足人民群众美好生活的需要,体现"联系、协调和全面"的唯物辩证法的根本方法;路径是"总体布局"、"战略布局"、"新发展理念"、"四个伟大"和"构建人类命运共同体"一体推进,构成了实现社会主义现代化强国和民族伟大复兴的完整的逻辑结构和系统;要义是中华民族强起来,全面建成富强民主文明和谐美丽的社会主义现代化强国。从战略目标看,现代化建设和民族复兴丰富和发展了"两个一百年"奋斗目标和中华民族

---

① 《党的十九大报告辅导读本》,人民出版社 2017 年版,第 17 页。

伟大复兴的中国梦,涵盖坚持和发展中国特色社会主义的"总任务"和全面建设社会主义现代化的"两步走"战略安排,回答了"实现什么样的社会主义现代化和民族伟大复兴"的新时代问题。从战术手段看,统筹推进"五位一体"的中国特色社会主义事业总体布局和"四个全面"战略布局,贯彻新发展理念和推动"四个伟大",构建人类命运共同体,在战略措施、强大动力、法治保障、领导核心、精神支撑、思想方法等方面,形成了相互联系、相互促进、相辅相成的内在逻辑体系,回答了"怎样建设社会主义现代化和民族伟大复兴"的新时代课题。

第一节　走向现代化与民族复兴的行动指南

党的十八大以来,以习近平同志为核心的党中央,紧紧围绕新时代坚持和发展什么样的中国特色社会主义、怎样坚持和发展中国特色社会主义这个最为重大的时代课题,以全新视野深化对共产党执政规律、社会主义建设规律、人类社会发展规律的认识,取得了重大的理论成果。习近平新时代中国特色社会主义思想,是我们党理论创新的最新成果,是马克思主义中国化的最新成果,开辟了马克思主义新境界、中国特色社会主义新境界、治国理政的新境界、管党治党的新境界,形成一个内涵丰富、有机统一的科学理论体系,是我们党在新的历史起点上进行伟大斗争、建设伟大工程、推进伟大事业、实现伟大梦想的行动指南,闪耀着马克思主义与中国实际相结合的思想光辉,彰显出鲜明的思想主题、深厚的实践基础、先进的理论品格、厚重的历史底蕴、为民的价值依归,我们要将它作为长期坚持的指导思想,指引我们夺取新时代中国特色社会主义伟大胜利,向着社会主义现代化强国和民族伟大复兴的目标前进。

一、新思想深化现代化与伟大复兴新内涵

一种理论,唯有与时俱进,才能永葆生机。一种思想,唯有引领时代,方显磅礴伟力。当"新时代中国特色社会主义思想"出现在党的十九大报告

中时,世界最大的发展中国家已经进入决胜全面建成小康社会,进而全面建设社会主义现代化国家的新时代。当拥有 8944 万党员的世界第一大党不断推动实践基础上的理论创新,马克思主义闪耀的真理之光必将照亮民族伟大复兴的中国梦。①

现代化与民族复兴中国梦内涵的丰富和发展。习近平总书记在"7·26"重要讲话中指出,我们坚持和发展中国特色社会主义,必须高度重视理论的作用,增强理论自信和战略定力。在新的时代条件下,我们要进行伟大斗争、建设伟大工程、推进伟大事业、实现伟大梦想,仍然需要保持和发扬马克思主义政党与时俱进的理论品格,勇于推进实践基础上的理论创新。② 党的十八大以来,以习近平同志为核心的党中央,坚持以马克思列宁主义、毛泽东思想、邓小平理论、"三个代表"重要思想、科学发展观为指导,坚持解放思想、实事求是、与时俱进、求真务实,坚持辩证唯物主义和历史唯物主义,紧密结合新的时代条件和实践要求,以全新的视野深化对共产党执政规律、社会主义建设规律、人类社会发展规律的认识,进行艰辛理论探索,取得重大理论创新成果,创立了习近平新时代中国特色社会主义思想。③ 党的十八大以来,我国改革开放和现代化建设事业的发展以及我国同世界的关系,出现了许多前所未有的重大变化。中华民族从站起来、富起来到强起来的转变,我国从发展中大国迈向社会主义现代化强国。经济发展由过去高速增长向实现更高质量发展的转变,发展环境和发展条件发生深刻变化。在继续推动经济发展的同时,更好解决我国社会出现的各种问题,更好实现各项事业全面发展,更好推动人的全面发展、社会全面进步。人民对美好生活的向往更加强烈,人民群众的需要呈现多样化多层次多方面的特点。我国对外开放从参与经济全球化向参与全球治理、走近世界舞台中央转变。党的领导需要从严重弱化虚化走向全面加强,管党治党迫切需要从宽松软

① 吴晶、刘雅鸣、叶前:《实现中华民族伟大复兴的行动指南——从党的十九大看习近平新时代中国特色社会主义思想》,新华网,2017 年 10 月 20 日。

② 《勇于推进实践基础上的理论创新——六论学习贯彻习近平总书记"7·26"重要讲话精神》,中国网新闻中心,2017 年 8 月 4 日。

③ 刘云山:《深入学习贯彻习近平新时代中国特色社会主义思想》,《人民日报》2017 年 11 月 6 日。

走向严紧硬。在复兴的伟大实践中解决这些突出矛盾和问题的过程,就是从理论和实践结合上系统回答新时代坚持和发展什么样的中国特色社会主义、怎样坚持和发展中国特色社会主义,就是要解决而没有得到解决的"硬骨头"。习近平新时代中国特色社会主义思想,对于凝聚全党全国各族人民的思想共识和智慧力量,决胜全面建成小康社会,夺取新时代中国特色社会主义伟大胜利,实现中华民族伟大复兴的中国梦,不仅具有重大的现实意义和深远的历史意义,而且丰富和发展了国家富强、民族振兴、人民幸福的深刻内涵。

现代化与民族复兴中国梦是新思想的重要组成部分。习近平新时代中国特色社会主义思想内涵十分丰富,经济、政治、法治、科技、文化、教育、民生、民族、宗教、社会、生态文明、国家安全、国防和军队、"一国两制"和祖国统一、统一战线、外交、党的建设等各方面。其中最重要、最核心的内容就是党的十九大报告概括的"八个明确"。① 习近平新时代中国特色社会主义思想,是我们党在深入推进实践基础上的理论创新取得的重大成果。进入新时代,要在各种艰难险阻面前坚定不移实现伟大梦想,要在迅速变化的时代中赢得主动,要在新的伟大斗争中赢得胜利,就要在坚持马克思主义基本原理的基础上,以更宽广的视野、更长远的眼光来思考和把握党和国家未来发展面临的一系列重大战略问题,在理论上不断拓展新视野、作出新概括。"八个明确"的基本内容、"十四个坚持"的基本方略,构成了系统完整的科学理论体系。② 其中,第一个明确为"明确坚持和发展中国特色社会主义,总任务是实现社会主义现代化和中华民族伟大复兴,在全面建成小康社会的基础上,分两步走在本世纪中叶建成富强民主文明和谐美丽的社会主义现代化强国"③,把实现社会主义现代化和中华民族伟大复兴作为坚持和发展中国特色社会主义的"总任务",被列为"八个明确"之首。党的十九大主

---

① 刘云山:《深入学习贯彻习近平新时代中国特色社会主义思想》,《人民日报》2017 年11 月 6 日。

② 参见《深入领会习近平新时代中国特色社会主义思想——四论学习贯彻党的十九大精神》,新华网,2017 年 10 月 31 日。

③ 《党的十九大报告辅导读本》,人民出版社 2017 年版,第 19 页。

题是:"不忘初心,牢记使命,高举中国特色社会主义伟大旗帜,决胜全面建成小康社会,夺取新时代中国特色社会主义伟大胜利,为实现中华民族伟大复兴的中国梦不懈奋斗。"①这些重要论述,系统回答了中华民族为什么复兴、复兴什么、怎样复兴等重大理论问题,也表明中华民族伟大复兴成为习近平新时代中国特色社会主义思想的核心内容,党和国家的各项方针政策制定都是从实现这一宏伟奋斗目标出发的。

奔向现代化与民族复兴而奋斗的领航灯塔。马克思主义是开放的与时俱进的理论体系,习近平新时代中国特色社会主义思想开辟了当代中国马克思主义发展新境界。这一科学理论,内涵丰富、思想深邃,涵盖新时代坚持和发展中国特色社会主义的总目标、总任务、总体布局、战略布局和发展方向、发展方式、发展动力、战略步骤、外部条件、政治保证等基本问题。作为马克思主义中国化最新成果,习近平新时代中国特色社会主义思想是中国特色社会主义理论体系的重要组成部分,实现了马克思主义基本原理同中国具体实际相结合的又一次历史性飞跃,开辟了马克思主义新境界、开辟了中国特色社会主义新境界、开辟了党治国理政新境界、开辟了管党治党新境界,是全党全国人民为实现中华民族伟大复兴而奋斗的领航灯塔。一切伟大的实践,都需要思想的引领。新时代已经到来,社会主义现代化建设新征程已经开启。认真学习贯彻党的十九大精神,深入学习领会习近平新时代中国特色社会主义思想,牢固树立"四个意识",我们就一定能不负新时代党的新使命、不负人民群众的新期待,续写中华民族伟大复兴的新篇章。② 习近平新时代中国特色社会主义思想的创立,是党的十八大以来中国特色社会主义进入新时代的最为显著的标志,也是五年来党和国家事业取得历史性成就、发生历史性变革的根本原因。党的十八大以来的五年极不平凡,党和国家事业之所以取得历史性成就、发生历史性变革,最根本的就在于这一科学理论的指引。未来我们建设社会主义现代化强国、实现中华民族伟大复兴最根本的就是要把习近平新时代中国特色社会主义思想作

---

① 《党的十九大报告辅导读本》,人民出版社 2017 年版,第 1 页。

② 参见《深入领会习近平新时代中国特色社会主义思想——四论学习贯彻党的十九大精神》,新华网,2017 年 10 月 31 日。

为行动的指南,更是我们迈向未来实现中华民族伟大复兴的思想指引和行动指南。习近平新时代中国特色社会主义思想源于实践又指导实践,为新时代坚持和发展中国特色社会主义、推进党和国家事业提供了基本遵循,为发展 21 世纪马克思主义、当代中国马克思主义作出了历史性贡献。

二、新时代开启现代化与伟大复兴新征程

进入新时代,拥有"梦之队"之称的新一届中央领导集体,坚持以习近平新时代中国特色社会主义思想为指导,开启新时代的建设社会主义现代化国家的伟大征程。展望未来,新时代要有新思想导航,新时代要有新特征标志,新时代要有新方位坐标,新时代要有新矛盾解决方案,新时代要有新使命强烈召唤,不断焕发新气象、展现新作为、铸就新辉煌。①

十九大报告指出:"经过长期努力,中国特色社会主义进入新时代。这是我国发展新的历史方位。"②1978 年,党的十一届三中全会开启了改革开放的序幕。1982 年党的十二大,邓小平同志在开幕词中第一次提出"建设有中国特色的社会主义"这一崭新命题,这是我们党总结长期历史经验所得出的基本结论。35 年之后,即到 2017 年,习近平总书记在党的十九大报告中提出中国特色社会主义进入了新时代的新论断。进入新时代,最鲜明的历史坐标,就是中华民族即将迎来从站起来、富起来到强起来的伟大飞跃。经历近百年的奋斗历程,我们党克服艰难险阻带领着中华民族实现了独立解放,不断推动国家走向繁荣富强,刻画了一条"站起来、富起来到强起来"的飞跃之路。十九大报告贯穿昨天、今天和明天的时空坐标,包含从过去走向未来的历史逻辑。

进入新时代,既要认识到我国仍然处于社会主义初级阶段,又要认识到中国特色社会主义进入了新时代、出现了新变化。认识和把握我国社会发展的阶段性特征,不能离开社会主义初级阶段这个总依据,要牢牢把握社会主义初级阶段这个最大国情,牢牢立足社会主义初级阶段这个最大实际。

---

① 参见《新时代　新思想　新方位　新使命》,《领导决策信息》2017 年第 42 期。

② 《党的十九大报告辅导读本》,人民出版社 2017 年版,第 10 页。

目前,我国仍有 4300 多万贫困人口没有脱贫,发展短板不少,经济社会发展还存在明显的各种不平衡性,仍处于并将长期处于社会主义初级阶段的基本国情没有变,发展是我们党执政兴国的第一要务没有变。还必须清醒地看到,经济实力显著增强,经济发展进入新常态;社会主义民主政治不断发展,但政治体制还有不少亟待完善和发展的环节;文化建设取得巨大成就,但总体水平和我国经济发展、国际地位还不相适应,还不能很好地满足人民群众的需要;社会建设有序推进,但民生方面的许多问题尚未解决;生态文明建设迈出重要步伐,但与人民的期望有较大差距;坚定不移推进中国特色大国外交,营造了我国发展的和平国际环境和良好周边环境,但人类命运共同体的建设依然艰巨。这些都表明,新时代中国仍处于社会利益深刻调整期、经济社会急剧转型期、改革攻坚期和社会矛盾凸显期,人口、资源、环境、效率和公平等社会矛盾和问题较为突出,既要在现代化道路上"爬坡过坎",又要跨越"中等收入陷阱"。进入新时代,最重大的历史性变化,就是"我国社会主要矛盾已经转化为人民日益增长的美好生活需要和不平衡不充分的发展之间的矛盾"。十九大报告的这一重大判断,是对五年来中国发展历史性成就和变革的深刻总结,也是对近 40 年来改革发展成果的历史回应,更是对未来中国发展方向、发展目标的精准定位。[1]

进入新时代,我国社会主义初级阶段不是永远停留在一个水平上,而是一个持续向前发展、步步向上攀登的过程,每个阶段具有不同的阶段性特征。从发展的进程看,这是一个我们正在从事的伟大事业不断丰富发展,在新的历史条件下继续取得伟大胜利的时代;从我国现代化建设的角度看,这是一个决胜全面建成小康社会进而全面建设社会主义现代化强国的时代;从人民幸福的角度看,这是一个全国各族人民团结奋斗、不断创造美好生活、逐步实现共同富裕的时代;从民族振兴的角度看,这是一个全体中华儿女勠力同心、奋力实现伟大复兴中国梦的时代;从国家富强的角度看,这是一个我国日益走近世界舞台中央、不断为人类作出更大贡献的时代。

党的十九大报告提出在全面建成小康社会的基础上,"分两步走"全面

---

① 参见《新时代　新思想　新方位　新使命》,《领导决策信息》2017 年第 42 期。

建设社会主义现代化强国的新目标,描绘了从现在到21世纪中叶我国现代化建设的宏伟蓝图,是实现"两个一百年"奋斗目标的时间表,是全面建成富强民主文明和谐美丽的社会主义现代化强国的任务书,是实现中华民族伟大复兴中国梦的路线图。建设现代化强国和实现中华民族伟大复兴,是近代以来中国历史发展的一条主线。改革开放以来,我们党对现代化建设作出"三步走"的战略安排,解决人民温饱问题、人民生活总体上达到小康水平,这两个目标已分别在20世纪80年代末和20世纪末提前实现。站在我国发展新的历史起点上,综合分析国际国内形势和我国发展条件,党的十九大对新时代中国特色社会主义现代化建设作出了战略安排,把第二个百年奋斗目标到21世纪中叶要达到的发展水平,提前到2035年来实现,使发展进程缩短了15年;把从2035年到21世纪中叶的奋斗目标,设计为建成富强民主文明和谐美丽的社会主义现代化强国,是对原先我国现代化建设"三步走"战略的延续和深化。"分两步走"全面建设社会主义现代化国家的新目标,描摹出现代化强国的动人图景,标注出夺取新时代中国特色社会主义伟大胜利的行动纲领。

新目标已经确定,新征程即将开启。十九大报告提出,既要全面建成小康社会,实现第一个百年奋斗目标,又要乘势而上开启全面建设社会主义现代化国家新征程,向第二个百年奋斗目标进军。从现在到2020年是全面建成小康社会决胜期。从2020年到21世纪中叶,要全面建成富强民主文明和谐美丽的社会主义现代化强国,重中之重是"全面"和"强"的问题,体现现代化的本质是质量的提升。在全面建成小康的征途上,我们清晰地看到中华民族伟大复兴的路线图。这一伟大目标将更加激发起全社会澎湃向前的不竭动力。从这个角度看,十九大报告实际上是给中华民族,给我们每一个中国人指出了一条光明的康庄大道。这条大道是触手可及的而不是遥远的,这条路是很快就能实现的。我们要对这条路充满必胜信心和无限希望。只要我们撸起袖子加油干,以时不我待、只争朝夕的精神,奋力走好新时代的长征路,就一定能够全面建成小康社会、全面建成社会主义现代化国家,在实现中华民族伟大复兴的历史进程中写出波澜壮阔的伟大史诗、创造举世瞩目的奇迹。

三、新使命凝聚现代化与伟大复兴新动能

新时代要有新使命。完成新使命离不开习近平新时代中国特色社会主义思想的科学指导。十九大报告指出:"中国共产党人的初心和使命,就是为中国人民谋幸福,为中华民族谋复兴。这个初心和使命是激励中国共产党人不断前进的根本动力。"①中国共产党一经成立,将实现共产主义作为党的最高理想和最终目标,将实现中华民族伟大复兴作为党的历史使命。进入新时代,中国共产党人的初心和使命,就是为中国人民谋幸福,为中华民族谋复兴。实现中华民族伟大复兴是近代以来中华民族最伟大的梦想,实现这个伟大梦想是中国共产党自成立以来就肩负的历史使命。如习近平所述,"中国共产党是世界上最大的政党。大就要有大的样子。实践充分证明,中国共产党能够带领人民进行伟大的社会革命,也能够进行伟大的自我革命。我们要永葆蓬勃朝气,永远做人民公仆、时代先锋、民族脊梁。"②

新使命指引新方向。牢牢把握新时代中国共产党的历史使命,必须深刻理解97年来中国道路的历史逻辑和现实逻辑。在革命、建设和改革的历史进程中,我们党团结带领人民以鲜血和生命为代价得出这样的深刻认识:要实现中华民族伟大复兴,必须推翻压在中国人民头上的"三座大山",实现民族独立、人民解放、国家统一、社会稳定;必须建立符合我国实际的先进社会制度;必须合乎时代潮流、顺应人民意愿,勇于改革开放,让党和人民事业始终充满奋勇前进的强大动力。正是这些规律性认识,让我们党紧紧依靠人民攻克了一个又一个看似不可攻克的难关,创造了一个又一个彪炳史册的人间奇迹,为中华民族作出了伟大的历史贡献。③

新使命引领新未来。牢牢把握新时代中国共产党的历史使命,必须深刻认识新时代实现伟大梦想与进行伟大斗争、建设伟大工程、推进伟大事业

① 《党的十九大报告辅导读本》,人民出版社2017年版,第1—2页。
② 《习近平总书记在十九届中共中央政治局常委同中外记者见面时的讲话——新华网文字实录》,新华网,2017年10月25日。
③ 参见《牢牢把握新时代中国共产党的历史使命——三论学习贯彻党的十九大精神》,《人民日报》2017年10月30日。

之间的内在联系。实现伟大梦想必须进行伟大斗争、建设伟大工程、推进伟大事业。"四个伟大"相互贯通、相互作用,其中起决定性作用的是党的建设新的伟大工程。只有进行具有许多新的历史特点的伟大斗争,做到党的十九大强调的"五个更加自觉",才能为实现伟大梦想排除一切困难和障碍;只有深入推进党的建设新的伟大工程,不断增强党的政治领导力、思想引领力、群众组织力、社会号召力,才能为实现伟大梦想提供坚强政治保证;只有始终坚持和发展中国特色社会主义,更加自觉地增强"四个自信",才能为实现伟大梦想铺就康庄大道。结合伟大斗争、伟大事业、伟大梦想的实践推进伟大工程,毫不动摇坚持和完善党的领导,毫不动摇把党建设得更加坚强有力,确保我们党始终走在时代前列、始终成为全国人民的主心骨、始终成为坚强领导核心,我们党就一定能肩负起新时代的历史使命,为中华民族作出新的伟大历史贡献。① 实现伟大梦想,要进行伟大斗争,建设伟大工程,推进伟大事业。党的十九大报告用 1200 余字的篇幅阐述"四个伟大",这是继"五位一体"总体布局、"四个全面"战略布局和"四个自信"之后,习近平总书记立足中国特色社会主义进入新时代这一我国发展新的历史方位作出的重大命题,集中揭示了新的时代条件下我们党的政治理想和政治目标。

　　实现伟大梦想,必须汇集起不可战胜的磅礴力量。② 实现伟大梦想,主要回答"担负什么样的历史使命、实现什么样的奋斗目标"。实现伟大梦想,必须走中国道路,这就是中国特色社会主义道路。实现中国梦必须弘扬中国精神,这就是以爱国主义为核心的民族精神和以改革创新为核心的时代精神。实现中国梦必须凝聚中国力量,这就是中国各族人民大团结的力量。实现伟大梦想,必须汇集起磅礴力量,把人民对美好生活的向往作为我们的奋斗目标,坚持以人民为中心的发展思想,坚持人民主体地位、尊重人民首创精神,广泛动员和组织人民投身到实现全面建成小康社会、实现中华民族伟大复兴中国梦的历史潮流中来,汇聚实干兴邦的强大正能量。

---

　　① 参见《牢牢把握新时代中国共产党的历史使命——三论学习贯彻党的十九大精神》,《人民日报》2017 年 10 月 30 日。
　　② 参见《新时代　新思想　新方位　新使命》,《领导决策信息》2017 年第 42 期。

推进伟大事业,确保党和国家事业沿着正确方向前进。① 推进"伟大事业",具有举旗定向作用,主要回答"举什么旗、走什么路"。中国特色社会主义是改革开放以来党的全部理论和实践的主题,必须高举中国特色社会主义伟大旗帜,牢固树立中国特色社会主义道路自信、理论自信、制度自信、文化自信,确保党和国家事业始终沿着正确方向胜利前进。但我们的事业越前进、越发展,新情况新问题就会越多,面临的风险和挑战就会越多,面临的不可预料的事情就会越多,必须坚持中国特色社会主义道路、中国特色社会主义理论体系、中国特色社会主义制度、中国特色社会主义文化,凝聚推进伟大事业奋勇前进的强大力量。

进行伟大斗争,既要敢于斗争,又要善于斗争。② 进行"伟大斗争",强调的是治国理政的精神状态和奋斗姿态,主要回答"具有什么样的精神状态和奋斗姿态"或"怎样干"的问题。进行"伟大斗争",要提高驾驭"伟大斗争"的本领,要"踏石留印、抓铁有痕",要具有"钉钉子"精神和"逢山开路、遇水架桥"精神,扎实解决"四大考验"、"四种危险"、"体制机制障碍"、"利益固化藩篱"、"突出矛盾和问题"等,有效应对重大挑战、抵御重大风险、克服重大阻力、解决重大矛盾,在追求伟大梦想的进程中不断夺取伟大斗争的新胜利。

建设伟大工程,深入推进全面从严治党。③ 建设伟大工程,明确了党的执政主线,宣示了党"以什么样的领导力量和依靠力量"实现伟大梦想,是"中国号"巨轮的"领航工程"。今天,中国特色社会主义进入新时代,我们党要有新气象新作为,就必须把党建设成为始终走在时代前列、人民衷心拥护、勇于自我革命、经得起各种风浪考验、朝气蓬勃的马克思主义执政党。全面从严治党永远在路上,不能有任何喘口气、歇歇脚的念头。我们党将继续清除一切侵蚀党的健康肌体的病毒,大力营造风清气正的政治生态,以全党的强大正能量在全社会凝聚起推动中华民族伟大复兴的磅礴力量。

---

① 参见《新时代　新思想　新方位　新使命》,《领导决策信息》2017 年第 42 期。
② 参见《新时代　新思想　新方位　新使命》,《领导决策信息》2017 年第 42 期。
③ 参见《新时代　新思想　新方位　新使命》,《领导决策信息》2017 年第 42 期。

第二节　引领现代化与民族复兴的战略布局

党的十九大报告明确中国特色社会主义事业总体布局是"五位一体"、战略布局是"四个全面",将其纳入习近平新时代中国特色社会主义思想的重要组成部分。"四个全面"如同发展"大棋盘"上的战略"四着",每一个"全面"都聚焦解决一个重大的战略问题,为如期全面建成小康社会、基本实现社会主义现代化、把我国建成富强民主文明和谐美丽的社会主义现代化强国,夺取新时代中国特色社会主义伟大胜利提供了战略指引,是一个大写的脚印,是一段核心的篇章。它是新的历史条件下我们党治国理政的总方略、总框架、总抓手,是引领民族复兴的战略布局,是对新时代中国特色社会主义思想的丰富和发展。"四个全面"具有鲜明的时代特征,体现了思路的综合性,全面而又完整,具有整体性、系统性和一致性;体现了思想的正确性,践行实事求是的思想路线;体现了信念的坚定性,坚持以人民为中心的发展思想;体现了理论的科学性,从生动实践中来,又指导火热的实践,成为引领民族复兴的战略布局。

一、全面的系统性与联动的协调性相结合

系统性和协调性是一个理论成熟的重要标志之一。"四个全面"战略布局的明显特征是全面系统,必须放在"中华民族伟大复兴"的大系统中,进行战略定位和战术部署。"四个全面"自成系统,彼此之间相互依存、关联递进,每一个全面又相互协调,是独立成系统的动态有机体。"四个全面"是一个有机动态发展系统,统一于"两个一百年"奋斗目标之中,成为中华民族伟大复兴的理论支撑、动力源泉。

1. 理论形态的系统性

"四个全面"战略布局既是理论也是实践,把"四个全面"的理论观点组合起来,彰显出一个逻辑性强、联系紧密的有机统一体,体现出体系的理论价值和实践价值。这样的理论体系,把中国特色社会主义伟大事业与"五位一体"

的总布局,与推进党的建设新的伟大工程紧密结合起来,与推进国家治理体系和治理能力现代化紧密结合起来,从顶层设计框架,定准基调,抓住当代中国最现实、最紧迫、人民群众最关切的重大问题,明晰重要领域和主攻方向,为实现中华民族伟大复兴提供战略指导。这样有机组合构成的理论体系形态,体现出中国特色社会主义理论体系在新的历史条件下的逻辑延续,也是历史与逻辑相统一的必然结果。"四个全面"作为马克思主义中国化的最新成果,作为推进中国特色社会主义、实现中华民族伟大复兴中国梦的战略布局,续写了中国特色社会主义理论体系的新篇章,增添了中国特色社会主义理论体系的新内容,是我们党理论创新的新成果。一个理论体系的最大价值就在于能够解决最现实的问题,并对未来发展大势、变革大局提出前瞻性的指导。"四个全面"扎根于基层,来源于实践,取决于智慧,上升于理论,起效于社会,闪烁着理论与实践相结合的光辉。从理论体系形态看,"四个全面"理论体系的逻辑结构非常严谨而又合理,全面建成小康社会是目标系统,全面深化改革是动力系统,全面依法治国是治理系统,全面从严治党是保障系统,一个目标、三大举措,形成"一体三翼"。目标与举措的有机结合,使目标的实现因为有举措的支撑而成为可能,也使举措的实施因为目标的确立而有着力点、方向感,二者相辅相成、相得益彰。"四个全面"是战略目标与战略举措、发展动力与治理能力、制度建设与党的建设、全面小康与现代化建设相统一的理论形态,是马克思主义中国化的新飞跃。

2. 战略布局的系统性

从系统论的观点看,系统是相互联系、相互作用的多元素的综合体。"四个全面"构成了一个相互联系、相互促进、相互支撑、相得益彰、有机统一的整体。全面建成小康社会是实现社会主义现代化和中华民族伟大复兴中国梦的阶段性目标,具有战略统领和目标牵引作用。全面深化改革与全面依法治国为"鸟之两翼、车之双轮"的姊妹篇,共同支撑和推动全面建成小康社会奋斗目标的实现。全面深化改革为实现全面建成小康社会奋斗目标提供根本动力,也是实现目标的根本路径。全面依法治国是实现全面建成小康社会奋斗目标的基本方式,建立规则秩序,提供稳定性、规则性的保障。全面从严治党是实现全面建成小康社会的"主帅"和"灵魂",是根本保证。"四个全面"战略布局突出系统性、整体性和协调性分析问题和解决问题,在我们党历史上首次把全面从严治党纳入了全面发展的逻辑体系,这是党在全面发展史上的一大创造。这四个方面不仅是一个集合,而且不可分割,具有明显的相关性,是一个复杂巨系统中的四个大子系统。另外,"四个全面"统一体中每一个全面都是一个整体,都由不同的要素和部分组成。"四个全面"是一个相互贯通的顶层设计和有机整体,每一个全面都是一整套结合实际、继往开来、与时俱进、独具特色的思想体系,共同构成了当代中国发展的新逻辑。

3.战略实施的协调性

个体协调与整体协调的和谐统一是"四个全面"战略布局的主要特征之一。每一个"全面"的个体具有整体性、系统性和协调性,全面建成小康社会要求落实"五位一体"的总体布局,在全面协调中推进。全面深化改革要把握系统性、整体性、协同性,在相互促进中深化改革。既要考虑整体改革,也要考虑各部门之间的改革;既要考虑今天的改革,也要考虑明天的改革。全面推进依法治国,必须依法执政、依法行政共同推进,法治国家、法治政府、法治社会一体建设。全面从严治党,必须全面推进党的政治建设、思想建设、组织建设、作风建设、纪律建设,把制度建设贯穿其中,深入推进反腐败斗争。把握全面深化改革和全面依法治国的相互关系。习近平指出,"凡属重大改革都要于法有据,在整个改革过程中,都要高度重视运用法治思维和法治方式,发挥法治的引领和推动作用,加强对相关立法工作的协调,确保在法治轨道上推进改革。"①注重发挥法律对改革发展的引领和推动作用,更加突出保障和改善民生方面立法,及时修改与实际情况和发展要求不相适应、与改革不协调的法律。注重全面深化改革与全面从严治党的相互关系。切实处理好党与市场的关系,使党的政治逻辑能够驾驭好市场逻辑,同时又能够使市场逻辑自由充分地得以发挥,而关键是建立现代权力体系,使公共权力廉洁和更加有效,让老百姓办事成本低、办事效率高,从心底里对党感恩、对党满意。

----

① 《"四个全面"学习读本》,人民出版社 2015 年版,第 202 页。

二、科学的继承性与时代的创新性相传承

继承是为了创新,创新是更好地继承。"四个全面"战略布局的形成过程,就是中国特色社会主义理论不断承前启后、继往开来的过程,也是在继承中创新、在创新中继承的辩证统一的过程,彰显出"四个全面"战略布局的鲜明特征。

1. 小康思想的继承和创新

1979 年 12 月 6 日,邓小平同志首次使用"小康"的概念描述中国式现代化。他说:"我们的四个现代化的概念,不是像你们那样的现代化的概念,而是'小康之家'。"①根据邓小平的小康思想,党的十三大提出了"三步走"战略,其中在第二步战略中提出"人民生活达到小康水平"。在党的十三大报告"三步走"战略基础上,江泽民同志在党的十五大报告中提出了"新三步走"战略。到党的十六大根据经济社会发展的新变化,正式提出了全面建设小康社会的奋斗目标,从四个方面制定了国民生产总值的指标体系。胡锦涛同志在党的十七大上做了题为《高举中国特色社会主义伟大旗帜,为夺取全面建设小康社会新胜利而奋斗》的报告。报告对这个指标体系从四个方面进行了充实和完善,并新增加到五个方面。党的十八大在十六大、十七大的"全面建设小康社会"的基础上,把目标改成了"全面建成小康社会"。这虽然是一字之差,但内涵发生了深刻变化。党的十八大以来,习近平同志对全面建成小康社会提出了很多新理念、新思想、新战略。"中国已经进入全面建成小康社会的决定性阶段。实现这个目标是实现中华民族伟大复兴中国梦的关键一步。"②习近平首次把全面小康放在中国梦的大格局中,把全面小康目标上升为中华民族伟大复兴的重要里程碑。"人民对美好生活的向往,就是我们的奋斗目标"③和习近平对人民群众"十个更"的描述,进一步体现了坚持人民的主体地位、以人民为中心的发展思想。党的十八届五中全会对"十三五"期间全面建成小康社会提出了五大

① 《邓小平文选》第 2 卷,人民出版社 1994 年版,第 237 页。
② 《"四个全面"学习读本》,人民出版社 2015 年版,第 52 页。
③ 《"四个全面"学习读本》,人民出版社 2015 年版,第 49 页。

新的目标要求,其中经济保持中高速增长,在提高发展平衡性、包容性、可持续发展的基础上,到 2020 年国内生产总值和城乡居民人均收入比 2010 年翻一番,我国在现行标准下农村贫困人口全部脱贫,贫困县全部摘帽,等等。这是全面建成小康社会的升级版。可以说,习近平对全面小康的一系列新思想、新论断,是对社会主义初级阶段理论的新贡献,是以人的全面发展为核心的新的价值观。

2. 改革思想的继承和创新

全面深化改革是我们党总结党的十一届三中全会以来改革开放的实践经验、全面分析经济社会发展面临的深层次矛盾和问题,在党的十八届三中全会上作出的发展中国特色社会主义的新的战略部署。40 年的改革开放,有着自身发展的历史逻辑和发展逻辑。以 1978 年党的十一届三中全会为标志,在中国大地上改革开放正式启动。以 1984 年党的十二届三中全会为标志,中国经济体制改革全面展开。以 1993 年党的十四届三中全会为标志,改革开放进入了制度创新时代。中国的改革由浅入深、由局部到全面、由量变到质变,改革发生了阶段性、累积性和历史性变化。如果当年"摸着石头过河"的改革探索是自发、零散和独立进行的,那么今天的改革关联性、耦合性越来越强,更加需要构建一整套系统完备、科学规范、运行有效的制度体系;如果当年的改革重点是克服制约发展的体制机制弊端,那么今天的改革更需要从现代治理的深层次全面改革优化,解决好事关党和国家长治久安的制度现代化问题。党的十八大以来,改革被提升到了更高层面、赋予了更多内涵。大量行政审批事项下放和取消,"负面清单"、"权力清单"的创建并实施,城乡二元的户籍制度坚冰被打破,围绕使市场在资源配置中起决定性作用深化改革,更好发挥政府有效作用等等,从反腐倡廉到简政放权,从化解产能过剩到清除市场壁垒,从"基础性作用"到"决定性作用"……改革的范围、力度前所未有,触及的矛盾和问题的阻碍也前所未有。正如习近平所指出的,"人类社会总是在不断创新创造中前进的。要破解中国发展中面临的难题、化解来自各方面的风险挑战,除了深化改革,别无他途。中华民族以伟大的创造能力著称于世。我们要适应历史前进的要求,坚定不移全面深化改革,敢于下深水、涉险滩,勇于破藩篱、扫阻碍,推动中国始终走在时代前列。"①过去的改革是允许一部分人先富起来,把发展的动力极大地调动起来了,但也带来了收入差距扩大等矛盾和问题。这些问题又反过来影响着改革的深入。全面深化改革既要解决发展的动力和活力问题,又要增进人民福祉、促进社会公平正义,通盘评估改革实施前、实施中、实施后的利益变化,统筹各个方面的利益格局调整,不能因为公平而影响效率,也不能为了效率再带来不公平。从党的十八届三中全会提出了全面深化改革的总体要求,到2014年中央经济工作会议对消费需求、投资需求、出口和国际收支等九大方面阐释"新常态",到五中全会提出"创新、协调、绿色、开放、共享"的新发展理念,再到十九大提出"坚持全面深化改革"的基本方略,可以说一个一脉相承的改革顶层设计蓝图勾勒完毕,并成为未来五年各项政策措施的纲领性文件。

3. 依法治国思想的继承与创新

一个富强民主文明和谐的国家,首先是法治国家。一个自由平等公正的社会,首先是法治的社会。从1949年《中国人民政治协商会议共同纲领》为标志的法治起点,到1954年我国第一部宪法颁行奠定依宪治国基础;从"文化大革命"砸烂公检法带来法治倒退,到改革开放重启中国法治进程;从党的十五大将"依法治国"确立为基本方略,到党的十八届四中全会强调全面依法治国,中国的法治建设不断在实践探索中前行。这些法治建设的重要节点充分说明,什么时候重视法治,什么时候就国泰民安;什么时候忽视法治,什么时候就国乱民怨。经验教训弥足珍贵。党的十八届四中全会作出的《中共中央关于全面依法治国若干重大问题的决定》,是我们党历史上第一个加强法治建设的决定。如果说党的十五大开启了社会主义法治国家建设的伟大航程,那么党的十八届四中全会推进全面依法治国,标志着中国社会主义法治道路上的一次历史性跨越,是中国法治建设中的又一座里程碑,法治中国建设进入了快车道和新时期,开启了中国法治新时代。从党的十五大提出依法建设社会主义法治国家,到十八届四中全会,在建设

---

① 《"四个全面"学习读本》,人民出版社2015年版,第137页。

社会主义法治国家这个基础上,进一步拓展为建设中国特色社会主义法治体系和建设社会主义法治国家,把建设法治体系和建设法治国家同时作为依法治国的总目标提了出来,实现从法制到法治的转变。全面推进依法治国就是要在深刻的变革面前,既要让社会充满生机活力,又要让社会井然有序,用法治的功能规定社会各种资源、各种要素的活动空间。从活力与秩序的关系角度,十八届四中全会强调健全以公平为核心原则的产权保护制度,通过法律的方式使财产的分配、财产的继承更公平,加强对各种所有制经济组织和自然人财产权的保护。从社会权益维护的角度,十八届四中全会强调"维护人民权益、维护社会公平正义、维护国家安全稳定"。法治实际上有政治属性,也有制度属性,社会主义法治的基本原则突出了以民为本、以人民群众的根本利益为本,解决为了谁的问题,社会主义决定了人民利益要作为法治最高的价值需求。全面依法治国把公正为魂、社会公平正义,提高到社会主义的核心理念,并把这样的价值理念,通过法律法规体现出来、规范起来、执行起来。

4. 从严治党思想的继承与创新

一个政党要走在时代前列,就一刻不能没有理论思维;一个政党要保持生机与活力,就不能离开思想理论创新。从严治党是无产阶级政党建设必须遵循的一项重要原则,也是我们党所坚持的一贯思想。在总结新民主主义革命基本经验时,毛泽东把党的自身建设比作党在民主革命中克敌制胜的三大法宝之一,虽然没有提及"从严治党",但是在毛泽东党的建设思想中始终坚持把党的思想建设放在首位,解决党内无产阶级思想与非无产阶级思想之间的矛盾,并高度重视党的组织和作风建设。邓小平特别强调我们这个党该管了,尤其是针对党内高级别领导干部腐败现象,他一针见血地指出,如果不惩治腐败,我们的事业是有失败的危险的。党的十三大报告指出"必须从严治党,严肃执行党的纪律"①,这是我们党的文献中最早提出"从严治党"方针的。党的十四大又首次把坚持从严治党载入党章的总纲,在以后的历次党的代表大会报告中都对从严治党进行了丰富和发展。改革

---

① 《改革开放三十年重要文献选编》(上),中央文献出版社 2008 年版,第 499 页。

开放 40 年,我们党在自身建设方面仍有很多问题尚未解决,当年没有遇到的新问题现在又不断出现,面临着"四种危险"和"四大考验"的挑战,特别是反腐败斗争形势依然严峻。十八大以来,从中央八项规定实施,到作风建设突破;从党的群众路线教育实践活动开展,到反腐倡廉建设走向纵深;从"三严三实"教育深入,到"两学一做"学习教育,再到党的十八届六中全会制定实施新形势下党内政治生活若干准则等一系列党内法律法规,再到党的十九大提出新时代党的建设总要求,党风好转,百姓称快,在激浊扬清、鼓舞人心的伟大实践中,全面从严治党写下了新的篇章。习近平总书记把握党的建设的大趋势,坚持继承与创新相结合,提出了全面从严治党的新思想,这在我们党历史上是第一次。从明确提出从严治党的具体要求,到提升为全面从严治党,并纳入治国理政的总体框架,这是党建思想的科学总结,是马列主义、毛泽东思想、邓小平理论、"三个代表"重要思想和科学发展观等建党思想的最新成果。在政党治理和国家治理体系建设上,虽然过去我们党有过许多实践和探索,也取得了一些成果,但还没有找到一种完全符合我国实际、更加完善的治理模式,一个新的国家治理结构与治理模式正在生成。同时,信息化、"互联网+"技术改变了权力、权利与民主之间的关系。当代中国基层治理结构发生了深刻变化,基层社会正经历大规模的流动,从计划经济时期单位人的团结型,走向市场经济体制下的松散型,商品交换逻辑越出经济领域。这些都为政党治理现代化建设提出了新的更高要求。全面从严治党为处理好党与市场的关系,使党的政治逻辑能够驾驭好市场逻辑,同时又能够使市场逻辑自由充分地得以发挥,提出了新的思路和可行路径。全面从严治党,是我们党自觉总结自身建设经验下的坚定决心。正如习近平所强调的,"要以猛药去疴、重典治乱的决心,以刮骨疗毒、壮士断腕的勇气,坚决把党风廉政建设和反腐败斗争进行到底"。① "党要管党,才能管好党;从严治党,才能治好党。""党面临的'赶考'远未结束","所有领导干部和全体党员要继续把人民对我们党的'考试'、把我们党正在经受和将

---

① 《新思想　新观点　新论断　新要求:深入学习习近平同志重要讲话精神》,中央党校出版社 2014 年版,第 202 页。

要经受各种考验的'考试'考好,努力交出优异的答卷"。① 办好中国的事情,关键在党,这对于中国共产党来说是铁打不动的定律。只有全面从严治党,才能始终保持党的先进性和纯洁性;只有全面从严治党,才能增强党自我净化、自我完善、自我革新、自我提高的能力,从更深的层面解决我们党自身存在的突出问题。

三、战略的前瞻性与实践的导向性相融合

"四个全面"战略布局事关党和国家长远发展,着眼于实现中华民族伟大复兴,具有鲜明的前瞻性;它从解决中国最现实最紧迫的问题中产生,从发现问题中来、到解决问题中去,具有鲜明的实践导向性。前者定方向、定战略、定目标;后者为战术、路径、方法,这两者的相互融合形成了"四个全面"理论与实践的有效对接,与以往的理论体系相比,更加立体、多元和符合实际。这是新的历史条件下治国理政的总方略,是时代和实践发展对党和国家工作提出的新要求。

从战略的前瞻性看,"四个全面"战略布局是勾勒社会主义中国现代化建设未来图景的战略主线,根本目标是实现现代化与民族伟大复兴的中国梦。习近平指出:"党的十八大强调,建设中国特色社会主义,总依据是社会主义初级阶段,总布局是五位一体,总任务是实现社会主义现代化和中华民族伟大复兴。"②"四个全面"战略布局正是依据社会主义初级阶段这个当代中国的最大国情、最大实际提出来的,把践行中国特色社会主义共同理想与坚定共产主义远大理想统一了起来,不仅在谋划长远发展时要立足初级阶段,而且在日常工作中也要牢记初级阶段。总布局是协调推进经济建设、政治建设、文化建设、社会建设、生态文明建设以及其他各方面建设,"四个全面"最突出的特点、最鲜明的特征就是全面,它是依据中国特色社会主义总布局提出来的,是总布局的体现和细化、具体化。总任务是实现社会

---

① 《习近平总书记系列重要讲话读本》,学习出版社、人民出版社 2016 年版,第 104—105 页。

② 《习近平谈治国理政》,外文出版社 2014 年版,第 10 页。

主义现代化和中华民族伟大复兴,其实质是"国家富强、民族振兴、人民幸福"。如何实现这个总任务?"四个全面"是实现中国特色社会主义总任务第一个阶段目标的战略布局,即在中国共产党成立一百年时全面建成小康社会,是中国特色社会主义总任务中的一个阶段性任务,是为了实现中国特色社会主义总任务。这是一项前无古人的伟大事业,必须准确把握和自觉运用人类社会发展规律、社会主义建设规律和共产党执政规律,科学顶层设计,精准超前谋划。以"四个全面"为战略主线,是适应了这"三大规律"的战略举措。习近平指出,"时和势总体有利,但艰和险在增多"①。如何把握好发展大势,趋利避害,战胜各种艰难险阻,需要我们党的大智慧,从战略层面提出治国理政的大韬略。抓住了"四个全面"战略布局,实现中华民族伟大复兴的中国梦,就会方向坚定、脉络清晰,从胜利走向胜利,最终实现伟大梦想。全面建成小康社会是实现中国梦的关键一步,唯有全面建成小康社会,中华民族才有复兴的希望;全面深化改革是实现中国梦的关键一招,唯有进一步解放思想、解放和发展社会生产力、解放和增强社会活力,才能为实现中华民族伟大复兴提供根本动力;全面依法治国是实现中国梦的可靠支撑,唯有善于运用法治思维和法治方式不断提高国家治理法治化水平,才能向中国梦目标迈出坚实步伐。全面从严治党是实现中国梦的根本保证,唯有全面从严治党,使党始终成为坚强的领导核心,才能为实现中华民族伟大复兴中国梦提供坚强保证。"四个全面"在解决中国现实矛盾和问题中产生,在实现中华民族伟大复兴现实需要中提出,表明中国梦不是遥不可及,而是看得见、摸得着的;中国梦不是虚无缥缈,而是清晰可见的;中国梦不是一蹴而就,而是分阶段、有步骤实现的。

从实践的导向性看,"四个全面"战略布局源于中国特色社会主义的伟大实践,是在理论总结中国特色社会主义实践经验基础上丰富和发展起来的,是从我国发展现实需要中得出来的,是从人民群众的热切期待中得出来的,也是为推动解决我们面临的突出矛盾和问题提出来的,其理论价值和实践价值是为坚持和发展中国特色社会主义新的伟大实践提供理论引领。全

---

① 《习近平总书记系列重要讲话读本》,学习出版社、人民出版社 2016 年版,第 42 页。

面建成小康社会承载着全国人民对过上更好生活的新期待,凝聚着我们党总结党的十六大、十七大以来全面建设小康社会的实践经验,在党的十八大报告中确立为坚持和发展中国特色社会主义的战略目标,通过党的十八届五中全会进一步把战略目标科学规划和实现目标措施具体化。全面深化改革是在总结党的十一届三中全会以来改革开放的实践经验基础上,针对我国经济社会发展所面临的深层次矛盾和问题,通过党的十八届三中全会《决定》作出的贯彻落实十八大奋斗目标的战略部署。全面依法治国是我们党在进一步总结改革开放以来加强法制建设和依法治国的实践经验基础上,在党的十八届四中全会上提出了建设中国特色社会主义法治体系和法治国家情况下,确立为新的历史条件下治国理政的新方略。全面从严治党是我们党进一步总结改革开放以来推进党的建设新的伟大工程基础上,深刻总结党的十八大以来党风廉政建设和反腐败斗争的成功经验,在开展党的群众路线教育实践活动、"三严三实"专题教育和"两学一做"学习教育活动实践中,推进党的建设新的伟大工程的新的战略要求。党的十九大明确了新时代党的建设总要求,并把推进党的建设新的伟大工程列入"四个伟大"的有机整体和战略部署。

践行"四个全面"是为了满足坚持和发展中国特色社会主义的实践需要而提出的,当前我国经济下行压力较大,结构调整阵痛显现,保证经济稳定增长任务艰巨;深化供给侧结构性改革任务十分繁重,在深化改革的深水区还有众多攻坚战要打。一些领导干部有法不依、违法不究、知法犯法,有的以言代法、以权压法,有的执法不严、粗暴执法,有的干预司法、徇私枉法等问题仍然突出,全力推进法治中国建设任重道远。反腐败斗争形势依然严峻,推进正风肃纪反腐,从根本上解决沉疴流弊,任务复杂而又艰巨。理论的实现程度,决定于理论满足需要的程度。解决这些错综复杂的时代难题,需要"四个全面"战略布局以其强大的理论指导作用,推动中国特色社会主义伟大实践不断向更高层次、更宽领域、更高水平深入发展。"四个全面"战略布局,不是高高在上的理论,每一个"全面"都是解决一个领域难题的实践探索,又在解决问题中深化,在综合协调解决整体问题中发展,形成了最鲜明的问题导向、实践导向的特征。

四、民族的内生性与世界的开放性相衔接

从中华民族伟大复兴的角度看,"四个全面"战略布局是针对当代中国发展面临的现实的深层次的矛盾和问题提出的,是在解决这些矛盾和问题的实践中发展的,也是在坚持中国特色社会主义基本经验基础上发展和完善起来的,具有中国特色社会主义实践基础上的理论发展的民族的内生性。从世界现代化发展角度看,"四个全面"战略布局,使国家发展的目标与取向、国家治理的理念与方式、政党建设的方式与途径,更接近国际社会的普遍做法,是对中国式现代化理论在战略目标、根本任务、发展步骤等方面的具体体现和展开,是我们党现代化理论的新发展。

从民族的内生性看,"四个全面"战略布局是从中华民族的历史文明中走来,要向中华民族的现代文明中走去。小康是一个古老的概念,是中华民族几千年来梦寐以求的理想社会;也是一个现代化的概念,是中国人民始终不渝、为之努力奋斗的目标。小康是中国古代思想家的社会理想,文明古国的千年追求,激发着中华民族一代又一代人的不懈奋斗。近代以来无数仁人志士为实现"大同"、"小康"的梦想进行各种努力和探索,对民族复兴和小康社会的认识越来越现实,越来越进步。当代中国,邓小平同志首次用中国古代思想家提出的"小康社会"概括社会主义现代化建设的第二步战略目标。小康是介于温饱与富裕之间的一种生活发展阶段。总体小康是全面小康社会的阶段性成果,全面小康是总体小康的升华,是一个更加全面协调可持续的、共同富裕的小康,是我国现代化事业承前启后的新阶段。全面小康与基本现代化都是中国现代化发展战略的具体细化,是一个总目标下的两个不同发展阶段的概念。从中华民族伟大复兴的历史轨迹看,几千年来从先哲的小康思想,到古代盛世的小康图景,再到近代危局中的小康梦想,在中国漫长的历史文明发展史中,"小康"与"大同"作为人民群众始终追求的理想社会模式,激发着中华民族一代又一代人不懈奋斗。从小康—总体小康—全面小康—基本现代化—全面现代化,全面建成小康社会是中国共产党的政治目标,是中华民族伟大复兴的关键一步。在方向上,全面小康目标——"中国式"的社会发展步骤,展示了具体的中国特色社会主

义;在目的上,全面小康生活——"中国式"的人民群众的生活水平,展望了群众共同富裕的美好前景;在路径上,"四个全面"战略布局——"中国式"的发展道路,明晰了实现中国式现代化的发展轨迹;在形态上,全面小康社会——"中国式"的社会发展状态,体现了创新、协调、绿色、开放、共享的发展理念和要求;在动力上,全面小康梦想——"中国式"改革开放与和平发展,弘扬了人民群众勤劳勇敢、自强不息的民族精神。因此,"四个全面"战略布局深深扎根于中华民族的土壤里,具有民族的和内生的独特风格。

从世界的开放性看,"四个全面"战略布局的提出,之所以在国际上引起了积极的反响和广泛的关注,是因为中国的发展对全球经济有着积极而重要的影响,中国的发展得到了发展中国家的普遍认同,在世界现代化发展方面有所创新,在可持续发展等方面超越西方的现代化发展模式,顺应了世界潮流。

卡洛斯·马格里诺斯认为:"我深知,在新时代,国际社会需要新机制,不能用旧的组织机构解决未来的问题。中国正在构建与世界各国共赢的格局,推动实现新的国际平衡,在一个现代和进步的国际社会实现全面建成小康社会的国内目标。……可见,习近平主席的未来中国蓝图包含了一个战略目标和三个互相支持、互相影响的战略举措。在一个外国人眼中,还看到了他巨大的决心和魄力:除了要在国内全面建成小康社会,中国在国际上还要承担建设性角色以展示负责任大国形象。"①

克里斯坦·德瑞格尔认为,中国需要继续推进改革,实现可持续和更具包容性的增长,这一点已经得到了世界各国的普遍认同。"四个全面"战略布局赋予中国发展新内涵。人们注意到,"四个全面"不是口号式的倡议,而是实实在在的举措。②

尤科赛尔·戈迈兹认为,"四个全面"战略布局透露出很强的信息,一个新的发展框架正在形成。这一发展框架不仅对中国民众很重要,对于外

---

① 《习近平提出的"四个全面",老外都怎么理解?》,周小林翻译,环球网"学习大国"专栏,2015 年 4 月 13 日。

② 《习近平提出的"四个全面",老外都怎么理解?》,郑妍翻译,环球网"学习大国"专栏,2015 年 4 月 13 日。

国人也很重要。因为它会影响到中国各方面的政策和战略,影响中国改革进程以及今后的经济走势。就这一点看,"四个全面"为与中国经济相关联的所有利益群体提供了一个观察中国经济形势的基本框架。①

乌玛尔·朱沃诺认为,"四个全面"战略布局不仅影响中国,也对世界上其他国家产生积极影响。中国社会越繁荣,中国经济在法治环境下进行的改革和转型越成功,亚洲地区就会越受益。②

姜晟振认为,实现可持续发展,是世界各国都追求的目标。为此,国家必须致力于提高人民的生活质量和公平分配经济发展成果,但这不可能轻而易举地实现。"四个全面"战略布局的提出,给世界提供了实现可持续发展的中国解答。③

外国专家学者上述的解读说明,"四个全面"战略布局既适合中国国情,又适应世界潮流,为发展中国家现代化建设提供了有益的参考。"四个全面"有利于提升中国的国际形象,有利于中国融入国际社会,更大程度上为国际社会认可和接受,从而消弭国际社会对中国的误解,更好地发挥中国作为世界文明大国在国际舞台上的作用。推进"一带一路"国际合作意义在于促进中国与世界共同发展,开启了中国改革开放的新格局,是我国向亚欧沿线国家全方位开放的战略谋划;有助于维护国家安全和稳定,缓解我国面临的日益严峻的能源安全形势;有利于促进区域合作,带动周边国家经济发展,增强中国在这些地区的认同感和影响力;有利于体现大国胸怀和大国责任意识。"一带一路"倡议和设立亚投行等措施,是我国通过内生本土化实现现代化,并在世界格局中发挥影响力的具体体现。通过建立一个互利的繁荣体系,将中国的国内利益、内部发展与沿线国家的利益和发展紧密联系起来。当今之中国,正在以东方文明大国迅速崛起的事实,在传统与现代、民族与世界的冲突与对撞、融合与再造的实践中,向世界传播着中国信

---

① 《老外理解习近平的"四个全面",竟然如此深刻》,杨福鼎翻译,人民网"学习小组"专栏,2015 年 4 月 11 日。

② 《老外理解习近平的"四个全面",竟然如此深刻》,吴玥翻译,人民网"学习小组"专栏,2015 年 4 月 11 日。

③ 《老外理解习近平的"四个全面",竟然如此深刻》,欣闻翻译,人民网"学习小组"专栏,2015 年 4 月 11 日。

心,即道路自信、理论自信、制度自信、文化自信,演绎着中国特色社会主义现代化的发展轨迹。"四个全面"战略布局丰富了现代化发展理论,为拉美、西亚、北非、中亚等地区的现代化发展提供了新的发展视角,探索了中国与世界深刻互动的新方式,提供了可以借鉴的中国方案,彰显了中国特色和世界意义。

五、立场的人民性与发展的目的性相统一

不论什么理论都有自己的价值立场。价值取向是价值哲学的重要范畴,是一定主体基于自己的价值观在面对或处理各种矛盾、冲突、关系时所持的基本价值立场、价值态度以及所表现出来的基本价值取向。价值立场是阶级立场、政治立场、政党立场的理论表现,回答和解决的是理论为什么人服务的价值取向问题。人民性是"四个全面"战略布局的本质属性。发展为了人民、发展依靠人民、发展成果由人民共享,是中国共产党宗旨的根本体现。"四个全面"的根本目的是为了人民,为了人民实现中国梦、小康梦。中国梦说到底是人民的梦。"四个全面"作为中国特色社会主义理论体系的新发展,集中体现出站在中国最广大人民的立场上、为中国最广大人民服务的科学理论特征,彰显着立场的人民性与发展的目的性的和谐统一。

立场的人民性是由党的性质决定的。我们党的宗旨是全心全意为人民服务。在《共产党宣言》中,马克思、恩格斯指出:"过去的一切运动都是少数人的或者为少数人谋利益的运动。无产阶级的运动是绝大多数人的、为绝大多数人谋利益的独立的运动。"①中国共产党作为工人阶级先锋队的代表,除了忠实地代表工人阶级和人民群众的根本利益以外,没有其他任何特殊利益。这就决定了我们党的根本立场和唯一宗旨就是全心全意为人民服务。这是共产党员党性修养的最高原则和根本内容,也是无产阶级政党区别于其他阶级政党的重要标志,其价值立场也必然是全心全意为人民服务。

"四个全面"战略布局是马克思主义中国化在中国的新发展,从根本上讲,它站在最广大人民的立场上、为了最广大人民而发展的科学理论。党的

---

① 苗贵山:《马克思恩格斯人权理论及其当代价值》,人民出版社 2007 年版,第 97 页。

十八大以来,以习近平同志为核心的党中央,把全面建成小康社会作为实现中华民族伟大复兴的中国梦的关键一步,就是把人民对美好生活的向往作为奋斗目标。坚持共享发展,以增进人民福祉为价值取向,不断解放和发展生产力,努力满足人民对美好生活的需要,全面建成小康社会。坚持以人民为中心的发展思想,以实现好、维护好、发展好最广大人民的根本利益为崇高追求,一切为了人民、一切依靠人民、一切改革发展成果由人民共享,攻坚克难、破冰前行,打破固化利益藩篱,建立完善更加合理的利益共享体制机制,在做大"蛋糕"的同时真正把"蛋糕"分好,使改革发展成果更多更公平地惠及全体人民,真正把全面深化改革推向纵深。坚持共享发展,大力促进社会公平正义,走中国特色社会主义法治道路,构建中国特色社会主义法治体系,维护人民根本权益。唯有依法公正对待人民群众的诉求,着力提高运用法治思维和法治方式维护人民合法权益的能力,杜绝以言代法、以权压法等侵害群众权益的行为,才能让人民群众在每一个司法案件中都能感受到公平正义,开辟全面依法治国的新时代。坚持以全心全意为人民服务为根本宗旨,牢固确立马克思主义的群众观点和群众立场,一切为了群众,一切依靠群众,从群众中来,到群众中去,以密切党群关系为核心,从严管理干部,从严惩治腐败,从严作风建设,把思想建党与制度治党紧密结合起来,以踏石留印、抓铁有痕的劲头从严管党治党,推进全面从严治党,实现政党治理现代化。"四个全面"中的每一个全面,都充分体现着马克思主义的群众观点和人民立场,体现着鲜明的人民至上的政治立场和价值取向。

发展的目的性是由立场的人民性决定的。我们追求的发展是造福人民的发展,我们追求的富裕是全体人民的共同富裕,我们追求的目的是人的自由全面发展,让中国的发展更有"温度",让老百姓的幸福更有"质感"。这个过程非常艰辛,但是我们要朝着这个方向不懈努力。可以说伟大的中国共产党从成立之日起,就是要做好一件开天辟地的大事,就是让人民站起来、让人民富起来、让人民幸福起来。从本质上看,"四个全面"的出发点和落脚点就是要让人民群众过上幸福美满的好生活。

迈向全面小康的过程,也是实现社会公平正义的过程。一方面,保证人人享有发展机遇、享有发展成果,全体人民推动发展的积极性、主动性、创造性才能被充分调动起来。另一方面,我国经济发展的"蛋糕"不断做大,但资源分配不公、收入分配不公的问题比较突出,共享发展的实际情况和制度设计还有不完善的地方。共享发展是中国特色社会主义的本质要求,是社会主义发展的根本目的。按照人人参与、人人尽力、人人享有的要求,坚守底线、突出重点、完善制度、引导预期,注重机会公平,保障基本民生,才能确保全体人民共同迈入全面小康社会。

在主动适应新常态和引领新常态下,只有实现中国经济更有质量、更有效益、更加公平、更可持续发展,才能让人民过上更有尊严、更有体面、更加富裕、更加健康、更加和谐、更加安全、更加文明幸福的生活,让每个人自由而全面地发展。要把民生问题解决好,增进公共服务供给,扩大公共服务财政支出,提高公共服务质量,着力加强义务教育、就业服务、社会保障、基本医疗和公共卫生、公共文化、环境保护等基本公共服务,努力实现全覆盖。进一步深化教育、医疗、收入分配制度、社会保障制度等重点民生领域改革,在供给侧结构性改革和需求侧两端发力,着眼于人民群众的健康、安全、环境、教育、科研等,向着长远发展和全面促进人民福祉的方向转型,才能真正实现以人民为中心的发展。

农村贫困人口脱贫是全面建成小康社会最艰巨的任务。习近平指出:"农村贫困人口脱贫,就是一个突出短板。我们不能一边宣布全面建成了小康社会,另一边还有几千万人口的生活水平处在扶贫标准线以下,这既影响人民群众对全面建成小康社会的满意度,也影响国际社会对我国全面建成小康社会的认可度。"[1]十九大报告指出:"坚决打赢脱贫攻坚战。让贫困人口和贫困地区同全国一道进入全面小康社会是我们党的庄严承诺……确保到 2020 年我国现行标准下农村贫困人口实现脱贫,贫困县全部摘帽,解决区域性整体贫困,做到脱真贫,真脱贫。"[2]进一步推进精准扶贫、精准脱贫各项政策措施落地生根。找准"穷根"、明确靶向、量身定做、对症下药,真正扶到点上、扶到根上。注重扶贫同扶志、扶智相结合。坚持专项扶贫、

---

① 《脱贫攻坚工程——习近平与"十三五"十八大工程》,新华网"学习中国"专栏,2015年 12 月 14 日。
② 《党的十九大报告辅导读本》,人民出版社 2017 年版,第 47 页。

行业扶贫、社会扶贫互为补充的"三位一体"大扶贫格局。进一步强化脱贫攻坚责任制。如期完成脱贫攻坚任务,续写人类反贫困事业的新篇章,促进全体人民共享改革发展成果,实现共同富裕。

习近平指出,"汉代王符说:'大鹏之动,非一羽之轻也;骐骥之速,非一足之力也。'……中国要飞得高、跑得快,就得依靠13亿人民的力量。"①"四个全面"战略布局的根本动力来源于人民,只要把13亿民心凝聚起来,心往一处想、劲往一处使,何愁全面深化改革不能形成共识和合力,何愁发展不能飞得更高、跑得更快呢?人民主体地位的提高和发挥,人民群众的拥护和支持,成为中国特色社会主义伟大事业走向胜利的不竭动力。当前,我国正处在由大向强发展的关键阶段,经济正在向形态更高级、分工更复杂、结构更合理的阶段演化,经济发展进入新常态,正从高速增长转向高质量发展,经济发展方式正从规模速度型粗放增长转向质量效率型集约增长,经济结构正从增量扩能为主转向调整存量、做优增量并存的深度调整,经济发展动力正从传统增长点转向新的增长点。但是,长期积累的一些结构性、体制性、素质性突出矛盾和问题较为突出,面临的经济安全与发展风险增大。各种不确定性因素增多,可以预见和难以预见的挑战和风险也在不断增多,如何爬坡过坎、行稳致远,都面临着从来没有过的严峻考验。我们不论遇到多大的困难和挑战,面临多难的困境和风险,都要依靠最广大人民群众的支持和拥护,充分调动人民群众的积极性、主动性、创造性,鼓励人民群众解放思想、敢于创新,让人民群众成为永远的依靠力量,就一定能使民意与"四个全面"实现良性互动,使践行"四个全面"变为广大人民群众的自觉行动,变为实现中华民族伟大复兴中国梦的巨大能量。

第三节 涵育现代化与民族复兴的哲学基础

马克思主义哲学是关于自然、社会和思维发展一般规律的科学,是唯物

---

① 《习近平谈治国理政》,外文出版社2014年版,第98页。

论和辩证法的统一、唯物论自然观和历史观的统一。中国梦的内涵和实质是国家富强、民族振兴、人民幸福,建设社会主义现代化强国、实现民族伟大复兴中国梦,是习近平新时代中国特色社会主义思想的重要组成部分,是一个内涵丰富、有机统一的完整的科学体系,既有丰富的实践基础,又有先进的理论基石;既体现了唯物史观和辩证法的意蕴,又彰显了认识论和方法论的有机统一,具有深厚的哲学基础,闪耀着马克思主义唯物史观和唯物辩证法的思想光辉。

一、马克思主义唯物史观的新发展

历史观是人们对于社会历史的根本见解。历史唯物主义亦称为唯物史观,是哲学中关于人类社会发展普遍规律的理论,是马克思主义哲学的重要组成部分。历史上所有事件发生的根本原因是物质的丰富程度,社会历史的发展有其自身固有的客观规律。十九大报告深刻阐明了习近平新时代中国特色社会主义思想的精神实质和丰富内涵,并在党章中把这一新思想同马克思列宁主义、毛泽东思想、邓小平理论、"三个代表"重要思想、科学发展观一道确立为党的指导思想。这是十九大的重大历史贡献,实现了党的指导思想的又一次与时俱进。习近平新时代中国特色社会主义思想,作为中国特色社会主义理论体系的重要组成部分,是对当今时代新的阶段性特征的理论反映。这个新的阶段性特征处于党带领全国各族人民进入全面建成小康社会决胜阶段和实现中华民族伟大复兴的关键时期。这个阶段的总任务就是全面建成小康社会和建设社会主义现代化,历史使命就是实现中华民族伟大复兴。因此,习近平新时代中国特色社会主义思想赋予了现代化与民族复兴的新内涵,蕴含着时代精神的精华因子,闪耀着马克思主义唯物史观、辩证法、认识论和方法论的思想光芒。可以说,唯物史观是民族复兴中国梦的理论基石,民族复兴中国梦是唯物史观的现代形态,是对马克思主义唯物史观的继承和发展。

马克思主义唯物史观认为,社会存在决定社会意识;生产力和生产关系之间的矛盾、经济基础与上层建筑之间的矛盾,是推动一切社会发展的基本矛盾。我国从 1956 年社会主义改造完成后,进入了社会主义初级阶段。党的八大提出，"我国国内的主要矛盾，已经是人民对于建立先进的工业国的要求同落后的农业国现实之间的矛盾，已经是人民对于经济文化迅速发展的需要同当前经济文化不能满足人民需要的状况之间的矛盾。这一矛盾的实质，在我国社会主义制度已经建立的情况下，也是先进的社会主义制度和落后的社会生产力之间的矛盾。"①党的十一届三中全会以后，我们党的战略重心从以阶级斗争为纲转移到以经济建设为中心上来，实行改革开放，极大地解放和发展了生产力，逐步使人民群众从贫困走向温饱和小康。党的十八大报告提出"三个没有变"基本判断："我国仍处于并将长期处于社会主义初级阶段的基本国情没有变，人民日益增长的物质文化需要同落后的社会生产之间的矛盾这一社会主要矛盾没有变，我国是世界最大发展中国家的国际地位没有变。"②党的十九大报告提出："中国特色社会主义进入新时代，我国社会主要矛盾已经转化为人民日益增长的美好生活需要和不平衡不充分的发展之间的矛盾。"③这一重大判断是我们党基于实践基础上的重大理论创新，是对社会主要矛盾认识的又一次新的升华，也是对民族复兴理论的丰富和发展，使人们在现代化建设和民族复兴的实践中更能抓住主要矛盾，更加有效地解决现实问题，更能明晰科学发展的路径和方向。

唯物辩证法认为，事物发展过程往往表现为若干个不同的发展阶段，在不同的发展阶段，各种矛盾力量和相互关系是不断变化的。要认识到，我国社会主要矛盾的变化是关系全局的历史性变化，对党和国家工作提出了许多新要求，尤其是对社会主义现代化建设和民族复兴提出了更高要求。十九大作出的对于我国社会主要矛盾历史性变化的重大判断，具有划时代意义，为新时代中国共产党担当起历史使命奠定了坚实的政治基础，提供了充分的理论依据，形成了丰富的实践内涵。这一新判断具有重大政治意义。善于抓住社会主要矛盾，是我们党正确解决战略策略问题的重要哲学依据。这一新判断具有重大理论意义。科学界定社会主要矛盾，是我们党以高度

---

① 包心鉴：《马克思主义中国化的基本规律与当代走向》，人民出版社 2011 年版，第 95 页。

② 《十八大报告辅导读本》，人民出版社 2012 年版，第 16 页。

③ 《党的十九大报告辅导读本》，人民出版社 2017 年版，第 11 页。

的理论自觉创造性回答时代和实践发展的新课题、不断进行理论思考和理论概括的重要成果之一。这一新判断具有重大实践意义。集中力量解决社会主要矛盾,是我们党展示中国特色、发挥制度优势的科学工作方法。① 我们党在全面建成小康社会的决胜期、现代化建设和伟大复兴的关键时期,提出和实施的理论和路线方针政策,是在运用唯物史观分析问题的基础上提出的,是从我国现在的社会物质条件的总和出发的,也就是从我国基本国情和发展要求出发的,是以我国发展阶段的社会存在为基础的。

解决发展不平衡不充分问题将是今后现代化建设和伟大复兴的主攻方向。影响满足人民美好生活需要的因素主要是发展不平衡不充分问题。从社会生产力看,我国既有世界先进甚至世界领先的生产力,也有大量传统的、相对落后甚至原始的生产力。从“五位一体”总体布局看,经济发展水平是国家发展水平的主要体现,但不是全部,不少领域存在短板。从城乡和区域发展看,地区之间、城乡之间差距仍然较大。在收入分配方面,差距较大,而且有几千万人口尚未脱贫。经过近 40 年改革开放,我国大部分地区都实现了小康,有的提前进入全面小康,甚至一些先进地区达到中等发达国家的水平。应当说,我国进入了社会主义初级阶段的新时期,处于全面建成小康社会的决胜阶段,全面建成小康社会仍然是主要的目标任务。但是,发展不平衡、不充分的问题依然突出,区域、城乡和贫富差距依然较大,环境污染较重,资源分配不公、特权现象仍然存在,经济下行压力较大、社会保障水平不高等问题较多。这说明当下的小康还是不够全面的小康,社会矛盾的对立和不稳定阻碍着建成全面小康进程,影响着全面深化改革的进行。全面建成小康社会是解决当前我国社会主要矛盾的根本途径,也是人民群众的热切期盼。全面深化改革正是适应我国社会基本矛盾的变化,有针对性地解决发展动力不足和社会资源分配不公等深层次矛盾和问题。正如习近平所说:“我们提出进行全面深化改革,就是要适应我国社会基本矛盾运动的变化来推进社会发展。”②我们只有全面深化改革,才能打破各种利益集团

---

① 参见李新:《社会主要矛盾历史性变化的判断具有划时代意义》,人民网理论频道,2017 年 11 月 8 日。

② 郝立新:《历史唯物主义党员干部读本》,人民出版社 2014 年版,第 45 页。

的藩篱,优化资源配置,在增强发展动力的同时,有效化解社会矛盾的激化,促进平衡性发展、包容性发展和可持续性发展。全面依法治国也是针对我国基层社会矛盾加剧、群众利益诉求不能得到有效表达和有效解决等突出矛盾和问题提出的。从世界社会主义发展史的角度看,东欧剧变、苏联解体,很重要的一个原因就是没有解决好法治和人治的问题;从世界现代化史的角度看,一些国家在快速发展后陷入这样或那样的"陷阱",也与法治不彰有关。① 当今中国问题的最大症结是法治权威不足。群体性事件、信访不信法、"塔西佗陷阱"等都是因法律权威不足而致,解决社会主要矛盾和问题还缺乏一些合理的制度安排和法治保障。只有全面依法治国,才能为解决我国社会主要矛盾提供有效保障和良好的社会环境。全面从严治党是实现中华民族伟大复兴的根本保障,党的领导是建成社会主义现代化强国、实现中华民族伟大复兴的政治核心和"主心骨"。现在,政群干群关系紧张,贪污腐败问题依然较重,特权现象仍然存在,拉大了党与群众之间的距离,老百姓的意见较大,从一定程度上看,基层的诸多矛盾激化,都与这些问题长期不能解决有关。只有全面从严治党、从严治吏,才能根除政治上存在的弊端,营造良好的政治生态,以党风带政风促民风,使群众从过去的感恩性认同,切实感受到利益认同,提高党和政府在人民群众中的满意度和影响力。进行伟大斗争、建设伟大工程、推进伟大事业、实现伟大梦想,都是依据社会基本矛盾理论,针对当下中国社会主要矛盾发展的阶段性特征,立足社会主义初级阶段这个最大的实际,把社会主义社会基本矛盾原理运用到有效解决实际问题中,深化了我们党对社会主要矛盾的认识。因此,民族复兴中国梦不是轻轻松松、敲锣打鼓就能实现的,我们必须付出更为艰巨、更为艰苦的努力。

毛泽东在《论联合政府》中指出:"人民,只有人民,才是创造世界历史的动力。"②这一著名论断在民主革命时期和全面建设社会主义时期得到了充分的实践和发展,并成为定论。改革开放以来,我们党运用这个历史主题

---

① 参见《"四个全面"学习读本》,人民出版社 2015 年版,第 186 页。
② 施恩亚:《毛泽东逻辑思维研究》,人民出版社 2013 年版,第 144 页。

理论发展中国特色的社会主义事业。先富带后富，最终实现全体人民共同富裕，做到发展为了人民，发展依靠人民，发展成果由人民共享。科学发展观的核心是"以人为本"，就是要始终把实现好、维护好、发展好最广大人民的根本利益作为党和国家一切工作的落脚点和出发点，尊重人民群众的主体地位，保障人民群众的根本利益，发挥人民群众的首创精神。党的十八大以来，习近平总书记先后提出了"人民对美好生活的向往，就是我们的奋斗目标"、"坚持以人民为中心的发展思想"、"共享发展"等新理念、新命题。这些新论断、新命题，遵循了马克思主义唯物史观基本原理，体现了人民主体地位、人民至上、发展为了人民、发展依靠人民、发展成果由人民共享的思想内涵，是马克思主义群众史观的坚持和发展，进一步丰富了马克思主义哲学的社会主体理论。中华民族为什么要复兴，为了谁复兴，依靠谁复兴，如何评价复兴？归根到底都必须坚持以人民为中心的发展思想作为核心价值体系。生产力的发展，根本上是人的发展，离开人的发展，生产力就失去了现实意义。

现代化与民族复兴中国梦、"四个全面"，在理论和实践的结合上，聚焦到全面建成小康社会和社会主义现代化建设，目的是人民生活水平和质量普遍提高、国民素质和社会文明程度显著提高、生态环境质量总体改善，为了人的全面发展，让人民生活得更加美好。全面建成小康社会，既顺应了人民群众的最大期盼，又要依靠人民的努力来实现。全面深化改革从根本上说，就是为了人民群众的根本利益而进行改革，让改革的红利普惠广大人民群众，让人民群众有更多的获得感。人民群众既是改革的推动者和主体力量，也是改革的受益者。有了人民群众的拥护和支持，我们才能夺取全面深化改革的新胜利。全面依法治国就是要让法治成为一种全民信仰，使其转化为社会文明进步的动力。只有人人成为法治的崇尚者、践行者、捍卫者，使尊法、信法、守法、用法、护法成为共同追求和自觉行动，法治信仰、法治国家、法治社会建设才能有最坚强的支撑。全面依法治国要围绕公平正义的价值追求，按照保障人民群众安居乐业的目标要求，让公平正义的阳光普照人民大众。全面从严治党是坚持马克思主义唯物史观在当前的生动体现，我们党带领人民群众从昨天到今天再走向明天，实现民族复兴，最根本的是密切党群、干群关系，始终保持同人民群众的血肉联系,这也是我们党永远立于不败之地的根基。只有这样才能永葆党的先进性、纯洁性和人民性。从唯物史观的角度看,民族复兴中国梦的思想内涵具有深厚的哲学基础和深厚的马克思主义理论底蕴。

建设社会主义现代化,实现民族复兴中国梦,鲜明地体现出以中国梦凝聚民族复兴强大力量,以坚持和发展中国特色社会主义为主题,以"四个全面"为战略布局,以新发展理念引领新发展,以"四个伟大"为实现民族复兴路径,以人民为中心的发展思想等精神要义,都是习近平新时代中国特色社会主义思想的重要内容。以人民为中心体现了历史唯物主义的基本原理。马克思主义哲学包括辩证唯物主义和历史唯物主义。历史唯物主义最基本的原理是历史是人民创造的。只有人民,才是创造世界历史的动力。人民是物质财富和精神财富的创造者,是社会变革的决定性力量。人民至上是全面建成小康社会的必然要求。以人为本,执政为民,人民至上是它的必然要求。人民是中国特色社会主义的主体。没有人民,不会有中国道路;没有人民,也不会有中国精神;没有人民,更不会有中国力量。人民是中国特色社会主义的主体,是我们党永远依靠的力量源泉。中国梦归根到底是人民的梦。要给每个人提供人生出彩、梦想成真的机会,使发展成果更多更公平惠及全体人民。共同富裕路上,一个也不能掉队。人民对美好生活的向往,就是我们的奋斗目标,也是我们的初心。十九大报告对我国社会主要矛盾转化的表述体现了人民立场、人民情怀的价值取向。

二、马克思主义唯物辩证法的新发展

唯物辩证法是一种研究自然、社会、历史和思维的哲学方法,是马克思主义哲学的核心组成部分。民族复兴中国梦、"四个全面"集事物相互联系、相互促进的辩证统一观点,全面而不是片面地观察和处理问题的观点,全局和重点辩证统一的观点于一体,体现了普遍联系和全面发展的唯物辩证法两大特征,坚持以马克思主义辩证唯物主义和历史唯物主义为哲学基础,既是唯物辩证法思想的结晶,又是唯物辩证法实践的形态,丰富和发展了马克思主义唯物辩证法。

翻开我国社会主义现代化建设的历史,我们党对社会主义建设规律的认识,是对马克思主义唯物辩证法的认识、实践、再认识、再实践的过程,也是历史和逻辑内在统一的过程。毛泽东在《实践论》中强调:"客观现实世界的变化运动永远没有完结,人们在实践中对于真理的认识也就永远没有完结。"①1956 年 4 月 25 日毛泽东作的《论十大关系》的报告,集中阐述了中华人民共和国成立初期我国社会主义经济建设的探索成果,提出了调动一切积极因素为社会主义建设事业服务的基本方针,对适合中国情况的社会主义建设道路进行了初步的探索。特别是对苏联暴露的在建设社会主义过程中的一些缺点和错误,要引以为戒;在重工业和轻工业、农业的关系问题上,在坚持优先发展重工业的前提下,强调更多地发展轻工业和农业;在沿海工业和内地工业的关系问题上,要充分利用和发展沿海的工业基地,以便更有力量来发展和支持内地工业。这些重要的辩证观点直到今天仍然对中国特色社会主义建设具有重要的指导意义。这个报告所总结的社会主义建设存在的十大矛盾,奠定了我国社会主义建设的唯物辩证法的理论基础。遗憾的是由于"文革"期间阶级斗争的扩大化等错误认识的影响,没能在社会主义建设中得到全面贯彻落实。

1978 年党的十一届三中全会后,邓小平同志以巨大的政治勇气和理论勇气,确立了解放思想、实事求是的思想路线,否定了"两个凡是"的错误方针,实现了从"以阶级斗争为纲"向"以经济建设为中心"的伟大历史性转折。从党的十一届三中全会到党的十四大,我们党进一步总结和吸取了十一届三中全会之前我国建设社会主义失误的教训,既克服了形而上学的错误理论、思想和观念,走出了墨守成规、生搬硬套马克思主义教条、超越社会主义发展的误区,又抵制了抛弃社会主义基本制度的错误主张,制定了建设有中国特色社会主义的路线、方针、政策,开辟了中国特色社会主义新道路,基本形成了中国特色社会主义辩证法的理论体系。江泽民同志在党的十四大报告中指出:"我们要建立的社会主义市场经济体制,就是要使市场在社会主义国家宏观调控下对资源配置起基础性作用,使经济活动遵循价值规律的要求,适应供求关系的变化;通过价格杠杆和竞争机制的功能,把资源

---

① 王伟光:《认识世界的目的在于改造世界》,人民出版社 2014 年版,第 45 页。

配置到效益较好的环节中去,并给企业以压力和动力,实现优胜劣汰;运用市场对各种经济信号反应比较灵敏的优点,促进生产和需求的及时协调。"①这深化了对在市场经济条件下社会主义现代化建设规律的认识。胡锦涛同志在党的十七大报告中提出了"十个结合"的重要结论。他指出:"30多年来,我们在一个十几亿人口的发展中社会主义大国取得的摆脱贫困、加快现代化进程、巩固和发展社会主义的宝贵经验,闪耀着马克思主义的真理光芒,是辩证唯物主义和历史唯物主义的胜利。"②这段重要讲话深刻阐述了30年的历史经验归结到一点,就是把马克思主义基本原理同中国具体实际相结合,走自己的路,建设中国特色社会主义,集中体现了改革开放30年我国社会主义辩证发展的规律。

党的十八大以来,习近平同志提出了一系列治国理政的新理念、新思想、新战略,集中地展现出把马克思主义的唯物辩证法运用到实现中华民族伟大复兴中国梦的哲学智慧。十八届五中全会指出:"党的十八大以来,以习近平同志为核心的党中央毫不动摇坚持和发展中国特色社会主义,勇于实践、善于创新,深化对共产党执政规律、社会主义建设规律、人类社会发展规律的认识,形成一系列治国理政新理念新思想新战略,为在新的历史条件下深化改革开放、加快推进社会主义现代化提供了科学理论指导和行动指南。"③习近平指出:"辩证唯物主义是中国共产党人的世界观和方法论,我们党要团结带领人民协调推进全面建成小康社会、全面深化改革、全面依法治国、全面从严治党,实现'两个一百年'奋斗目标、实现中华民族伟大复兴的中国梦,必须不断接受马克思主义哲学智慧的滋养,更加自觉地坚持和运用辩证唯物主义世界观和方法论,增强辩证思维、战略思维能力,努力提高解决我国改革发展基本问题的本领。"④这段重要讲话从历史、现实和未来的角度,生动阐述了全面建成小康社会、建设社会主义现代化国家、实现民族伟大复兴,

---

①　魏礼群:《中国经济体制改革30年回顾与展望》,人民出版社2008年版,第102页。

②　《胡锦涛〈在纪念党的十一届三中全会召开30周年大会上的讲话〉学习读本》,人民出版社2008年版,第33页。

③　《党的十八届五中全会〈建议〉学习辅导百问》,党建读物出版社2015年版,第2页。

④　《"四个全面"学习读本》,人民出版社2015年版,第154页。

必须坚持和运用马克思主义唯物辩证法的深刻道理,深化了对提高领导干部辩证思维能力和战略思维能力的重要意义的认识。十九大报告提出了"新时代中国特色社会主义思想和基本方略",系统阐述了"八个明确"和"十四个坚持"的基本方略,体现了全面的系统性,涉及经济、政治、文化、社会、生态文明、国家安全、军队建设和党的建设等各个方面;体现了坚持事物相互联系、相互促进的辩证统一,整个思想体系一于推进中国特色社会主义伟大事业和实现中华民族伟大复兴的伟大实践中,坚持用唯物辩证法全面、联系、发展的观点观察和处理问题,正确认识和把握规律,认识事物的本质和内在联系,把握"两点论"与"重点论"相统一,彰显出辩证思维的理论内涵。

民族复兴中国梦、"四个全面",与马克思列宁主义、毛泽东思想、邓小平理论、"三个代表"重要思想、科学发展观和习近平新时代中国特色社会主义思想的唯物辩证法思想是一脉相承的。列宁曾经说过:"马克思主义的精髓,马克思主义的活的灵魂:对具体情况作具体分析。"①毛泽东在《矛盾论》中首次明确提出:"这一共性个性、绝对相对的道理,是关于事物矛盾的问题的精髓,不懂得它,就等于抛弃了辩证法。"②实事求是是毛泽东思想的精髓,解放思想、实事求是是邓小平理论的精髓。邓小平强调的用实践检验真理的观点,"摸着石头过河"、走前人没走过的路,改革也是解放生产力,"三个有利于"的检验标准等。这些重要论断蕴含着深刻的辩证法思想,体现着实事求是精神。民族复兴中国梦的思想内涵给我们最大的启示,就是坚持实事求是的思想路线,一切从实际出发,一切方针政策都不从书本、不从主观愿望出发,而是从基层、从实践提出制定,是凸显尊重群众首创精神的智慧结晶。正如习近平所指出的:"我们提出要协调推进全面建成小康社会、全面深化改革、全面依法治国、全面从严治党,是当前党和国家事业发展中必须解决好的主要矛盾。我们既要注重总体谋划,又要注重牵住'牛鼻子'。在任何工作中,我们既要讲两点论,又要讲重点论,没有主次,不加区别,眉毛胡子一把抓,是做不好工作的。"③这段重要讲话阐明了当前

---

① 谢龙等:《马克思主义哲学与当代现实》,人民出版社 1991 年版,第 60 页。
② 《毛泽东选集》第 1 卷,人民出版社 1991 年版,第 320 页。
③ 《"四个全面"学习读本》,人民出版社 2015 年版,第 21 页。

抓主要矛盾必须科学把握好两点论与重点论的辩证关系,体现了普遍原理和具体实际相结合这个马克思主义的根本的原则,是对辩证唯物主义基本原理的生动运用,也是对"四个全面"哲学基础的深刻揭示。实事求是是马克思主义活的灵魂,也是毛泽东思想活的灵魂,不把普遍与特殊结合起来,不在普遍原理指导下研究具体情况,就不可能实事求是。民族复兴中国梦和"四个全面"把握客观事物的普遍联系性、全面性和协调性,对坚持和发展中国特色社会主义阶段性特征和具体问题进行具体分析,从微观针对性探索宏观指导性,从中国个性探索世界共性,从理论科学性探索实践可操作性。民族复兴中国梦和"四个全面"把宏观与微观、理论与实践、局部与全局联系起来分析问题、解决问题,把握事物的发展规律。民族复兴中国梦和"四个全面"从中国特色社会主义建设的一般规律中探寻实现中华民族伟大复兴中国梦的普遍规律,从世界现代化建设的普遍规律中探寻中国现代化建设的特殊规律,体现出遵循经济规律的科学发展、遵循自然规律的可持续发展、遵循社会规律的包容性发展的思想内涵,体现着马克思主义与时俱进的理论品质。

三、马克思主义哲学方法论的新发展

方法论是人们认识世界、改造世界的根本原则和根本方法。概括地讲,世界观主要解决世界"是什么"的问题,方法论主要解决"怎么办"的问题。马克思主义哲学方法论最显著的特点不仅是理论认识的工具,而且是伟大革命实践的工具,形成理论认识方法和革命实践方法相统一的、完整的、科学的方法论,体现出世界观和方法论的高度统一。这是马克思主义哲学本质的特征之一。从毛泽东、邓小平、江泽民、胡锦涛,到习近平等党和国家领导人,都高度重视和倡导学习运用马克思主义科学的方法论,指导中国革命、建设和改革开放的伟大实践。民族复兴中国梦、"四个全面"体现出丰富的思想内涵和实践要求,最集中的就是全局性与重点性的高度统一、求是性与实践性的高度统一、真理尺度与价值尺度的高度统一,是马克思主义认识论和方法论的科学运用、坚持和发展。

首先,民族复兴中国梦、"四个全面"凸显求是性与实践性的方法论特征。实事求是是我们党最根本的思想方法与工作方法。"求是"和"实事"

的紧密结合构成了马克思主义哲学方法论最重要的基本特色。习近平新时代中国特色社会主义思想、现代化建设重要论述和伟大复兴中国梦的论述，是在"实事"基础上，全面对世情、国情、党情、社情进行正确分析研究，通过"求是"把握事物的本质与规律所得出的正确研判和科学结论。从国际看，世界经济格局深刻调整，全球治理进入新阶段，推动构建人类命运共同体步伐加快。2008年国际金融危机以来，世界各个经济体增速分化加剧，政治、经济、地缘等各种因素相互交织和对世界经济影响加深，世界经济仍将面临诸多不稳定、不确定性因素，复苏道路依然曲折，大幅回暖的概率较小，使得中国的外部经济环境更加复杂。围绕全球治理体系的竞争日趋激烈，各国都在加快调整发展模式，试图抢占经济制高点和全球话语权。如何积极应对并在激烈国际竞争中取胜，因势而谋、应势而动、顺势而为，抢占制高点、赢得主动权，需要提出治国理政的新思路、新方略。从国内看，经过40年改革开放，我国社会生产力、综合国力、人民生活水平实现了历史性跨越，我国社会主要矛盾发生了新的变化，转变为人民日益增长的美好生活需要和不平衡不充分的发展之间的矛盾。但我国仍处于并将长期处于社会主义初级阶段的基本国情没有变，解决"发展起来以后的问题"比以往任何时候都更加艰巨和错综复杂。新时代我国社会主要矛盾变化的新论断，是我们党在坚持辩证唯物主义与历史唯物主义基础上，对我国存在的众多复杂矛盾相互关系的甄别、比较和分析中得出的科学结论。根据事物的性质由主要矛盾的主要方面决定的唯物辩证法原理，我国社会的主要矛盾与过去的主要矛盾相比，是一个由低级向更高级转化的过程。无论是人民日益增长的物质文化需要，还是人民日益增长的美好生活需要，都是人民对切身利益诉求从物质、文化领域向政治、社会、生态等领域的扩展和提升，而不是质的不同。不论是落后的社会生产，还是不平衡不充分的发展，都是生产力水平从低到高的转变，而不是根本性的质变。这里讲的一个是"发展的问题"，另一个是"发展起来以后的问题"。这一新的变化要求我们必须坚定不移贯彻创新、协调、绿色、开放、共享的发展理念，从高速增长阶段转向高质量发展阶段，进一步激发全社会创造力和发展活力，努力实现更高质量、更有效率、更加公平、更可持续的发展，让改革发展成果更多更公平惠及全体人民，保证全体人民在共建共享发展中有更多获得感，不断促进人的全面发展、全体人民共同富裕。我们党在对世情、国情、党情科学分析的基础上提出的治国理政新思想、新方略，这充分体现了求是性，能够科学把握事物发展的本质与规律。

马克思主义科学方法论的一个重要特征，在于坚持实践是检验真理的唯一标准，坚持理论对实践的指导作用。这是马克思主义哲学区别于其他哲学的显著标志之一。习近平指出："要学习掌握认识和实践辩证关系的原理，坚持实践第一的观点，不断推进实践基础上的理论创新。我们推进各项工作，要靠实践出真知。理论必须同实践相统一。必须高度重视理论的作用，增强理论自信和战略定力，对经过反复实践和比较得出的正确理论，要坚定不移坚持。要根据时代变化和实践发展，不断深化认识，不断总结经验，不断实现理论创新和实践创新良性互动，在这种统一和互动中发展21世纪中国的马克思主义。"①民族复兴中国梦是从理论转化为生动实践的现代形态。坚持和发展中国特色社会主义，"总任务是实现社会主义现代化和中华民族伟大复兴"。全面建成小康社会探索解决我国发展不平衡、不充分的问题，并将社会主义制度的优越性以全面建成小康社会表现出来。全面深化改革探索解决发展的动力不足、活力不够和社会的公平正义问题。改革对于全面建成小康社会、实现中华民族伟大复兴的中国梦来说，是贯穿始终的不变逻辑，也是实现这一伟大目标的具体的历史实践。走向生态文明新时代，建设美丽中国，是实现中华民族伟大复兴中国梦的重要内容。"建设生态文明是中华民族永续发展的千年大计"、"坚持人与自然和谐共生"②的基本方略，把"绿水青山就是金山银山"写入党章。全面依法治国是为民族伟大复兴等、为子孙万代计、为长远发展谋。正如习近平强调的，"全面推进依法治国是关系我们党执政兴国、关系人民幸福安康、关系党和国家长治久安的重大战略问题，是完善和发展中国特色社会主义制度、推进

---

① 《习近平在主持中共中央政治局第二十次集体学习时的讲话》，《"平语"近人——习近平谈哲学社会科学工作》，新华网，2016年5月18日。

② 《党的十九大报告辅导读本》，人民出版社2017年版，第23页。

国家治理体系和治理能力现代化的重要方面"。① 实现伟大梦想,必须进行伟大斗争、建设伟大工程、推进中国特色社会主义伟大事业。"四个伟大"紧密联系、相互贯通、相互作用,其中起决定性作用的是党的建设新的伟大工程。这些新论述丰富和发展了中国特色社会主义理论体系,成为推进现代化建设和党的建设新的伟大工程总方略,并转化为实现中华民族伟大复兴中国梦的战略指引。

其次,民族复兴中国梦、"四个全面"凸显真理与价值的统一原理特征。马克思主义认为,人类活动所独有的特征和魅力就是既追求真理又创造价值,实现两者的有机统一。一方面,遵循真理原则,即按照事物发展的客观规律,去认识和改造世界;另一方面,遵循价值原则,即按照人的"内在尺度"适合生存和发展的需要,来引导和评价社会实践。只有坚持真理尺度与价值尺度的统一,才能使人们的社会活动既符合客观要求、又符合主观目的。民族复兴中国梦、"四个全面"正是在深刻把握我国经济社会发展的阶段性特征、清醒认识当今世界和当代中国发展大势的基础上提出来的,它不仅提出了一个新的发展思想和新的发展模式,而且倡导和践行了一种新型的价值观,是合乎社会发展规律性与合乎社会发展目的性的统一,彰显出真理规律的力量与价值引领魅力的完美统一。

民族复兴中国梦、"四个全面"深化了我们党对"三大规律"的认识,自觉统一于社会主义现代化、实现伟大梦想的实践之中。从人类社会发展规律看,民族复兴中国梦顺应世界发展大势和时代潮流,既探索中国式现代化发展道路,又为发展中国家现代化建设探路;既探索全球治理,又推动构建人类命运共同体,实现中国梦与世界梦相互激荡与和谐共振。从社会主义建设规律看,民族复兴中国梦、"四个全面"在改革中推动发展、在法治中实现文明、在生态中建设美丽中国、在从严治党中强化领导核心、在全面建成小康社会和社会主义现代化建设中加快实现民族伟大复兴进程,揭示了中国特色社会主义发展的内在逻辑。从共产党执政规律看,全面从严治党是由我们党的历史使命和根本宗旨决定的,反映了共产党执政规律的基本要

①　《"四个全面"学习读本》,人民出版社 2015 年版,第 184—185 页。

求。十九大报告在党的建设方面中的一个重大贡献,就是根据新时代新要求,深化了对党的建设规律性认识,提出了新时代党的建设总要求。坚持和加强党的全面领导;坚持党要管党、全面从严治党;加强党的长期执政能力建设、先进性和纯洁性建设;以党的政治建设为统领,全面推进党的政治建设、思想建设、组织建设、作风建设、纪律建设,把制度建设贯穿其中,深入推进反腐败斗争;提高党建工作质量;"把党建设成为始终走在时代前列、人民衷心拥护、勇于自我革命、经得起各种风浪考验、朝气蓬勃的马克思主义执政党"①。这为新时代党的建设提供了一个立体"坐标系"和精准"定位仪"。十九大报告第一次把党的政治建设纳入党的建设总体布局,强调以党的政治建设为统领。这是马克思主义党建理论的重大创新。全面从严治党强调思想治党和制度治党从严、反腐倡廉建设从严、遵守党的各项纪律规则从严等,继续巩固党的执政地位,立党为公、执政为民。这些都是历史与人民的双重选择,是真理尺度与价值尺度的和谐统一。真理尺度和价值尺度相统一是具体的、历史的。正如列宁所指出的:"辩证法的基本原理是,没有抽象的真理,真理总是具体的。"②从 1979 年邓小平同志提出小康概念,到党的十九大提出决胜全面建成小康社会;从 1978 年党的十一届三中全会改革开放起航,到十八届三中全会提出全面深化改革;从党的十六大提出生态文明建设,到党的十九大把"美丽"纳入"富强民主文明和谐美丽的社会主义现代化强国"的目标;从十一届三中全会前夕邓小平同志提出"有法可依,有法必依,执法必严,违法必究"的十六字方针,到十八届四中全会习近平同志提出全面依法治国以及强调"科学立法、严格执法、公正司法、全民守法"的新十六字方针;从 1989 年 6 月邓小平同志在同中央几位负责同志谈话时再次强调,"要聚精会神地抓党的建设,这个党该抓了,不抓不行了"③,到十九大提出新时代党的建设总要求和把政治建设列入党的建设的首要位置,每一个时期、每一个方面的发展都体现了真理尺度与价值尺度的具体性、历史性和关联性。民族复兴中国梦的生动实践,科学回答了新时

---

① 《党的十九大报告辅导读本》,人民出版社 2017 年版,第 60—61 页。
② 《列宁全集》第 8 卷,人民出版社 1986 年版,第 412 页。
③ 《邓小平文选》第 3 卷,人民出版社 1993 年版,第 314 页。

代坚持和发展什么样的中国特色社会主义、怎样坚持和发展中国特色社会主义的问题。从什么是社会主义、怎样建设社会主义,到坚持和发展什么样的中国特色社会主义、怎样坚持和发展中国特色社会主义,这是重大时代课题的转换,更是重大理论主题的升华,是中国特色社会主义从一系列基本问题的明确到如何长期坚持和发展中国特色社会主义理论境界的飞跃,并在实践的层面验证了"以人民为中心"的崇高价值追求,以生动的实践阐释了"什么是民族复兴中国梦,怎样实现民族复兴中国梦"这一时代课题。民族复兴中国梦、"四个全面"确立了我们奋斗的价值目标,明确了实现价值目标的战略布局,人民群众对现代化建设实践的满意度是评判其价值的根本标准,要在贯彻落实的实践中实现新使命,在实现新使命的进程中满足人民群众对党的新期待,实现马克思主义真理性与价值性的统一。

第三,民族复兴中国梦、"四个全面"凸显科学统筹的思想方法和工作方法特征。科学统筹的思想方法和工作方法,既是马克思主义哲学在思维活动和实际工作中的运用,也是我们党的优良传统。只有学习和掌握科学的思想方法和工作方法,才能不断提高分析问题和解决实际问题的能力,应对各种难以想象的风险和挑战,使实现民族复兴中国梦的实践更加科学、更加稳健。民族复兴中国梦、"四个全面"蕴含着科学统筹的思想方法,创造性地把建成社会主义现代化强国目标与全面深化改革的发展动力、全面依法治国的重要保障、全面从严治党的根本保证有机联系起来和科学统筹,把实现伟大梦想与进行伟大斗争、建设伟大工程、推进伟大事业紧密结合起来,提高党的执政能力和现代化建设水平,丰富和发展了中国特色社会主义的时代内涵,把民族复兴中国梦的理论水平提高到新的更高阶段。

早在 20 世纪 30 年代,毛泽东就论述过"注意工作方法"的问题。他形象地把任务与方法比喻为"过河"与"桥或船"的关系,指出:"不解决桥或船的问题,过河就是一句空话。"①毛泽东的哲学著作《实践论》和《矛盾论》,揭示了人类认识发展的基本规律和唯物辩证法的实质与核心——对立统一

---

① 刘恢远、刘歌德:《马克思主义哲学与中国社会主义历史命运》,人民出版社 2012 年版,第 91 页。

规律,为中国共产党人科学的思想方法和工作方法奠定了坚实的哲学基础。习近平指出:"实事求是,是马克思主义的根本观点,是中国共产党人认识世界、改造世界的根本要求,是我们党的基本思想方法、工作方法、领导方法。不论过去、现在和将来,我们都要坚持一切从实际出发,理论联系实际,在实践中检验真理和发展真理。"①他还指出:"坚持实事求是,就要不断推进实践基础上的理论创新。马克思主义基本原理是普遍真理,具有永恒的思想价值,但马克思主义经典作家并没有穷尽真理,而是不断为寻求真理和发展真理开辟道路。今天,坚持和发展中国特色社会主义,全面深化改革,有效应对前进道路上可以预见和难以预见的各种困难与风险,都会提出新的课题,迫切需要我们从理论上作出新的科学回答。"②习近平从马克思主义的根本观点和认识世界、改造世界的根本要求高度,阐述了从实际出发,在实践中认识真理、检验真理和发展真理的思想方法,并不断与时俱进创新工作方法和领导方法。

科学的思想方法和工作方法不是凭空想象出来的,而是在习近平治国理政的实践活动和理论探索中形成和发展而来的,是自觉运用到治国理政的实践活动和理论探索中的科学方法。党的十八大以来,在坚持和发展中国特色社会主义、实现中华民族伟大复兴中国梦的伟大实践中,解放思想、改革创新,形成了一系列治国理政新理念、新思想、新战略。我们党的科学思想方法和工作方法作为其中一个重要因素,是同党的伟大事业建设过程相伴随的。习近平同志关于思想方法和工作方法的一系列重要论述,是同民族复兴中国梦的提出和实践紧密结合在一起的,贯穿于中国梦的思想方法和工作方法中。实现民族复兴中国梦正是对解决当代中国最现实问题的战略性、举措性的科学回答,也是科学预见未来各种困难和风险的理论指引,是鲜活的马克思主义。比如,"四个全面"是引领民族复兴的战略布局,在全面深化改革上,注重在总体改革方法上,强调改革的系统性、整体性和协同性;在思想方法上注重强调处理好解放思想与实事求是的关系,探索主

---

① 《习近平谈治国理政》,外文出版社 2014 年版,第 25 页。

② 《习近平谈治国理政》,外文出版社 2014 年版,第 26—27 页。

观能动性与客观规律性的联系与发展;处理好整体推进与重点突破的关系,在把握两点论与重点论中探索中国深化改革的经验;处理好顶层设计与摸着石头过河的关系,既依靠顶层设计"指路",又通过基层实践"探路";处理好胆子要大与步子要稳的关系,既要再难也要搞下去,敢于啃硬骨头、涉险滩,又不能莽撞、蛮干、胡干,发现问题赶快改;处理好改革发展稳定的关系,把握好改革的力度与社会的可承受度,做到静有定力、动有秩序。

科学理论的精神是时代精神的集中体现,理论思维以马克思主义辩证唯物主义和历史唯物主义为哲学基础,感性的东西一旦有了辩证关系就上升为理性的东西,两者相互递进、相互激荡、相得益彰。民族复兴中国梦、"四个全面"的理论基石是马克思主义的唯物史观,体现了对马克思主义认识论、方法论的科学运用,丰富和发展了中国特色社会主义理论体系,放射出马克思主义唯物辩证法的耀眼光芒。

第四节　现代化与民族复兴的实践根基

实践是马克思主义自我更新、自我发展的根本动力。马克思认为,人要实现自己思维的彼岸性,必须在实践中证明自己的思维是否符合真理性。同样,民族复兴中国梦的思想理论是否正确,也必须从实践中来判断其正确性与否。我们应当以实践唯物主义的态度,看待民族复兴中国梦提出的现实根据是什么,在实现伟大梦想的实践中是否具有可行性,都必须通过实践来回答,用实践来证明其真理性。民族复兴中国梦、"四个全面"深刻总结了中国共产党治国理政的实践经验,深化和拓展了我们党治国理政的理论视野和实践领域,明确了续写中国特色社会主义现代化实践路径和实现民族伟大复兴中国梦的行动纲领,体现了马克思主义哲学的实践唯物主义,蕴含着马克思主义实践观与中国特色社会主义现代化发展的辩证统一,是马克思主义实践观现实形态的具体展现,进一步丰富和发展了马克思主义实践观的丰富内涵和实质。这是我们党推进理论创新和实践创新的又一个重大成果。

一、根植于中国特色社会主义道路

坚持和发展中国特色社会主义是我们党改革开放以来全部理论实践的主题,既是习近平新时代中国特色社会主义思想的实践主题,也包括现代化建设与民族复兴中国梦的实践主题。习近平指出:"中国特色社会主义,是科学社会主义理论逻辑和中国社会发展历史逻辑的辩证统一,是根植于中国大地、反映中国人民意愿、适应中国和时代发展进步要求的科学社会主义,是全面建成小康社会、加快推进社会主义现代化、实现中华民族伟大复兴的必由之路。"①这段重要阐述明确了中国特色社会主义科学内涵的精准定位,阐明了中国特色社会主义就是民族复兴的道路、国家富强的道路、人民幸福的道路,就是中国特色社会主义现代化之路。实现这一伟大历史进程的必经之路,就是"五位一体"的中国特色社会主义总体布局、"四个全面"战略布局和"四个伟大",坚定道路自信、理论自信、制度自信和文化自信。

一方面,我们要认识到找到一条好的道路很不容易,走好这条道路更加不容易。习近平指出:"深刻领会中国特色社会主义是党和人民长期实践取得的根本成就。中国特色社会主义是改革开放新时期开创的,也是建立在我们党长期奋斗基础上的,是由我们党的几代中央领导集体团结带领全党全国人民历经千辛万苦、付出各种代价、接力探索取得的。"②社会主义500多年来经过了从空想到科学、从理论到实践、从一国实践到多国发展的历程,这期间有高潮与低潮,有成功也有挫折,可以说是一部气势恢弘、跌宕起伏的交响乐。而中国特色社会主义则是这部交响乐中的精彩华章。40年的成功实践说明,中国特色社会主义是历史的结论、人民的选择,中国特色社会主义道路是正确的,是一条民族复兴、国家富强、人民幸福的道路,中国特色社会主义理论体系是先进的、科学的、管用的理论,中国特色社会主义制度是优越的、合理的、富有生命力的制度。但是,近年来国内外一些舆

① 何毅亭:《学习习近平总书记重要讲话》,人民出版社 2014 年版,第 32 页。
② 《习近平谈治国理政》,外文出版社 2014 年版,第 7 页。

论尤其是国际上的敌对势力,对中国特色社会主义提出这样和那样的疑问,有的说是"资本社会主义","国家资本主义",还有的说是什么"新官僚资本主义"等,这些都是错误的、别有用心的。理论上的清醒是最大的清醒,我们要搞清楚世界社会主义的思想源头和发展历程,搞清楚中国特色社会主义的发展历史,从而明白我们伟大的党是在怎样的历史条件下,经过艰难曲折、反复比较和不断总结,是如何历史地选择马克思主义、选择了社会主义道路的;是怎样坚持把马克思主义基本原理同中国实际紧密结合、走独立自主的道路的;是怎样历经千难万险、付出各种巨大代价,开辟和发展中国特色社会主义的。

从近代以来中国社会变革的历史过程看,辛亥革命之后,众多中国人都在寻找适合我国国情的发展道路,社会各种力量进行了激烈的斗争,各种主义和各种思潮都想过了、试过了,什么君主立宪制、复辟帝制、议会制、多党制、总统制,什么资本主义、自由主义、改良主义、实用主义、社会达尔文主义、无政府主义、民粹主义等等,其结果都行不通,都不能解决中国的前途和命运问题。"十月革命"的一声炮响,给中国送来了马克思列宁主义,是马克思列宁主义、毛泽东思想指引中国走上了社会主义道路,实现了民族独立、人民解放,成立了中华人民共和国,让人民从此站了起来。

中华人民共和国成立 69 年来特别是改革开放 40 年来,国民经济从一穷二白走向繁荣富强,城乡面貌从贫穷落后走向欣欣向荣,社会事业从百废待兴走向全面发展,人民生活从普遍贫困到实现总体小康,人民群众从翻身解放到当家作主,社会主义建设和改革开放取得辉煌成就,我们国家发生了历史性巨变。综合国力大幅提升,人民生活显著改善,国际地位空前提高,经济总量跃居世界第二,成功实现了由低收入国家向中等收入国家的历史性跨越。伟大祖国从来没有像今天这样繁荣昌盛,中国人民从来没有像今天这样斗志昂扬,中华民族从来没有像今天这样自信自强。这样的发展巨变创造了人类发展史上的奇迹,令世界震撼。

历史和现实告诉我们,只有社会主义才能救中国,只有中国特色社会主义才能发展中国。这是历史的结论、人民的选择。我们在任何时候、任何情况下,都要坚守共产党人的"根"和"魂",始终不渝地坚持以马克思主义为根本的指导思想,坚定共产主义理想信念,毫不动摇地坚持和发展中国特色社会主义,而不是其他什么主义。正如习近平所指出的:"我们党始终强调,中国特色社会主义,既坚持了科学社会主义基本原则,又根据时代条件赋予其鲜明的中国特色。这就是说,中国特色社会主义是社会主义,不是别的什么主义。"①这段重要讲话阐明中国特色社会主义是社会主义,不论怎么改革、怎么开放,都要始终坚持中国特色社会主义道路、中国特色社会主义理论体系和中国特色社会主义制度不动摇,才能夺取新时代中国特色社会主义的伟大胜利,实现中华民族伟大复兴中国梦。中国特色社会主义不但没有丢掉老祖宗,而且以一系列新的创造性的理论,继承、丰富和发展了老祖宗。

　　另一方面,我们也要清醒地看到,中国特色社会主义制度并不是一成不变的,而是要在改革实践中不断丰富和发展完善。习近平指出:"应该看到,中国特色社会主义制度是特色鲜明、富有效率的,但还不是尽善尽美、成熟定型的。中国特色社会主义事业不断发展,中国特色社会主义制度也需要不断完善。"②我国仍然处在社会主义初级阶段,面临着许多新的问题还没有完全搞清楚,还有许多时代难题亟待破解,对相当多的重大问题和重大改革的认识和处理还处在深化的过程之中。我们党过去取得的理论和实践成果十分珍贵,可以帮助和指导我们解决发展中的难题,但绝不能停滞不前,甚至背上前进中的包袱。因此,必须坚持以实践基础上的理论创新促进制度创新,不断解放思想、与时俱进,完善和发展中国特色社会主义制度体系。

　　民族复兴中国梦、"四个全面"是从中国发展现实需要中得出来的,也是为推动和解决我国面临的矛盾和问题提出来的,是在中国特色社会主义实践中产生的最新理论成果,是在新的历史条件下对中国特色社会主义制度的新发展。邓小平理论产生于改革开放的新阶段,探索解决了从贫穷到总体小康这个发展阶段的突出矛盾和问题,明确了中国特色社会主义发展

---

① 《习近平总书记系列重要讲话读本》,学习出版社、人民出版社2016年版,第28页。
② 《习近平总书记重要讲话文章选编》,党建读物出版社2016年版,第10页。

的根本方向。民族复兴中国梦和"四个全面"战略布局产生于全面建成小康社会决胜阶段,主要探索和解决我国发展起来以后带来的深层次矛盾和问题。这两个发展阶段虽然都处于社会主义初级阶段,但发展的内涵、任务都发生了新的变化。我们从前一阶段中走来,后一阶段又要在此基础上实现新的超越。这些都根系于社会主义,形成发展于中国特色社会主义。"四个全面"战略布局、"四个伟大"都是我们党勇于责任担当、敢于动真碰硬,不断解决和化解深层次矛盾和问题的新法宝,使中国特色社会主义发展方向更加明确,发展布局更加科学,战略举措更加有效。党的十八大以来,加快了全面建成小康社会进程,贫困人口大幅度减少;全面深化改革向纵深推进,经济社会结构得到转型,改革的红利得到普惠;全面依法治国水平大幅提升,老百姓在司法案件中感受到了公平正义;腐败势头得到有效遏制,党风、政风和民风有了根本性好转。实践证明,实现伟大梦想、实施"四个全面"战略布局符合我国当前国情,进一步释放了经济转型中的生产力,有效地解决了经济转型中遇到的瓶颈制约问题,进一步增强了现代化建设的动力和活力。

二、根植于坚持中国共产党的领导

实现现代化与民族复兴中国梦,推进"四个伟大"、实施"四个全面"战略布局,最本质的特征是坚持党的领导,最根本的保证也是坚持党的领导。在全面建成小康社会决胜阶段,坚持和发展中国特色社会主义,就是在宏大的实践中丰富和发展了中国特色社会主义道路、中国特色社会主义理论体系和中国特色社会主义制度。引领民族复兴最现实有效的路径就是实施"四个全面"战略布局和推进"四个伟大",对于实现中华民族伟大复兴具有里程碑的实践价值。"五位一体"是中国特色社会主义事业的总体布局,实现伟大梦想必须进行伟大斗争、建设伟大工程、推进伟大事业。这些最本质的特征是中国共产党领导下的社会主义伟大事业的生动实践,是党领导的核心力量与广大人民群众的创造力量的深度融合。这是民族复兴中国梦的实践逻辑最鲜明的根本特征。

从历史维度看,实现现代化与民族复兴中国梦,是坚持党的领导升华为政治形态的工人阶级及其广大人民群众根本利益的集中实践体现。不论在革命战争年代，还是在社会主义建设时期；不论是改革开放，还是全面建设小康社会，党的领导深深扎根在历史的沃土和人民群众的伟大实践之中。我们取得的每一个成功和胜利，都离不开党的坚强领导和人民群众的实践创新。历史和人民之所以选择中国共产党，选择社会主义道路，是因为我们党能够带领人民群众战胜各种困难、取得革命和建设的成功，为中国人民谋幸福，为中华民族谋复兴。我国宪法以根本大法的形式阐述了我们党带领人民进行革命、建设和改革开放所取得的成果，确立了中国共产党在历史和人民选择中所形成的领导地位。党的十八大以来，以习近平同志为核心的党中央，从现实的国情、党情和民情实际发展要求出发，作出了实现"两个一百年"奋斗目标的战略部署，集中体现了党领导人民为实现更加美好生活而决策的战略谋划，集中体现为党和国家的伟大事业和人民意愿的高度统一。习近平指出："实现'两个一百年'奋斗目标、实现中华民族伟大复兴的中国梦，统筹全面建成小康社会、全面深化改革、全面依法治国、全面从严治党，是前无古人的伟大事业，是艰巨繁重的系统工程，必须加强党中央的集中统一领导，以保证正确方向、形成强大合力。"[①]只有始终坚持党的领导，团结依靠人民群众，才能够凝聚起实现伟大梦想的强大力量，才能在践行习近平新时代中国特色社会主义思想中续写中国故事。

从理论维度看，实现现代化与民族复兴中国梦，我们党是中国特色社会主义事业的领导核心和根本保证。党的领导集中体现为政治、思想和组织领导，是中国特色社会主义最本质的特征，要毫不动摇地贯穿到经济建设、政治建设、文化建设、社会建设、生态文明建设的实践之中。十九大明确了实现社会主义现代化和中华民族伟大复兴的"总任务"，作出了"分两步走"的战略部署，我们在实践中贯彻落实必须充分发挥党总揽全局、协调各方的领导核心作用。坚持党的领导、人民当家作主、依法治国有机统一，必须把党的领导贯彻落实到依法治国的实践中和全过程。全面从严治党不仅是加强和改进党的领导的内在要求和现实需要，而且必须在党的坚强领导下才

① 《"四个全面"学习读本》，人民出版社 2015 年版，第 21 页。

能完成。只有始终不渝地依靠党的领导,排除各种干扰,不动摇、不懈怠、不折腾,才能把全面建成小康社会内部各要素协调起来,把全面深化改革各个领域协调起来,把法治国家、法治政府、法治社会"三位一体"建设的全过程协调起来,把全面从严治党、全面从严治吏等各个环节协调起来,确保沿着实现民族复兴中国梦的正确方向前进,推动中国特色社会主义事业不断迈上新台阶。因此,没有党的坚强领导,民族复兴中国梦就会失掉社会主义属性,迷失社会主义发展方向,失去最基础和最根本的政治保障。

从现实维度看,实现现代化与民族复兴中国梦,它根植于中国特色社会主义进入新时代这个大背景,为开创中国特色社会主义事业新局面提供了新方略。任何一种理论的产生都离不开时代土壤的孕育。从时代沃土汲取丰富养料的理论,才更有时代价值。"四个全面"和"四个伟大"体现出鲜明的时代烙印。面对发展不平衡不充分的问题,城乡、区域和贫富差距较大,经济下行压力加大,反腐败斗争形势严峻等突出矛盾和问题,全面建成小康社会深刻回答了如何解决经济总量领先下的人均落后问题,先富起来之后贫富差距大带来的共同富裕新挑战问题,资源环境约束下经济社会如何应对转型压力等一系列重大问题,为破解新时代的主要矛盾提供了重要引领。全面深化改革则深刻回答了我国经济新旧动能转换问题,进一步强化发展的新动能,打造中国经济升级版,为推进新常态下的动力转换提供了有力支撑。全面依法治国明确了建设法治中国和法治体系的目标定位,指明了推进国家治理现代化的方向,深刻回答了改革和发展步入法制化轨道中的一系列重大问题,为经济健康发展提供了法治保障。全面从严治党进一步加强了党的自身建设,完善了党的法规和制度建设,把反腐败斗争推向纵深,深刻回答了以党的建设新的伟大工程推进社会主义伟大事业中的一系列重大问题,为实现更高质量、更有效益、更加公平、更可持续发展提供了根本保证。因此,着力解决"发展起来以后"如何实现发展的平衡性、包容性和可持续性问题,如何更加注重发展和治理系统性、整体性和协同性等这些矛盾和问题,核心是统筹改革、发展、法治与党的建设之间的有机联系,围绕实现伟大梦想,进行伟大斗争、建设伟大工程、推进伟大事业,在党的坚强领导下,进一步开创中国特色社会主义新局面。

三、根植于人民群众的实践创新

全面建成小康社会、建设社会主义现代化、改革惠民、司法公平和反对腐败是人民群众的最大期盼，也是人民群众为之奋斗进行实践创新的价值追求。实现伟大梦想、建设伟大工程、推进伟大事业，是人民群众自己的事业。人民群众是推动发展的根本力量，是建设社会主义现代化的主体。习近平指出："人民是创造历史的动力，我们共产党人任何时候都不要忘记这个历史唯物主义最基本的道理。"①我们只有坚持这一基本原理，才能科学把握历史发展的基本规律，只有按照历史规律办事，才能实现伟大梦想。因此，"四个伟大"、"四个全面"是人民群众实践创新的主阵地，要把工人阶级主力军、青年生力军和人才第一资源的作用充分发挥出来，善于从人民群众的伟大实践创造中完善政策措施，更好地从人民群众中汲取无穷的智慧和力量。

人民群众是实现现代化与民族复兴中国梦的历史创造者。人民群众是历史创造者的群众观，是马克思主义群众观的首要观点。人民群众是物质财富、精神财富的创造者，是社会变革的主体力量。我们党之所以能够发展壮大，中国特色社会主义实践能够与时俱进，很重要的因素就是我们党始终坚持人民群众是真正的英雄的历史观。习近平指出："人民是历史的创造者，群众是真正的英雄。人民群众是我们力量的源泉。"②"为中国人民谋幸福，为中华民族谋复兴"，体现了马克思历史唯物主义的人民群众创造历史的观点，体现了以人民为中心的发展思想，展现出发展为了人民、发展依靠人民、发展成果由人民共享、发展的制度安排围绕人民要求而制定的根本价值导向。习近平指出："坚持不忘初心、继续前进，就要坚信党的根基在人民、党的力量在人民，坚持一切为了人民、一切依靠人民，充分发挥广大人民群众积极性、主动性、创造性，不断把为人民造福事业推向前进。人民立场是中国共产党的根本政治立场，是马克思主义政党区别于其他政党的显著

---

① 《习近平总书记系列重要讲话读本》，学习出版社、人民出版社 2016 年版，第 128 页。
② 《习近平谈治国理政》，外文出版社 2014 年版，第 5 页。

标志。党与人民风雨同舟、生死与共，始终保持血肉联系，是党战胜一切困难和风险的根本保证，正所谓'得众则得国，失众则失国'。"①中国共产党的历史经验告诉我们："江山就是人民，人民就是江山。"党的最大政治优势是密切联系群众，党的最大危险是脱离人民群众。没有与人民群众的血肉联系，就没有中国共产党。什么时候与人民群众联系紧密，革命和建设事业就兴旺发达；什么时候脱离人民群众，革命和建设事业就受到挫折。来自人民、服务人民，是我们党永远立于不败之地的根本，人民群众是我们党永远依靠的力量源泉。信仰人民是中华民族和中华文明能够生生不息的伟大道统。实现民族复兴中国梦，要切实树立人民群众是我们力量的源泉的理念，始终与人民心心相印，与群众同甘共苦，坚决反对一切高高在上、轻视群众的思想和行为，纠正一些领导干部认为的自己能力强、水平高、工作忙、贡献大，对群众说三道四、态度蛮横的错误行为，从思想上、行为上消除与人民群众是真正的英雄的历史观格格不入的错误观念。要牢记权力是人民赋予的观念，一切权力都要为人民谋利益、为人民服务、对人民负责并接受人民群众监督，决不能把权力变成个人私利的工具。领导干部手中的权力是人民给的，没有任何理由轻视群众，认为群众素质低，瞧不起群众是非常有害的，实质是"官本位"在作祟，是党性不纯的表现。实现民族复兴中国梦，必须坚持党的领导、人民当家作主、依法治国的有机统一，坚持人民主体地位的根本立场，牢固树立人民群众是我们的衣食父母，充分尊重人民群众的首创精神，最大限度地激发人民群众无穷的创造活力，让广大人民群众在实现伟大梦想的实践中释放出巨大的智慧和力量。

人民群众是实现现代化与民族复兴中国梦的伟大实践者。完成民族复兴这个历史使命，既要加强顶层设计，又要做好基层基础工作。如果没有基层组织和基层群众的参加和贯彻落实，再好的行动纲领、再好的顶层设计都没有现实意义。全面建成小康社会一定是全国 13 亿多人民的小康事业，必

---

① 《习近平在庆祝中国共产党成立 95 周年大会上的讲话》，《人民日报》2016 年 7 月 2 日。

须紧紧依靠人民群众的力量来实现。全面深化改革是为了实现人民群众的根本利益而改革,没有人民群众的广泛参与和认可,改革就不会成功。全面依法治国的重要目标是保障人民当家作主的主体地位,实现人民当家作主的政治前提是调动人民的积极性和创造性,人民群众是依法治国的主体和力量源泉。全面从严治党事关人心向背,主要解决的根本问题是党的政治基础问题,是能否得到人民群众拥护和支持的问题。解决消极腐败问题和党的作风问题,根本途径是要加强基层党组织建设,发挥好人民群众的广泛监督作用,归根到底要落实到人民群众对党的路线方针政策的支持和拥护上,落实到党和人民事业的伟大实践中。人民群众对实现现代化与中华民族伟大复兴充满期待,我们要想把人民群众的智慧和力量转化为实现伟大梦想的生动实践,破解经济社会发展中的难题,都必须从群众中来、到群众中去,在群众的实践中寻找解决问题的答案。习近平指出:"我们要继续努力,把人民的期待变成我们的行动,把人民的希望变成生活的现实。"①群众的关注点,就是我们党和政府工作的着力点,群众的不满意,就是对党和政府提出的新要求,群众的笑脸,就是对党和政府的赞扬。要把基层实践和群众诉求与实现伟大梦想的目标要求紧密结合起来,确立人民共享的政策导向,有效化解人民内部的利益摩擦,兼顾不同群体的利益诉求,形成改革发展的最大公约数,最大限度地激发人民群众参与伟大梦想实践的积极性和创造性。要大胆鼓励群众探索自己的幸福道路,努力使每个人在创造个人幸福生活的基础上,多为增进全社会的幸福作出新贡献,实现人民的共建共享。领导干部应当防止急功近利、形式主义等错误倾向,搞可持续的民生,不搞"任期制民生",不搞"面子工程"和政绩工程;要防止"拍胸脯、乱许诺"、"轰轰烈烈"的现象发生,以免"寅吃卯粮"、债台高筑,把本应该为群众办成的好事办成了坏事。鼓励基层党组织和干部群众解放思想、勇于探索,塑造先进典型,以点带面,全面推进。鼓励不同地区改革创新、差别化试点,善于从群众关注的焦点、群众生活的难点中寻求突破,推动顶层设计与基层探索和群众实践的良性互动、有机结合。

---

① 《国家主席习近平发表 2015 年新年贺词》,《人民日报》2015 年 1 月 1 日。

　　人民群众是实现现代化与民族复兴中国梦实践成效的根本评判者。习近平指出:"检验我们一切工作的成效,最终都要看人民是否真正得到了实惠,人民生活是否真正得到了改善,这是坚持立党为公、执政为民的本质要求,是党和人民事业不断发展的重要保证。"①"四个伟大"践行成效怎么样,老百姓的获得感如何,人民群众感受最真切,人民群众心中最有数,人民群众评判最权威。金奖银奖,不如百姓夸奖;金杯银杯,不如群众口碑,老百姓的口碑最有说服力。要把人民拥护不拥护、赞成不赞成、高兴不高兴、答应不答应作为衡量一切工作得失的根本标准,让人民群众评判本地区、本部门贯彻落实实现伟大梦想的思路是否合理、措施是否管用、目标是否务实、效果是否明显。对群众意见大、不满意的突出问题,要认真抓好整改,真正使人民群众在"四个伟大"的贯彻落实中,分享到实实在在的利益和满满的获得感,切实抓出群众看得见、摸得着、感受得到的成效。百姓心里有杆秤,群众在我们心里有多重,我们在群众心里的分量就有多重。党员干部要一心为了百姓,永远情系人民,时时刻刻想群众之所想,急群众之所急,满群众之所需,做决策、抓工作、办事情首先考虑群众的利益,让群众的腰包更鼓一些,安全感更强一些,日子过得更好一些,幸福指数更高一些。人民群众有没有获得感,是检验"四个伟大"、"四个全面"成效和成败的重要标准,是实现伟大梦想的出发点和落脚点。获得感不同于幸福感,它强调的是民生和民意的"得到",体现了全心全意为人民服务的根本宗旨,是我们党一切为了人民、一切依靠人民、一切服务人民的执政理念的根本展现。要建立由群众代表参加的第三方评估机制,对全面小康、深化改革、依法治国和从严治党的效果进行综合评估,及时反映人民群众的"实践体验"。只有这样,我们才能调动人民群众的积极性和创造性,才能赢得人民群众的长期拥护和支持,才能更好发挥"四个全面"在实践中的引领作用,使人民群众在实现伟大梦想、践行"四个全面"的实践中有更多获得感,增强发展动力,增进人民团结,朝着共同富裕方向继续前进。

---

　　①　《论群众路线——重要论述摘编》,中央文献出版社 2013 年版,第 160 页。

第五节　现代化与民族复兴的实践意蕴

建设社会主义现代化强国,实现民族复兴中国梦是马克思科学实践观与当代中国实践相结合形成的理论成果,蕴含着创新发展、协调发展、绿色发展、开放发展和共享发展的新思维、新理念;蕴含着对人民群众智慧的依靠与改革引擎的发动相结合的内在动力;蕴含着对中国现实问题的解决与人民群众主观意志的尊重相结合的实践理性。这是我们党以全球视野和战略眼光,坚定中国道路、立足中国实践、总结中国经验、直面中国难题、应对内外挑战而作出的战略安排,具有深刻的哲学意蕴和实践价值意蕴。

一、实践思维和理念意蕴

进入新时代的中国,呈现出经济新常态、政治新生态、文化新样态的特征,社会实践的丰富性、整体性、复杂性对中国特色社会主义现代化发展提出了新的更高要求,现实中国比以往任何时候都更加需要用新思维、新理念破解发展难题,更加需要用全面性、系统性思维分析和处理现代化进程中的各种错综复杂的矛盾问题。践行"四个伟大"、实施"四个全面"正是在探索和解决当代中国这些现实复杂矛盾和问题中产生和发展的,也需要在未来的实践中进行检验。我国"十三五"发展规划纲要强调创新、协调、绿色、开放和共享发展新理念。这五大发展理念既是实现民族复兴的现实路径,也是实施过程中的"短板"所在,还是中国由大国走向强国的重要标准。要把践行新发展理念与"四个伟大"的实践紧密结合起来,以全新的思维和唯物辩证法的立场、观点和方法深入理解"四个伟大"实践的丰富内涵和实践价值。

以新发展理念引领现代化实践,必须把创新发展摆上核心位置。创新既是发展的动力也是发展的途径。要以新旧动能转换、有破有立的辩证视角认知创新发展。创新发展注重的是解决发展动力问题。"不创新就要落后,创新慢了也要落后"。当前,我国科技发展水平总体不高,科技对经济社会发展的支撑能力不足,科技对经济增长的贡献率远低于发达国家水平。如果不能走好创新发展之路,发展动力就不可能实现转换,我们在全球经济竞争中就会处于下风。实现民族复兴不可能一帆风顺,将面临诸多困难和障碍,化解困难、消除障碍的关键在于创新,使创新成为引领发展的第一动力,使人才成为支撑发展的第一资源。在经济基础薄弱的时候,可以依靠生产要素的扩展来驱动发展,但科技革命带来的技术竞争只靠量的积累是不可持续的,如果不实现发展动力转换,很难提高发展质量和效益,全面建成小康社会的目标就很难实现。如果不创新,改革的体制机制就难以转变,改革的难题就难以破解。如果不创新,就很难创新立法与执法体制机制、完善司法与监督机制,实现国家治理法治化、现代化就会落空。因此,践行"四个伟大"是一项全新的课题、全新的实践,迫切需要创新和探索。

以新发展理念引领现代化实践,必须注重协调发展。坚持协调发展,强调的是"全面",注重的是解决发展不平衡问题。实现民族复兴最大的实践价值就是要解决当下中国发展不平衡不充分的问题。"千钧将一羽,轻重在平衡。"我国发展不协调是一个长期存在的问题,突出表现在区域、城乡、经济和社会、物质文明和精神文明、经济建设和国防建设等关系上。如果说在经济发展水平落后的情况下,一段时间的主要任务是要跑得快,但跑过一定路程后,就要注意调整关系,注重发展的整体效能。否则"木桶效应"就会愈加显现,一系列社会矛盾会不断加深。谋划中国经济社会的可持续发展,必须在优化结构、补齐短板上取得突破性进展,着力提高发展的协调性和平衡性。事物内部各要素及事物之间是相互制约、相互作用的,传统矛盾辩证法把矛盾一般化和普遍化,导致矛盾的扩大化。因此,统筹推进"四个伟大",既要求总体上的协调一致,也需要每一个"伟大"内部均衡推进、协调发展,这样才能达到"四个伟大"协同推进的理想状态。

以新发展理念引领现代化实践,必须坚守绿色发展。坚持绿色发展,要保证"可持续",注重的是解决人与自然和谐问题。绿色发展不仅要考虑当下的发展,而且要考虑未来能否可持续发展。实现民族复兴中国梦,要用联系发展的观点看待当代中国发展中的难题,从辩证思维角度全面建成小康社会和推进现代化建设,着力解决人与自然的和谐共生问题,致力于促进人与社会的全面发展。良好的生态环境,是最公平的公共产品,是最普惠的民生福祉。当前生态环境不好及其对人民健康的影响已经成为我们的心头之患,成为突出的民生问题,也是全面建成小康社会的最大"短板"。提高环境质量,是事关全面小康、事关发展全局的一项刻不容缓的重要工作。如果生态环境遭到破坏,不管是穷人还是富人,是群众还是干部,都会深受其害,人民对改善生态环境有着强烈的期盼。望得见山,看得见水,记得住乡愁,这是对人与自然关系实现和谐最好的注解。习近平指出:"环境就是民生,青山就是美丽,蓝天也是幸福。要像保护眼睛一样保护生态环境,像对待生命一样对待生态环境,把不损害生态环境作为发展的底线。"①保护生态环境关系人民群众的根本利益和民族发展的长远利益。实现伟大梦想必须着眼未来对生态发展前景给予科学预设和宏观描绘,坚持绿色富国、绿色惠民,为人民提供更多优质生态产品,推动形成绿色发展方式和生活方式,协同推进人民富裕、国家富强、中国美丽的目标,解决中国未来一个时期的长久发展问题。

以新发展理念引领现代化实践,必须提高开放发展质量。开放发展是实现现代化与民族复兴的必由之路。十九大报告提出"推动形成全面开放新格局",强调"开放带来进步,封闭必然落后","中国开放的大门不会关闭,只会越开越大","中国坚持对外开放的基本国策,坚持打开国门搞建设","发展更高层次的开放型经济"。② 新时代的开放发展必将为民族伟大复兴的中国梦注入强大动力,为推动构建人类命运共同体贡献正能量。开放发展就是深度融入世界经济,注重的是解决发展内外联动问题。关起门来搞建设是不可能成功的。今天的中国已进入与世界深度互动阶段,与此同时,我国对外开放水平总体上还不够高,用好国际国内两个市场、两种资源的能力还不够强,应对国际经贸摩擦、争取国际经济话语权的能力还比较弱,运用国际经贸规则的本领也不够强。要想在下一步发展中扬长避短、乘势而上,必须认真研究如何提高对外开放的质量和发展的内外联动性,形

---

① 《习近平总书记系列重要讲话读本》,学习出版社、人民出版社 2016 年版,第 233 页。
② 《党的十九大报告辅导读本》,人民出版社 2017 年版,第 34 页。

成中国与世界深度融合的互利合作格局,由此推动全球经济治理体系改革完善,引导全球经济议程,走好开放发展之路。

以新发展理念引领现代化实践,必须坚持共享发展。共享发展要着力增进人民福祉,注重的是解决社会公平正义问题。共享发展体现了中国特色社会主义本质要求和发展目的。我国发展中的不协调问题,主要表现为城乡、区域、居民之间的收入差距较大,享受基本公共服务不均等。全面建成小康社会必须是全体人民的小康社会,必须以全体人民共同实现为根本标志。以人民为中心的发展思想,最终要落脚到共享发展的理念和措施上。要增加公共服务供给,推进公共服务全面覆盖,推进贫困地区基本公共服务均等化,推动义务教育均衡发展,促进人口均衡发展,缩小收入差距,促进就业创业,建立更加公平可持续的社会保障制度。共享发展要坚持普惠性、保基本、均等化、可持续方向,从解决人民群众最关心、最直接、最现实的利益问题入手,提供更加充分、更加均等的公共服务。

二、实践主体和动力意蕴

从马克思主义科学的实践观看,实现现代化和民族复兴中国梦的实践主体是广大人民群众,体现人民群众创造历史的实践活动的主体能动性。近代以来,哲学讨论的主要内容是主体与人的联系问题。从笛卡尔的"我思故我在",到康德的"理性为自然立法",再到黑格尔绝对精神的实践行动,都只是把人的主体性定位于人的理性和自我意识,这种主体可称为认知主体。马克思基于人化自然的生成和人类社会的发展过程都依赖于人自身实践活动的事实,阐发了一套系统的实践主体哲学。首先是主体观的实践性体现为实践对主体性的生成。① 马克思认为,"整个所谓世界历史不外是人通过人的劳动而诞生的过程,是自然界对人来说的生成过程。"②我们"周围的感性世界决不是某种开天辟地以来就直接存在的、始终如一的东西,而是工业和社会状况的产物,是历史的产物,是世世代代活动的结果"。③ 这

---

① 李腾凯:《"四个全面"战略的实践哲学意蕴》,《广西社会科学》2016 年第 4 期。
② 吕世荣等:《马克思主义哲学的当代视野》,人民出版社 2006 年版,第 125 页。
③ 汪信砚:《马克思主义哲学概论》,人民出版社 2011 年版,第 194 页。

说明不论是自然现象还是社会历史现象,皆是通过社会实践活动融入人的主体性,实践是在生成外部世界的过程中生成人的主体性。马克思认为,人类社会的演进和发展,既不是纯粹自然变幻的结果,也不是上帝或神灵等虚幻力量意志的结果,而是人自身主体力量不断释放能动性的历史活动过程,从而把人类社会的实践从自然主义和唯心主义话语解读转变为历史唯物主义的话语表达。正如马克思所指出的,"历史活动是群众的事业,随着历史活动的深入,必将是群众队伍的扩大。"①马克思群众史观的基本命题就是"群众是历史的真正主体",科学而真实地将实践主体规定为广大人民群众,这已成为指导近代以来中国社会主义革命、建设和发展事业成功的基本主体观。

　　实现现代化和民族复兴中国梦,其实践主体是人民群众,这与马克思关于"群众是历史的真正主体"一脉相承。发挥群众实践及其能动性,首先要依靠代表最广大人民群众根本利益的党的自身建设。这为全面从严治党提出了新的更高要求。在新的历史时期,我们党的历史方位、执政环境和现实任务都发生了深刻变化,面临着"四大危险"和"四大考验",党自身建设面临脱离群众和消极腐败的严峻挑战。习近平指出:"治国必先治党,治党务必从严。如果管党不力、治党不严,人民群众反映强烈的党内突出问题得不到解决,那我们党迟早会失去执政资格,不可避免被历史淘汰。管党治党,必须严字当头,把严的要求贯彻全过程,做到真管真严、敢管敢严、长管长严。"②全面从严治党,整治"四风"、惩治腐败和提高党和政府在人民群众中的信任度,核心是密切党同人民群众的血肉联系,始终实现好、维护好、发展好最广大人民群众根本利益,最大限度地调动人民群众的积极性和创造性。全面建成小康社会是人民群众自己的事业和实践的主体,根本目的是将改革发展的成果真正全面惠及十几亿人民群众,让人民群众在改革发展的实践中公平地共享收获,提高人民群众的主体地位。这是对人民群众实践主体地位的自觉尊重。习近平指出:"改革开放在认识和实践上的每一

---

① 《马克思恩格斯全集》第2卷,人民出版社1957年版,第104页。

② 侯惠勤、范希春:《十八届三中全会精神十八讲》,人民出版社2014年版,第264页。

次突破和发展,改革开放中每一个新生事物的产生和发展,改革开放每一个方面经验的创造和积累,无不来自亿万人民的实践和智慧。"①我们党肩负着前所未有的改革发展与稳定的繁重任务,面对的矛盾和问题前所未有而且纷繁复杂,我们只有深入群众实践,集思广益、群策群力,依靠群众的智慧与力量,才能从群众实践中来,到群众实践中去,凝聚共识、攻坚克难,把全面深化改革推向纵深。全面深化改革坚持以人为本,尊重人民主体地位,发挥群众首创精神,紧紧依靠人民推动改革,体现了我们党对人民群众实践主体地位的自觉信赖。因此,改革发展的任务越繁重,越要善于通过提出和贯彻正确的方针政策带领群众实施落实,越要从群众的实践创造和发展要求中完善政策主张,使改革发展成果更多更公平惠及全体人民群众。全面依法治国是着眼实现党和国家长治久安的长远考虑,也是解决我国人民内部矛盾和其他社会突出矛盾的根本保障,人民群众对法治的要求越来越高,并且在法治建设实践中的积极性从来没有像现在这样高涨。党的十八届三中全会指出,"人民是依法治国的主体和力量源泉……必须坚持法治建设为了人民、依靠人民、造福人民、保护人民,以保障人民根本权益为出发点和落脚点"。② 这充分体现了我们党对人民群众实践主体地位的自觉维护。实现民族复兴中国梦的过程,实际上是人民群众实现实践主体地位和价值的过程,也是践行马克思科学实践主体观的生动展现。

从马克思主义"社会实践动力论"看,实现现代化与民族复兴过程的推进依赖于改革实践动力,其中"全面深化改革"是其最直接、最具体的展现。马克思主义社会发展动力理论科学揭示了推动社会发展的动力,实现了对前人关于社会发展动力思想成果的超越。在马克思看来,社会发展动力理论的实践精神是社会发展的主体性和客观性的统一,具有鲜明的时代特征。马克思揭示了人与自然、人与社会之间在实践基础上相统一的辩证关系,为我们科学审视人类社会历史问题、社会实践问题提供了"主体—客体"的思

---

① 《习近平谈治国理政》,外文出版社 2014 年版,第 68 页。

② 《〈中共中央关于全面推进依法治国若干重大问题的决定〉辅导读本》,人民出版社2014 年版,第 28 页。

维范式。马克思认为,社会基本矛盾是社会发展的根本动力。生产力和生产关系的矛盾、经济基础和上层建筑的矛盾是社会的两对基本矛盾。生产力决定生产关系,经济基础决定上层建筑。生产力是人类社会历史发展中最具革命性的变革力量,处于不停的前进状态中,必然导致生产关系的变革和经济基础的变革,从而导致上层建筑的变革,推动社会的进步。当生产关系适应生产力的发展、上层建筑适应经济基础时就起促进作用,否则就起阻碍作用。生产力与生产关系、经济基础与上层建筑处在永远的矛盾运动中,从而推动社会向前发展。① 马克思深刻揭示了生产关系与生产力、上层建筑与经济基础的矛盾运动,是人类社会的永恒主题和历史发展的客观规律,具体反映在两个方面:一是生产力和经济基础在劳动实践基础上的不断进步和演变;二是生产关系和上层建筑在革命或改革实践基础上的适应与调整。这说明社会的发展不仅根源于生产力的进步和经济基础的演变,而且受制于生产关系的调整和上层建筑的适应,它们之间的平衡取决于劳动的发展与改革的推动。② 在此意义上,马克思认为改革是社会发展的"助推器"。从社会主义本身看,社会主义就是不断改革的社会。正如恩格斯所述:"我认为,所谓'社会主义社会'不是一种一成不变的东西,而应当和任何其他社会制度一样,把它看成是经常变化和改革的社会。"③在科学实践观的基础上,马克思创立了科学的"社会实践动力论"。

有的学者把经典马克思主义哲学理论的社会发展动力观归纳为:社会基本矛盾是根本动力;革命是直接动力;对外开放(交往)是外驱动力;人民群众是主体动力;科学技术(管理、分工)是主导动力;社会多因素合力是系统动力。④ 要从马克思主义关于社会基本矛盾是实践的根本动力、改革是社会发展的直接动力、人民群众是社会实践的主体动力的视角,理解和分析

① 刘士文:《创新实践社会发展动力论》,中共中央党校博士学位论文,2008 年,第 15 页。

② 参见李腾凯:《"四个全面"战略的实践哲学意蕴》,《广西社会科学》2016 年第 4 期。

③ 转引自曹玉文:《〈社会主义从空想到科学的发展〉导读》,人民出版社 1993 年版,第 43 页。

④ 参见刘士文:《创新实践社会发展动力论》,中共中央党校博士学位论文,2008 年,第 15 页。

实现民族复兴中国梦的实践动力问题。

实现现代化与民族复兴中国梦依赖于实践动力的推动。这个动力是一个系统动力,包括全面建成小康社会和建设现代化目标的引领力、深化改革的直接推动力、法治的保障力以及全面从严治党的领导力。在这个系统动力中根本的动力就是在党的领导下,在解决当下中国社会的基本矛盾问题中所产生的变革力量。这与马克思主义哲学理论的社会发展动力观是一脉相承的。改革开放40年来,我国取得了举世瞩目的成就,但也积淀了很多深层次的矛盾和问题,而且我国发展起来以后的问题,一点儿也不比不发展时少。现在我国经济下行压力增大,人口红利逐渐消失,环境约束日益增强,产业升级阻力重重,传统优势不断削弱,利用外资和出口拉动经济发展优势明显减弱,一些早些时候改革的制度优势下降,发展的动力不足,依靠投资拉动经济增长的方式走到了尽头。简单地说,这些矛盾和问题错综复杂、相互交织,制约体制转轨与经济转型的问题相互叠加和互相掣肘。造成这些矛盾和问题,以及带来的风险挑战,原因是多方面的。不管是收入分配差距拉大、人力资本积累缓慢,还是城市化进程受阻、产业升级艰难、金融体系脆弱,根本原因都在于,过往的发展方式难以为继,而对这种发展方式的依赖还难以摆脱。正如"十三五"规划《建议》中所说的:"我国发展仍处于可以大有作为的重要战略机遇期,也面临诸多矛盾叠加、风险隐患增多的严峻挑战。"①这些问题说明,我国经济基础与现行的政治、文化、社会、生态体制机制之间还存在着不同程度的失衡,反映了现实的生产力与生产关系、经济基础和上层建筑之间还存在着不适应、不平衡、不充分的地方。因此,在经济发展的同时,如何解决发展不平衡不充分问题成为当下亟待解决的重大理论与现实课题。

全面深化改革呈现出实践的直接动力意蕴。习近平指出:"我们提出进行全面深化改革,就是要适应我国社会基本矛盾运动的变化来推进社会发展。"②他还强调:"后国际金融危机时期,增长动力从哪里来? 毫无疑

---

① 《党的十八届五中全会〈建议〉学习辅导百问》,党建读物出版社2015年版,第3页。
② 郝立新:《历史唯物主义党员干部读本》,人民出版社2014年版,第45页。

问,动力只能从改革中来、从创新中来、从调整中来。我们要创新发展理念,从传统的要素驱动、出口驱动转变为创新驱动、改革驱动,通过结构调整释放内生动力。""改革开放是一场深刻而全面的社会变革,既包括经济体制又包括政治体制、文化体制、社会体制、生态体制,既涉及生产力又涉及生产关系,既涉及经济基础又涉及上层建筑,每一项改革都会对其他改革产生重要影响,每一项改革又都需要其他改革协同配合。"① 全面深化改革在注重物质生产持续发展的同时,注重协调不同社会群体利益的分配,通过体制改革和制度设计来解放和发展生产力。十八届三中全会《决定》提出:必须"进一步解放思想、解放和发展社会生产力、解放和增强社会活力,坚决破除各方面体制机制弊端,努力开拓中国特色社会主义事业更加广阔的前景"。② 因此,这是以全面改革实践为动力,不断推动和全面完善中国特色社会主义制度,逐步实现国家治理体系和治理能力现代化的伟大实践。

全面依法治国呈现出实践的动力意蕴。全面依法治国与全面深化改革和全面从严治党相互促进、相辅相成,共同为全面建成小康社会提供基本动力、基本保障和基本支撑。法治既是框架和轨道,也是理念和方法。重大改革需要于法有据,改革成果需要法治固化。习近平指出:"要实现立法和改革决策相衔接,做到重大改革于法有据、立法主动适应改革发展需要。在研究改革方案和改革措施时,要同步考虑改革涉及的立法问题,及时提出立法需求和立法建议。"③ 如果没有全面依法治国,我们的国家和社会生活法治化则不可能有序运行,社会很难实现和谐稳定。荀子云:"法者,治之端也。"④ 要跳出历史周期律,实现国家长治久安,必须贯彻落实好全面依法治国的战略部署,加快推进国家治理体系和治理能力现代化。

全面从严治党呈现出实践的动力意蕴。十九大报告明确新时代党的建设总要求,强调坚持和加强党的全面领导,以加强党的长期执政能力建设、

---

① 《"四个全面"学习读本》,人民出版社 2015 年版,第 137、150 页。
② 《〈中共中央关于全面深化改革若干重大问题的决定〉辅导读本》,人民出版社 2013 年版,第 38 页。
③ 《"四个全面"学习读本》,人民出版社 2015 年版,第 202 页。
④ 时显群:《法家"以法治国"思想研究》,人民出版社 2010 年版,第 78 页。

先进性和纯洁性建设为主线,以党的政治建设为统领,以坚定理想信念宗旨为根基,以调动全党积极性、主动性、创造性为着力点,把党建设成为始终走在时代前列、人民衷心拥护、勇于自我革命、经得起各种风浪考验、朝气蓬勃的马克思主义执政党。要使我们党始终成为中国特色社会主义事业的坚强领导核心,必须着力提高党自我净化、自我完善、自我革新、自我提高能力,着力提高党的领导能力和执政能力,着力提高保持和发展党的先进性和纯洁性。这既是实现伟大梦想的根本保证,也是完成民族复兴实践任务的主导力量。党的十八大以来,从补精神之钙到改进党风政风,从铁腕反腐到严明党纪,从管好干部到健全党规,把权力关进制度的笼子里,一个不敢腐、不想腐和不能腐的社会环境开始形成,赢得了广大群众的拥护和支持。用制度治党,就是依法依规治党;用制度管权,就是把权力关进制度的笼子里;用制度治吏,就是用制度从严管理干部,用铁的纪律维护党的团结和统一。对党内不合理的制度进行改革,最重要的是对权力的监督和制约。正如孟德斯鸠所言:"自古以来的经验表明,所有拥有权力的人,都倾向于滥用权力,而且不用到极限绝不罢休。"①只有把权力关进制度的笼子里,把权力置于人民群众的监督之下,使权力能够相互制衡,治党才能真正做到全面从严。要通过对党内不合理的制度改革,实现党的建设科学化和规范化,科学处理好党与政府、党与社会、党与群众、党与市场之间的关系,提高党科学执政、民主执政、依法执政的能力。无数实践证明,全面从严治党不仅能提高全面建成小康社会和现代化建设的领导能力,而且能够组织和调动广大人民群众参加社会实践主体力量的有效发挥。

三、实践理性和理路意蕴

实现民族复兴中国梦是在解决现实矛盾和问题的实践中产生和发展的,要从实践理性和实现价值理路的视角深化其认识。感性认识是认识的初级阶段,具有直接性的、生动的、形象的突出特点。理性认识是认识的高级阶段,具有抽象性、间接性的特点,它以反映事物的本质为内容,因而是深

---

① 孟德斯鸠:《论法的精神》(上卷),商务印书馆 2009 年版,第 166 页。

刻的。感性认识和理性认识相互渗透,相互包含,理性认识必须依赖于感性认识,感性认识有待于发展和深化为理性认识。科学地理解民族复兴中国梦的实践理性,应当把理性看作为实践主体的实践理性,进一步讲就是社会实践主体、感性活动的主体在社会实践中所形成的科学地认识人与自然的关系、人与社会的关系,把握自然事物、社会事物的本质,并在此基础上正确处理和妥善解决人与自然、人与社会关系的能力和水平。今天的中国有这样多的伟大事业要做,有这样多的复杂矛盾和问题要解决,有从来没有像今天这样高的百姓期待要实现,尤其需要理性看待和分析当代中国,从理性实践的角度探索解决许多深层次矛盾和问题。

首先,从人的自由全面发展的角度,理性认识实现现代化与民族复兴中国梦的价值本源,就是为了人民的幸福生活而自由全面地发展。全面建成小康社会说到底就是发展问题,就是实现人的全面发展问题。改革开放 40 年来,我国的确发展非常快,现在不愁吃、不愁穿并不等于全面发展了,人在社会中的存在感还没有得到充分体现,生活得有尊严、有体面、有价值才是人的最高追求。发展的理性最关键的是什么?简单地说,就是人的意义价值的发展,社会主义核心价值观强调自由、民主、平等、法治等,这些不能仅仅停留在口上和纸上,应该落实到人民群众实实在在的现实生活里,应该让自由、民主、平等、法治等核心价值理性地浸透到我们的日常生活中,这才是主要的。这些年有一些地方在工业发展上以牺牲资源能源和破坏环境为代价,造成了发展的不可持续,很值得反思。近年来,有的人在经济活动中对财富的贪欲越来越强烈,在整个社会中非理性的逐利表现得很明显,失去理性发展的后果对人类社会造成的危害是可怕的,也是最危险的。

其次,从人与自然和谐的角度,理性认识全面建成小康社会的发展。这实质上是发展方式的深层次转换。党的十八大以来,我国全面小康社会建设取得了骄人的业绩,特别是在经济发展方面成效突出,但在生态文明、社会和民生建设等方面仍然是"短板"。尤其是生态环境的破坏为可持续发展带来了严峻的挑战,不仅使传统的发展方式难以持续,而且影响着全面建成小康社会目标任务进度的完成。习近平指出:"改革开放以来,我国经济发展取得历史性成就,这是值得我们自豪和骄傲的,也是世界上很多国家羡慕我们的地方。同时必须看到,我们也积累了大量生态环境问题,成为明显的短板,成为人民群众反映强烈的突出问题。比如,各类环境污染呈高发态势,成为民生之患、民心之痛。这样的状况,必须下大气力扭转。""生态环境没有替代品,用之不觉,失之难存。我讲过,环境就是民生,青山就是美丽,蓝天也是幸福,绿水青山就是金山银山;保护环境就是保护生产力,改善环境就是发展生产力。"①这些重要论述不仅是发现问题、认识问题的正确的世界观,而且是分析问题、研究问题和解决问题的科学的方法论,准确把握了"保护与发展"的辩证关系,打破了简单把发展与保护对立起来的思维束缚,带来了发展理念和发展方式的深刻变革。在政绩考核引导方面,习近平强调要改进考核方法和手段:"把民生改善、社会进步、生态效益等指标和实绩作为重要考核内容,再也不能简单以国内生产总值增长率来论英雄了。"②这充分体现了习近平科学的政绩观,形成了重视生态、保护环境的考核导向。在严守生态红线方面,习近平深刻指出:"要牢固树立生态红线的观念。在生态环境保护问题上,就是要不能越雷池一步,否则就应该受到惩罚。"③生态兴则文明兴,生态衰则文明衰。生态文明建设是全面建成小康社会的重要内容,给自然留下更多修复空间,给农业留下更多良田,给子孙后代留下天蓝、地绿、水净的美好家园,是实现伟大梦想、建设全面小康社会的崇高追求。要真正实现中华民族永续发展,需要我们自觉投入到生态文明建设的伟大实践中建功立业。

第三,从改革反思与深化的角度,理性认识全面深化改革,遏制工具理性的泛滥。工具理性是德国社会学家马克斯·韦伯所提出的"合理性"概念,将合理性分为两种,即价值(合)理性和工具(合)理性。工具理性是指行动只由追求功利的动机所驱使,行动借助理性达到自己需要的预期目的,行动者纯粹从效果最大化的角度考虑,而漠视人的情感和精神价值。价值理性相信的是一定行为的无条件的价值,强调的是动机的纯正和选择正确

---

① 《习近平在省部级主要领导干部学习贯彻党的十八届五中全会精神专题研讨班上的讲话》,《人民日报》2016 年 5 月 10 日。

② 《习近平谈治国理政》,外文出版社 2014 年版,第 419 页。

③ 《习近平:生态环境保护就是要不能越雷池一步》,人民网,2015 年 8 月 5 日。

的手段去实现自己意欲达到的目的,而不管其结果如何。价值理性的实现,必须以工具理性为前提。只要有一种价值理性的存在,就必须有相应的工具理性来实现这种价值的预设。没有工具理性,价值理性的实现就是水中捞月。列宁认为:"世界不会满足人,人决心以自己的行动来改变世界。"①人正是在价值理性的支持、鼓舞、引领下,不断地实现对现实世界的改变、超越的,世界也由此变得越来越美好,越来越使人得到更大的满足。人类社会的实践行为、实践生活多数是在一定自然环境、历史条件下,在一定理性支配或指引下进行的,既具有社会历史局限性,又具有超越性,不论是理论合理性还是实践合理性,本身都带有一种历史的概念。由于有着探究传统的多样性,由于它们都带有历史性,因而存在着多种合理性而不是一种合理性。近些年来,我国在经济迅速发展的同时,也产生了贫富差距扩大、社会资源分配不公等问题。应当说这是一种单向度的理性实践的后果,有着一定程度片面化的理性。现在进行的全面深化改革,就是要遏制工具理性的泛滥,敢于对固有的利益格局进行深刻调整。早在1993年,党的十四届三中全会《关于建立社会主义市场经济体制若干问题的决定》就对于改革的难度提出了警告:"经济体制改革是一场涉及经济基础和上层建筑许多领域的深刻革命,必然要改变旧体制固有的和体制转变过程中形成的各种不合理的利益格局,不可避免地会遇到这样或那样的困难和阻力。"②改革开放40年间是我国经济增长最快的时期,但也是社会矛盾迅速积累的时期。改革步入深水区,面临的是观念和既得利益的双重阻力。涉及思想观念问题,要勇于解放思想、实事求是,冲破旧条条框框的束缚,牢固树立以人民为中心的发展思想。涉及某些群体的既得利益问题,要敢于打断官员与资本勾结的利益链,突破利益固化的藩篱,坚决攻克体制机制上存在的顽瘴痼疾。全面深化改革是一场在党的领导下,主体高度自觉、意图十分明晰、目的非常明确、计划有效可行的高度理性化实践活动,是能动性力量的体现,也是对实践过程和实践结果进行有效监控和科学达到预期的理性设计,力

---

① 《马列著作选读(哲学)》,中共中央党校出版社1988年版,第274页。
② 《改革开放以来历届三中全会汇编》,人民出版社2013年版,第87页。

求把实践负效应控制到最低点。全面深化改革的实践证明,这是理性反思与批判、指导与规划、制约与监控下的最现实生动的实践活动。

第四,从人与社会、人与人和谐的角度,理性认识全面依法治国,突出社会公平正义和人的权益保障。人与社会、人与人的关系问题,是发展起来之后中国面临的一个时代课题。因为社会不公问题引发的社会矛盾加大,反过来又在制约着效率的提高。随着社会开放度、透明度的提高和市场经济体制改革的深入,我国社会关系已经发生了深刻的变化,人们对自由、平等、法治的诉求越来越高,其中突出的表现是个人自由主体意识的觉醒及其对平等的诉求。但是也有一些人还不了解现代自由与规则、自律的统一关系,不能正确认识自由与法治的关系,不习惯尊重他人的自由,习惯于把自由等同于无拘无束和放肆散漫,甚至有的总想在各种竞争中钻法律法规的空子,缺乏法治思维,很不情愿地按法办事,法治和法制意识淡薄。尤其是一些领导干部不能依据法治思维和法治方式办事,导致社会出现了一些不公平现象,群众意见很大,为和谐社会建设带来了不利影响。自由、平等、公正、法治是马克思主义的基本要求,也是中国共产党人的一贯价值追求,集中体现了社会主义的基本社会属性和中国特色社会主义的社会价值追求。因此,建设和谐社会,必须全面依法治国,把法治国家、法治政府和法治社会一体推进,不仅为主体之间的自由竞争提供一个公平的竞争环境,而且要对社会财富的分配公正合理。前者要依靠公平有效的法律法规制度实现,后者要依靠一套公正合理的分配制度落地。只有两者紧密结合起来了,才能实现依法与依规的叠加效应。在分配制度改革方面,要以法治思维、法治方式为先导,切实保证责权利的统一、贡献与获得的统一、合法与合理的统一,兼顾各种利益关系的协调,重视和提高对弱势群体的保障和福利,对特殊行业的高收入要设有上限限制,调节收入分配差距。实现民族复兴必须全面依法治国,必须由管理走向治理,由人治走向法治,全面推进国家治理体系和治理能力现代化建设,保障每一个主体的权利给予平等的保护。这不仅是实现民族复兴实践理性,而且是价值实现的理路所在。

第五,从党群政群关系和谐的角度,理性认识全面从严治党的目的性,就是践行为人民服务的宗旨。在实践层面,党的十八大以来,通过党的群众路线教育、"三严三实"专题教育和"两学一做"专题教育等一系列活动,党风政风和民风有了显著的改善,铁腕反腐、剜除毒瘤,进一步赢得了人民的信任与支持,完善党法党规、严明纪律,政治生态清明。这些都为全面建成小康社会、全面深化改革、全面依法治国提供了坚强领导和重要保障。通过严肃整治形式主义、官僚主义、享乐主义和奢靡之风,重塑党在人民群众中的形象,保持和发扬谦虚谨慎、戒骄戒躁、清正廉洁的光荣传统和优良作风。通过依规治党、严明纪律,更好地发挥党的光荣传统和独特优势,依靠理想和纪律把广大党员干部团结起来和组织起来,增强党的凝聚力和战斗力。正如邓小平曾经指出的,"我们这么大一个国家,怎样才能团结起来、组织起来呢? 一靠理想,二靠纪律。组织起来就有力量。"①通过深入推进反腐倡廉建设,铲除滋生在党的健康肌体上的毒瘤,进一步增强党的先进性和纯洁性,就必须对党员领导干部亲属经商的范围和内容进行严格界定和限制。如果我们的党员领导干部家庭都是千万富翁,试问我们还能说代表什么先进性和什么纯洁性吗? 老百姓心里还能对这样的富豪家庭信服吗? 这并不是说领导干部家庭都不能发财致富,而是在现实大量的腐败案件中,基本上是腐败的领导滋生腐败的家庭,这都是"一家两制"原因造成的。"这一问题绝不仅仅是一个反腐问题,而是涉及了政治层面上的'先进性'和'代表性'问题……不对'一家两制'做出限制,执政党的'先进性'就会打折扣,'代表性'就会被扭曲,'纯洁性'更会成问题。源头的污染是最大的污染,不可掉以轻心。"②解决这些问题要通过试点,探索对高级领导干部的监管和评估的规则,在试点可行的基础上再向全国推广。领导干部级别越高,规则就要越加严格,以解决一些领导干部家属、亲属借助其影响力来获得各种利益问题。全面从严治党的根本目的,就是实现好、维护好人民群众的根本利益,发挥人民群众的主体作用。这是我们党以人民为中心发展思想的重要体现。只有在理论和实践上不断开创全面从严治党的新境界,才能为实

---

① 井冈山干部学院:《共产党人的党性党风党纪建设》,人民出版社 2011 年版,第121 页。

② 鄢一龙等:《大道之行——中国共产党与中国社会主义》,中国人民大学出版社 2015 年版,第 77—78 页。

现民族复兴提供方向指引和政治保证。从实践的理性看,老百姓对贪污腐败、贫富差距、民生改善、公平正义、环境污染等问题意见很大,造成这些问题的原因很多很复杂,但最根本的还是一些领导干部没有真正把为人民服务的根本宗旨在实际工作中落实到位。只有全面从严治党,转变党风政风和党员干部作风,提高党的执政能力和执政水平,才能把密切党同人民群众的血肉联系这个核心问题解决好,才能赢得人民群众的拥护和支持,顺应广大人民的期盼和意愿,不断筑牢党执政的坚实根基。

马克思、恩格斯在《共产党宣言》中指出:"每个人的自由发展是一切人的自由发展的条件。"①人的自由全面发展是马克思主义思想的灵魂,是共产主义的本质特征。人的自由全面发展是马克思主义的根本价值诉求,人民幸福是中国特色社会主义追求的目标。社会发展始终与人的发展紧密相连,这是民族复兴中国梦贯穿于历史唯物主义立场的发展。理性的发展是社会发展与人的发展的和谐统一。一方面,要在物质层面和制度层面提供保障,使分配制度合理和效率优先兼顾公平,让每个人的自我价值得到充分实现,人人共享人生出彩和梦想成真的机会。另一方面,人的主体性与创造性能够得到充分发挥,在精神层面汲取中华文化滋养,发展科教文化和社会养老等社会事业,提升文化软实力,增强文化自信和精神自强。这既是人的自由全面发展的精神文明基础,也是人的精神发展的重要体现。人的全面发展是衡量社会发展的价值依据,也是衡量民族复兴中国梦的价值依据。如果发展最终没有实现人的进步和人的价值实现,就不是本质意义上的发展。全面建成小康社会、建设社会主义现代化最本质的发展要义就是人的发展,充分体现人在实践中、在具体的历史活动中达成自己的愿景。要通过全面深化改革,打破限制人的自由全面发展的藩篱,创造人人都能实现价值的条件,把人解放出来,促使人的潜能得到自由发展,充分彰显人的个性价值和个人的发展、个人的自由。这是所有发展形式的主要动力之一。人们希望在获得并实现自身权益和发展的进程中,赢得自尊与自信,受到社会支持与尊重,获得自由与个体的生存价值,实现自由而全面的发展。

---

① 《共产党宣言》,人民出版社 2014 年版,第 18 页。

从人的自由全面发展的角度看,实现民族复兴中国梦、践行"四个全面"的实践理性和价值理性,我们清晰地看到,从理论溯源到创新继承,从哲学关系到统筹方法,既有历史传承,又有时代创造,体现了统揽全局、放眼世界的时代特色,推进马克思主义中国化的理论特色,以问题为导向破解当代中国发展难题的实践特色。

第六节 现代化与民族复兴的实践特征

实践是人们改造客观世界的一切活动,具有客观物质性、主观能动性和社会历史性的基本特征。马克思认为,人要实现自己思维的彼岸性,就要在实践中证明自己的思维是否拥有真理性。离开实践来谈思维的真理性,将永远是一个经院哲学的问题。① 从实践角度来判断实现现代化与民族复兴中国梦推行实施的正确性与否,必须以实践唯物主义的态度,来看待民族复兴中国梦提出的根据是什么、战略部署可行性如何,都必须通过实践来解答,用实践来证明其真理性。民族复兴中国梦、"四个全面"是从破解当代中国现实矛盾和问题产生的理论,归根到底还要回到实践中去指导实践、破解难题,因为理论本身无法直接作用于实践,需要实践主体对理论的内化与外化从而实现其指导作用。民族复兴中国梦、"四个全面"实践特征的理论依据是人民主体,落脚点在于人民历史观,最终归宿是人民的获得感。我们要从马克思主义实践观的高度,研析建设中国特色社会主义现代化,实现伟大梦想,践行"四个全面"、"四个伟大"的地位作用和实践特征。

一、在实践的客观物质性、主观能动性与社会历史性上集中体现

全面建设现代化,实现伟大梦想,践行"四个全面"、"四个伟大"具有客

---

① 经院哲学是天主教教会用来在其所设经院中教授的理论,是与宗教神学相结合的唯心主义哲学。它反对离开教义而依靠理性和实践去认识和研究现实。因而其结论也不受经验和实践的检验。

观现实性。客观现实性表现在实践是物质的客观的活动,构成实践活动的主体、对象、手段等要素是客观的,实践的结果是客观的,实践的水平与发展都要受到客观条件与规律的支配,也是客观的。我国 40 年改革开放的实践,实质上是国家富强、民族振兴、人民幸福的实践,更为具体的实践就是"四个全面"的实践和进行伟大斗争、建设伟大工程、推进伟大事业的从而实现伟大梦想的实践。全面建成小康社会是亿万人民为之奋斗的目标追求,也是中华民族实现伟大复兴建设中国式现代化的必经阶段,更是全体中国人民一场客观现实的伟大实践活动。全面建成小康社会是基本实现现代化的基础和前提,将为"第二个一百年"奋斗目标的实现奠定坚实的物质基础和创造现实条件,体现了中国特色社会主义发展阶段性特征和过程性特征的统一,是"新三步走"的第一步,也是实现中国梦的关键的一步。实现全面小康需要全面深化改革提供动力源泉,经过 40 年,我国改革进入了深水区,长期以来积累的矛盾和问题尖锐而又复杂,特别是突破利益固化的藩篱相当困难。这些问题既是客观现实的,又是不断发展变化的,同时还受到客观条件和规律的约束。习近平指出:"要敢于啃硬骨头,敢于涉险滩,既勇于冲破思想观念的障碍,又勇于突破利益固化的藩篱,做到改革不停顿,开放不止步。"[①]要尽最大努力减少改革的阻力,最大限度地减少改革的风险,全面提高改革的系统性、整体性和协调性。全面深化改革实质上就是对以全面建成小康社会为目标的中国实践、中国经验的深刻总结。全面依法治国是实现全面建成小康社会的法治保障,这实际上是民主法治的实践。我国的民主统一了全国人民的意志,我国的法治维护和保障了人民群众的根本利益,激发了社会活力。这是确保党和国家长治久安的根本要求。全面从严治党为我国改革开放实践提供了最坚强的领导支撑力量。面对复杂多变的国际形势和艰巨繁重的国内改革发展任务,面对诸多具有新的历史特点的伟大斗争,必须从严治党、从严治吏,加强党的领导,这是推进社会主义伟大事业与党的建设新的伟大工程的客观要求。实现伟大梦想,践行"四个全面"、"四个伟大"适应了中国社会主义初级阶段的基本国情,是中国道

---

① 《学习习近平总书记重要讲话》,人民出版社 2013 年版,第 43 页。

路、制度、理论实践的根据和逻辑前提,体现了中国经验客观现实性和独特的实践价值。

全面建设现代化,实现伟大梦想、践行"四个全面"和"四个伟大"具有主观能动性。实践是在一定的意识或理论指导下的有目的地主动地改造客观世界的活动,表现出自觉能动性即目的性,它不是同主观活动无关的盲目的客观活动。实践包含着精神活动,而不能归结为精神活动。马克思指出:"批判的武器当然不能代替武器的批判,物质力量只能用物质力量来摧毁。但是理论一经掌握群众,也会变成物质力量。……理论只要说服人,就能掌握群众;而理论只要彻底,就能说服人。……所谓彻底,就是抓住事物的根本。……但人的根本就是人本身。"[①]马克思这段精辟论述,指出了理论必须抓住人的根本,掌握群众才能变成群众的自觉实践。理论作为一种旨在通过改变人的主观世界进而改变人的客观世界的过程,更简单地讲就是从理论智慧走向实践智慧的过程。[②] 理论智慧注重于理论掌握群众——着眼于改变主观世界。实践智慧注重于改变客观世界。在现实中如何实现理论指导实践取得成功呢? 必须使掌握理论智慧的实践主体在改造客观世界中实现理论智慧向实践智慧的转变。当然这并不意味着理论智慧对改造客观世界不起作用,而是意味着不能由实践主体手持理论智慧直接作用于客观世界。实现伟大梦想实际上是通过理论智慧动员和组织广大人民群众向实践智慧转化的过程。这个过程就是把人民群众对美好生活的期盼、现实需求以及困难问题,自下而上反映到各级党委和政府,不断形成党中央的大政方针和战略布局,再自上而下把制定的战略布局和方针政策在现实中转化为人民群众实践的过程。从顶层看,这个过程叫理论创新,是从人民群众的热切期盼和现实生活中提出的;从基层看,这个过程是实践创新,就是把践行"四个全面"、"四个伟大"的内在精神转化为群众自己的价值理念和思维方法,再把其价值理念与思维方法转化为自觉的实践活动。"四个全面"、"四

---

① 解放社:《马克思、恩格斯、列宁、斯大林思想方法论》,人民出版社 1963 年版,第36 页。

② 参见张晓明:《试论贯彻落实"四个全面"战略布局的实践要求》,《武陵学刊》2015 年第 4 期。

个伟大"理论被群众所掌握,就是让群众内化于心、外化于行,而且要身体力行地对外宣传民族复兴中国梦。这就是由内而外的过程。以实施"四个全面"战略布局为例,这个过程体现在国家层面就是通过高层互动以政治话语对外传播"四个全面",体现在专家学者层面,就是通过学理阐述以学术话语对外传播"四个全面",体现在广大人民层面,就是以大众话语身体力行对外传播"四个全面",即三个主体分别通过政治话语、学术话语、大众话语对外向世界说明中国、展示中国。[①] 这就是"四个全面"战略布局通过理论智慧掌握的"三个主体",并以三种话语把"四个全面"战略布局传向世界的具体过程和内在转化机制。"四个全面"、"四个伟大"武装全党、教育人民的过程实际上也是一个理论诉求与实践诉求、主导要求与主体需求、政治话语与大众话语相互转化的互动过程,体现了马克思主义的实践观的主观能动性。

全面建设现代化,实现伟大梦想、践行"四个全面"、"四个伟大"具有社会历史性。实践的社会历史性体现为社会制约性,因为实践活动不是单个人的孤立的活动,它是主体在一定社会关系中从事的活动,受社会条件制约,并随社会的变化发展而历史地变化发展。实现伟大梦想,践行"四个全面"、"四个伟大",不仅要从理论与实践紧密结合的角度去把握,而且需要从历史与逻辑相统一的角度去把握,"因为马克思主义的全部精神要求都要人们对每一个原理都要历史地同其他原理联系起来、同具体的历史经验联系起来加以考察"。[②] 世界是一个过程的集合体,但它不是既成事物的集合体。对于这个集合体把握的方法,最科学的做法就是不要忘记基本的历史联系,从联系的角度考察每个问题、某种现象在历史上是如何产生的,在发展过程中主要经历了哪些阶段,并且要根据发展过程去考察这一事物现在是怎样的、预计将来会怎样。对于"四个全面"而言,全面建成小康社会是"两个一百年"的第一个奋斗目标,也是中国特色社会主义的阶段性目

---

① 张晓明:《试论贯彻落实"四个全面"战略布局的实践要求》,《武陵学刊》2015 年第 4 期。

② 《马克思、恩格斯、列宁、斯大林论科学社会主义》第 1 卷,中国人民大学出版社 1987 年版,第 37 页。

标;全面深化改革产生于改革开放这一强国之路和发展的根本动力,又在
"全面"和"深化"上丰富发展了强国之路和根本动力;全面推进依法治国同
样是在坚持依法治国这一基本治国方略的基础上,在"全面"和"推进"上进
一步丰富发展了中国特色社会主义法治道路和建设社会主义法治国家的内
涵,强调法治国家、法治政府和法治社会一体推进;在"关键在党"这一根本
问题上,全面从严治党同样丰富和发展了新时期党的建设新的伟大工程。
在协调推进"四个全面"战略布局的实践变革中,党的领导与法治是始终相
一致的,坚持和加强党的领导必须依靠社会主义法治,实现依法治国必须坚
持和加强党的领导,而在实践中加强党的领导核心是要实现全面从严治党,
从而实现民族复兴。在实现伟大梦想的实践中,发挥党的建设新的伟大工
程的决定性作用,把进行伟大斗争、推进伟大事业、实现伟大梦想紧密结合
起来,确保党在应对国内外各种风险和考验的历史进程中始终成为全国人
民的主心骨,在坚持和发展中国特色社会主义的历史进程中始终成为坚强
的领导核心。因此,只有历史地、具体地、动态地把握"四个全面"、"四个伟
大",才是透过现象把握本质,才能更好地理论联系实际认识民族复兴中国
梦的精髓,才能获得对民族复兴中国梦所蕴含的基本立场、基本观点、科学
方法的了解,从而发挥理论指导实践的重要作用。

二、在实践方法上体现"弹钢琴"与牵"牛鼻子"相结合

全面建设现代化、实现民族复兴中国梦的实践过程,是践行"四个全
面"、新发展理念和"四个伟大"的实践过程,这是中国实践、中国经验的科
学总结。不论是在实践的形式上,还是在实践的方法上;不论是在实践的方
向上,还是在实践的价值上,都有独特的中国实践特色。"四个全面"是引
领中华民族伟大复兴的战略布局,不仅总结了中国实践、中国经验的实现形
式和价值,而且科学谋划了中国实践的愿景价值;"四个伟大"是党的十九
大理论创新的实践基础,推进"四个伟大"是我们党实现民族复兴的大战
略、大谋划。这些是我们党在新的历史发展时期,对人类社会发展规律、社
会主义建设规律、共产党执政规律认识的深化,是马克思主义实践观在中国
式现代化的具体化和形态化,具有鲜活的马克思主义实践特征。

"四个全面"战略布局的根本指向就是为实现中华民族伟大复兴指明新路径,将社会主义现代化目标由理想变为现实,从战略布局上为中国特色社会主义现代化建设提供了目标导向和实践路径。全面建成小康社会是中国现代化发展的必经阶段,正如邓小平所说的,"小康之家"是中国式的现代化。全面深化改革是现代化建设的根本动力和内在要求。全面依法治国是社会现代治理的重要标志。全面从严治党是现代化政党和现代化国家的基本特征。"四个全面"的实践指向鲜明地指明了中国现代化发展的战略方向和实现路径,为实现中华民族伟大复兴提供引领。在实践的方法上,"四个全面"坚持"弹钢琴"和"牵牛鼻子"相结合方式,既是战略性、全局性、根本性的方法论,又是策略性、原则性、方向性的方法论,还是战术性、具体性、操作性的方法论,集中体现了顶层设计与基层探索相结合、全面推进与重点突破相统一、目标引领与贯彻落实相承接的实践特征。

1. 顶层设计与基层探索相结合

"四个全面"战略布局不仅是从我们党发展的历史脉络中作出的发展总战略的顶层设计,每一个全面又都有系统的顶层设计,而且体现了对基层实践和基层探索的尊重。没有顶层设计就不能科学指导基层实践,没有基层实践探索就无法实现顶层设计目标,两者是相互联系、相互促进的辩证关系。党的十八大,十八届三中、四中、五中、六中全会分别对全面建成小康社会、全面深化改革、全面依法治国和全面从严治党作出了目标设计和战略部署。十八届五中全会对全面建成小康社会的目标体系从五个方面进行了丰富和完善,使目标更具科学性、可操作性和前瞻性。从根本上说这一系列目标的规划设计都是根据过去积累的实践经验而设计的。没有过去几十年的实践探索,我们就无法科学设计出全面建成小康社会的系列目标,就无法科学制定实现全面建成小康社会的时间表和路线图。全面深化改革是一项相当艰巨复杂的系统工程,一方面需要科学谋划和整体设计,另一方面需要立足实践大胆试验、敢于突破,只有这样才能啃硬骨头、涉险滩,把改革引向纵深。十八届三中全会明确了改革的方向、目标、主要内容和预期成果等顶层设计,同时在实践中又设计了如自贸区改革试点、司法改革试点、土地制度的改革试点等试点工程,以便在实施过程中不断总结基层经验、逐步完善措施和形成共识,体现了顶层设计与尊重基层实践的有机统一。全面依法治国设定为建设社会主义法治国家,在顶层设计上为我们描绘了宏伟蓝图,指明了前进方向;建设中国特色社会主义法治体系则为我们绘制了路线图,指明了具体路径。从整体看,强调党的领导、人民当家作主、依法治国有机统一,依法治国和以德治国相结合等,是从顶层设计的角度,解决统一性的问题;强调"三个共同推进"、"三个一体建设",是从国家治理的角度,解决协调性问题;强调"新十六字方针"、"五大法治体系",则是从参与主体的角度,解决系统性问题。在立法过程中,被基层实践证明行之有效的要及时提升为法律;实践条件还不够成熟的,需要放到基层先行先试,按照法定程序给予授权,从尊重基层实践的角度回答了推进依法治国与改革创新的问题。全面从严治党关键在治、要害在严。在制度层面,党的十八大以来,中央政治局制定了《关于改进工作作风、密切联系群众的八项规定》,党中央先后制定了《中国共产党廉洁自律准则》、《关于新形势下党内政治生活的若干准则》、《中国共产党党内监督条例》等一系列党内法规,初步形成了一系列党内法规体系。在实践层面,先后开展党的群众路线教育活动、"三严三实"专题教育活动和"两学一做"学习教育活动等,派驻中央巡视组进驻国家机关和国有企业,实行党员干部财产申报制度试点等,实现了自上而下与自下而上的双向互动,探索了顶层设计与基层探索的有效实现形式。

2.统筹兼顾与重点突破相统一

"四个全面"战略布局体现了统筹兼顾、全面推进与抓住重点、重点突破的实践要求,把总体规划与具体规划统筹起来,把改革的"破"与法治的"立"统筹起来,把社会主义伟大事业与党的建设新的伟大工程统一起来,统筹把握、实施重点突破。习近平指出:"必须在把情况搞清楚的基础上,统筹兼顾、综合平衡,突出重点、带动全局,有的时候要抓大放小、以大兼小,有的时候又要以小带大、小中见大,形象地说,就是要十个指头弹钢琴。"①不谋全局者,不足谋一域。从过去犯的一些历史性错误看,往往就在于不全面、片面,一种倾向掩盖了另一种倾向。全面建成小康社会是全体中国人民

---

① 《习近平总书记系列重要讲话读本》,学习出版社 2016 年版,第 49 页。

的小康,让全国几千万贫困人口全部脱贫的小康,一个民族不少、一个人群不落的小康。全面深化改革是经济、政治、文化、社会、生态文明、军队和国防,以及党的建设等各个方面的系统性改革。全面依法治国包含了立法、司法、执法和守法的全过程。全面从严治党涵盖了政治建设、思想建设、组织建设、作风建设、纪律建设。在协调推进"四个全面"实践中,不仅强调"全面",还要抓住"重点",既要统筹兼顾、总体谋划,又要牵住"牛鼻子",注意平衡发力、通盘考虑各个方面的实施情况,统筹好推进的速度、力度、进度和实际可承受度。"四个全面"强调的重点十分突出,全面建成小康社会主要是解决发展这个根本问题,强调发展的平衡性、包容性和可持续性,解决发展起来以后的发展问题。全面深化改革重点解决发展的动力问题和社会的公平问题,解决效率与公平、政府与市场的关系问题。全面依法治国关键是依宪治国、依宪执政,突出从国家现代治理角度,解决中国成长中的制度文明建设问题。全面从严治党突出从严治吏、正风反腐、严明党纪,强化党的领导核心作用。"四个全面"在推进中抓住重点,在抓住重点中推进全面,注重了措施的整体效果,防止畸轻畸重、单兵突进、顾此失彼,做到全局与局部相配套、治本与治标相结合、渐进与突破相衔接,实现整体推进与重点突破相统一。

3. 目标引领与贯彻落实相承接

目标,简单地说就是追求、是实践的灯塔。没有目标,实践就变成盲目的行动。落实就是通过周密明确可行的目标计划或措施来达到彻底实现或体现这种精神,是结出的果实。"四个全面"的实践特征之一就是体现了"目标"的引领作用与"落实"的有效作用的紧密结合,可以说是对马克思主义实践观的创新发展。"四个全面"的总体目标就是到 2020 年全面建成小康社会,实现第一个百年奋斗目标,为实现中华民族伟大复兴奠定坚实的物质基础。为实现这个总目标,其他各项目标十分明确,全面深化改革的目标是"完善和发展中国特色社会主义制度,推进国家治理体系和治理能力现代化";全面依法治国的目标是"建设中国特色社会主义法治体系和建设社会主义法治国家";全面从严治党的目标是"使我们党始终成为中国特色社会主义事业的坚强领导核心"。这样宏伟的目标非常鼓舞人心,更能激发广大干部群众昂扬向上的斗志,关键在于抓好落实。习近平指出:"全面建成小康社会要靠实干,基本实现现代化要靠实干,实现中华民族伟大复兴要靠实干。各级领导干部要牢记'空谈误国、实干兴邦'的道理,坚定理想信念,保持奋发有为的精神状态,提高推动科学发展能力,切实改进作风,脚踏实地创造新的更大的业绩。"①他还强调:"目标是否坚定,决定改革的成败;落实能否到位,决定蓝图的实现。""要抓实、再抓实,不抓实,再好的蓝图只能是一纸空文,再近的目标只能是镜花水月。"②在谈到全面依法治国时,习近平强调:"要抓住领导干部这个关键少数","我们必须认认真真讲法治、老老实实抓法治。各级领导干部要对法律怀有敬畏之心,带头依法办事,带头遵守法律,不断提高运用法治思维和法治方式深化改革、推动发展、化解矛盾、维护稳定能力。"③在谈到全面从严治党时,习近平强调:"从严治党,关键是要抓住领导干部这个'关键少数',从严管好各级领导干部。""好的法规制度如果不落实,只是写在纸上、贴在墙上、编在手册里,就会成为'稻草人'、'纸老虎',不仅不能产生应有作用,反而会损害法规制度的公信力。""要以踏石留印、抓铁有痕的劲头抓下去,善始善终、善做善成,防止虎头蛇尾,让全党全体人民来监督,让人民群众不断看到实实在在的成效和变化。"④习总书记这些重要讲话,深入浅出地道出了目标引领下抓好落实的极端重要性和深刻道理。我们要在坚定完成"四个全面"宏伟目标的前提下,不断提升贯彻落实的思想自觉和行动自觉,把战略布局贯彻落实到经济社会发展的全过程,真抓实干,早日实现中华民族伟大复兴的中国梦。

三、在实践方向上坚持中国特色社会主义

在实践的方向上,全面建设现代化,实现伟大梦想、践行"四个全面"和"四个伟大",坚持和发展中国特色社会主义,坚持社会主义改革方向,坚持

---

① 《"四个全面"学习读本》,人民出版社 2015 年版,第 51 页。
② 《"四个全面"学习读本》,人民出版社 2015 年版,第 169、159 页。
③ 《"四个全面"学习读本》,人民出版社 2015 年版,第 215 页。
④ 《习近平从严治党十八警句》,《人民日报》2016 年 7 月 1 日。

走中国特色社会主义法治道路,坚持中国共产党领导,完善和发展中国特色社会主义制度,建成富强民主文明和谐美丽的社会主义现代化强国,使党始终成为坚强的领导核心,加快实现中华民族伟大复兴的中国梦。

全面建成小康社会是实现民族复兴的生动实践,必须坚持中国特色社会主义道路,这是实现社会主义现代化、创造人民美好生活的必由之路。道路问题是关系到中国命运、党的事业兴衰成败的首要问题。"四个全面"战略布局提出后,在国内外引起了普遍关注和广泛赞同。但也有一些别有用心的人肆意歪曲"四个全面",宣传什么"建设资本主义的小康",是"决策方法和手段,可以忽略社会属性"等等,这些断章取义的解读就是妄图从根本上否定社会主义。主义是旗帜、是方向,旗帜丢了我们就失去了方向,丢了我们就不是社会主义。习近平指出:"我们要全面建成小康社会、加快推进社会主义现代化、实现中华民族伟大复兴,必须始终高举中国特色社会主义伟大旗帜,坚定不移坚持和发展中国特色社会主义。"①这说明全面建成小康社会的根本问题在于坚持中国特色社会主义的方向,绝不能建成资本主义的小康社会。中国特色社会主义是科学社会主义理论在中国成功实践的产物,它根植中国大地,反映了亿万中国人民的意愿和共同的价值认同、梦想追求。实现人民群众的美好生活,全面建成小康社会,只能高举中国特色社会主义旗帜,坚持走中国特色社会主义道路。

全面深化改革是有方向、有立场、有原则的,是在中国特色社会主义道路上不断前进的改革,绝不是社会主义制度的改弦易辙。党的十一届三中全会以来,在改革开放问题上一直有两种对立观点存在。一种是我们党始终坚持的"社会主义制度自我完善"的改革开放,坚持在"四项基本原则"基础上进行改革开放,而不能偏离、背离社会主义的正确方向。另一种是坚持"西化立场"主张的改革开放,强调坚持资本主义的改革价值取向。我国40年改革开放的成功实践证明,我们党坚持社会主义的改革方向是正确的,是不容置疑的。在这个问题上,我们必须头脑清醒。习近平指出:"问题的实

---

① 《学习习近平总书记系列讲话精神干部读本》,浙江人民出版社2014年版,第37页。

质是改什么、不改什么，有些不能改的，再过多长时间也是不改。"①他还指出，"改革开放是一场深刻革命，必须坚持正确方向，沿着正确道路推进"，是"不断推动社会主义制度自我完善和发展，而不是对社会主义制度改弦易辙"。② 全面深化改革既不能走封闭僵化的老路，也不能走改旗易帜的邪路。我们要增强政治定力，坚守政治原则和底线，决不能在根本性问题上犯颠覆性的历史性错误。

全面依法治国必须选准方向，坚定不移走中国特色社会主义法治道路。人类社会治理方式经历了神治、人治、法治三个阶段，应当说法治是人类社会迄今为止最好的国家治理方式。19 世纪，德国法学家耶林曾说过："罗马帝国曾三次征服世界，第一次是以武力，第二次是以宗教，第三次是以法律。武力因罗马帝国的灭亡而消亡，宗教随人民思想觉悟提高，科学的发展而缩小影响，唯有法律征服世界是最为持久的征服。"③因为法治能够统筹社会力量、平衡社会利益、调节社会关系、规范社会行为。因此，我国必须坚持依法治国，推进国家治理体系和治理能力建设。但是，国内外一些敌对势力质疑我国是党大还是法大，鼓吹西方宪政民主，企图否定党的领导，否定社会主义法治属性。我们要清醒看到，我国宪法是在党的领导下反映人民意愿制定的宪法，如果连党都不存在了，宪法自然不会存在，所以不存在什么党大和法大的问题，关键是权大还是法大的问题。他们所标榜的"三权分立"和议会制，实际上是资产阶级内部的一种权力分配、交换和平衡机制，普通民众难以参与其中，在实践中也暴露出议会议而不决、决而不行，政策短期化、功利化等种种弊端。这根本不适应中国国情和不符合人民群众意愿。全面依法治国必须选准方向、走对路，如果方向错了、路走错了，南辕北辙了，我们再讲措施和要求还有什么实际意义呢？甚至走得越快偏离中华民族伟大复兴的目标越远。习近平指出："中国特色社会主义法治道路，是社会主义法治建设成就和经验的集中体现，是建设社会主义法治国家的唯一

---

① 《习近平总书记系列重要讲话读本》，学习出版社、人民出版社 2016 年版，第 73 页。
② 《习近平关于全面深化改革论述摘编》，中央文献出版社 2014 年版，第 14—15 页。
③ 张文显：《法治中国名家谈》，人民出版社 2014 年版，第 55 页。

正确道路。在走什么样的法治道路问题上,必须向全社会释放正确而明确的信号,指明全面推进依法治国的正确方向,统一全党全国各族人民的认识和行动。"①因此,在坚持和发展中国特色社会主义法治道路这个根本问题上,我们必须头脑清晰、树立自信、保持定力,始终坚持党的领导,做到党领导立法、保证执法、支持司法、带头守法,把依法治国基本方略与依法执政基本方式统一起来,完成党执政的使命;始终坚持人民的主体地位,坚持法治为了人民、依靠人民、造福人民、保护人民;始终坚持法律面前人人平等,使每一个公民都能在司法案件中享受到公平正义;始终坚持从我国实际出发,同推进国家治理体系和治理能力现代化相适应,既要吸收借鉴世界发达优秀的法治文明成果,又不能搞"全盘西化",不能"全面移植",不能照抄照搬。

全面从严治党是实现伟大梦想的根本保证,必须在党的坚强领导下始终沿着中国特色社会主义正确的道路前行。习近平指出:"坚持不忘初心、继续前进,就要坚持中国特色社会主义道路自信、理论自信、制度自信、文化自信,坚持党的基本路线不动摇,不断把中国特色社会主义伟大事业推向前进。……坚持不忘初心、继续前进,就要保持党的先进性和纯洁性,着力提高执政能力和领导水平,着力增强抵御风险和拒腐防变能力,不断把党的建设新的伟大工程推向前进。"②在全面从严治党的实践中,把党锻造成坚强的领导核心,为实施"四个全面"提供方向指引,避免在重大问题上出现颠覆性错误。在深化改革上,要由党来掌舵领航,使全面深化改革不断推动社会主义制度自我完善和发展,而不是对社会主义制度改弦易辙。全面依法治国事关全党全国人民的大事能不能办好,最关键的就是方向是不是正确,最要紧的就是政治保证能不能坚强有力,最根本的就是坚持党的领导,坚持中国特色社会主义制度,把中国特色社会主义法治理论落到实处。十九大报告指出:"明确中国特色社会主义最本质的特征是中国共产党领导,中国

---

① 《中国共产党第十八届中央委员会第四次全体会议文件汇编》,人民出版社 2014 年版,第 81 页。

② 《习近平在庆祝中国共产党成立 95 周年大会上的讲话》,《人民日报》2016 年 7 月 2 日。

特色社会主义制度的最大优势是中国共产党领导,党是最高政治领导力量,提出新时代党的建设总要求,突出政治建设在党的建设中的重要地位。"①党的领导是中国特色社会主义最本质的特征,肩负着实现中华民族伟大复兴的历史使命,坚定马克思主义信仰,坚定共产党人理想信念,不忘初心,继续前进,以自我革命的政治勇气,着力解决党自身存在的突出问题,不断增强党自我净化、自我完善、自我革新、自我提高能力,经受"四大考验"、克服"四种危险",确保党始终成为中国特色社会主义事业的坚强领导核心,为实现伟大梦想提供根本的政治保障。

四、在实践价值上彰显以人民为中心的发展思想

在实践的价值上,实践是检验实现现代化建设和伟大梦想、践行"四个全面"和"四个伟大"正确与否的唯一标准,实践是实现现代化与民族复兴的根本路径,坚持以人民为中心的发展思想,其实践特性的理论依据在于人民群众主体,落脚点在于人民群众历史观,鲜明的导向是解决现实难题,最终归宿是人民群众的获得感。

全面建设现代化,实现伟大梦想、践行"四个全面"和"四个伟大",是中华民族复兴历史上最生动的伟大实践。党的十八大以来,我国全面小康建设取得历史性成就,经济转型升级扎实推进,党风政风有根本性好转,社会公平正义进一步彰显,党心军心民心凝聚团结。实践证明,推进"四个全面"战略布局具有强大的理论力量和实践价值。

实践是检验真理的标准,这是早已被无产阶级的革命导师解决了的问题。实践不仅是检验真理的标准,而且是唯一的标准。毛泽东指出:"真理只有一个,而究竟谁发现了真理,不依靠主观的夸张,而依靠客观的实践。"②实践具有把思想和客观实际联系起来的特性,只有实践才能够完成检验真理的任务。"四个全面"和"四个伟大"在理论上是否正确,指导实践是否有效管用,都要从实践角度来判断。要以实践唯物主义的态度看待

---

① 《党的十九大报告辅导读本》,人民出版社 2017 年版,第 19、20 页。
② 《毛泽东选集》第 2 卷,人民出版社 1991 年版,第 663 页。

"四个全面"、"四个伟大"的可行性,必须通过实践来解答,用实践来检验其真理性。"我们常说,真理不怕争论,真理越辩越明。而从更加宽广的视野看,可以说,真理的发展,一靠'不争论',也就是大胆实践、大胆闯;二靠'不怕争论',也就是敢于担当、敢于亮剑。"①一方面,小康社会建设、改革开放、依法治国、从严治党和进行伟大斗争、建设伟大工程、推进伟大事业等都是在"不争论"中大胆实践闯出了一条光明大道;另一方面,在"不怕争论"中直击当下中国时弊,敢于动真碰硬、敢于担当,着力解决"中国发展起来以后"的突出矛盾和问题,具有鲜明的"三有"实践特征。一是有"主心骨"。这个主心骨就是中国特色社会主义理论体系、习近平新时代中国特色社会主义思想。有了这样的"主心骨",现代化建设与民族复兴中国梦才能顶天立地,使实践挺直腰杆,激励广大干部群众理直气壮投入到火热的实践中来。二是有"脚底跟"。这个"脚底跟"就是中国特色社会主义事业的伟大实践,全面建设社会主义现代化。有了这样的"脚底跟",现代化与民族复兴中国梦实践才能在大风大浪面前看得准、站得稳,不左右摇摆,不左右逢源。三是有"方向盘"。这个"方向盘"就是高举中国特色社会主义伟大旗帜,夺取新时代中国特色社会主义伟大胜利,实现中华民族伟大复兴的中国梦。有了这样的"方向盘",民族复兴中国梦实践才能在未来前进的道路上,不管遇到多大困难、多大的曲折,我们都不会迷失前行的航向,避免出现重大的颠覆性错误,直到到达胜利的彼岸。

实践是实现伟大梦想的根本路径。理论的魅力源于真理对实践发展产生的正能量。实现伟大梦想、践行"四个全面"彰显着中华民族伟大复兴中国梦的正能量的使命担当,把事关党和国家发展根本的四个关键方面融合为一个具有长远指导意义的战略性顶层设计,已经在思想上产生了系统的聚合效应,在实践中形成多重叠加的链式效应,凝聚成巨大的中国力量,成为鼓舞全国各族人民士气的精神旗帜。只有把马克思主义与当代中国实践结合起来,不断从实现伟大梦想的实践中汲取源源不断的正能量,才能不断激发起人民群众的创造热情,在发展中国特色社会主义的伟大实践中攻坚

---

① 李捷:《为思想的力量点赞》,见《理论热点辨析》,学习出版社 2016 年版,第 2 页。

克难、继续前进。党的十八届五中全会把"四个全面"作为我国"十三五"规划经济社会发展的指导思想,体现了党中央从实践角度,善于抓住重点,从国家的经济社会发展的整体推进"四个全面"战略布局。近几年的实践证明,只有在实践中妥善处理好深化改革与各种利益结构性调整的关系,才能减少小康社会建设的阻力,增强战略目标实现的动力;只有从实践的角度推进全面依法治国,才能有效推进国家治理体系和治理能力现代化,使国家治理法治化、制度化;只有以实践的态度推进全面从严治党,保持党的先进性,提高党的执政能力,才能保障全面建成小康社会、全面深化改革和全面依法治国在正确的轨道上有序推进。因此,实现伟大梦想、践行"四个全面"、"四个伟大",标志着我们党治国理政方略的新创造,是马克思主义与中国实践相结合的新飞跃,实践是建设社会主义现代化国家的根本路径。

实现伟大梦想,践行"四个全面"、"四个伟大"的实践价值,是以人民为中心的发展思想。党的十八届五中全会提出以人民为中心的发展思想,是党在顶层设计层面对经济社会发展全局提出的价值要求,"以人民为中心"是新发展理念的价值核心。以人民为中心的发展思想,不是一个抽象的、玄奥的概念,不能只停留在口头上、止步于思想环节,而要体现在经济社会发展各个环节。这既是一个理论问题,也是一个实践问题,更重要的是实践价值导向问题。实现伟大梦想,践行"四个全面"的实践价值充分体现了"人民的主体地位"、"以人民为中心"的核心思想理念。全面建成小康社会的主要内涵是提质增效、促进人的自由全面发展。人民群众是全面建成小康社会的主体,也是建设的最大受益者。十九大报告提出的"为中国人民谋幸福"、"打赢脱贫攻坚战"、"打赢蓝天保卫战"等,都是最生动的"以人民为中心"的实践。全面深化改革为什么能够得到人民群众的普遍认可,不断激发人民参与改革的热情,其秘诀就在于体现了人民的需求,保障了人民的根本利益,促进社会公平正义,依靠人民的力量,深化改革,增进人民福祉,让人民群众共享更多的改革成果。在践行"四个全面"、"四个伟大"的实践中也建立起了各种社会关系,如平等关系、分配关系、效率与公平等,因为只有在实践中处理好与人民群众的关系,才能不断激发人民群众对于推动改革的热情,增强人民群众自觉实现伟大梦想的决心和动力。习近平指出："没有人民支持和参与,任何改革都不可能取得成功。"①十八届四中全会《决定》强调,"全面推进依法治国,必须坚持人民主体地位的原则,人民是依法治国的主体和力量源泉"②。全面依法治国保障人民权益,将为了人民、依靠人民、造福人民、保护人民贯穿于法治建设全过程。全面从严治党回应人民关切,重拳出击整治贪腐,狠刹"四风"顽疾,解决老百姓最直接、最现实、最关心的问题,人民群众拍手称快,夯实执政根基。如习近平所指出的"得民心者得天下,失民心者失天下,人民拥护和支持是党执政的最牢固根基"③。人民群众永远是我们依靠的力量源泉,是中国共产党的"根"。

综上所述,如毛泽东所言,"马克思列宁主义并没有结束真理,而是在实践中不断地开辟认识真理的道路。"④实现现代化与民族复兴中国梦,在改革中推动发展、在法治中实现文明、在生态中建设美丽中国、在从严治党中强化领导核心、在全面建成小康社会和社会主义现代化建设中加快实现民族伟大复兴进程、在推进"四个伟大"中创新民族复兴实践,形成了全面建成小康社会和建设现代化目标的引领力、深化改革的直接推动力、法治的保障力以及全面从严治党的领导力。在这个系统动力中根本的动力就是在党的领导下,在解决当下中国社会的基本矛盾问题中所产生的变革力量。这与马克思主义哲学理论的社会发展动力观是一脉相承的,揭示了中国特色社会主义发展的内在逻辑和发展规律,昭示着现代化建设与民族伟大复兴的前景无限光明。

---

① 《习近平谈治国理政》,外文出版社 2014 年版,第 97 页。
② 《〈中共中央关于全面推进依法治国若干重大问题的决定〉辅导读本》,人民出版社 2014 年版,第 355 页。
③ 《习近平谈治国理政》,外文出版社 2014 年版,第 368 页。
④ 《毛泽东选集》第 1 卷,人民出版社 1991 年版,第 295 页。

第四章　现实与未来

站在新时代中华民族伟大复兴的起点上，我们可以更加清晰地看到，世界潮流，如长江黄河激流涌荡；历史规律，如春夏秋冬顺昌逆亡。近代以来，中华民族从危亡到独立，从贫困到温饱，从富裕到小康，从全面小康到走向基本现代化，从基本现代化到走向全面建成现代化强国，在一步步推进实现民族复兴中国梦进程中，展现出一幅中华民族伟大复兴的时间表和路线图。我们从哪里来？从全面建成小康社会决胜阶段中走来；我们到哪里去？我们要到"两个一百年"的奋斗目标中去，我们走到"两个一百年"奋斗目标的后半程。习近平总书记向国际友人宣布："中国已进入全面建成小康社会的决定性阶段。实现这个目标是实现中华民族伟大复兴中国梦的关键一步。"①十九大报告指出："从十九大到二十大，是'两个一百年'奋斗目标的历史交汇期。我们既要全面建成小康社会、实现第一个百年奋斗目标，又要乘势而上开启全面建设社会主义现代化国家新征程，向第二个百年奋斗目标进军。"②第一个百年目标实现在即，第二个百年目标的实现正在途中，建成富强民主文明和谐美丽的社会主义现代化强国的宏伟目标在召唤着我们，拉开了实现伟大梦想的新时代大幕。

第一节　转向现代国家的新探索

中国特色社会主义进入新时代，这是我国发展新的历史方位。当代中

---

① 《"四个全面"学习读本》，人民出版社 2015 年版，第 52 页。
② 《党的十九大报告辅导读本》，人民出版社 2017 年版，第 27 页。

国正处在向现代国家转型的关键时期。传统中国向现代中国历史转型的过程,实际上就是实现中华民族伟大复兴的过程。中华民族每一次转型都带来民族的进步和国家的振兴。全面建成小康社会是实现中华民族伟大复兴的关键一步,全面深化改革是关键一招。我们即将全面建成小康社会,又将开启全面建设社会主义现代化国家新征程,中国共产党承担着中国社会继续转型和中国特色社会主义制度成型的历史任务。

中华民族在历史的长河中,不仅实现了千年古国的整体转型,而且创造了属于自己的新的发展模式,堪称人类文明史上一大奇迹。造就这种奇迹的力量,一方面来自人类文明发展的时代潮流,另一方面来自中国人对自身历史遗产的创造性转换。具体来说,就是如何使国家既有的价值、制度与组织系统全面地从传统国家转向现代国家,实现中华民族的大一统与中国人民当家作主的有机统一。在这种有机统一中,中国内在的发展逻辑要求现代化和民主化必须在"保全中国"的前提下展开。这是中国现代国家转型的历史规定性;而现代化和民主化潮流则要求民族的伟大复兴和国家的统一必须以人民民主解放为动力、目标和使命。这是中国现代国家转型的现实规定性。中国现代政治就是在这样的历史力量、时代力量以及人为力量的共同作用中生成的。①

有学者认为,中国政治社会制度的第一次大转型是在两千多年前。商鞅变法引发了中国政治社会制度的第一次大转型,从封建制转为郡县制,围绕着"废封建,立郡县;废井田,开阡陌"这12个字转变。改革转型经过二三百年之久,形成了秦汉模式的中国政治、经济、文化制度,开启了中国中央集权的历史时期。② 但是这一历史时期的君主专制制度始终没有改变。

中国政治社会制度的第二次大转型是从1840年鸦片战争开始,到中华人民共和国成立。中国的这次大转型是在中华民族遭遇了生存危机,

---

① 参见林尚立:《大一统与共和:中国现代政治的缘起》,《复旦政治学评论》2016年第16期。

② 参见邹东涛:《改革发展再扬帆——突破深水区改革的8大难题》,国家行政学院出版社2013年版,第9页。

被西方列强侵凌而难以为继的情况下发生的一次惊涛骇浪的大转型。如何彻底终结近代中国所遭际的全局性危机，实现中国的独立统一，是中国近代史所提出的最重要也是最迫切的时代命题。这不但指向传统中国的现代转型，而且意味着中国文明在现代境遇下的重建。实现传统中国向现代中国的转化的确不易。这一转化是在外力裹挟逼迫下发生并伴随着危机不断深化的，因而必然体现为巨大的历史断裂，无视这种断裂而认为传统自身可自然地过渡到现代之设想，只能是一种荒唐的空想。这一转化发生在被外敌侵略民族处于生死存亡之际，必须组织动员广大人民群众参加方可取得成功。这绝不是移植西方的理念和模式就可以完成的，要借助植根于中国传统与现实的资源。实践证明，挽救中国近代以来全面危局的根本，即在于建立具有高度组织性、代表性和行动力的新团体，它不仅能够完成对于一切社会资源的有效整合，更要提供一种传统中国所匮乏的集体生活。唯有毛泽东思想指引下的中国共产党，在领导中国人民革命建国的过程中，切实地承担起了这样的历史使命。[①] 只有中国共产党领导全国各族人民，才能夺取新民主主义革命的伟大胜利，建立中华人民共和国。中华人民共和国的诞生是中华民族自强不息、艰苦卓绝奋斗的结果，也从根本上保障了中华民族的生存与发展；既是现代民族国家的创建，同时又是民族国家的超越。

有学者认为，中国政治社会制度的第三次大转型是从1978年12月党的十一届三中全会开始，到21世纪中叶全面实现现代化，或者更长的时间。中国的这次大转型是在中国内生发展动力的驱动下，在中国共产党的领导下自上而下进行的一场伟大变革。这场变革最鲜明的特点就是改革开放和创新。中国的改革开放是一个国家转轨的整体过程。这样的转轨，从经济领域起始，扩展到社会、政治等广泛领域。改革开放以来，中国的经济、政治、社会都发生了重大而深刻的变革。

改革开放近40年来，我国抓住了和平与发展的重大战略机遇，从以

---

① 参见鄢一龙、白钢等：《大道之行——中国共产党与中国社会主义》，中国人民大学出版社2015年版，第28—32页。

阶级斗争为纲转移到以经济建设为中心,从计划经济体制转移到社会主义市场经济,极大地解放和发展了生产力,把一个古老的中国带进了现代化的快车道。2017年我国GDP达到82.7万亿元,经济总量稳居全球第二,对世界经济增长贡献率超过30%,成为世界第一大工业制造国。北斗系统、航天、高铁、超级计算、激光等多项技术世界领先,综合国力大大增强;把封闭和半封闭的中国带进全球化,改革开放、国门大开,赶上了产业大转移、资本大流动的全球化浪潮,让中国人看到了外面的世界真精彩,真有"洞中才数日,世上已千年"之感。融入世界经济,中国离不开世界,世界离不开中国。改革开放为中国重新崛起提供动力机制和体制保障,不断理顺政府与市场的关系,发挥市场配置资源的决定性作用和政府的有效作用,转变政府职能、健全负面清单和制度清单,促进社会公平正义,着力改善民生,全面深化改革的力度之大、范围之广、成效之好前所未有,为民族伟大复兴增添了源源不断的动力,创造了世界经济史上的"中国奇迹"。

考察改革开放的历史贡献,从经济学的角度看,效率与公平尤其是效率比30多年前大大提高了;从法学角度看,法治在逐渐替代人治,秩序和公正正在建立;从政治学角度看,国民的公民权利比30多年前大为增加了,等等。这40年中国从贫穷落后到温饱再到富裕和全面小康,不仅解决了生存问题,而且发展不断跨越一个又一个大的台阶,成为中国历史上发展最快最好的时期之一,极大地加速了中华民族伟大复兴的历史进程。

从经济转型看,资源配置信号由计划指标转向市场价格,经济发展的推动力由行政主导转向市场和行政双轮驱动,经济运行系统由封闭转向开放。总之,我国从计划经济体制转向市场经济体制,成为强势增长的动力所在。我国经济体制的成功转型,对于迅速做大经济总量具有决定性意义。

从社会转型看,随着市场经济的迅速发展,改变了过去中国传统社会稳定而保守的基本特征,快速走向现代社会,社会结构发生了巨大的变化。我国社会已经步入一个全面的、整体性的转型过程。从自给半自给的产品经济社会转向有计划的商品经济社会;从农业社会转向工业社会;从乡村社会转向城镇社会;从封闭半封闭社会转向开放社会;从同质的单一性社会转向异质的多样性社会;从伦理型社会转向法理型社会。① 中国经济的转型带动了社会转型,两者相与随行、密不可分。

从政治转型看,加强民主与法治建设,完善和发展中国特色社会主义制度,建设中国特色社会主义法治体系,推进法治国家、法治政府和法治社会一体建设,实现由人治向法治的转变,推进国家治理体系和治理能力现代化。国家转轨的难度,远远超过市场经济、现代社会转变的难度。原因在于国家转型主要是国家权力形态的转型。经济转型、社会转型由权力执政部门所设计、引导和推进,国家转轨则是改革者自身的改革。这是需要壮士断腕的精神才能有效推进的转型形式。目前,中国特色社会主义制度体系还没有完全成熟,国家还正处在转型的实践之中。这次大转型的历史任务完成的时间还不好估算,但是以现代化为标志的制度文明将是主要的标准依据,我们还有很长的路要走。

党的十八大以来,我国处在整体转型的攻坚期。中国站在历史的十字路口,改革正面临重大抉择。未来 30 年是巅峰决战,成则实现民族伟大复兴重回世界之巅;败则落入中等收入陷阱的漫长徘徊。全面建成小康社会进入了决胜阶段,"四个全面"第一次将全面建成小康社会定位为"实现中华民族伟大复兴中国梦的关键一步",继续保持经济发展、巩固现有经济成就作为国家发展战略的第一个百年目标,这既是经济转型的目标要求,也是确保政治发展的经济基础。"十三五"期间要确保全面建成小康社会的目标顺利实现。全面深化改革进入了深水区,确保全面深化改革在重要领域和关键环节取得决定性的成果;既与世界先进政治文明发展模式相呼应,又与中国政治发展的现状相适应。构建符合中国国情、与社会主义市场经济相适应、与国际先进管理经验相衔接的现代治理体系,从而激发和增强市场、社会的内生活力,并借助后者的力量对国家治理效果进行监督,是中国国家治理现代化的核心内容,也是中国政治发展的方向。② 作为全面深化改革的"姊妹篇",全面依法治国是中国未来战略发展的另一个车轮,也是

---

① 参见任剑涛:《国家转型、中立性国家与社会稳定》,《社会科学杂志》2014 年第 11 期。

② 参见陈炜:《"四个全面"与当代中国政治发展动力》,《探求》2015 年第 6 期。

确保中国政治发展动力在公平、可预测和稳定的轨道内发挥作用的必然选择。实现向现代国家转型，必须依法治国，通过法治治理权力腐败，使之服从国家的法治框架，把确定性、可预测性等引入对社会生活的调控，才能有利于社会的正常运转。同时，法治通过对一切私人的、公共的权力施以必要的法律限制，才能保障公民的基本权利，维护社会发展和人民生活的现实秩序。全面从严治党是建设社会主义现代化强国、实现民族复兴的根本保障，坚持党对一切工作的领导，强调党的政治建设首位作用和"增强从严治党的系统性、预见性、创造性、实效性"，旨在始终使中国共产党成为坚强的领导核心。党的十八大以来，形成了一系列完善的党内法规制度体系，重拳肃清了一大批贪污腐败分子，党的作风实现了根本好转，以此向全国人民和全世界宣告从严治党的决心，也赢得了民众的拥护。从严治党不仅是革新党的作风问题，更是革新党的组织领导方式，使公共权力更加清明、更加有效，加快推进国家权力形态转型，从而实现向现代国家的成功转型。

一个肩负13多亿人梦想与幸福的国家，在迈向民族伟大复兴的道路上，如何统筹协调好人与自然、经济与社会、效率与公平的关系，创造以人民为中心、包容共享的发展空间，这不仅是一个民族的探索与奋斗，也是人类普遍需要面对的共同课题。发展理念源于发展实践，反过来又给发展实践以深刻影响。在这样的历史关口，需要用新思路寻找新出路、以新理念引领新发展。习近平新时代中国特色社会主义思想，为中国号巨轮涉过险滩、渡过激流标注前行航向，我们要坚忍不拔、锲而不舍，奋力谱写社会主义现代化新征程的壮丽篇章。

有学者说，经过40年的改革发展，中国从"摸着石头过河"到"在鸡蛋上跳舞"，从起步之初的艰难探索到击水中流的豪迈挺进，中国经济社会发展已过万重山岳。未来的发展之路应如何绘就？更深层次的改革该如何推进？在新时代实现民族复兴的征途上，如何协调推进"五位一体"总体布局、"四个全面"战略布局、新发展理念和"四个伟大"等？让我们在新时代的阳光下，朝着新目标、踏上新征程、展现新作为，更好地把握中国的现在、创造中国的未来，开启全面建成富强民主文明和谐美丽的社会主义现代化强国的崭新航程。

第二节　全面小康社会发展进程

"十三五"和今后 30 年,是全面建成小康社会和实现"两个一百年"目标任务的关键时期。在这个重要而关键的节点上,必须深刻认识和科学把握未来经济社会发展的新趋势、新特点,认真研究面临的新机遇、新挑战,继续抓住和用好我国发展的重要战略机遇期,跨越"中等收入陷阱",适应我国经济由高速增长阶段转向高质量发展阶段的新要求,实现更高质量、更有效率、更加公平、更可持续发展,确保如期顺利全面建成小康社会,为实现现代化和中华民族伟大复兴打好坚实的基础。

一、全面建成小康社会的发展走势

首先,从"十三五"时期国际发展形势看,复杂的国际经济政治形势,对于已经深度融入世界的中国有着广泛而深刻的影响。[①]

长周期视角下的全球经济新常态的主要特征是长期停滞,上一波经济全球化与社会信息化的动能消耗殆尽,世界经济进入第五次世界经济长波的下行阶段。全球经济增长放缓,既有的全球分工体系被打破,全球资源需要重新配置,在新的国际分工形成的过程中,新技术革命与国际新规则将发挥关键性作用。我国作为一个新兴大国正在迅速崛起,不仅国际间竞争加剧,而且我国崛起的成本不断上升。在传统的全球化红利渐失和以要素驱动为特征的高速经济增长模式行将终结的大背景下,我国应当通过产业升级、需求调整、要素优化等途径,加快自身的结构转型升级,并以更加积极的姿态投入到新世界体系的构建之中,勇敢担当"负责任大国"的角色,加快实现中华民族伟大复兴进程,并为世界和平发展作出重大贡献,这是新时代赋予当代中国的时代命题。

---

① 参见李培林、蔡昉:《2020 走向全面小康社会——"十三五"规划研究报告》,社会科学文献出版社 2016 年版,第 2—10 页。

其次,从"十三五"时期国内形势看,新常态下中国经济发展要从发展趋势、增长潜力和重大挑战三个方面进行分析研究。[①]

一是发展趋势。我国的基本发展趋势主要表现为消费结构升级、基础设施建设、产业结构调整和开放型经济发展四个层面。概括地讲,就是我国在全面建成小康社会的决胜阶段,在消费方面,应解决居民消费率偏低、投资率过高、服务供给不足等制约中国宏观经济平稳运行的重大结构性问题,挖掘服务消费的巨大潜力,实现从商品消费为主向商品消费和服务消费并重转变。在基础设施投资方面,应抓住基础设施投资缺口巨大的机遇,扩大教育、医疗、健康、养老、文化创意等领域的社会基础设施投资,扩大与企业创新和产业竞争力有关的投资,有利于生产能力与创新能力的建设和提高。在产业结构方面,要顺应制造业信息化和制造业服务化成为世界工业化进程的两个重要趋势,一手抓先进制造业信息化,加快人工智能、数字制造、工业机器人等基础制造技术和重构制造、3D 打印等新兴生产系统的技术突破及应用;另一手抓制造业服务化,推动制造业由生产制造型向生产服务型转变,加快形成制造业和生产性服务业相互增强发展的局面。在开放型经济方面,从国内因素看,综合要素成本攀升、人民币被动升值、制造业不景气等,是进出口持续下滑的直接原因;从国际环境看,世界经济长周期的繁荣已转入震荡复苏,跨国公司主导的全球化趋势被贸易保护主义遏制,我国在部分产业上的比较优势为周边国家和地区所取代。未来五年我国将处于传统出口优势丧失、外贸竞争新优势还未形成的"青黄不接"时期,培育外贸竞争优势势在必行。

二是增长潜力。首先,储蓄仍然较为充足。未来五年左右的中短期区间内,我国储蓄率总体较高、资金供给总体充裕,未来几年仍有较为充足的资金供给继续支持一定速度的投资率和经济增长率,关键问题是如何完善金融体系,将资金配置到效率较高的生产部门,将这种发展潜力转化为有质量的经济增长率。其次,工业化与城镇化潜力依然较大。未来 5 至 10 年,

① 　参见张晓晶、李成、董昀:《"十三五"时期我国经济社会发展的主要趋势和重大思路》课题报告,载李培林、蔡昉主编:《2020 走向全面小康社会——"十三五"规划研究报告》,社会科学文献出版社 2016 年版,第 10—30 页。

工业化和城镇化将继续作为拉动我国经济增长的两大引擎。我国的工业大多数产业尚未占据世界产业技术高端,工业的这一转型升级过程必将带动经济发展质量提升。同时,服务业已经开启了快速发展的进程,将通过扩大就业、促进消费、增强发展持续性、提升制造业的人力资本等渠道推动经济增长。与发达国家相比,我国的城镇化还有相当的潜力。现在要改变"摊大饼"式的旧有城镇化模式,变城乡分割为城乡一体化,抑制土地城镇化,加快人口的城镇化,提升人力资本和城市的集聚功能,重塑城市的产业竞争力。第三,提高劳动参与率和提升劳动力质量,获取新的人口红利。通过人力资本积累、技术进步和体制改革,仍有可能开发出新经济增长动力。第四,中国作为后发国家仍能享受部分技术赶超红利。未来在充分利用技术赶超的同时,需要把自主创新放在更为重要的位置。这是实现民族伟大复兴的一大法宝。第五,全面深化改革将为发展释放新的改革红利。从增长动力看,使市场在资源配置中起决定性作用,就是要推进各类要素配置的市场化。全面深化改革各项政策措施的落实,将通过提高要素资源配置效率和生产效率,释放出新的改革红利,为未来中国经济的中高速增长提供新动力。第六,积极参与全球治理,获得新的全球化红利。抓住全球规则创新和重新修订的机遇,提升我国在国际规则制定中的话语权,通过参与这些谈判将使我国的相关产业更具竞争力,经济发展的外部环境更加有利。

三是重大挑战。在"十三五"时期乃至更长时间,我国经济社会发展将面临诸多重大挑战。其一,结构性减速。当前和今后一个时期,我国在资源配置效率下降、要素成本提高、科技创新能力不足和资源环境约束增强等趋势性因素的制约下,经济增长从高速增长转向中高速增长。这主要是在经济发展新阶段所面临的根本性转折造成的。其二,人口老龄化。据国家统计局公布,至 2015 年年底,全国 60 岁及以上老年人口 2.22 亿人,占总人口的 16.1%,其中 65 岁及以上人口 14386 万人,占总人口的 10.5%。按照人口统计学标准,65 岁以上人口占比达到 7% 即为进入老龄化社会,我国已经处于深度老龄化阶段,老龄化呈现出逐年增加的趋势。预测到 2020 年我国老龄化程度将提高到 13.6%,2030 年将达到 18.7%,2040 年将快速攀升至26.8%,2050 年将高达 30.8%。"未富先老"意味着我国在人均收入水平不高、劳动力需求仍较旺盛、养老资源相对不足、社会保障制度不够完善的情况下，迎来劳动力供给减少、工资水平快速上升、人口红利过早消失的局面。其三，金融风险。1996—2013 年，我国全社会杠杆率由 113% 上升到 232%，增加了 1 倍多。特别是由 2008 年的 170% 上升到 2013 年的 232%，5 年上升了 60 多个百分点。全社会杠杆率的快速上升表明了金融风险的上升。我国政府债务占 GDP 的比重为 58%，已接近国际上 60% 的警戒线标准，非金融企业债务占比为 121%，远超过 OECD 国家 90% 的安全阈值。[①] 其四，生态环境。经济增长、人口增加、能源资源消耗和城市扩展对生态环境的压力进一步加大，60% 左右的城市空气质量不达标，我国的环境污染形势依然严峻。其五，包容性增长。现在城乡差距、区域差距和贫富差距仍较突出，社会分配不公的问题依然较重。我国经济发展的包容性不足的问题根植于计划经济时代的制度性不平等。由于经济体制的转轨尚未完成，不同社会群体之间的权利平等尚未完全实现，从而造成市场经济中的不平等竞争。正确处理公平与效率的关系，实现经济增长成果的分享和增长过程的社会和解，提高经济的包容性，是我国未来一个时期可持续发展的重要组成部分。

第三，从"十三五"发展思路看，根据中国社科院"十三五"规划研究报告提出的对策思路建议，今后应当主要从以下三个方面加强应对之策。[②]

在我国经济进入新常态和处在实现"两个一百年"目标的关键时期的大背景下，发展思路应当是坚守防范金融危机这条底线，拓展国际国内两个发展空间，以全面建成小康社会向高收入经济体迈进为主题，以绿色发展和包容性增长为主线，以创新驱动发展为根本动力。

一是坚守防范金融危机这条底线。在"十三五"时期乃至更长时期，我国会不会发生金融危机尽管还是未知数，但我们对此要高度警醒。因为如果危机发生，将会对全面建成小康社会带来重大影响。从国际上看，一般一

---

① 参见张晓晶、李成、董昀：《"十三五"时期我国经济社会发展的主要趋势和重大思路》课题报告，载李培林、蔡昉主编：《2020 走向全面小康社会——"十三五"规划研究报告》，社会科学文献出版社 2016 年版，第 26 页。

② 参见张晓晶、李成、董昀：《"十三五"时期我国经济社会发展的主要趋势和重大思路》课题报告，载李培林、蔡昉主编：《2020 走向全面小康社会——"十三五"规划研究报告》，社会科学文献出版社 2016 年版，第 30—33 页。

个经济体快速增长 30 年左右,大体都会遇到危机。泰国、印度尼西亚、马来西亚、韩国,在危机发生前大体都快速增长了 30 年左右。虽然这不能简单类比,但要清醒地看到,我国在高速增长 30 多年后,一些累积性的突出矛盾和风险逐步暴露出来。特别是近年来,一些地方出现的政府债务增加、股市动荡、经济下行压力加大等问题,已向我们敲响了警钟。只有积极防范危机的发生,才可能实现调结构、促转型、稳增长,才可能顺利全面建成小康社会。否则,一旦危机爆发就可能使中国经济增长停滞,甚至会陷入"中等收入陷阱"。因此,今后防范金融风险是第一重要的问题。今后应当特别注重金融系统的健康发展,尤其是将防范系统性的金融危机作为必须坚守的底线。1. 应在充分调查研究的基础上搞好顶层设计,制定防范化解金融风险的各种预案。2. 应加强对若干系统重要性金融机构的日常风险的监督和管理。3. 应把握金融改革与风险防范之间的平衡,注意改革的顺序、节奏,防止风险激增甚至失控。4. 应格外防范外部冲击带来的风险。应当密切关注国际资本流动及相应的风险传入,尤其要在金融开放的过程中,始终保持清醒的头脑,掌握管控风险的主动权。

二是拓展国际和国内两个空间。在全球进入长期停滞新常态和我国经济进入结构性减速新常态的大背景下,不仅全球的日子不好过,而且我国的经济发展下行的压力加大,因此拓展发展空间势在必行。首先,从拓展国际发展空间看,中国的发展离不开世界,世界的发展也离不开中国,中国的崛起必须争取国际大环境的有利时机,继续以开放促发展、以发展促开放。应当一手抓开放型经济转型升级,通过"一带一路"国际合作、自贸区实践、对外基础设施投资和人民币国际化等多维度的探索,推动我国开放型经济从规模扩张向质量提升转变。按照市场经济规律,促进中国资本在全球范围内的高效配置,并注重不断推进我国在市场经济基本规则上的制度接轨。一手抓合作共赢、多元平衡的全球包容性发展,综合运用经贸、金融、政治、外交、国防、文化等多方面的硬实力和软实力,以负责任大国的姿态,积极参加全球治理,参与后危机时代国际政治经济秩序的重构。深度参与联合国、世界银行与国际货币基金组织改革,完善"20 国集团"、金砖国家、亚太经合组织及上合组织等多边合作框架,加强互联互通伙伴关系等都是我国参与全球治理的重要战略平衡和抓手。其次,从拓展国内发展空间看,应当进一步加大全面深化改革的力度,下功夫解决好政府与市场的关系问题。一应发挥市场配置资源的决定性作用,充分整合国内市场,破除各种市场扭曲,着力打破部门与行业垄断,打破市场的地域分割,使商品与要素能够在价格信号的激励下自由流动,用市场有效配置资源。二应着力理顺中央与地方的关系,通过深化改革财税体制与部门行政架构、转变地方政府绩效考核体系等措施,调动两个方面的积极性,并引导、鼓励地方之间的良性竞争。三应破除制约创新发展的各种机制障碍,促进、规范产业之间、产业内部,以及企业层面的研发合作与竞争,逐步建立尊重微观的市场主体,并能充分调动国家创新的积极性和主动性。

三是突出创新驱动、绿色发展和包容性增长。这三个方面是我国今后一个时期必须着重强调的重要发展取向,也是构成全面建成小康社会的核心内容和重要举措。只有创新发展才能有效解决当下发展动力不足的问题,突出绿色发展和包容性增长,才能解决发展不平衡、不协调、不可持续的问题。创新驱动发展就是要从依赖资本、劳动力、自然资源投资的低效的粗放发展方式,转变为以制度创新、科技创新和管理创新为主要驱动力的可持续的经济增长路径,促进产业从中低端转向中高端,提高产业链竞争的新优势,并使我国加快进入创新型国家行列。绿色发展是推动我国资源节约型和环境友好型的生态文明建设。绿色低碳循环发展是当今时代科技革命和产业变革的方向,是最有前途的发展领域;节能环保产业是方兴未艾的朝阳产业,我国在这方面潜力巨大,可以形成很多新的经济增长点。推进绿色发展、绿色富国,将促进发展模式从低成本要素投入、高生态环境代价的粗放模式向创新发展和绿色发展双轮驱动模式转变,能源资源利用从低效率、高排放向高效、绿色、安全转型,推动绿色制造业和绿色服务业兴起。绿色发展已成为我国走新型工业化道路、调整优化经济结构、转变经济发展方式的重要动力,成为推动走向富强的有力支撑。包容性增长是实现经济、社会、生态、文化等全方位的平衡、协调、可持续发展,寻求的是社会和经济协调发展和可持续发展,与单纯追求经济增长相对立。包容性增长要让更多的人享受全球化成果,让弱势群体得到保护;加强中小企业和个人能力建设;在经济增长过程中保持平衡。包容性增长最基本的含义是公平合理地分享经济增长,其中最重要的是缩小收入分配差距。创新驱动是根本,没有创新驱动,绿色发展和包容性增长就缺乏动力源,绿色发展和包容性增长则是创新驱动的目的。这个目的与全面建成小康社会和实现人的全面发展相一致。只有绿色发展才能改善人的基本生存环境,只有包容性增长才能实现人的平等和尊严。创新驱动发展的本质是人才,创新的核心要素是人。只有人的全面发展,才可能为创新提供高素质的人力资本。因此,创新驱动、绿色发展和包容性增长三者相互联系,形成良性循环,成为引领"十三五"发展的主线。

二、全面建成小康社会的目标取向

党的十八大根据国际国内形势的新变化和广大人民群众的新期待,对全面建成小康社会的目标进行了充实和完善,提出了更加具体明确的政策导向,更加针对发展难题、更好地顺应人民群众意愿的目标要求。2013 年国家统计局对 2008 年制定的《全面建设小康社会统计监测指标体系》进行了重新修订,形成了"全面建设小康社会统计监测指标体系(全国及各地区统一目标值)"。这个监测指标体系包括经济发展、民主法治、文化建设、人民生活、资源环境五大类,共计 39 个指标,其中经济发展 9 个指标、民主法治 4 个指标、文化建设 5 个指标、人民生活 14 个指标、资源环境 7 个指标。如表4-1 所示。

表 4-1　全面建设小康社会统计监测指标体系(2013 年修订的目标值)

	监测指标	单　位	权重	目标值
经济发展	1. 人均 GDP(2010 年不变价)	元	4.0	≥57000
	2. 第三产业增加值占 GDP 比重	%	2.0	≥47
	3. 居民消费支出占 GDP 比重	%	2.5	≥36
	4. R&D 经费支出占 GDP 比重	%	1.5	≥2.5
	5. 每万人口发明专利拥有量	件	1.5	≥3.5
	6. 工业劳动生产率	万元/人	2.5	≥12
	7. 互联网普及率	%	2.5	≥50
	8. 城镇人口比重	%	3.0	≥60
	9. 农业劳动生产率	万元/人	2.5	≥2

（续表）

	监测指标		单 位	权重	目标值
民主法治	10. 基层民主参选率		%	3.5	≥95
	11. 每万名公务人员检察机关立案人数		人/万人	3.5	≤8
	12. 社会安全指数	每万人口刑事犯罪人数	%	4.0	= 100
		每万人口交通事故死亡人数			
		每万人口火灾事故死亡人数			
		每万人口工伤事故死亡人数			
	13. 每万人口拥有律师数		人	3.0	≥2.3
文化建设	14. 文化及相关产业增加值占 GDP 比重		%	3.0	≥5
	15. 人均公共文化财政支出		元	2.5	≥200
	16. 有线广播电视入户率		%	3.0	≥60
	17. 每万人口拥有"三馆一站"公用房屋建筑面积		平方米	2.5	≥450
	18. 城乡居民文化娱乐服务支出占家庭消费支出比重		%	3.0	≥6
人民生活	19. 城乡居民人均收入（2010 年不变价）		元	4.0	≥25000
	20. 地区人均基本公共服务支出差异系数		%	1.5	≤40
	21. 失业率		%	2.0	≤6
	22. 恩格尔系数		%	2.0	≤40
	23. 基尼系数		——	1.5	≤0.4
	24. 城乡居民收入比		以农为 1	1.5	≤2.8
	25. 城乡居民家庭住房面积达标率		%	2.0	≥60
	26. 公共交通服务指数	每万人拥有公共交通车辆	标台	2.0	= 100
		行政村客运班线通达率	%		
	27. 平均预期寿命		岁	2.0	≥76
	28. 平均受教育年限		年	2.0	≥10.5
	29. 每千人口拥有执业医师数		人	1.5	≥1.95
	30. 基本社会保险覆盖率		%	3.0	≥95
	31. 农村自来水普及率		%	1.5	≥80
	32. 农村卫生厕所普及率		%	1.5	≥75

（续表）

监测指标		单　位	权重	目标值
资源环境	33. 单位 GDP 能耗（2010 年不变价）	吨标准煤/万元	3.0	≤0.6
	34. 单位 GDP 水耗（2010 年不变价）	立方米/万元	3.0	≤110
	35. 单位 GDP 建设用地占用面积（2010 年不变价）	公顷/亿元	3.0	≤60
	36. 单位 GDP 二氧化碳排放量（2010 年不变价）	吨/万元	2.0	≤2.5
	37. 环境质量指数　PM2.5 达标天数比例	%	4.0	=100
	地表水达标率			
	森林覆盖率			
	城市建成区绿化覆盖率			
	38. 主要污染物排放强度指数　单位 GDP 化学需氧量排放强度	%	4.0	=100
	单位 GDP 二氧化硫排放强度			
	单位 GDP 氨氮排放强度			
	单位 GDP 氮氧化物排放强度			
	39. 城市生活垃圾无害化处理率	%	3.0	≥85

注：（1）全国单位 GDP 二氧化碳排放暂无数据，待有关部门公布时再纳入计算。

（2）复合指标环境质量指数中的 PM2.5 达标天数比例暂无数据，用城市空气质量达到二级以上天数占全年比重代替。

（3）各地区单位 GDP 二氧化碳排放量、基尼系数、每万名公务人员检察机关立案人数、人均基本公共服务支出差异系数数据无法取得，未纳入计算。

（4）本表数据来源于国家统计局，2013 年修订。

从表 4-1 可以看出，这个指标体系紧扣全面建成小康社会五位一体的发展布局，把对人民生活的监测更加突出出来，涉及人民生活的有 14 个指标，大大多于其他方面的指标数，其权重也最高，达到 28.0%。这充分体现了让老百姓过上好日子是我们一切工作的出发点和落脚点的目标要求。与 2008 年国家统计局制定的《全面建设小康社会统计监测指标体系》相比，不仅加大了人民生活的权重，还加大了环境资源的权重，监测环境资源的指标由原来的 3 个增加到 7 个，权重也由原来的 12% 提高到 22%。

2015 年 10 月，党的十八届五中全会通过了《中共中央关于制定国民经济和社会发展第十三个五年规划的建议》，对"十三五"时期全面建成小康社会的指标体系，在党的十八大提出的目标要求基础上，又进一步进行了更加明确和具体的补充和完善，确保"十三五"时期全面建成小康社会。

从"十三五"目标设计看,围绕五大发展目标全面建成小康社会,主要是经济增长、人民生活、文明程度、生态环境和制度定型等方面。①

——经济保持中高速增长。在提高发展平衡性、包容性、可持续性的基础上,到 2020 年国内生产总值和城乡居民人均收入比 2010 年翻一番。"十三五"期间,全国年均经济增速需要达到 6.5%才能实现以上两个翻一番,这是底线。我国经济发展仍有巨大潜力、余地和韧性。我国居民储蓄率显著高于世界上大多数国家,人力资本和科技创新对经济增长的贡献率逐步提高,具有资金、劳动、科技等生产要素组合的综合优势。产业升级的空间较大,即使一些行业产能出现过剩,仍可投资于高端制造业。拓展地区发展将成为经济保持中高速增长的新引擎。一方面,我国地域广阔,广大中西部地区经济发展还有很大空间;另一方面,我国城乡差距较大,城镇化率只有55%,新型城镇化不仅可以破解城乡二元结构、促进农业现代化、提高农民生产和收入水平,而且有助于扩大消费、拉动投资、催生新兴产业,释放更大的内需潜力。

——人民生活水平和质量普遍提高。就业比较充分,就业、教育、文化、社保、医疗、住房等公共服务体系更加健全,基本公共服务均等化水平稳步提高。教育现代化取得重要进展,劳动年龄人口受教育年限明显增加。收入差距缩小,中等收入人口比重上升。我国现行标准下农村贫困人口实现脱贫,贫困县全部摘帽,解决了区域性整体贫困。提高人民生活水平和质量是经济社会发展的出发点。切实关心人民群众的生产生活,扩大社会就业,增加居民收入,完善社会保障,让广大人民群众享受到发展的成果。就业是民生之本,把扩大就业作为经济社会发展的优先目标,统筹城乡就业,实行积极的就业政策。健全社会保障,按照城乡统筹、因地制宜、保障标准与承受能力相适应、权利与义务相匹配的原则,加快发展社会保障事业。合理调节收入分配,深化收入分配体制改革,优化收入分配调节机制,确保城乡居民公平地享受到经济社会发展的成果。

——国民素质和社会文明程度显著提高。中国梦和社会主义核心价值

---

① 参见《"十三五"规划〈建议〉八讲》,人民出版社 2015 年版,第 21—28 页。

观更加深入人心,爱国主义、集体主义、社会主义思想广泛弘扬,向上向善、诚信互助的社会风尚更加浓厚,人民思想道德素质、科学文化素质、健康素质明显提高,全社会法治意识不断增强。公共文化服务体系基本建成,文化产业成为国民经济支柱性产业,中华文化影响持续扩大。中国梦包含着全面建成小康社会的目标,也包含着建设社会主义现代化国家的目标,还包含着实现中华民族伟大复兴的目标。十八大提出积极培育和践行社会主义核心价值观。其中,富强、民主、文明、和谐是国家层面的价值目标;自由、平等、公正、法治是社会层面的价值取向;爱国、敬业、诚信、友善是公民个人层面的价值准则。文化产业是市场经济条件下繁荣发展社会主义文化的重要载体,重点文化产业主要包括文化创意、影视制作、出版发行、印刷复制、广告、演艺娱乐、文化会展、数字内容和动漫等,将中华优秀文化推向世界,有利于扩大中华文化在国际上的吸引力和影响力,提高我国文化竞争力,增强我国综合国力。

　　——生态环境质量总体改善。生产方式和生活方式绿色、低碳水平上升。能源资源开发利用效率大幅提高,能源和水资源消耗、建设用地、碳排放总量得到有效控制,主要污染物排放总量大幅减少。主体功能区布局和生态安全屏障基本形成。绿色是指生产方式和生活方式的环保、健康、安全与节省;低碳是指生产方式和生活方式所耗用的能量要尽量减少,从而降低碳特别是二氧化碳的排放。加快建设科学合理的能源资源利用体系,提高能源资源利用效率,坚持减量化、再利用、资源化,加强节能、节水、节地、节材、资源综合利用,通过加快产业结构调整,推进技术进步,加强法制建设,完善政策措施,强化节约意识,建立长效机制,形成节约型的增长方式和消费方式,促进经济社会全面协调可持续发展。

　　——各方面制度更加成熟更加定型。国家治理体系和治理能力现代化取得重大进展,各领域基础性制度体系基本形成。人民民主更加健全,法治政府基本建成,司法公信力明显提高。人权得到切实保障,产权得到有效保护。开放型经济新体制基本形成。中国特色现代军事体系更加完善。党的建设制度化水平显著提高。习近平指出:"推进国家治理体系和治理能力现代化,就是要适应时代变化,既改革不适应实践发展要求的体制机制、法律法规,又不断构建新的体制机制、法律法规,使各方面制度更加科学、更加完善,实现党、国家、社会各项事务治理制度化、规范化、程序化。要更加注重治理能力建设,增强按制度办事、依法办事意识,善于运用制度和法律治理国家,把各方面制度优势转化为管理国家的效能,提高党科学执政、民主执政、依法执政水平。"①习总书记这段论述从国家治理和法治建设的高度,为我国各方面的制度改革指明了方向和提出了具体要求,特别是把落脚点放到了把制度优势转化为国家管理效能和党的执政能力建设上,具有现实而深远的实践意义。

从全国各地全面建设小康社会的情况看,既有宝贵的实践经验和大胆探索,又存在着发展不平衡、不充分、不可持续的问题,东部沿海地区发展进程较快,西部地区进程较慢,而且东西部差距较大。2016 年全国各省级行政区 GDP、人均 GDP 与居民人均收入对比如表 4-2 所示②(不含香港、澳门和台湾地区)。31 个省、市、区 2016 年人均 GDP 的统计显示,人均 GDP 超过 1 万美元的省份 9 个,依次为天津 1.741 万美元、北京 1.727 万美元、上海 1.712 万美元、江苏 1.436 万美元、浙江 1.263 万美元、福建 1.118 万美元、内蒙古 1.117 万美元、广东 1.103 万美元、山东 1.025 万美元。天津、北京和上海三大直辖市均超过了 11 万元,位列前三,有 12 个省份超过全国平均水平(53817 元);将各省份的人均 GDP 换算成美元,包括这三大直辖市在内,有 9 个省份的人均 GDP 超过了 1 万美元。这其中,天津的人均 GDP 高居榜首,达到了 115613 元。北京则以 114690 元位居第二,仅比天津少了 923 元。上海也同样超过了 11 万元大关,达到了 113731 元。除了这三大直辖市,其他省份的人均 GDP 都在 10 万元以下。最接近 10 万元大关的是江苏,达到了 95394 元,浙江以 83923 元位居第五。"7 万元梯队"包括福建、内蒙古和广东,三者之间的差距非常小。经济第三大省山东则单独处于人均 GDP 的"6 万元梯队",达到 68049 元。2016 年人均 GDP 超过 5 万元的省份有 5 个,分别是重庆、湖北、吉林、陕西、辽宁。人均 GDP 超过 3 万

---

① 《习近平谈治国理政》,外文出版社 2014 年版,第 92 页。
② 数据来源:第一财经网、《中国经济周刊》,2017 年 2 月。

元的省份有 7 个,分别是四川、安徽、广西、西藏、山西、贵州、云南。甘肃人均 GDP 最低,只有 2. 75 万元。

从居民人均收入看,2016 年最高的是上海和北京,都在 5 万元以上。浙江、天津、江苏、广东都在 3 万元以上。其余各省份都在 1 万元至 3 万元之间。这说明我国全面小康建设存在着东中西部发展不平衡不协调,各地之间差距较大的问题,也说明东部发展实力强劲,中西部潜力较大。

表 4-2　2016 年全国各省级行政区 GDP、人均 GDP 与居民人均收入对比

地　　区	人均GDP(元)	位次	居民人均收入(元)	位次	GDP(亿元)	位次
天津市	115613	1	34074	4	17885	19
北京市	114690	2	52530	2	24899	12
上海市	113731	3	54305	1	27466	11
江苏省	95394	4	32070	5	76086	2
浙江省	83923	5	38529	3	46485	4
福建省	74288	6	27608	7	28519	10
内蒙古自治区	74204	7	24127	10	18633	16
广东省	73290	8	30296	6	79512	1
山东省	68049	9	24685	9	67008	3
重庆市	58199	10	22034	11	17559	20
湖北省	55191	11	21787	12	32298	7
吉林省	54073	12	19967	17	14886	22
陕西省	50528	13	18874	21	19165	15
辽宁省	50292	14	26040	8	22038	14
宁夏回族自治区	47157	15	18832	22	3150	29
湖南省	46063	16	21115	13	31245	9
海南省	44396	17	20653	14	4045	28
青海省	43750	18	17302	27	2572	30
河北省	42866	19	19725	19	31828	8
河南省	42363	20	18443	24	40160	5

（续表）

地　区	人均GDP（元）	位次	居民人均收入（元）	位次	GDP（亿元）	位次
新疆维吾尔自治区	40466	21	18355	25	9617	26
黑龙江省	40362	22	19838	18	15386	21
江西省	40220	23	20110	15	18364	17
四川省	39835	24	18808	23	32681	6
安徽省	39254	25	19998	16	24118	13
广西壮族自治区	38042	26	18305	26	18245	18
西藏自治区	35496	27	13639	31	1150	31
山西省	35285	28	19049	20	12928	24
贵州省	33242	29	15121	29	11734	25
云南省	31358	30	16720	28	14870	23
甘肃省	27508	31	14670	30	7152	27

注：1. 数据不包括香港、澳门及台湾地区；2. 数据来源：第一财经网、《中国经济周刊》。

三、全面建成小康社会的江苏实践

　　江苏、浙江等省在全面建成小康社会中走在了全国前列，并创造了十分宝贵的实践经验。江苏在全面建成小康社会的实践中，为了更好地发挥指标体系的导向、激励和监测作用，真正使小康建设成果具有更高质量、更高水平、更高满意度，对《江苏全面建成小康社会指标体系》进行了修订。江苏在 2003 年制定出台了《江苏省全面建设小康社会主要指标》。为落实党的十八大对实现全面建成小康社会目标提出的新要求和习近平总书记在 2013 年全国"两会"期间对江苏工作提出的新要求，江苏省在进行了深入的研究论证，并广泛征求了省内外专家及各地各部门意见的基础上，对 2003 年制定的全面建设小康社会指标体系进行修订，由原来的四大类 18 项 25 个指标扩展到五大类 22 项 36 个指标。一是新增了部分指标，主要包括现代农业发展水平、文化产业增加值占 GDP 比重、单位 GDP 能耗、城乡居民收入达标人口比例等。二是强化了部分指标，主要包括研发经费支出占

GDP 比重、城镇化率、居民收入水平等。三是替换了部分指标,替换成信息化发展水平、居民住房成套比例、现代教育发展水平等。新修订的全面小康指标体系的 22 项 36 个指标,具体为经济发展 6 项、权重 26 分,人民生活 5 项、权重 22 分,社会发展 5 项、权重 22 分,民主法治 3 项、权重 12 分,生态环境 3 项、权重 18 分。另设 1 项评判指标,即人民群众对全面建成小康社会成果的满意度,作为综合评判的必达指标。如表 4-3 所示。这个指标体系中的 22 项 36 个指标,江苏有许多都已超过、达到或接近。从全国看这是一个较高水准的指标体系。

表 4-3　2013 年修订的江苏省全面建成小康社会指标体系

类别	序号	指标名称		单位	目标值	权重
经济发展	1	人均地区生产总值		元	90000	6
	2	二、三产业增加值占 GDP 比重		%	92	3
	3	城镇化率		%	65	3
	4	信息化发展水平		%	80	5
	5	现代农业发展水平		%	85	5
	6	研发经费支出占 GDP 比重		%	2.5	4
人民生活	7	居民收入水平	城镇居民人均可支配收入	元	46000	8
			农村居民人均纯收入	元	20000	
			城乡居民收入达标人口比例	%	>50	
	8	居民住房水平	城镇家庭住房成套比例	%	90	4
			农村家庭住房成套比例	%	80	
	9	公共交通服务水平	城市万人公交车拥有量	标台	15	4
			行政村客运班线通达率	%	100	
	10	城镇登记失业率		%	<4	3
	11	恩格尔系数		%	<40	3
社会发展	12	现代教育发展水平		%	85	5
	13	基本社会保障	城乡基本养老保险覆盖率	%	97	8
			城乡基本医疗保险覆盖率	%	97	
			失业保险覆盖率	%	97	
			城镇住房保障体系健全率	%	90	
			每千名老人拥有养老床位数	张	32	
	14	文化产业增加值占 GDP 比重		%	5	3
	15	人均拥有公共文化体育设施面积		平方米	2.3	3
	16	每千人拥有医生数		人	2	3

（续表）

类别	序号	指标名称		单位	目标值	权重
民主法治	17	党风廉政建设满意度		%	80	4
	18	法治和平安建设水平	法治建设满意度	%	80	4
			公众安全感	%	90	
	19	城乡居民依法自治	城镇居委会依法自治达标率	%	92	4
			农村村委会依法自治达标率	%	97	
生态环境	20	单位 GDP 能耗		吨标煤/万元	<0.62	5
	21	环境质量	空气质量达到二级标准的天数比例	%	60	8
			地表水好于Ⅲ类水质的比例	%	60	
			城镇污水达标处理率	%	90	
			村庄环境整治达标率	%	95	
	22	绿化水平	林木覆盖率	%	22	5
			城镇绿化覆盖率	%	38	
评判指标		人民群众对全面建成小康社会成果满意度		%	70	

注:1.人均地区生产总值目标值,为 2010 年不变价;2.本表来源:江苏省发改委网,2013 年 6 月。

江苏省为贯彻落实省第十三次党代会精神,准确反映全省全面小康社会建设成效,在 2013 年修订的全面小康指标体系的基础上,省统计局会同省委研究室、省发展改革委研究建立了《江苏高水平全面建成小康社会指标体系》。该指标体系包括经济发展、创新驱动、人民生活、生态环境、文化发展、社会治理六大类 45 项 54 个指标,既与全国全面小康指标体系相衔接,又体现"强富美高"新江苏建设和"六个高质量"发展的高标准、高水平要求。有关部门根据指标体系对 2016 年江苏高水平全面建成小康社会进程开展了初步监测统计,依据已公开的部分指标监测统计结果显示,2016年全省高水平全面建成小康社会取得积极进展。从全省高水平全面建成小康社会进程评价看,2016 年,全省上下紧紧围绕省第十三次党代会提出的"两聚一高"发展主题,高水平推进全面小康社会建设,效果明显。六大类目标实现程度分别为:经济发展 85.9%、创新驱动 91.8%、人民生活85.8%、生态环境 96.1%(若空气和地表水按全国目标计算实现程度为94.2%)、文化发展 81.2%、社会治理 94.1%,分别提高 9.1 个、6.4 个、5.8

个、3.7 个、1.6 个和 2.8 个百分点。54 个具体监测指标中,已有 11 个指标达到或超过目标值。未达标指标中,实现程度超过 90% 的有 32 个,实现程度在 80%—90% 之间的有 5 个,实现程度低于 80% 的有 6 个。

如表 4-4 所示:2016 年江苏经济发展大类综合实现程度为 85.9%,较上年提高 9.1 个百分点,在六大类中提升幅度最快。7 个评价指标中,1 个指标已达标,其余 6 个指标实现程度高于 90% 的有 3 个,80%—90% 之间的 1 个,低于 80% 的 2 个。

表 4-4　江苏经济发展类指标评价表

	指标名称	计量单位	2020 年目标值	2016 年实现值	2016 年实现程度
一、经济发展					85.9
1	地区生产总值(2010 年不变价)	番	翻一番	0.70	70.3
2	战略性新兴产业增加值占 GDP 比重	%	≥15	12.94	86.3
3	服务业增加值占 GDP 比重	%	≥53	50.5	95.3
4	种植业"三品"比重	%	≥55	40.6	73.8
5	服务贸易占对外贸易比重	%	≥10	10.96	100
6	常住人口城镇化率	%	≥72	67.72	94.1
7	企业总资产利润率	%	≥10	9.23	92.3

注:本表数据来源:江苏省统计局。

经济规模持续扩大,2016 年实现江苏生产总值 76086 亿元(按 2010 年价格测算为 70561 亿元),比 2010 年翻 0.7 番,比 2015 年增长 7.8%。经测算,到 2020 年如期实现翻一番目标,2017—2020 年四年年均增速仅需保持在 4.1% 以上即可实现。产业结构进　步优化,初步测算,全省战略性新兴产业增加值占 GDP 比重为 12.94%,目标实现程度为 86.3%;服务业增加值占 GDP 比重达 50.5%,比上年提高 1.9 个百分点,目标实现程度为 95.3%。农业现代化进程有序推进,种植业"三品"比重为 40.6%,提高 5.3 个百分点,目标实现程度为 73.8%,提高 9.6 个百分点。服务贸易占对外贸易比重为 10.96%,考虑到江苏货物贸易体量相对较大,一定程度上挤占了服务贸易所占份额,设置的目标值相对偏低,该指标已达标。城镇化步伐不断加快,2016 年年末全省常住人口城镇化率为 67.7%,比上年年末提高 1.2 个百分点,目标实现程度为 94.1%。企业效益提升,2016 年全省规模以上工业企业利润总额为 10574.4 亿元,企业总资产利润率为 9.23%,提高 0.18个百分点。

如表 4-5 所示:2016 年江苏创新驱动大类综合实现程度为 91.8%,较上年提高 6.4 个百分点。7 个具体评价指标中,6 个指标实现程度在 90%以上,1 个指标实现程度低于 90%。

表 4-5　江苏创新驱动类指标评价表

指标名称		计量单位	2020 年目标值	2016 年实现值	2016 年实现程度
二、创新驱动					91.8
8	研发经费支出占 GDP 比重	%	≥2.8	2.66	95.0
9	万人发明专利拥有量	件	≥20	18.41	92.1
10	人力资源水平 每万劳动力中研发人员数	人年	≥140	114.23	81.6
	每万劳动力中高技能人才数	人	≥750	686	91.5
11	信息产业营业收入占工业和服务业比重	%	≥26	24.15	92.9
12	高新技术产业产值占规模以上工业总产值比重	%	≥45	41.51	92.2
13	科技进步贡献率	%	≥65	61.0	93.8

注:本表数据来源:江苏省统计局。

科技投入持续增加,2016 年江苏全社会研发经费投入为 2027 亿元,研发经费支出占 GDP 比重为 2.66%,比 2015 年提升 0.09 个百分点,目标实现程度为 95.0%。区域创新能力保持领先,万人发明专利拥有量 18.41 件,提高 4.2 件,目标实现程度为 92.1%,比上年提高 21 个百分点。创新人力资源水平较快提升,每万劳动力中研发人员数和高技能人才数达 114.23 人年和 686 人,分别增加 3 人年和 70 人,目标实现程度分别提高 2.4 个和 9.3个百分点。信息化水平保持平稳向上发展态势,信息化综合指数达 92.6%,信息产业营业收入占工业和服务业比重为 24.15%,提高 0.3 个百分点。高新技术产业支撑作用显著增强,2016 年高新技术产业产值已达 67125 亿元,占规模以上工业总产值比重为 41.51%,提高 1.4 个百分点。创新驱动作用凸显,科技进步贡献率为 61.0%,在上年基础上提升 1 个百分点。

如表 4-6 所示:2016 年江苏人民生活大类综合实现程度为 85.8%,较上年提高 5.8 个百分点。人民生活大类中共有 16 个具体指标,指标数量在六大类中最多。其中 6 个指标已达到目标值,其余 10 个指标中,有 6 个指标实现程度超过 90%,1 个在 80%—90% 之间,3 个低于 80%。

表 4-6　江苏人民生活类指标评价表

	指标名称		计量单位	2020 年目标值	2016 年实现值	2016 年实现程度
三、人民生活						85.8
14	居民人均可支配收入(2010 年不变价)		番	翻一番	0.60	60.4
15	农村低收入人口累计脱贫率		%	100	27.76	27.8
16	劳动年龄人口平均受教育年限		年	≥10.8	10.5	97.2
17	基本社会保障	城乡基本养老保险参保率	%	≥98	97.46	99.4
		城乡基本医疗保险参保率	%	≥98	97.50	99.5
		失业保险参保率	%	≥98	98.01	100.0
18	城镇登记失业率		%	<4	3.00	100.0
19	食品药品检测合格率	获证食品生产企业抽检合格率	%	≥98	97.18	99.2
		药品生产环节抽验合格率	%	≥96	98.36	100.0
20	区域供水入户率★		%	≥90	88	97.8
21	城乡居民家庭人均住房面积达标率		%	≥60	61.6	100.0
22	公共交通服务水平	城市万人公交车拥有量	标台	≥16	15.5	96.9
		行政村双车道四级公路覆盖率	%	≥90	63.18	70.2
23	每千人口执业(助理)医师数		人	≥2.5	2.56	100.0
24	每千名老人拥有养老床位数		张	≥40	40.80	100.0
25	单位 GDP 生产安全事故死亡率(2010 年不变价)		人/亿元	≤0.06	0.068	87.9

注:本表数据来源:江苏省统计局。区域供水入户率暂用区域供水行政村覆盖率代替。

居民收入水平稳步提升,2016 年江苏全省居民人均可支配收入 32070 元(按 2010 年不变价测算为 27279 元),比 2010 年翻 0.6 番,比 2015 年增长8.6%,扣除价格因素实际增长6.1%。到2020年城乡居民收入要实现比2010年翻一番目标,2017—2020年居民人均可支配收入年均实际增速必须保持在5.7%以上。低收入人口脱贫工作稳步推进,江苏已于2015年年底提前实现了现行国家标准下的脱贫目标,按照省定标准,2016年年初核定全省农村人均年可支配收入6000元以下建档立卡低收入农户276.8万人,截至2016年年底已累计脱贫76.8万余人,农村低收入人口累计脱贫率为27.8%。

教育水平继续提升,江苏全省16—64岁劳动年龄人口平均受教育年限为10.5年,与10.8年的目标值还有0.3年的差距,目标实现程度为97.2%。社会保障体系日益完善,城乡基本养老、医疗、失业保险参保率在较高水平上保持稳中有升,2016年分别为97.46%、97.50%和98.01%,目标实现程度分别为99.4%、99.5%和100%。就业形势保持稳定,城镇每年新增就业超过百万人,城镇登记失业率稳定在3%左右,远低于4%的控制目标。食品药品安全得到保证,获证食品生产企业抽检合格率为97.2%,接近98%的目标值;药品生产环节抽验合格率为98.36%,已达到96%目标。农村饮用水安全持续提升,乡镇域范围内区域供水行政村覆盖率为88%,较上年提高8个百分点。居住条件不断改善,城乡居民家庭人均住房面积达标率(城镇居民家庭人均现住房建筑面积达到33.3平方米、农村居民家庭人均现住房使用面积达到33.3平方米)为61.6%,已超过60%的目标。公共交通服务水平稳步提升,城市万人公交车拥有量15.5标台,较上年增加0.4标台,目标实现程度为96.9%;农村道路提档升级,行政村双车道四级及以上公路覆盖率63.18%,提升2.8个百分点。公共卫生服务供给能力增强,2016年年末全省执业(助理)医师数达到20.5万人,每千人口执业(助理)医师数为2.56人,达到2.5人的目标。养老服务业加快推进,全省各类养老床位数2016年年末达63.5万张,每千名老人拥有养老床位数40.80张,已达到目标要求。安全生产形势持续好转,按2010年不变价格计算,单位GDP生产安全事故死亡率0.068人/亿元,较上年下降0.009人/亿元,目标实现程度为87.9%。

表4-4、表4-5、表4-6所示指标只是经济发展、创新驱动和人民生活

三大类,还有生态环境、文化发展、社会治理等指标。但这些指标可以反映江苏高水平建设全面小康的进展情况。江苏的发展是全国全面建成小康社会的一个生动缩影。过去五年,江苏地区生产总值连跨三个万亿元级台阶,2017年达到8.59万亿元,年均增长8.4%;人均地区生产总值达10.7万元,年均增长8.1%;一般公共预算收入达8172亿元,年均增长6.9%。大力调整优化产业结构,服务业增加值占地区生产总值比重达50.3%,规模以上工业增加值超过3.5万亿元,高新技术产业、战略性新兴产业产值占比分别提高到42.7%和31%。深入实施创新驱动发展战略,制定实施"创新40条"等政策,加快推进产业科技创新中心和先进制造业基地建设,全社会研发投入占比达2.7%左右,万人发明专利拥有量达22.4件,高新技术企业超过1.3万家,科技进步贡献率达62%,区域创新能力连续多年保持全国前列。经济发展动力加速转换。以经济体制改革为主轴,重点领域和关键环节改革取得突破性进展,"不见面"审批改革在全国产生较大影响,改革的"深刺激"、"强刺激"作用已经显现。积极倡议"一带一路"国际合作,实际使用外资居全国第一,进出口总额居全国第二,世界500强企业有385家在江苏投资兴业。人民生活不断改善,群众获得感明显增强。城乡居民人均可支配收入年均分别增长7.8%和9.6%,城镇居民收入突破4万元,高于全国平均水平6000多元;农村居民收入达到1.7万多元,高于全国平均水平5000多元;全省农村人均纯收入4000元以下的贫困人口如期脱贫,6000元以下低收入人口脱贫攻坚达到时序进度。

江苏全面建成小康社会的生动实践,既是对十九大作出进入新时代重大判断的有力印证,也是贯彻落实党和国家领导人对江苏发展谆谆嘱托的最好答卷。1992年邓小平同志视察南方途经南京时,嘱托"江苏应该比全国平均速度快一点"。2003年全国人代会期间,江泽民同志、胡锦涛同志先后参与江苏代表团审议,都提出希望江苏率先全面建成小康社会、率先基本实现现代化。2009年,习近平同志在江苏调研时指出,"像昆山这样的地方,包括苏州,现代化应该是一个可以去勾画的目标"。2014年,习近平总书记视察江苏时,提出江苏要紧紧围绕"两个率先"、协调推进"四个全面"、推动

"五个迈上新台阶"、建设"强富美高"新江苏的更高要求,并深刻指出"江苏要在扎实做好全面建成小康社会各项工作的基础上,积极探索开启基本实现现代化建设新征程这篇大文章"。江苏以高水平全面建成小康社会的优异成绩,赋予了全面建成小康社会新的时代内涵。

四、我国经济增长潜力的情景预测

"十三五"时期以及 2030 年我国经济增长潜力情况,事关我国能否顺利实现全面建成小康社会战略目标和基本实现现代化的进程。从经济增长的角度看,生产率与资本、劳动等要素投入都有贡献于经济的增长。从效率角度考察,生产率等同于一定时间内国民经济中产出与各种资源要素总投入的比值。从本质上讲,它反映的是一个国家或地区为了摆脱贫困、落后和为了发展经济,在一定时期里表现出来的能力和努力程度,是技术进步对经济发展作用的综合反映。影响我国未来 5 年乃至 15 年经济增长潜力的因素较多,主要是城镇化与劳动力转移、国外技术溢出效应、人力资本提高、研发投入与科技进步、市场化进程、其他影响因素六个子要素。

中国社科院从这六个子要素对我国 1995 年到 2014 年各项因素对 TFP(全要素生产率)增长率的贡献度进行了专题研究,其研究成果如表 4-7 所示。[①] 该项成果显示,1995—2014 年,我国城镇化与劳动力转移对全要素生产率增长率的贡献度平均高达 1.24 个百分点,在六个子要素中贡献度最大。其他依次为国外技术溢出效应贡献度为 0.91 个百分点、人力资本提高贡献度为 0.59 个百分点、研发投入与科技进步贡献度为 0.51 个百分点、市场化进程贡献度为 0.31 个百分点、其他影响因素贡献度为 -0.57 个百分点。

---

① 参见李雪松、娄峰、张友国:《"十三五"时期全面建成小康社会的目标及 2030 年展望》课题报告,载李培林、蔡昉主编:《2020 走向全面小康社会——"十三五"规划研究报告》,社会科学文献出版社 2016 年版,第 38—40 页。

表 4-7 各项因素对 TFP 增长率的贡献度

(单位:个百分点)

时 期	全要素生产率	城镇化与劳动力转移	国外技术溢出效应	人力资本提高	研发投入与科技进步	市场化进程	其他影响因素
1995—2000 年	1.60	0.86	0.55	0.25	0.23	0.50	-0.79
2001—2005 年	4.40	1.48	1.35	0.57	0.53	0.32	0.15
2006—2010 年	3.80	1.10	0.84	0.57	0.46	0.31	0.52
2011—2014 年	2.10	1.04	0.50	0.71	0.60	0.20	-0.95
1995—2014 年	3.00	1.24	0.91	0.59	0.51	0.31	-0.57

注:1. 由于表中部分指标在 1994 年以前没有统计数据,因此从 1995 年开始计算。2. 本表数据来源为中国社科院李雪松、娄峰、张友国的《"十三五"时期全面建成小康社会的目标及 2030 年展望》课题研究报告。

依据发展经济学的规律,当经济体进入严重产能过剩、劳动力市场出现转折后,资本产出弹性一般会呈现缓慢下降趋势,而劳动产出弹性会出现缓慢上升的趋势。尽管我国经济增长率呈现逐渐下降的趋势,但总体上我国经济仍然能够保持平稳、较快的发展态势。中国社科院"十三五"规划研究报告成果,分别给出 2015—2030 年在基准情景、增长较快情景和增长较慢情景下三种经济主要指标预测。三种情景下我国经济主要指标预测如表 4-8、4-9、4-10、4-11、4-12 所示。①

表 4-8 2015—2030 年中国潜在经济增长率预测

(单位:%)

年 份	基准情景	增长较快情景	增长较慢情景
2015	7.2	7.3	7.1
2016	6.8	7.1	6.6
2017	6.6	6.9	6.4
2018	6.5	6.8	6.2
2019	6.3	6.6	6.0
2020	6.1	6.5	5.8
"十三五"平均	6.5	6.8	6.2

① 参见李雪松、娄峰、张友国:《"十三五"时期全面建成小康社会的目标及 2030 年展望》课题报告,载李培林、蔡昉主编:《2020 走向全面小康社会——"十三五"规划研究报告》,社会科学文献出版社 2016 年版,第 40—57 页。

（续表）

年　份	基准情景	增长较快情景	增长较慢情景
2021	5.9	6.3	5.7
2022	5.8	6.1	5.5
2023	5.6	6.0	5.3
2024	5.5	5.9	5.1
2025	5.3	5.8	4.9
"十四五"平均	5.6	6.0	5.3
2026	5.2	5.7	4.7
2027	5.0	5.6	4.5
2028	4.9	5.5	4.3
2029	4.8	5.4	4.2
2030	4.7	5.3	4.0
"十五五"平均	4.9	5.5	4.3

注：本表数据来源为中国社科院李雪松、娄峰、张友国的《"十三五"时期全面建成小康社会的目标及2030年展望》课题研究报告。

在第一种基准情景下，如表4-8和表4-9所示：2015—2020年、2021—2025年和2026—2030年三个时期GDP年均增长率分别为6.5%、5.6%和4.9%。实际利用资本存量的贡献率和贡献度，2016—2020年年均分别为78.21%、5.05个百分点；2021—2025年年均分别为74.99%、4.22个百分点；2026—2030年年均分别为71.31%、3.51个百分点。劳动力的贡献率和贡献度，2016—2020年年均分别为1.90%、0.12个百分点；2021—2025年年均分别为1.57%、0.09个百分点；2026—2030年年均分别为0.56%、0.03个百分点。全要素生产率的贡献率和贡献度，2016—2020年年均分别为19.89%、1.28个百分点；2021—2025年年均分别为23.45%、1.32个百分点；2026—2030年年均分别为28.12%、1.38个百分点。这些数字说明，我国在"十三五"、"十四五"和"十五五"三个时期，GDP年均增长速度将从"7"时代降至"6"时代、"5"时代。实际利用的资本存量的贡献率和贡献度在未来三个五年中呈现缓慢下降趋势。劳动力的贡献率和贡献度在未来三个五年中的年均速度下降更为明显，那时我国将进入高度老龄化社会。随着科技进步，在未来三个五年中，全要素生产率贡献率和贡献度将有较大幅度的提高。

表 4-9　基准情景下 2015—2030 年中国潜在经济增长率的分解

（单位:%）

年份	GDP增速	实际利用的资本存量		劳动力		全要素生产率	
		贡献率	贡献度	贡献率	贡献度	贡献率	贡献度
2015	7.2	77.27	5.56	1.77	0.13	20.96	1.51
2016	6.8	79.44	5.40	1.88	0.13	18.68	1.27
2017	6.6	79.26	5.23	1.92	0.13	18.82	1.24
2018	6.5	77.76	5.05	1.91	0.12	20.32	1.32
2019	6.3	77.43	4.88	1.91	0.12	20.66	1.30
2020	6.1	77.15	4.71	1.88	0.11	20.97	1.28
2016—2020	6.5	78.21	5.05	1.90	0.12	19.89	1.28
2021	5.9	76.88	4.54	1.82	0.11	21.30	1.26
2022	5.8	75.38	4.37	1.71	0.10	22.91	1.33
2023	5.6	75.21	4.21	1.60	0.09	23.19	1.30
2024	5.5	73.73	4.06	1.43	0.08	24.84	1.37
2025	5.3	73.73	3.91	1.27	0.07	25.00	1.32
2021—2025	5.6	74.99	4.22	1.57	0.09	23.45	1.32
2026	5.2	72.41	3.77	1.06	0.06	26.53	1.38
2027	5.0	72.59	3.63	0.84	0.04	26.57	1.33
2028	4.9	71.46	3.50	0.59	0.03	27.95	1.37
2029	4.8	70.47	3.38	0.31	0.01	29.22	1.40
2030	4.7	69.64	3.27	0.01	0.00	30.34	1.43
2026—2030	4.9	71.31	3.51	0.56	0.03	28.12	1.38

注:本表数据来源为中国社科院李雪松、娄峰、张友国的《"十三五"时期全面建成小康社会的目标及 2030 年展望》课题研究报告。

在第二种增长较快情景中,如表 4-8 和表 4-10 所示:如果我国稳步推进城镇化,促进制造业转型升级,增强产品国际竞争力,并且进一步加大财政性教育经费在 GDP 中的比重,提高劳动者素质,加强研发投入,提高产品附加值,全面深化市场化改革,那么在 2016—2020 年、2021—2025 年和 2026—2030 年三个时期,也可能保持年均 6.8%、6.0% 和 5.5% 的较快增长率。实际利用资本存量的贡献率和贡献度,2016—2020 年年均分别为 78.29%、5.31 个百分点;2021—2025 年年均分别为 76.17%、4.59 个百分点;2026—2030 年年均分别为 71.11%、3.91 个百分点。劳动力的贡献率和贡献度,2016—2020 年年均分别为 1.81%、0.12 个百分点;2021—2025 年年均分别为 1.46%、0.09 个百分点;2026—2030 年年均分别为 0.51%、0.03 个百分点。全要素生产率的贡献率和贡献度,2016—2020 年年均分别为

19.90%、1.35 个百分点;2021—2025 年年均分别为 22.37%、1.34 个百分点;2026—2030 年年均分别为 28.39%、1.56 个百分点。

表 4-10　增长较快情景下 2015—2030 年中国潜在经济增长率的分解

（单位:%）

年份	GDP 增速	实际利用的资本存量		劳动力		全要素生产率	
		贡献率	贡献度	贡献率	贡献度	贡献率	贡献度
2015	7.3	77.72	5.67	1.74	0.13	20.54	1.50
2016	7.1	78.50	5.57	1.80	0.13	19.71	1.40
2017	6.9	79.02	5.45	1.84	0.13	19.15	1.32
2018	6.8	78.19	5.32	1.83	0.12	19.99	1.36
2019	6.6	78.39	5.17	1.82	0.12	19.79	1.31
2020	6.5	77.36	5.03	1.76	0.11	20.87	1.36
2016—2020	6.8	78.29	5.31	1.81	0.12	19.90	1.35
2021	6.3	77.45	4.88	1.71	0.11	20.84	1.31
2022	6.1	77.59	4.73	1.62	0.10	20.79	1.27
2023	6.0	76.43	4.59	1.49	0.09	22.08	1.32
2024	5.9	75.24	4.44	1.33	0.08	23.43	1.38
2025	5.8	74.13	4.30	1.16	0.07	24.71	1.43
2021—2025	6.0	76.17	4.59	1.46	0.09	22.37	1.34
2026	5.7	73.02	4.16	0.97	0.06	26.01	1.48
2027	5.6	71.97	4.03	0.75	0.04	27.28	1.53
2028	5.5	71.00	3.91	0.52	0.03	28.47	1.57
2029	5.4	70.14	3.79	0.28	0.01	29.59	1.60
2030	5.3	69.41	3.68	0.01	0.00	30.58	1.62
2026—2030	5.5	71.11	3.91	0.51	0.03	28.39	1.56

注:本表数据来源为中国社科院李雪松、娄峰、张友国的《"十三五"时期全面建成小康社会的目标及 2030 年展望》课题研究报告。

在第三种增长较慢情景中,如表 4-8 和表 4-11 所示:2015—2020 年、2021—2025 年和 2026—2030 年三个时期的 GDP 年均增长率分别为 6.2%、5.3%和 4.3%。预测数字说明,我国在"十三五"、"十四五"和"十五五"三个时期,GDP 年均增长速度将从"6"时代降至"5"时代、"4"时代。实际利用资本存量的贡献率和贡献度,2015—2020 年年均分别为 77.44%、4.80 个百分点;2021—2025 年年均分别为 72.72%、3.86 个百分点;2026—2030 年年均分别为 71.86%、3.12 个百分点。劳动力的贡献率和贡献度,2015—2020 年年均分别为 1.98%、0.12 个百分点;2021—2025 年年均分别为 1.66%、0.09 个百分点;2026—2030 年年均分别为 0.63%、0.03 个百分点。全要素生产率的贡献率和贡献度,2015—2020 年年均分别为 20.58%、1.27 个百分点;2021—2025 年年均分别为 25.62%、1.36 个百分点;2025—2030 年年均分别为 27.50%、1.19 个百分点。

表 4-11 增长较慢情景下 2015—2030 年中国潜在经济增长率的分解

（单位:%）

年份	GDP增速	实际利用的资本存量		劳动力		全要素生产率	
		贡献率	贡献度	贡献率	贡献度	贡献率	贡献度
2015	7.1	76.81	5.45	1.79	0.13	21.40	1.52
2016	6.6	79.29	5.23	1.93	0.13	18.78	1.24
2017	6.4	78.33	5.01	1.98	0.13	19.69	1.26
2018	6.2	77.38	4.80	2.01	0.12	20.62	1.28
2019	6.0	76.49	4.59	2.01	0.12	21.50	1.29
2020	5.8	75.72	4.39	1.98	0.11	22.30	1.29
2015—2020	6.2	77.44	4.80	1.98	0.12	20.58	1.27
2021	5.7	73.71	4.20	1.89	0.11	24.41	1.39
2022	5.5	73.11	4.02	1.80	0.10	25.09	1.38
2023	5.3	72.61	3.85	1.69	0.09	25.70	1.36
2024	5.1	72.20	3.68	1.54	0.08	26.26	1.34
2025	4.9	71.99	3.53	1.37	0.07	26.64	1.31
2021—2025	5.3	72.72	3.86	1.66	0.09	25.62	1.36
2026	4.7	71.90	3.38	1.17	0.06	26.93	1.27
2027	4.5	71.99	3.24	0.94	0.04	27.07	1.22
2028	4.3	72.31	3.11	0.67	0.03	27.02	1.16
2029	4.2	71.16	2.99	0.36	0.01	28.48	1.20
2030	4.0	71.96	2.88	0.02	0.00	28.02	1.12
2026—2030	4.3	71.86	3.12	0.63	0.03	27.50	1.19

注:本表数据来源为中国社科院李雪松、娄峰、张友国的《"十三五"时期全面建成小康社会的目标及 2030 年展望》课题研究报告。

根据上述三种情景预测的主要外生变量假定如表 4-12 所示。

表 4-12 三种情景预测的主要外生变量假定

主要外生变量	时 期	增长较快情景	基准情景	增长较慢情景
（1）人口增长率	2015—2020 年	年均增长 0.428%		
	2021—2025 年	年均增长 0.311%		
	2026—2030 年	年均增长 0.176%		

（续表）

主要 外生变量	时　期	增长较快 情景	基准 情景	增长较慢 情景
（2）城镇化率	2015—2020 年	2015 年 55.7% 2020 年 62.0%	2015 年 55.7% 2020 年 61.5%	2015 年 55.7% 2020 年 61.0%
	2021—2025 年	2025 年 67.0%	2025 年 66.0%	2025 年 65.0%
	2026—2030 年	2030 年 71.5%	2030 年 70.0%	2030 年 68.5%
（3）财政性教育经费占 GDP 比率	2015—2020 年	年均增长 4.5%	年均增长 4.4%	年均增长 4.3%
	2021—2025 年			
	2026—2030 年			
（4）研究与开发（R&D）经费实际增长率	2015—2020 年	2020 年 R&D 与 GDP 比率达 2.4%	2020 年 R&D 与 GDP 比率达 2.3%	2020 年 R&D 与 GDP 比率达 2.2%
	2021—2025 年	2025 年 R&D 与 GDP 比率达 2.5%	2025 年 R&D 与 GDP 比率达 2.4%	2025 年 R&D 与 GDP 比率达 2.3%
	2026—2030 年	2030 年 R&D 与 GDP 比率达 2.6%	2030 年 R&D 与 GDP 比率达 2.5%	2030 年 R&D 与 GDP 比率达 2.4%
（5）FDI 增长率	2015—2020 年	年均增长 5.0%	年均增长 3.5%	年均增长 2.0%
	2021—2025 年	年均增长 3.5%	年均增长 2.5%	年均增长 1.0%
	2026—2030 年	年均增长 2.5%	年均增长 1.5%	年均增长 0%
（6）世界 GDP（汇率法）实际增长率	2015—2020 年	年均增长 3.3%	年均增长 2.8%	年均增长 2.3%
	2021—2025 年			
	2026—2030 年			
（7）市场化率	2015—2020 年	年均增长 3.0%	年均增长 2.5%	年均增长 2.0%
	2021—2025 年			
	2026—2030 年			
（8）环境污染治理投资增长率	2015—2020 年	年均增长 18%	年均增长 20%	年均增长 22%
	2021—2025 年			
	2026—2030 年			
（9）产能利用率	2015—2020 年	0.74	0.74	0.74
	2021—2025 年			
	2026—2030 年			

注：1. 2000—2013 年间，不能增加有效产量的环境污染治理投资年均名义增长率为 18.8%，而且增速呈现不断上升的发展态势。2. 本表数据来源为中国社科院李雪松、娄峰、张友国的《"十三五"时期全面建成小康社会的目标及 2030 年展望》课题研究报告。

表 4-13 基准情景下 2015—2030 年中国经济总量及三次产业结构变化预测

年份	GDP 当年价（万亿元）	GDP 2000 年价（万亿元）	GDP 增长率（%）	第一产业增加值占比（%）	第二产业增加值占比（%）	第三产业增加值占比（%）
2000	9.98	9.98	8.4	14.7	45.4	39.8
2001	11.03	10.81	8.3	14.1	44.7	41.3
2002	12.10	11.79	9.1	13.4	44.3	42.3
2003	13.66	12.97	10	12.4	45.5	42.1
2004	16.07	14.28	10.1	13.0	45.8	41.2
2005	18.59	15.89	11.3	11.7	46.9	41.4
2006	21.77	17.91	12.7	10.7	47.4	41.9
2007	26.80	20.45	14.2	10.4	46.7	42.9
2008	31.68	22.42	9.6	10.3	46.8	42.9
2009	34.56	24.48	9.2	9.9	45.7	44.4
2010	40.89	27.07	10.6	9.6	46.2	44.2
2011	48.41	29.64	9.5	9.5	46.1	44.3
2012	53.41	31.93	7.7	9.5	45.0	45.5
2013	58.80	34.39	7.7	9.4	43.7	46.9
2014	63.65	36.93	7.4	9.2	42.6	48.2
2015	69.93	39.59	7.2	9.0	40.5	50.5
2016	76.56	42.28	6.8	9.1	40.3	50.6
2017	83.90	45.07	6.6	9.0	39.5	51.5
2018	91.85	48.00	6.5	8.9	38.8	52.3
2019	100.39	51.03	6.3	8.8	37.7	53.5
2020	109.49	54.14	6.1	8.7	36.5	54.8
2021	119.20	57.33	5.9	8.6	36.2	55.2
2022	129.65	60.66	5.8	8.5	35.5	56.0
2023	140.78	64.05	5.6	8.4	34.8	56.7
2024	152.66	67.58	5.5	8.4	34.4	57.3
2025	165.31	71.16	5.3	8.3	33.8	57.9
2026	178.74	74.86	5.2	8.2	33.2	58.6
2027	193.00	78.60	5.0	8.1	32.9	59.0
2028	208.09	82.45	4.9	8.0	32.5	59.5
2029	224.18	86.41	4.8	7.9	32.0	60.1
2030	241.33	90.47	4.7	7.8	31.8	60.4

注：本表数据来源为李雪松、娄峰、张友国的《"十三五"时期全面建成小康社会的目标及 2030 年展望》课题研究报告。

中国社科院课题研究报告显示，根据上述预测，表 4-13 给出了基准情景下 2015—2030 年中国经济总量及三次产业结构变化的预测结果[1]，其中

---

[1] 参见李雪松、娄峰、张友国：《"十三五"时期全面建成小康社会的目标及 2030 年展望》课题报告，载李培林、蔡昉主编：《2020 走向全面小康社会——"十三五"规划研究报告》，社会科学文献出版社 2016 年版，第 55—57 页。

2000—2014 年为历史数据。

根据上述预测,2030 年我国不变价 GDP 规模将为 2000 年的 9.06 倍、2010 年的 3.34 倍、2020 年的 1.67 倍。2030 年第三产业增加值在 GDP 中的比重将上升到 60.4%。GDP 增长率将从 2015 年的 7.2% 下降到 2030 年的 4.7%,三次产业结构占比从 2015 年的 9.0∶40.5∶50.5 调整为 2030 年的 7.8∶31.8∶60.4,并逐步迈入后工业化时代。

从 1987 年开始,世界银行按人均国民总收入(与人均 GDP 大致相当)对世界各国经济发展水平进行分组。一般把世界各国分成四个组,即低收入国家、中等偏下收入国家、中等偏上收入国家和高收入国家。按世界银行公布的数据,2012 年的最新收入分组标准为:人均国民收入低于 1035 美元为低收入国家,1035—4086 美元为中等偏下收入国家,4086—12615 美元为中等偏上收入国家,高于 12615 美元为高收入国家。以上这些标准不是固定不变的,而是随着经济的发展不断进行调整的,高收入国家门槛年均上调幅度为 200—300 美元。

如果我国"十三五"期间能够顺利实现预期发展目标,预计我国将于"十四五"时期即 2021—2025 年迈出"中等收入国家陷阱",进入高收入国家行列。

根据联合国开发计划署《人类发展报告》对世界各国的分组,发达国家是指经济发展水平较高、技术较为先进、生活水平较高的国家。联合国定义的"发达国家"的人均国民收入门槛只是略高于世界银行定义的"高收入国家"的人均国民收入门槛。发达国家一定是高收入国家,但是高收入国家不一定是发达国家,因为高收入国家并不一定就有先进的科技、教育水平,如沙特阿拉伯等国。虽然我国"十四五"时期可进入高收入国家行列,但是要同时进入发达国家行列,还需要大幅提升教育、科技、生态文明、社会和法治建设水平,大力提升人类发展水平。

根据世界银行的统计,2013 年全球人均 GDP 为 1.1 万美元,高收入国家的人均 GDP 为 3.9 万美元,高收入国家中的非 OECD 成员的人均 GDP 为 2.1 万美元,OECD 成员的人均 GDP 为 4.3 万美元。根据预测,2030 年全球人均 GDP 为 2.6 万美元,高收入国家的人均 GDP 为 6.9 万美元,高收入国家中的非 OECD 成员的人均 GDP 为 3.3 万美元, OECD 成员的人均 GDP 为 8.4 万美元。[1]

预计 2015—2030 年间,人民币兑美元升值幅度将放缓,有些年份甚至出现阶段性贬值。假定 2015—2030 年间人民币兑美元年均升值幅度按照 1.5%计算,即 2030 年 1 美元兑换人民币 4.85 元。那么我国 2030 年人均 GDP 将达到 3.3 万美元,将显著高于全球人均 GDP2.6 万美元的水平,达到高收入国家中的非 OECD 成员的人均 GDP 水平。[2] 这将为继全面建成小康社会之后,加快推进基本现代化和建设社会主义现代化强国,跨入世界发达国家行列奠定坚实的基础。

从现在到 2020 年,是全面建成小康社会的决胜期,任务繁重艰巨。要按照党的十九大提出的全面建成小康社会的各项要求,坚持创新、协调、绿色、开放、共享的发展理念,紧扣我国社会主要矛盾新变化,突出抓重点、补短板、强弱项,采取更加有力有效的措施,夺取全面建成小康社会的伟大胜利。

第三节　现代化发展的远景展望

习近平总书记在十九大报告中指出:"从十九大到二十大,是'两个一百年'奋斗目标的历史交汇期。我们既要全面建成小康社会、实现第一个百年奋斗目标,又要乘势而上开启全面建设社会主义现代化国家新征程,向第二个百年奋斗目标进军。"[3]十九大报告从党和国家事业发展全局高度和长远角度,对新时代中国特色社会主义发展作出了战略部署,要求决胜全面

---

[1] 参见李雪松、娄峰、张友国:《"十三五"时期全面建成小康社会的目标及 2030 年展望》课题报告,载李培林、蔡昉主编:《2020 走向全面小康社会——"十三五"规划研究报告》,社会科学文献出版社 2016 年版,第 57 页。

[2] 参见李雪松、娄峰、张友国:《"十三五"时期全面建成小康社会的目标及 2030 年展望》课题报告,载李培林、蔡昉主编:《2020 走向全面小康社会——"十三五"规划研究报告》,社会科学文献出版社 2016 年版,第 57 页。

[3] 《党的十九大报告辅导读本》,人民出版社 2017 年版,第 27 页。

建成小康社会、实现第一个百年奋斗目标,并乘势而上开启全面建设社会主义现代化国家新征程,向第二个百年奋斗目标进军。十九大报告是我们党迈进新时代、开启新征程、续写新篇章的政治宣言和行动纲领,为党和国家事业进一步发展指明了前进方向。现代化是中华民族复兴的必由之路,中国复兴的过程实质上是全面实现现代化的过程。

一、我国现代化建设的客观事实

现代化是人类社会的一场共同运动和历史必然发生的一种"文明形式"。现代化是一个非常复杂的历史过程,涉及世界绝大多数国家、地区和人口。中国科学院中国现代化研究中心主任何传启研究员认为,不同的理论对现代化的解释有所差异,它们所包含的原理有所不同。从现代化科学角度看,如果一个发达国家下降为发展中国家后,经过不懈努力,再次成为一个发达国家,那就是一种国家复兴。现代化是我国复兴的必由之路,中国复兴的过程就是全面实现现代化的过程。16—18世纪初,中国人均 GDP 处于世界前 20 位以内(第 14—18 位),属于一个经济发达国家;19—20 世纪,中国人均 GDP 曾一度下降到世界第 100 位左右(1820 年第 48 位,1900 年第 71 位,1950 年第 99 位,2000 年第 79 位),属于一个发展中国家。"从 18 世纪到 20 世纪,中国由发达国家下降为发展中国家,是中国衰落的过程;根据世界统计数据预测,从 20 世纪到 21 世纪,中国有可能由发展中国家上升为发达国家,这是中国复兴的过程。"[1]

何传启从 20 个方面对我国现代化的客观事实进行了专题研究。中国现代化是世界上人口规模最大的现代化,中国现代化的复杂性和艰巨性超过目前发达国家的总和。这 20 个方面大体上对我国现代化的客观事实进行了总体性的分析。[2]

---

[1] 何传启:《中国复兴之路需全面实现"六个现代化"》,中国新闻网,2013 年 2 月 3 日。

[2] 参见何传启:《迈向中华复兴的新纪元:中国现代化的 U 型曲线》,《中国科学基金》2010 年第 2 期。

1. 中国现代化的起点：大约 19 世纪中期(1840—1860 年)。

2. 中国现代化的终点：现代化是动态的，目前尚不能确定它的终点。

3. 中国现代化的历史：现代化起步、局部现代化、全面现代化三个阶段。

4. 中国现代化的特点：世界上人口规模最大的国家现代化。

5. 中国现代化的性质：第一次现代化，目前包含第二次现代化的部分要素。

6. 中国现代化的类型：后发型现代化、追赶型现代化。

7. 中国现代化的模式：在多数时期，采用工业化优先模式。

8. 中国现代化的起步：大约比先行国家晚了 100 年。

9. 中国现代化的追赶：已经从欠发达国家晋级为初等发达国家。

10. 中国现代化的速度：过去 15 年年均增长率 3.5%，超过世界平均值。

11. 2006 年现代化阶段：第一次现代化的成熟期。

12. 2006 年现代化水平：初等发达国家水平，距离发达国家的差距较大。

13. 2006 年现代化排名：第二次现代化指数世界排名第 70 位(131 国排名)。

14. 2006 年现代化程度(Ⅰ)：第一次现代化已经完成五分之四。

15. 2006 年现代化程度(Ⅱ)：第二次现代化水平约为发达国家的五分之二。

16. 2006 年现代化差距：人均国民收入的最大国际差距约为 30 倍。

17. 六个领域的现代化：经济和生态现代化水平比较低，为欠发达水平。

18. 中国现代化的分布：北方和南方水平相当，西部地区水平较低。

19. 中国地区的现代化(Ⅰ)：2006 年北京等 4 个地区进入第二次现代化。

20. 中国地区的现代化（Ⅱ）：2006 年北京和上海部分指标接近意大利水平。

　　当然，2006 年中国现代化水平还是比较低的，最近 10 多年我国的现代化水平有了长足的发展。但是，我们从以上 20 个方面可以看出我国现代化的建设是比较客观和实际的，是在一个经济社会基础较差的起点上开始探索和实践的。现在，我们要研究中国的现代化处在一个什么阶段，在世界上是一个什么水平呢？

　　何传启认为，中国是一个最大的发展中国家，中国的现代化有一个简单的特征就是地区发展不平衡，从两个角度来看。第一个角度就是从全国的平均水平来看，第二个角度就是从我国 30 多个省市和自治区水平来看。如果从全国平均角度看，中国目前大约处于第一次现代化的后期，就是从农业社会向工业社会转型的后期，相当于城市化的中期，工业化的后期这么一个阶段。具体现代化的水平在 131 个国家里大约能排到 70 位左右，有些指标可以排到 50 多位，60 多位，有些是 70 多位。①

　　根据现代化指数，一共是 16 个指标，综合评价以后把世界上的国家分为四组：

　　第一组，现代化水平最高的一组国家，大约 20 个左右，是发达国家。

　　第二组，现代化水平比发达国家要低，比世界平均值要高这么一组国家，大约有 30 个，通常被称为中等发达国家。

　　第三组，现代化水平比世界平均值低，但是比最不发达国家和欠发达国家高，通常称为初等发达国家，大概 30 多个。

　　第四组，欠发达国家，是联合国定义的，50 个左右。

　　何传启认为，我国是处在第三组，中等偏下，属于一个初等发达国家。

　　根据党的十九大战略安排，我国到 2035 年基本实现现代化，进入中等发达国家水平，就是进入到世界马拉松比赛的第二方阵，我们现在是第三方

---

　　① 参见何传启：《中国复兴之路需全面实现"六个现代化"》，中国新闻网，2013 年 2 月 3 日。

阵,最后是进入第一方阵。

改革开放以来特别是党的十八大以来,我国全面建成小康社会取得新的重大进展,推动党和国家事业发生历史性变革,国家经济实力、科技实力、国防实力、综合国力、国际影响力和人民获得感显著提升①,标志着我国的现代化水平进入新的发展阶段。2013—2016 年国内生产总值年均增长7.2%,对世界经济增长的贡献率超过 30%。2017 年我国经济总量达到 80多万亿元人民币,折合约 12 万亿美元,稳居世界第二位。2013—2016 年,服务业比重从 46.7%提高到 51.6%,消费对经济增长的贡献率由 47%提高到 64.6%,高技术产业增加值占规模以上工业增加值比重由 9.9%提高到12.4%。2013—2016 年,城镇新增就业保持在每年 1300 万人以上,全国居民收入年均实际增长 7.4%,超过经济增速,农村贫困人口由 8249 万人减少到 4335 万人,贫困发生率从 8.5%下降到 4.5%。人均预期寿命由 2010 年的 74.83 岁提高到 2016 年的 76.5 岁。我国 74 个重点城市细颗粒物(PM$_{2.5}$)平均浓度由 2013 年的 72 微克/立方米下降至 2016 年的 50 微克/立方米,累计下降 30.6%。2013—2016 年单位国内生产总值能耗累计下降 17.9%。2016 年货物贸易进出口总值达到 3.68 万亿美元,利用外资 1260 亿美元,对外直接投资 1701 亿美元,出境旅游 1.22 亿人次,年末外汇储备 30105 亿美元,均居世界前列。这些历史性成就和历史性变革,标志着我国发展站到了新的历史起点上,为如期实现全面建成小康社会和基本实现现代化奠定了坚实的基础,大大加快了实现民族复兴的历史进程。

二、我国区域现代化的实践探索

区域现代化是在一个国家的一定地域范围内率先出现的现代性并进而实现现代化的现象。世界现代化的历史告诉我们:区域率先是世界现代化的一般规律。从一个国家内部看,区域率先实现现代化是某些行政省份或

---

①　参见张高丽:《开启全面建设社会主义现代化国家新征程》,载《党的十九大报告辅导读本》,人民出版社 2017 年版,第 22—24 页。

经济区域率先实现现代化,体现了这些区域在经济社会发展方面所表现出来的领先性和超前性。

从发达国家推进区域现代化的案例看,早期英国工业革命主要发生在伦敦—伯明翰—曼彻斯特—利物浦一带,这一带是工业革命后英国最大的制造业基地,为英国贡献了大约五分之四的经济总量,逐步发展成为英国产业密集带和经济核心区,并催生了伦敦这样的世界级经济中心城市,形成了现代化的巨大张力,向欧洲、北美和世界其他地区渐次扩散。又如,德国的现代化是由重化工业起步的,现代化制造业和现代化城市主要集中在具有便利交通条件和丰富煤矿资源的莱茵—鲁尔地区,莱茵—鲁尔地区一度成为德国的"工业心脏"和世界首屈一指的工业区。再如,美国东北部紧邻大西洋的波士顿—纽约—华盛顿地区是美国最早承接英国现代化扩散的地区,现在已经发展成为美国最大的生产基地、最大的商业贸易中心和世界最大的国际金融中心,其后美国经济重心部分向中西部转移,在 20 世纪早期形成匹兹堡、底特律等举世闻名的钢铁城、汽车城;在 20 世纪中叶开始又在紧邻太平洋沿岸的旧金山—洛杉矶、达拉斯—休斯敦等地崛起一批信息、航天等高新技术产业,形成新的经济中心。这三大地区不仅成为推动美国现代化的重点区域,而且也是当前世界现代化的重要中心。日本的现代化历程同样如此,由于国土资源空间高度紧张,日本的现代化发祥地高度集中在由东京—名古屋—京都—大阪等城市联结成的太平洋沿岸区域,占日本的 GDP 比重高达 80% 以上。因此,在推进现代化进程中,经济社会发展水平较高的地区先行实现现代化,进而带动全国其他地区的现代化,是现代化先行国家带有共性的做法。① 在开启全面建设社会主义现代化国家新征程中,北京、上海、广东、江苏、浙江等经济发达省份理应在其中发挥先导性带动作用。

我国的区域现代化探索已经有了良好的基础,如何拓展中国的现代化

---

① 参见夏锦文:《在实现高水平全面建成小康社会中探索江苏区域现代化之路》主题报告,江苏省社科院第 3 期"现代化策论"智库研讨会论文,2017 年 11 月 3 日。

之路,使基本现代化有一个初步的标准体系,是必须超前考虑的现实问题。在这方面我国已有一些发达的省份作了新的探索。

如江苏省在 2011 年,由省委、省政府与国家发展改革委、国家统计局、中国科学院、中国社会科学院联合开展"江苏基本实现现代化指标体系"课题研究,并形成重要成果。江苏省发布的这套指标体系,由经济发展、人民生活、社会发展、生态环境四大类 30 项指标组成,其中经济发展指标 9 项,人民生活 7 项,社会发展 8 项,生态环境 6 项。评价指标都设置了相应的目标值和权重,可测算出一个地区经济社会发展和现代化程度的综合评分。在 30 项指标中,除了 16 项国际通用指标和 8 项国内可比指标外,江苏还创设了"现代农业发展水平"、"自主品牌企业增加值占 GDP 比重"、"居民住房水平"、"村庄环境整治达标率"等 6 项特色指标。在目标值的确定上,体现以人均 GDP 处于世界 21 至 45 位的中等发达国家和地区为主要参照系,以其当时主要发展指标的平均水平作为江苏 2020 年应该达到的临界值。①

2013 年,江苏省委、省政府就基本现代化指标体系进行了重大修改和完善,如表 4-14 所示。② 原指标体系由原来的四大类 30 项 44 个指标扩展到五大类 30 项 53 个指标。在类别上,增加了"民主法治"类;新增了 2 项指标和 5 个子指标,替换了 4 项指标,提高了保留指标中 9 个指标的目标值,同时取消了 2 项指标。新增指标,包含"工业全员劳动生产率"、"城乡居民收入达标人口比例"、"居民文明素质水平"、"单位 GDP 二氧化碳排放强度"、"生活垃圾无害化处理率"和"城镇污水达标处理率"。原体系的"每千人国际互联网用户数"、"城镇保障性住房供给率"、"现代教育发展水平"、"空气质量优良天数比例"分别被"信息化发展水平"、"城镇住房保障体系健全率"、"主要劳动年龄人口平均受教育年限"、"空气质量达到二级标准的天数比例"替换。

修改对"人均地区生产总值、居民收入水平、服务业增加值占 GDP 比

① 《江苏省正式发布基本实现现代化指标体系》,新华网江苏频道,2012 年 1 月 6 日。
② 王海平:《江苏修改基本现代化指标体系》,21 世纪网,2013 年 5 月 7 日。

重、地表水好于三类水质的比例"4 个指标进行了提高。其中,人均 GDP 由 10 万元提高到 13 万元,按预计增长率和 2012 年综合汇率计算,意味着到 2022 年这一目标可超过 2 万美元,达到世界银行划分的"中等发达国家水平"的标准。

修改提升了"收入水平",主要综合考虑居民收入增幅应略高于人均 GDP 增幅,以及城乡收入差距应进一步缩小和今后城镇居民人均收入增速低于农村居民等因素,故将城镇居民人均可支配收入和农村居民人均纯收入由原有 5.5 万元、2.3 万元的目标值调高到 7 万元、3.2 万元。

这次修改主要是为了体现十八大报告中提出的五个方面新的更高要求和习近平总书记对江苏提出的"深化产业结构调整、积极稳妥推进城镇化、扎实推进生态文明建设"三大重点任务,进一步提出以提高经济增长质量和效益为中心,加快转变经济发展方式。如表 4-14 所示。

表 4-14　江苏省课题组研究的基本现代化指标体系

类别	序号	指标名称	单　位	目标值	权重
经济发展	1	人均地区生产总值	元	130000	4
	2	服务业增加值占 GDP 比重	%	60	3
	3	工业全员劳动生产率	万元/人	45	3
	4	城镇化率	%	70	3
	5	信息化发展水平	%	90	3
	6	现代农业发展水平	%	90	4
	7	研发经费支出占 GDP 比重	%	2.8	3
	8	高新技术产业产值占规模以上工业产值比重	%	45	2
	9	自主品牌企业增加值占 GDP 比重	%	15	2
	10	万人发明专利拥有量	件	12	2

（续表）

类别	序号	指标名称		单 位	目标值	权重
人民生活	11	居民收入水平	城镇居民人均可支配收入	元	70000	6
			农村居民人均纯收入	元	32000	
			城乡居民收入达标人口比例	%	>50	
	12	居民住房水平	城镇家庭住房成套比例	%	95	3
			农村家庭住房成套比例	%	85	
	13	居民健康水平	人均预期寿命	岁	78	4
			每千人拥有医生数	人	2.3	
			居民体质合格率	%	93	
	14	公共交通服务水平	城市居民公共交通出行分担率	%	26	3
			镇村公共交通开通率	%	100	
社会发展	15	现代教育发展水平		%	90	5
	16	人力资源水平	每万劳动力中研发人员数	人	100	4
			每万劳动力中高技能人才数	人	600	
	17	基本社会保障	城乡基本养老保险覆盖率	%	98	5
			城乡基本医疗保险覆盖率	%	98	
			失业保险覆盖率	%	98	
			城镇住房保障体系健全率	%	99	
			每千名老人拥有养老床位数	张	40	
	18	基尼系数		—	<0.4	2
	19	和谐社区建设水平	城市和谐社区建设达标率	%	98	3
			农村和谐社区建设达标率	%	95	
	20	文化产业增加值占 GDP 比重		%	6	2
	21	人均拥有公共文化体育设施面积		平方米	2.8	2
	22	居民文明素质水平	居民科学素质达标率	%	10	4
			居民综合阅读率	%	90	
			注册志愿者人数占城镇人口比例	%	15	
民主法治	23	党风廉政建设满意度		%	80	3
	24	法治建设满意度		%	90	3
	25	公众安全感		%	90	3

（续表）

类别	序号	指标名称		单位	目标值	权重
生态环境	26	单位 GDP 能耗		吨标煤/万元	<0.5	4
	27	单位 GDP 二氧化碳排放强度		吨/万元	<1.15	2
	28	主要污染物排放强度	单位 GDP 化学需氧量排放强度	千克/万元	<2.0	4
			单位 GDP 二氧化硫排放强度	千克/万元	<1.2	
			单位 GDP 氨氮排放强度	千克/万元	<0.2	
			单位 GDP 氮氧化物排放强度	千克/万元	<1.5	
	29	环境质量	空气质量达到二级标准的天数比例	%	80	6
			地表水好于Ⅲ类水质的比例	%	70	
			生活垃圾无害化处理率	%	95	
			城镇污水达标处理率	%	95	
			康居乡村建设达标率	%	90	
			村庄环境整治达标率	%	99	
	30	绿化水平	林木覆盖率	%	24	3
			城镇绿化覆盖率	%	40	
评判指标		人民群众对基本现代化建设成果满意度		%	70	

注:1. 人均地区生产总值目标值为 2010 年不变价;2. 涉及人均的指标,按常住人口计算;3. 本表数据来源为百度文库、江苏省发展和改革委规划处,2013 年。

　　江苏省课题组对基本现代化指标体系的构建,是我国区域现代化的实践与探索。虽然与 2015 年世界中等发达国家水平存在较大差距,但已经形成了较为明确和具体的符合中国实际、江苏特点的现代化雏形。2013 年 4 月 28 日,国务院批复同意《苏南现代化建设示范区规划》。这些来自地方的探索,为我们研究制定全国的基本现代化指标体系积累了十分宝贵的经验。

　　根据 2016 年江苏省统计局发布的数据资料显示,《2015 年全省及苏南地区基本实现现代化进程监测统计报告》,可以从基本现代化实践探索的层面,认识和了解江苏区域现代化建设进程。

　　根据《江苏全面建成小康社会和基本实现现代化进程监测统计组织实施办法》,省统计局、省委研究室联合省级有关部门,对 2015 年全省及苏南地区基本实现现代化进程开展了监测统计。监测结果表明:苏南地区不断夯实全面建成小康社会发展基础,扎实有序推进现代化建设,基本实现现代化进程取得新进展新成效。

从苏南地区基本实现现代化进程监测情况看,2015 年,在 53 个指标中,达标指标已过半,有 31 个指标达到目标值,占指标总数的 58.5%;16 个指标实现程度在 80%—100% 之间;3 个指标实现程度在 60%—80% 之间;实现程度在 60% 以下的指标有 2 个,分别为城乡居民收入达标人口比例、康居乡村建设达标率。

如苏南 2015 年经济发展类:该大类 10 个指标中有 5 个指标已达标,分别为城镇化率(75.3%)、信息化发展水平(93.9%)、高新技术产业产值占规模以上工业产值比重(45.1%)、自主品牌增加值占 GDP 比重(16.0%)、万人发明专利拥有量(26.6 件);其中高新技术产业产值占规模以上工业产值比重为新达标指标。实现程度在 90%—100% 之间的有 3 个指标,分别为人均地区生产总值(121545 元、93.5%)、现代农业发展水平(88.5%、98.3%)、研发经费支出占 GDP 比重(2.75%、98.2%)。实现程度在 80%—90% 之间的有 1 个指标,为服务业增加值占 GDP 比重(51.2%、85.3%)。该类实现程度较低的指标为工业全员劳动生产率,实现值为 28.6 万元/人,实现程度为 63.5%。

如苏南 2015 年人民生活类:该大类 10 个指标中有 6 个指标已达标,分别为城镇家庭住房成套比例(95.3%)、农村家庭住房成套比例(90.0%)、每千人拥有医生数(2.55 人)、居民体质合格率(95.7%)、城市居民公共交通出行分担率(30.9%)、镇村公共交通开通率(100%);其中城镇家庭住房成套比例为新达标指标。人均预期寿命(实现值 77.4 岁),实现程度 99.2%,接近达标。该类实现程度较低的指标为收入方面的 3 个指标,分别是城镇居民人均可支配收入(46222 元、66.0%)、农村居民人均可支配收入(22760 元、71.1%)、城乡居民收入达标人口比例(17.9%、35.7%)。

如苏南 2015 年社会发展类:该大类整体实现情况较好,16 个指标中有 10 个指标已达标,分别为每万劳动力中研发人员数(171.2 人年)、每万劳动力中高技能人才数(737.7 人)、城乡基本养老保险覆盖率(98.3%)、城乡基本医疗保险覆盖率(98.3%)、失业保险覆盖率(98.7%)、每千名老人拥有养老床位数(46.3 张)、基尼系数(<0.4)、人均拥有公共文化体育设施面

积(3.08 平方米)、居民科学素质达标率(10.8%)、居民综合阅读率(90.9%);其中居民科学素质达标率、居民综合阅读率为新达标指标。其余 6 个指标实现程度均在 90%—100% 之间,分别为现代教育发展水平(88.6%、98.4%)、城镇住房保障体系健全率(91.4%、92.3%)、城市和谐社区建设达标率(94.9%、96.8%)、农村和谐社区建设达标率(86.1%、90.6%)、文化产业增加值占 GDP 比重(5.45%、90.8%)、注册志愿者人数占城镇人口比例(14.5%、96.4%)。

如 2015 年苏南民主法治类:党风廉政建设满意度(80.4%)、法治建设满意度(96.2%)、公众安全感(93.9%)3 个指标已全部达标;其中党风廉政建设满意度为新达标指标。

2015 年苏南 5 市推进现代化建设差距在逐步缩小。民主法治、社会发展这两类目标实现程度较其他类相对较高。信息化发展水平、自主品牌企业增加值占 GDP 比重、万人发明专利拥有量、农村家庭住房成套比例、每千人拥有医生数、居民体质合格率、镇村公共交通开通率、每万劳动力中研发人员数、每万劳动力中高技能人才数、城乡基本医疗保险覆盖率、每千名老人拥有养老床位数、基尼系数、法治建设满意度、公众安全感、单位 GDP 化学需氧量排放强度、单位 GDP 氨氮排放强度、村庄环境整治达标率等 17 个指标实现了 5 市全部达标。但 5 个市的薄弱环节也比较明显,集中表现在"三低":工业全员劳动生产率实现程度低、城乡居民收入实现程度及收入达标人口比例低、康居乡村建设达标率低。

早在 20 世纪 80 年代,邓小平同志正是以苏州发展变化为例,系统阐述了小康目标的内涵和现代化建设"三步走"的战略构想。2009 年,习近平同志在江苏调研时指出,"像昆山这样的地方,包括苏州,现代化应该是一个可以去勾画的目标"。2014 年,习近平总书记视察江苏时深刻指出,"江苏要在扎实做好全面建成小康社会各项工作的基础上,积极探索开启基本实现现代化建设新征程这篇大文章"。江苏省委书记娄勤俭提出,对十九大作出的一系列重大政治判断要敏锐把握,要在时代洪流、历史进程中思考江苏发展的方向和定位、目标和任务,根据"两个 15 年"的战略安排,紧密结合我省实际作出前瞻性的研究部署,努力探索符合客观规律、具有中国特色、体现江苏特点的区域现代化之路。① 江苏作为我国东部沿海发达地区，应率先发展、勇于先行先试，有责任也有条件在开启全面建设社会主义现代化新征程上走在前列，发挥率先实现现代化的示范引领带动作用，为全国现代化建设探新路。

新时代江苏基本现代化和全面现代化建设正在实践探索之中，我们在充分借鉴国内有关研究智库现代化建设成果的基础上，结合江苏实际，经过调研论证，参照中等发达国家现代化建设基本标准值和江苏省在 2011 年发布的"江苏基本实现现代化指标体系"，与省委、省政府战略安排相衔接，形成了《中国特色社会主义发展新阶段和社会主义现代化建设新征程研究》成果②，建设性地提出到 2035 年江苏基本实现现代化，力求实现"六个现代化高质量"；到 2050 年江苏全面建成富强民主文明和谐美丽幸福的社会主义现代化强省，基本达到世界发达国家发展水平。

（一）江苏区域现代化建设的目标设想

1. 基本现代化的目标设计

力求到 2035 年基本实现现代化，实现"六个现代化高质量"。

——经济现代化高质量。经济实力、科技实力大幅跃升，经济保持中高速增长、产业迈向中高端水平，人均 GDP 达到 13 万元以上，建成现代化经济体系。城镇化格局基本形成，城镇化率 72% 以上，基础公共服务标准化均等化。科技创新能力持续增强，研发经费支出占 GDP 比重达到 3%。现代产业体系基本建成，成为全球产业链创新链价值链的重要环节，建成具有全球影响力的产业科技创新中心和具有国际竞争力的先进制造业基地。

——人的现代化高质量。实现幼有所育、学有所教、劳有所得、病有所医、老有所养、住有所居、弱有所扶，人民生活更为富裕，城乡居民收入达标人口比例大约 55%，人的身心得到全面发展，实现从人力资源大省向人才强省转变，劳动年龄人口平均受教育达 12.6 年。城镇居民人均可支配收入

---

① 参见娄勤俭：《深入学习贯彻党的十九大精神　努力把"强富美高"蓝图化为美好现实》，《群众》2017 年第 23 期。

② 参见苗成斌、尤展等：《中国特色社会主义发展新阶段和社会主义现代化建设新征程研究——以江苏发展为例》，2017 年江苏省中特中心专题立项课题。

达 7.5 万元以上,居民体质合格率达 94%,平均预期寿命超过 78 岁,人类发展指数达到世界中等发达国家水平。

——城乡现代化高质量。"1+3"重点功能区战略成功实施,扬子江城市群的龙头带动作用充分发挥,沿海经济带、江淮生态经济区、徐州淮海经济区中心城市分工协作、特色发展、优势互补。南京城市首位度显著提高,苏州、无锡等城市能级显著提升,其他各种类型的城市吸引力和承载力显著增强。乡村产业兴旺、生态宜居、乡风文明、治理有效、生活富裕的目标基本实现。特色田园乡村和特色小镇建设形成独特的乡村经济发展优势。城市和农村和谐社区建设达标率分别超过 98% 和 95%,基尼系数小于 0.4。

——文化现代化高质量。文化强省基本建成,文化产业增加值占 GDP 比重达到 5.5% 以上,文化产业强、文化事业强、文化人才强的目标基本实现。叫得响留得住的精品力作层出不穷,在全国形成较大影响力。主流意识形态的引领作用充分发挥。中国梦和社会主义核心价值观深入人心,道德风尚建设高地基本形成。居民综合阅读率达 90%。文化交流更加广泛,江苏的国际影响力显著增强。

——生态现代化高质量。大气、水、土壤等环境状况明显改观,空气质量达到二级标准的天数比例达 82%,生产空间安全高效、生活空间舒适宜居、生态空间山青水碧的土地开发格局形成,城镇绿化覆盖率达 43%,中国绿色生态模范县数量位居全国前列,形成天蓝、地绿、水净的优美环境。绿色发展的生产方式和生活方式基本形成,能源、水等资源利用效率达到国际先进水平,单位 GDP 能耗小于 0.5 吨标煤/万元。

——社会现代化高质量。城乡居民人均可支配收入之比缩小到 1.8 左右,基本公共服务均等化基本实现。现代社会治理格局基本形成,社会充满活力又和谐有序。政府治理和社会调节、居民自治良性互动,公平正义充分彰显,人民获得感、幸福感、安全感更加充实、更有保障、更可持续。城乡基本养老、医疗、失业保险覆盖率达 99% 以上,平安江苏建设充分巩固,公众安全感达到 92% 以上。大学普及率达 90%。万人发明专利拥有量达 20 件以上。人均拥有公共文化体育设施面积达 3 平方米以上。

2.建设现代化强省的目标设计

从高水平全面建成小康社会到基本实现现代化是江苏发展水平的一次跃升,从基本实现现代化到全面实现现代化又是一次跃升,前者是后者的前提和基础,后者是前者的延续和提升。相比较而言,后者意味着发展质量更高、更有效率、更加公平、更可持续。江苏要参照世界发达国家第一方阵的发展水平,加快推进平衡和充分发展,力争到2050年全面建成富强民主文明和谐美丽幸福的社会主义现代化强省。

——拥有先进发达的物质文明。经济实力、科技实力、创新能力、社会生产力大幅跃升,主要指标和人均指标达到世界发达国家十名左右,人才核心竞争力达到世界先进水平,建成现代化经济强省。

——拥有先进发达的政治文明。形成亲密融洽的党群关系、效能廉洁的服务政府、科学民主的公共决策、生动活泼的基层民主、和谐有序的社会治理,法治江苏、法治政府、法治社会建设一体推进,实现治理体系和治理能力现代化,建成民主法治的社会主义现代化强省。

——拥有先进发达的精神文明。践行社会主义核心价值观成为全社会自觉行动,人民素质显著提高,文化凝聚引领能力、文化惠民服务能力、文化创作生产能力、文化产业竞争能力、文化改革创新能力、文化队伍建设能力显著提升,江苏精神、江苏价值、江苏力量成为发展的重要影响力和推动力,文化软实力成为江苏的知名品牌。

——拥有先进发达的社会文明。城乡发展更均衡、分配结构更合理、公共服务更均等、科教体系更先进、社会保障更完善,城乡居民将普遍拥有较高的收入、富裕的生活、健全的基本公共服务,享有更加幸福安康的生活,公平正义普遍彰显,社会充满活力而又规范有序。

——拥有先进发达的生态文明。天蓝、地绿、水清的优美生态环境成为普遍常态,资源节约型、环境友好型社会完全形成,经济效益、社会效益、生态效益同步提升,自然环境之美、景观风貌之美、文化特色之美、城乡协调之美交相辉映,人与自然和谐共生成为江苏的鲜明标识,良好的生态环境成为最公平的公共产品、最普惠的民生福祉。

（二）江苏区域现代化建设的重点指向

江苏的区域现代化是全国现代化的实践和探索,必须坚定不移地走中国特色社会主义现代化道路,遵循世界现代化发展规律,实现工业社会向信息社会、工业经济向知识经济、物质文明向制度文明的转变,突出创新驱动、绿色发展和平衡充分增长,在超越西方现代化发展模式中探索江苏区域现代化新路子。

1. 在高质量发展上实现质的飞跃

现代化发展的本质是实现高质量发展。从经济社会发展规律看,推动高质量发展是大势所趋、民心所盼;从科技变革和需求变化规律看,推动高质量发展是潮流所向和落脚点所在。江苏要实现高质量发展,必须坚持以新发展理念为指导思想,第一要务是解决发展不平衡不充分的问题,核心要义是满足人民对美好生活的需要,创新路径是建设现代化经济体系,基本保障是推进治理体系和治理能力现代化。要准确把握新时代江苏的新方位新坐标,重点实现经济发展高质量、改革开放高质量、城乡建设高质量、文化建设高质量、生态环境高质量、人民生活高质量。

2. 在新旧动能转换上实现质的飞跃

经济发展必然是一个新旧动能迭代更替的过程。当传统动能由强变弱时,需要推动转型升级,培育新的发展动能。江苏要率先实现发展动能的转换,加强"创新链"与"产业链"的无缝对接,实现经济发展动力从要素驱动、投资驱动向创新驱动转变,由拼"资源"向拼"创新"、拼"科技"转变,由强调"做得快"向"做得好"转变,由"制造大省"向"创造大省"转变,为社会主义现代化建设提供强大的动能。要进一步抓好改革重点任务,充分发挥改革对经济社会发展的"深刺激"、"强刺激"作用。

3. 在城乡一体发展上实现质的飞跃

从国际经验来看,凡是进入高收入行列的国家,有一个共同特点,就是成功地解决了城乡二元结构问题,城乡居民收入相对平衡。江苏要破除传统城乡二元结构不良影响,把城市和农村作为一个有机整体发展谋划,建立更加有效的区域协调发展新机制,着力构建新型区域合作关系,推动区域产业分工从"梯度转移"向"产业协作"转变,努力实现"城乡居民基本权益平等化,城乡公共服务均等化,城乡居民收入均衡化,城乡要素配置合理化,城乡产业发展融合化"。

4. 在实现共享发展上实现质的飞跃

江苏一方面要为市场主体和各种社会力量创造发挥作用的更多机会,另一方面要让发展成果更好地惠及每个家庭每个人。不仅要把"蛋糕"尽量做大,还要通过完善分配格局,切实把"蛋糕"分好。要集中力量解决事关人们生存的"头等大事",重视解决影响百姓日常生活的"关键小事",如就业方面"用工荒"与"就业难"并存的问题,教育方面的中小学课外负担重、"择校热"问题,医疗方面的"看病难"、"看病贵"问题,养老方面的供需失衡问题,社会保障方面的覆盖不全、兜底不够、不可持续问题,在发展中补齐民生短板。

5. 在人与自然和谐上实现质的飞跃

人与自然是生命共同体,人类必须尊重自然、顺应自然、保护自然。在现代化建设中,江苏要坚持节约优先、保护优先、自然恢复为主的方针,统筹山水林田湖草系统治理,实行最严格的生态环境保护制度,形成绿色发展方式和生活方式。重点要打赢污染防治攻坚战,构建大格局,把生态环保放在更加突出位置,推动美丽江苏建设;开展大整治,围绕水、气、土等突出环境问题开展大整治,让群众有更多的获得感;完善大机制,真正做到源头严控、过程严管、后果严惩,以严执法换取生态环境高质量。

6. 在制度建设完善上实现质的飞跃

制定有利于现代化建设的制度和机制,是推动现代化建设的客观要求和必然选择。江苏要深化体制机制改革,破除体制机制障碍,把制度的原则性与人的主动性结合起来,形成现代化建设的合力。要突出重点,把财税金融、科技体制、经济体制改革等放在重中之重的位置;突出难点,深化司法体制改革,用法律捍卫社会公平正义;聚焦热点,大力推动简政放权,让群众少跑腿、数据多跑路;抓好试点,推动落实鼓励激励、容错纠错、能上能下"三项机制",进一步激发各级干部投身改革的积极性主动性;打造亮点,构建全面开放新格局,积极参与"一带一路"建设。

（三）江苏区域现代化建设的系统设计

1. 现代化理念体系

理念是开关。必须把新发展理念贯彻到江苏现代化建设的全过程,通过创新发展、协调发展、绿色发展、开放发展、共享发展,着力解决好发展不平衡不充分的问题,提升发展的质量和效益。其中,尤其要坚持人与自然和谐共生理念,努力走生产发展、生活富裕、生态良好的文明发展道路;坚持人才引领的理念,发挥人才作为第一资源的引领和支撑作用;坚持空间均衡的理念,在城乡规划与空间布局时把握人口、经济、资源环境的平衡点;坚持"文化+"理念,不断满足人民群众对于美好生活的新期待。

2. 现代化经济体系

经济是支撑。只有形成现代化经济体系,才能更好顺应现代化发展潮流并赢得国际竞争主动,也才能为其他领域现代化提供有力支撑。要深刻认识建设现代化经济体系的重要性和艰巨性,科学把握建设现代化经济体系的目标和重点,建设创新引领、协同发展的产业体系,建设统一开放、竞争有序的市场体系,建设体现效率、促进公平的收入分配体系,建设彰显优势、协调联动的城乡区域发展体系,建设资源节约、环境友好的绿色发展体系,建设多元平衡、安全高效的全面开放体系,建设充分发挥市场作用、更好发挥政府作用的经济体制,确保社会主义现代化强省目标如期实现。

3. 现代化创新体系

创新是引擎。现代化创新体系由创新主体、创新基础设施、创新资源、创新环境、外界互动等要素组成,是一个全社会共同参与、充分互动的体系。要突出"一个核心",即突出企业创新在创新中的核心地位,强化企业技术创新主体地位;完善"两个系统",即区域科技服务系统、区域科技投融资系统这两个支撑性系统;打通"三个通道",即政产学研深度融合通道、市场化运作通道、人才成长通道这三个关键性通道,实现创新资源的高效集聚、创新基础设施的不断提升、创新环境的不断优化。

4. 现代化治理体系

治理是手段。现代化治理体系是在党领导下管理国家的制度体系,要适应时代进步潮流和国家现代化总进程,做到"六化":标准化,即运用新的理念、技术，依托"互联网+"，对经济建设、政治建设、文化建设、社会建设以及生态文明建设全面实施标准化建设；程序化，这是推进国家治理体系和治理能力现代化的关键性衡量指标；法治化，这是推进国家治理体系和治理能力现代化最基础的标尺；科学化，要促进各方面制度更加科学化；信息化，使经由标准化和程序化予以细化、机制化的治理举措借助技术力量予以固定；精细化，是运用标准化、程序化、信息化的手段，使其成为国家治理更加精、细、准、严的重要一环。

5. 现代化生态体系

生态是底色。生态体系建设与经济社会发展有机统一。要牢固树立社会主义生态文明观，以资源环境承载能力为基础，以自然规律为准则，以可持续发展、人与自然和谐发展为目标，建设系统完整的生态文明制度体系，实现源头严防、过程严管、后果严惩；建设科学全面的生态文明指标体系，从生态效益、经济效益、社会效益等层面进行评价；建设多级联动的生态文明协同体系，从环保部门的"小环保"向党委、政府主导的"大环保"转变，从而形成节约资源和保护环境的空间格局、产业结构、生产方式、生活方式，建设好生态宜居的美丽江苏。

6. 现代化组织体系

组织是保障。要构建设置更加科学、职能更加优化、权责更加协同、监督监管更加有力、运行更加高效的机构体系，推进市场监管的职能不断优化，加强监管协同，形成市场监管合力；推进公共服务的职能更加优化，探索建立"群众点菜、政府端菜"机制，更好地保障和改善民生；推进社会治理的职能更加优化，通过政府的有效限权、放权和分权，形成共建共治共享的良好局面。

理念是总开关，是一切行动的先导。没有现代化的理念，推进现代化建设的思路和措施就成为无源之水、无本之木，就可能犯方向性、原则性的错误。经济是支撑，没有强大的经济基础，社会、文化、民生等的建设就失去了赖以发展的土壤。创新是引擎，现代化建设的动力从哪里来，从创新中来；创新从哪里来，从人才中和制度中来。治理是手段，现代化的治理体系和治理能力能广泛调动各方面积极性、主动性、创造性。生态是底色，绿色发展

图 4-1　江苏区域现代化建设体系设计图

是建设美丽江苏、幸福江苏的最鲜明特色,只有让"绿色化"成为"常态化",才能保持经济的"绿色增长",提高社会的"绿色福利"。组织是保障,现代化建设是一个庞大的系统工程,必须在党的坚强领导下,充分发挥各级党组织和广大党员干部在现代化建设中的先锋模范作用。这六大系统是一个相互联系、相辅相成、相互促进的有机整体,每一个体系既自成系统,又相互依存、关联递进,是一个从理念到思路、从目标到手段、从措施到保障的科学的辩证的综合系统,推动江苏区域现代化建设更有质量、更有效益、更加公平、更可持续,在高质量现代化建设上闯出一条新路子,见图 4-1 所示。

(四)江苏区域现代化建设重点把握的辩证关系

1.顶层设计与基层探索的关系

顶层设计,看的是全局,发挥的是制度力量;基层探索,摸的是规律,激发的是实践热情。顶层设计应源于基层探索,基层探索应符合顶层设计。要坚持顶层设计和基层探索的辩证统一,推动改革顶层设计和基层探索良性互动,解决好政策导向同实际相结合的问题、利益调整中的阻力问题、推动任务落实的责任担当问题,把"六个高质量"发展任务细化成基层的具体举措,使现代化建设更加精准地对接发展所需、基层所盼、民心所向。

2.解放思想与创新驱动的关系

解放思想是一个永恒的主题,没有解放思想和改革创新,就没有江苏发展的良好局面。如果说,过去的解放思想重点是解决"要不要发展"、"搞不搞市场"问题,那么现在的解放思想重点是解决"怎样发展"和"如何创新"问题。要以更大力度解放思想,推动苏南增强"以我为主"谋划发展的能力、南京加快提升城市首位度、苏北有效支撑"一带一路"交汇点建设,坚决破除一切束缚创新的思想观念桎梏和体制机制障碍,最大限度地解放和发展科技第一生产力,以思想的大解放,推动各项事业的大发展。

3. 短期建设与长远规划的关系

社会主义现代化建设是一项功在当代、利在千秋的历史性任务,具有长期性、艰巨性、系统性,不能用短期思维来看待,既要在战略上坚持持久战,又要在战术上打好歼灭战。从短期看,要深入推进供给侧结构性改革、"六个高质量建设";从长期看,要强化责任担当,深入解放思想,勤于学习研究,勇于探索创新,一步一个脚印地推动现代化建设,为实现中华民族伟大复兴中国梦作出应有的贡献。

4. 制度创新与贯彻落实的关系

一方面,要坚持正确的设计理念,本着科学、公正、平等、法治等基本原则来创新制度体系。另一方面,要在狠抓制度的贯彻落实上下足工夫。通过建立健全问责机制、监督机制,使各项制度都要做到规范化、程序化、具体化,做好制度体系的纵向监督与横向监督、社会监督与媒体监督,切实把推动高质量发展的要求落实到经济社会的各个环节和层面上去。

（五）江苏区域现代化建设的对策措施建议

社会主义现代化建设要从解决发展不平衡不充分问题做起,从强基层打基础做起,从群众最关心的事情干起,提出针对性强、务实可行的对策措施,坚持一切从实际出发,以实实在在的行动解决问题,推动江苏"六个高质量发展"的目标要求落到实处,推动江苏现代化建设走在全国前列。

1. 科学谋划江苏区域现代化的顶层设计

一是以新思想为引领。坚持以习近平新时代中国特色社会主义思想为指导,以十九大提出的现代化建设的新目标和新部署作为江苏现代化建设的根本遵循,切实把中国特色社会主义现代化建设的思想内涵融入江苏现代化建设实践中。二是以"强富美高"为目标。坚持把建设"强富美高"新江苏与现代化建设结合起来,以更高的标准、更宽的视野、更加可行的措施制定实施江苏基本现代化建设纲要,既学习借鉴世界中等发达国家的先进经验,又立足自身实际创新创造、打造亮点,走具有时代特征、中国特色、江苏特点的现代化建设之路。三是以"六个高质量发展"为抓手。围绕"六个高质量发展"的目标要求,出台支持现代化建设的政策措施,省级层面构建适应现代化要求的标准体系,各设区市明确符合自身实际、突出自身优势所在的发展方向,以高质量的现代化规划引领高质量的现代化建设,谱写新时代江苏现代化建设的崭新篇章。

2. 推进经济现代化,建设现代化经济体系

一是加快建设现代化产业体系。以发展实体经济为着力点,着力推动产业转型升级。从过去追求数量的增长转向质量和效益的提升,以供给侧结构性改革为主线,依靠质量变革、效率变革、动力变革和全要素生产率的提高,加快建设实体经济、科技创新、现代金融和人力资源协同发展的产业体系。要深入落实《中国制造 2025 江苏行动纲要》,充分发挥信息化对改造提升传统产业的推动作用。二是提高创新驱动发展能力。进一步增强原始创新能力,提高科技的持续创新能力。江苏要瞄准世界科技前沿,强化基础研究,实现前瞻性基础研究、引领性原创成果重大突破,实现科技对国民经济发展各重要领域的全方位战略支撑。人才是经济社会发展的第一资源。要推进人才管理体制改革,改进人才培养支持机制,完善人才创新创业激励机制,健全人才顺畅流动机制,构建具有国际竞争力的引才用才机制。三是优化区域协调发展布局。实施"1+3"重点功能区发展战略,在扬子江城市群建设上,继续发挥引领作用;在江淮生态经济区建设上,确立生态优先的发展导向;在沿海经济带和淮海经济区中心城市建设上,向纵深发展,展示出新的活力。四是加快形成全方位对外开放格局。抓住江苏"一带一路"交汇点建设机遇,引导和鼓励江苏企业"走出去",深度参与国际产业分工。要坚持并购技术成果、境外企业与集聚高端要素、高端人才相结合,"建工厂"与"建市场"相结合,产能输出与模式输出相结合,境外园区建设与物流基地建设相结合,从国际资源的被整合者转变为整合者,全力做好扩大向东开放和引领向西开放的文章。五是实施乡村振兴战略。把注入新动能作为乡村振兴的重要突破口,全面增强农村发展活力。在改革上下工夫,

在政策上破障碍,推动资本、技术、人才等各类要素向乡村流动。抓住"互联网+现代农业"的发展契机,大力培育各种新型经营主体,向农业输入现代生产要素和现代经营模式,真正让农民成为体面的职业,让农业成为有效益、有奔头的产业。

3. 推进社会现代化,保障和改善民生

围绕社会治理体系和社会治理能力现代化,建设江苏社会现代化。在理念目标上,社会现代性和人民主体性必然要求实现社会治理的全民共建共享。推动社会治理体系现代化,在社会治理组织体系上,围绕公共权力体系深化改革,大力推进社会组织发展,完善基层社会自治;在社会治理制度体系上,转变政府职能,完善法规制度,推进村民委员会和居民委员会实现真正的自治;在社会治理规划体系上,加强治理体系顶层设计,实现社会"善治"的具体安排;在社会治理运行体系上,加快推进依法有序治理、合作协商治理、社会自治治理和社会综合治理;在社会治理评价体系上,加快构建被评价主体与评价主体、评价的价值取向与依据、评价的内容与指标、评价的手段与方式、评价的绩效与转化五个方面的评价体系。推动社会治理能力的现代化,治理主体为贯彻践行现代社会治理理念,以及保障现代社会治理体系和机制有效运转,应具备相应的基础性能力,特别要加强党的政治领导能力、常态治理能力、应急管理能力和公共安全保障能力。

4. 推进城乡发展现代化,推动乡村振兴

按照"建立健全城乡融合发展体制机制和政策体系"的要求,加快从"统筹城乡发展"到"城乡融合发展",着力推进城乡发展现代化。树立城乡融合发展的理念。推动城乡要素、产业、居民、社会和生态融合,实现城乡共建共享共荣。促进城乡要素融合互动。积极引导各生产要素在城乡之间合理流动,加快推动城市资本、技术、人才下乡的进程,实现城乡要素双向融合互动和资源优化配置。建立城乡融合的体制机制。全面深化城乡综合配套改革,构建城乡统一的户籍登记制度、土地管理制度、社会保障制度以及公共服务体系和社会治理体系。完善城乡融合的政策体系。坚持农业农村优先发展,把政府掌握的公共资源优先投向农业农村,促使政府公共资源人均投入增量向农村倾斜,逐步实现城乡公共资源配置适度均衡和基本公共服务均等化。

5. 推进文化现代化,实现文化繁荣兴盛

按照文化建设高质量的目标要求,把文化强省建设推向新的高度,加快建设文化现代化。培育和践行社会主义核心价值观,构建多层次示范群体,构筑道德风尚高地,增强文化引领力和凝聚力;大力推进文化传承创新,建设优秀文化传承体系,深入推进江苏文脉研究,用好用活丰富的红色文化资源,加强对"周恩来精神"、"雨花英烈精神"等的研究和宣传,创造发展江苏当代文化;促进文化产业提质增效升级,健全现代文化产业体系和现代市场体系,推动文化产业融合发展、创新发展、开放发展、特色发展,加快培育新型文化业态;强化文化人才队伍支撑,壮大高层次文化人才队伍,优化人才引进的政策环境和社会环境,优化青年文化人才队伍,推出名家大师培养计划,加强基层文化人才队伍建设,培育基层文艺活动骨干和带头人;提高文化开放水平,统筹推进对外文化交流、文化传播和文化贸易,讲好新时代江苏故事,增强江苏国际影响力。

6. 推进生态现代化,加快美丽江苏建设

要下大力气补齐拉长生态环境这个突出短板,加快推进生态现代化。重拳出击治气治水治土。重点抓好治气,突出$PM_{2.5}$和臭氧浓度的"双控双减",提升群众蓝天幸福感。系统推进治水,夯实河长责任,全面加强水质监控。扎实推进治土,建立负面清单,扩大治理试点,有序开展修复。牢固树立"山水林田湖草是一个生命共同体"的理念,开展生态系统的保护修复,扩大环境容量,提升生态空间。大力推动绿色低碳循环发展。全面推动形成绿色生产方式和生活方式,突出生态的"含绿量",调整不符合生态环境功能定位的产业布局、规模和结构,构建绿色产业链体系。大力推进以低耗能、低污染、低排放为特征的发展模式,对治污不达标企业限期改造,改造后仍不达标的坚决关停。把园区循环化改造作为重中之重,确保到2020年省级以上园区和所有化工园区全部建成高水平绿色、生态、环保的工业园区。健全完善生态制度。建立"三大红线"管控预防制度,改革环境监管制度,深化管理体制改革,引导公众参与,完善绿色奖惩政策建立社会共治制度,完善绿色发展评估、党政领导干部生态环境损害责任追究等制度。

7.推进人的现代化,突出人的全面发展

人的全面发展是现代化建设的核心,人的现代化的根本目标是实现人民幸福。提升人的观念现代化水平。提升人的价值观念、精神态度、思想意识、思维方式等方面的现代化。以新思想、新理念、新战略更新人的思想观念,树立改革创新意识、现代治理意识、公平正义意识等。提升人的素质现代化水平。着力提升人的品质、体质、智能和潜能,全面提升自身素质,发展各种能力。提高人的道德水平,激励人的道德实践。提升人的健康水平,实施全民健康工程。全面实施素质教育,建设现代国民教育体系和终身教育体系。推动科技创新,提高人的科技素养和创新潜能。加快现代化人才培养,实现人才价值的最大化。提升人的行为方式现代化水平。引导人们在社会生活中采取积极、理性、文明的行为方式,积极而负责地参与社会生活。注重对公民行为的养成教育,培养公民的社会适应能力,帮助公民积极地参与到各项社群活动中,提高公民的社会参与能力。

8.加强组织领导,增强现代化建设的保障水平

推进现代化建设,关键在党,关键在抓好落实。建议各级党委政府将现代化建设纳入重要议事日程,配强专门领导抓好现代化建设;建议设置专门职能机构和研究机构对我省现代化建设进行跟踪研究和实践指导,定期召开现代化建设的专题研讨会。党员领导干部要带头研究现代化建设,提高驾驭现代化的领导水平。建议由主要省领导牵头,研究制定江苏高质量发展的基本现代化指标体系和考核体系。制定出台激励政策,进一步健全完善"三项机制",充分调动广大党员干部抓现代化建设的积极性和创造性。树立正确的用人导向,提拔重用在现代化建设中有突出贡献的党员干部。充分发挥基层党组织在现代化建设中的战斗堡垒作用,激发基层创造活力,选优配强基层党组织带头人,提高基层现代化建设的能力和水平。

世界现代化的历史告诉我们:区域率先是世界现代化的一般规律。从我国内部看,区域率先实现现代化是某些行政省份或经济区域率先实现现代化,体现了这些区域在经济社会发展方面所表现出来的领先性和超前性。江苏现代化建设的生动实践告诉我们,坚持以新的发展理念和科学的发展规划为引领,让各级党政组织和基层干部群众,在全面小康和现代化建设

中，明晰"为什么干、干什么和怎样干"是很重要的一条经验，值得学习和借鉴。站在新时代发展的起点，江苏要深入研究现代化建设的规律，以系统性思维进行整体谋划。推进江苏区域现代化建设，必须坚持以邓小平理论、"三个代表"重要思想、科学发展观、习近平新时代中国特色社会主义思想为指导，以全体人民共同富裕、实现人的全面发展为目标，以"创新、协调、绿色、开放、共享"五大发展理念为引领，以改革创新为根本动力，以提高现代化建设的质量和效益为中心，以党的建设和法治建设为保障，着力在建设现代化经济体系上求突破，着力在现代化制度体系建设上求突破，着力在补短板、强弱项、保民生上求突破，力争到 2035 年前基本实现现代化，达到世界中等发达国家发展水平，2050 年前全面建成富强民主文明和谐美丽幸福的社会主义现代化强省，基本达到世界发达国家发展水平。

三、全面建设现代化的战略取向新探

　　毛泽东同志曾为实现中国社会主义现代化提出了分"两步走"的目标和战略设想：第一步，用 15 年时间，建成一个独立的比较完整的工业体系和国民经济体系；第二步，在 20 世纪内，全面实现农业、工业、国防和科学技术现代化，使我国经济走在世界的前列。这个设想，曾经写入 1964 年年底周恩来所作的《政府工作报告》，并在 1975 年邓小平主持起草的周恩来《政府工作报告》中得到重申。党的十一届三中全会之后，邓小平同志在总结历史经验的基础上，从我国实际情况出发，将它发展为分"三步走"实现社会主义现代化的战略部署。①

　　不同的历史阶段，根据国际国内形势和我国发展条件，提出相应战略目标引领发展，是我们党执政兴国的重要经验。党的十一届三中全会之后，邓小平提出社会主义现代化建设"三步走"战略目标。在解决人民温饱问题、人民生活总体上达到小康水平这两个目标提前实现的基础上，我们党又提出"两个一百年"奋斗目标。经过长期努力，党和国家事业发生历史性变

---

　　① 汪裕尧：《毛泽东对中国社会主义现代化事业的伟大历史贡献》，《党的文献》2006 年第 1 期。

革,中国特色社会主义进入新时代。把握历史新方位,顺应时代新特点,十九大提出分两个阶段实现全面建成社会主义现代化强国的战略安排,这是对"三步走"战略目标既一脉相承又与时俱进的深化和推进,展现出党和国家事业蓬勃发展的光明前途。

从党的十九大到二十大的 5 年,是"两个一百年"奋斗目标的历史交汇期。综合分析国际国内形势和我国发展条件,在深入研究、反复论证的基础上,十九大明确提出,从 2020 年到 21 世纪中叶的 30 年,全面建设社会主义现代化国家,分两个阶段战略安排,每个阶段 15 年。

第一个阶段,从 2020 年到 2035 年,在全面建成小康社会的基础上,再奋斗 15 年,基本实现社会主义现代化。这意味着,我们党原来提出的"三步走"战略的第三步即基本实现现代化,将提前 15 年实现。这是考虑到,改革开放 40 年来,我国经济持续较快发展,工业化城镇化快速推进,各项事业全面进步,国家面貌发生了前所未有的巨大变化。以目前的良好基础和发展势头,到 2035 年基本实现社会主义现代化是有把握的。①

第二个阶段,从 2035 年到 21 世纪中叶,在基本实现现代化的基础上,再奋斗 15 年,把我国建成富强民主文明和谐美丽的社会主义现代化强国。

十九大对决胜全面建成小康社会、夺取新时代中国特色社会主义伟大胜利作出了具体部署。从现在起到 2020 年是全面建成小康社会的决胜期,决胜就是冲锋号、就是总动员。十九大对开启全面建设社会主义现代化国家新征程作出了"两步走"的战略安排。这一战略安排体现了"三个统一"②:一是历史延续性和发展新要求的统一。20 世纪 80 年代后期,邓小平同志提出了社会主义现代化建设"三步走"的战略构想,经过全党全国人民共同努力,我们先后提前实现了第一步、第二步战略目标,党的十六大、十七大、十八大将邓小平同志的第三步构想进一步加以展开,提出到建党 100 年时全面建成小康社会,到建国 100 年时基本实现现代化。新时代中国特

---

① 张高丽:《开启全面建设社会主义现代化国家新征程》,载《党的十九大报告辅导读本》,人民出版社 2017 年版,第 26—28 页。

② 娄勤俭:《深入学习贯彻党的十九大精神　努力把"强富美高"蓝图化为美好现实》,《群众》2017 年第 23 期。

色社会主义战略安排对实现"第二个百年目标"再分"两步走",不仅表明了我们党接续奋斗的鲜明态度,还根据实际将基本实现现代化的奋斗目标提前15年实现,把第二个百年奋斗目标调整为全面建成社会主义现代化强国,顺应了发展新要求和人民新期待。二是方向引领和现实可行的统一。这一战略安排从中国特色社会主义长远发展进程来规划,充分考虑了我国发展面临的良好态势与重大挑战,充分考虑了人民群众当前需要和未来发展可能之间的关系,既具有很强的激励性和感召力,又具有很强的现实可行性,必将激发起全党全国人民团结奋进的强大力量。三是宏伟目标和实现路径的统一。十九大报告不仅提出了决胜全面建成小康社会、夺取新时代中国特色社会主义伟大胜利的目标,而且对社会主义经济、政治、文化、社会、生态文明建设作出了具体部署,既明确了任务书,又确定了路线图。我们要准确把握,紧密结合实际奋力开创江苏改革发展的新局面。

到2035年我国要进入"中等发达"国家行列,基本实现现代化。这一历史任务要求我国首先必须达到世界"中等发达"国家水平。关于"中等发达"国家标准,目前世界上还没有统一明确的界定,而且这个标准随着经济发展进行不断地调整。

根据十九大报告对基本实现社会主义现代化的主要目标要求,主要体现在以下五个方面[1]:——在经济建设方面,我国经济实力、科技实力将大幅跃升,跻身创新型国家前列。——在政治建设方面,人民平等参与、平等发展权利得到充分保障,法治国家、法治政府、法治社会基本建成,各方面制度更加完善,国家治理体系和治理能力现代化基本实现。——在文化建设方面,社会文明程度达到新的高度,国家文化软实力显著增强,中华文化影响更加广泛深入。——在民生和社会建设方面,人民生活更为宽裕,中等收入群体比例明显提高,城乡区域发展差距和居民生活水平差距显著缩小,基本公共服务均等化基本实现,全体人民共同富裕迈出坚实步伐。——在生态文明建设方面,生态环境根本好转,美丽中国目标基本实现。

---

[1]　参见张高丽:《开启全面建设社会主义现代化国家新征程》,载《党的十九大报告辅导读本》,人民出版社2017年版,第26—28页。

党的十九大报告提出,从 2035 年到 21 世纪中叶,在基本实现现代化的基础上,再奋斗 15 年,把我国建成富强民主文明和谐美丽的社会主义现代化强国。展望那时的中国,将全面提升我国社会主义物质文明、政治文明、精神文明、社会文明、生态文明①:一是将拥有高度的物质文明,社会生产力水平大幅提高,核心竞争力名列世界前茅,经济总量和市场规模超越其他国家,建成富强的社会主义现代化强国。二是将拥有高度的政治文明,形成又有集中又有民主、又有纪律又有自由、又有统一意志又有个人心情舒畅生动活泼的政治局面,依法治国和以德治国有机结合,建成民主的社会主义现代化强国。三是将拥有高度的精神文明,践行社会主义核心价值观成为全社会自觉行动,国民素质显著提高,中国精神、中国价值、中国力量成为中国发展的重要影响力和推动力,建成文明的社会主义现代化强国。四是将拥有高度的社会文明,城乡居民将普遍拥有较高的收入、富裕的生活、健全的基本公共服务,享有更加幸福安康的生活,全体人民共同富裕基本实现,公平正义普遍彰显,社会充满活力而又规范有序,建成和谐的社会主义现代化强国。五是将拥有高度的生态文明,天蓝、地绿、水清的优美生态环境成为普遍常态,开创人与自然和谐共生新境界,建成美丽的社会主义现代化强国。到那时,我国作为具有 5000 多年文明历史的古国,将焕发出前所未有的生机活力,实现国家治理体系和治理能力现代化,成为综合国力和国际影响力领先的国家,对构建人类命运共同体、推动世界和平与发展作出更大贡献,中华民族将以更加昂扬的姿态屹立于世界民族之林,实现中华民族伟大复兴的中国梦。

党的十九大报告在对决胜全面建成小康社会作出部署的同时,明确了从 2020 年到 21 世纪中叶分两步走全面建设社会主义现代化国家的新目标。这一目标描绘了建成富强民主文明和谐美丽的社会主义现代化强国的宏伟蓝图,对新时代中国特色社会主义发展作出战略安排。这个奋斗目标中,前一阶段是后一阶段的基础,后一阶段是前一阶段的跃升,两者既紧

---

① 参见张高丽:《开启全面建设社会主义现代化国家新征程》,载《党的十九大报告辅导读本》,人民出版社 2017 年版,第 28—29 页。

密衔接又环环相扣,既明确任务又指明路径,体现了科学缜密的战略谋划。这是指导我国实现"两个一百年"奋斗目标的行动纲领。

四、现代化强国的指标体系前瞻

根据 IUD 中国领导决策信息中心·大数据战略重点实验室研究资料显示:"两个一百年"奋斗目标是实现中华民族伟大复兴中国梦的核心,第一个百年目标实现在即,第二个百年目标的实现正在途中。为做好中长期发展规划,对第二个百年目标进行调整及量化是当前迫切需要解决的重大任务。有关学者基于国际比较进行测算提出,2021—2049 年 GDP 年均增速需保持在 4.4% 以上,人均 GDP 将有望达到中等发达国家水平(即相当于美国的 60% 以上),在国际上的位次超过西班牙、韩国,与以色列、意大利或欧盟平均水平相当。[1]

从 2017 年起到 2050 年,我国有五个关键时间节点的目标实现程度值得把握和期待。[2]

从 2017—2020 年,是我国全面建成小康社会的决胜期。2021 年建党 100 周年。2022 年北京冬奥会、冬残奥会召开。这一时期将完成"十三五"规划目标任务,国内生产总值和城乡居民收入比 2010 年翻一番;农村贫困人口实现脱贫,贫困县全部摘帽;国防和军队基本实现机械化;全面建成小康社会目标实现。

数据备忘显示:2016 年,我国国内生产总值约为 2000 年的 4.22 倍,提前 4 年实现"翻两番"的目标。预计 2017 年我国人均国内生产总值也将达到 2000 年的 4 倍以上,提前 3 年实现"翻两番"的目标。西部的四川省农民人均收入达 11203 元,提前 4 年完成全面小康翻番目标。

从 2021—2025 年,我国将迈入制造强国行列。这一时期我国制造业整体素质将大幅提升,创新能力显著增强,全员劳动生产率明显提高,两化融合迈上新台阶。重点行业单耗及污染物排放达到世界先进水平,形成较强国

---

[1] 参见《"两个一百年"基础性指标体系前瞻》,《领导决策信息》2017 年第 42 期。
[2] 参见《"两个一百年"基础性指标体系前瞻》,《领导决策信息》2017 年第 42 期。

际竞争力的跨国公司和产业集群。

数据备忘显示:制造业重点领域全面实现智能化,试点示范项目运营成本降低 50%,产品生产周期缩短 50%,不良品率降低 50%。70%核心基础零部件、关键基础材料自主保障;制造业绿色发展和主要产品单耗达到世界先进水平。

从 2026—2030 年,我国主要健康指标将进入高收入国家行列。这一时期我国有望成为全球最大经济体。人均预期寿命达到 79.0 岁,人均健康预期寿命显著提高。城乡居民达到《国民体质测定标准》合格以上的人数比例达到 92%;居民健康素养水平达到 30%;国家学生体质健康标准达标优秀率在 25%以上。

从 2031—2035 年,我国将基本实现社会主义现代化。到 2038 年改革开放 60 周年。这一时期,我国将跻身创新型国家前列;国家治理体系和治理能力现代化基本实现;中华文化影响更加广泛深入;中等收入群体比例明显提高;基本公共服务均等化基本实现;现代社会治理格局基本形成,美丽中国目标基本实现。

从 2036—2050 年,我国将建成富强民主文明和谐美丽的社会主义现代化强国。2049 年中华人民共和国成立 100 周年。这一时期,我国物质文明、政治文明、精神文明、社会文明、生态文明将全面提升,实现国家治理体系和治理能力现代化,成为综合国力和国际影响力领先的国家,全体人民共同富裕的目标基本实现。

目前,我国研究现代化发展的社科成果很多,这些重要成果为我们研究建成社会主义现代化强国的基础性指标提供了有益的借鉴。从《2020—2050 社会主义现代化强国评估基础性指标备选》看,共分为八大类 97 个备选指标,其中第八个国防军队现代化备选指标共有 11 个,在本节省略。①

(一)现代经济备选指标,共有 14 个:1.我国 GDP 占世界总量的比重(%);2.人均 GDP;3.产业发展现代化指数;4.市场主体活跃度;5.“双支柱”调控有效性测评值;6.全要素劳动生产率;7.服务业增加值占 GDP 比重

---

① 参见《“两个一百年”基础性指标体系前瞻》,《领导决策信息》2017 年第 42 期。

(%);8.实体经济总量占 GDP 比重(%);9.先进制造业增加值占 GDP 比重(%);10.高技术产业增加值占制造业比重(%);11.现代农业增加值占 GDP 比重(%);12."四新"经济增加值占 GDP 比重(%);13.世界一流企业竞争力指数;14.大数据及云计算相关产业增加值占比(%)。

(二)科技强国备选指标,共有 14 个:1.国家综合创新能力世界排名(位);2.科技成果转化率(%);3.科技进步贡献率(%);4.农作物耕种收综合机械化率(%);5.产学研融合度(%);6.R&D 经费投入强度(%);7.基础研究经费占 R&D 经费比重;8.每万名就业人员中研发人员(人年);9.国际科技论文被引次数世界排名;10.PCT 专利申请量(万件);11.每万人口发明专利拥有量(件);12.全国技术合同成交金额(亿元);13.公民具备科学素质的比例(%);14.诺贝尔奖获得者数量(人)。

(三)制造强国备选指标,共有 6 个:1.制造业竞争力指数;2.数字化研发设计工具普及率(%);3.关键工序数控化率(%);4.核心基础零部件、关键基础材料自主保障率(%);5.自主知识产权高端装备市场占有率(%);6.制造业重点领域智能化水平(%)。

(四)国家治理备选指标,共有 9 个:1.国家治理现代化水平(%);2.电子政务及数据政府普及率(%);3.民主参与程度(%);4.公民自身民主权利满意度(%);5.平等发展权利保障水平(%);6.中等收入群体占比(%);7.法治国家测评度(%);8.法治政府达标率(%);9.法治社会实现度(%)。

(五)文化强国备选指标,共有 14 个:1.文化产业增加值占 GDP 比重(%);2.公共文化服务设施覆盖率(%);3.公共文化服务设施均衡度(%);4.国家文化软实力得分率;5.图书音像制品版权输出占比(%);6.出入境旅游人数(万人);7.中华文化影响力测评度;8.文化产品进出口总额(亿元);9.各类海外中国文化机构(个);10.中央电视台海外整频道用户数量(万人);11.留学生数量(万人);12.使用本国语言的外国人数量(万人);13.新型智库影响力(%);14.文化信息传输服务业营收增长率(%)。

(六)生态文明备选指标,共有 13 个:1.单位 GDP 水耗降低(%);2.单位 GDP 能耗降低(%);3.单位 GDP 二氧化碳排放降低(%);4.重要江河湖泊水功能区水质达标率(%);5.城乡污水处理率(%);6.空气质量优良天数比率(%);7.地表水质量达到或好于Ⅲ类水体比例(%);8.城乡生活垃圾无害化处理率(%);9.固体废弃物综合利用率(%);10.可再生能源占能源消费总量比重(%);11.煤炭、油气、非化石能源消费比例(%);12.煤炭消费占能源消费比重(%);13.森林面积覆盖率(%)。

（七）人民获得感备选指标,共有16个:1.平均受教育年限(年);2.基本社会保险覆盖率(%);3.城乡职住用地比例(%);4.城镇人口登记失业率(%);5.人均公共文化服务设施建筑面积;6.人均公共体育用地面积;7.一刻钟社区服务圈覆盖率(%);8.每千常住人口执业医师数(人);9.每万人拥有养老床位数;10.每万人拥有公共交通车辆;11.人均应急避难所面积;12.城乡居民达到《国民体质测定标准》合格以上的人数比例(%);13.经常参加体育锻炼人数(亿人);14.居民健康素养水平(%);15.人均预期寿命(岁);16.联合国人类发展指数。

上述这些现代化强国评估基础性备选指标,对于今后科学制定合理的量化的指标体系,以及对于指导我国现代化强国建设等都具有重要的实践价值。国家社会科学基金重点项目"中国中长期经济增长动力研究"的阶段性成果显示,当前我国与现代化国家的距离和我国达到现代化不同阶段所需要的GDP增速,分别如表4-15和表4-16所示。[①]

表4-15 当前中国人均GDP与"现代化"国家的比较

国别	人均GDP(美元)			中国相当于该国水平(%)		
	汇率法	购买力平价法	平均法	汇率法	购买力平价法	平均法
欧盟	32048	38706	35377	25.18	37.33	31.83
OECD	36281	40896	38588	22.24	35.33	29.18
美国	56207	56207	56207	14.36	25.70	20.03
日本	34474	40686	37580	23.41	35.51	29.96
韩国	27105	34422	30763	29.77	41.97	36.60
巴西	8757	15615	12186	92.14	92.53	92.39

① 盛来运、郑鑫:《中国中长期经济增长动力研究》,《领导决策信息》2017年第42期。

（续表）

国别	人均 GDP（美元）			中国相当于该国水平（%）		
	汇率法	购买力平价法	平均法	汇率法	购买力平价法	平均法
世界	10130	15675	12903	79.65	92.17	87.26
中国	8069	14448	11259			

资料来源：盛来运、郑鑫：《领导决策信息》2017 年第 42 期。

从表 4-15 的数据看，我国人均 GDP 水平，不论用汇率法、购买力平价法，还是平均法，都与美欧等发达国家差距较大，大约相当于这些国家水平的 30% 左右（汇率法偏低），大约相当于日本、韩国的 40%，大体相当于巴西水平的 90% 以上，我国整体上还没有达到世界平均水平。我们既要看到与世界发达国家的差距，更要坚定信心。我国是一个人口大国，仅用人均 GDP 一项比较也不够客观现实，也要看到我国一些现代经济指标、科技创新、先进制造和公共文化服务、人民获得感等指标已超过世界平均水平，有的已接近世界发达国家水平。现在最为重要的是要探索符合中国国情、体现时代特征、具有中国特色的，人民群众满意的，不同于西方的现代化，而又要超越西方的现代化。

表 4-16　中国达到现代化不同阶段所需的 GDP 增速

现代化水平		相对收入水平下限	人均 GDP 倍数	GDP 倍数	GDP 年均增速（%）
参照国：美国		100%	6.32	5.87	6.29
实现阶段	高级阶段	90%	5.69	5.28	5.91
	中高阶段	80%	5.06	4.7	5.48
	中级阶段	70%	4.42	4.11	4.99
	中低阶段	60%	3.79	3.52	4.44
	低级阶段	50%	3.16	2.93	3.78

资料来源：盛来运、郑鑫：《领导决策信息》2017 年第 42 期。

从表 4-16 的数据看，我国未来 30 年 GDP 年均增速保持在 4.44% 以上，可以在中低阶段实现。根据本章第二节"我国经济增长潜力的情景预测"，在基准情景下，在"十三五"、"十四五"、"十五五"GDP 年均增速将从"7"时代,逐步下降到"6"时代、"5"时代,甚至"4"时代。

根据本章第二节阐述的中国社科院预测结果,2030 年我国可达到人均 GDP3.6 万美元,超过预测世界平均人均 GDP 的 2.6 万美元。也就是说根据预测,中国 2030 年可以达到像法国、新西兰、日本等中等发达国家人均 GDP2015 年的水平。只要未来 30 多年不发生重大变故,我国 2050 年达到人均 GDP4 万多美元是可以预期的。虽然这个预测结果只是人均 GDP 一项,但这是一个很重要的指标,涉及现代化的多项指标,也可以从一个主要方面说明我国提前 10 多年基本实现现代化的目标的可能性,也说明党的十九大作出的提前 15 年基本实现现代化的目标是客观现实可行的。

中国共产党人具有胸怀世界、实现共产主义社会的远大理想。我们不仅要有超越发达的资本主义国家的志向,还要有敢于超过美国最先进的资本主义发达国家的雄心壮志,加快走向发达的社会主义。毛泽东 1955 年在全国党代表会议上和 1962 年七千人大会上曾提出,赶上和超过世界上最先进的资本主义国家,没有 100 多年时间我看是不行的。[1] 对此毛泽东还讲两点要求:[2]一是赶上和超过世界上最发达的国家美国。他认为,赶上美国、超过美国是中国的梦想,也是中国的职责。1955 年 10 月 29 日,他在关于资本主义工商业社会主义改造问题座谈会上的讲话中提出:我们的目标是要赶上美国,并且要超过美国。我们一定要争这一口气。在党的八大预备会议上他谈到赶超美国时还说,中国如果不能超过美国,那就要从地球上开除球籍! 二是中国应当对于人类有较大的贡献。1956 年,毛泽东在《纪念孙中山先生》一文中说:"中国是一个具有九百六十万平方公里土地和六万万人口的国家。中国应当对于人类有较大的贡献。而这种贡献,在过去一个长时期内,则是太少了。这使我们感到惭愧。"[3]真正达到毛泽东所说的这两个要求,对一个超大规模的大国来讲没有 100 多年是不可能的。美

---

[1] 刘昀献:《推进"四步走战略",实现中华民族伟大复兴中国梦》,人民网理论频道,2013 年 7 月 26 日。

[2] 刘昀献:《推进"四步走战略",实现中华民族伟大复兴中国梦》,人民网理论频道,2013 年 7 月 26 日。

[3] 《毛泽东文集》第 7 卷,人民出版社 1999 年版,第 156—157 页。

国真正成为具有世界影响力的大国,也是在第二次世界大战前后,也就是在其建国 150 年后。毛泽东认为,近代以来,发达国家看不起中国是有理由的,因为我们没有什么大的贡献。因此,实现中华民族伟大复兴,主要是在对人类文明的贡献意义上讲的。当今的中国对人类的贡献越来越大,如习近平在纪念中国共产党成立 95 周年大会上所指出的:"中国始终是世界和平的建设者、全球发展的贡献者、国际秩序的维护者。"[1]

　　因此,实现中国现代化与民族伟大复兴中国梦,需要一个长期的艰苦奋斗的历史过程。邓小平指出:"我们搞社会主义才几十年,还处在初级阶段。巩固和发展社会主义制度,还需要一个很长的历史阶段,需要我们几代人、十几代人,甚至几十代人坚持不懈地努力奋斗。"[2]实现现代化与民族伟大复兴,是中国特色社会主义的总任务,是与巩固和发展社会主义制度同步的过程。这个过程也是从物质文明建设走向制度文明建设的过程。也就是说,这是需要中华民族的子孙,不断接力奋斗才能实现的。习近平指出:"实现中华民族伟大复兴是一项光荣而艰巨的事业,需要一代又一代中国人共同为之努力。"[3]十九大报告强调:"历史车轮滚滚向前,时代潮流浩浩荡荡。历史只会眷顾坚定者、奋进者、搏击者,而不会等待犹豫者、懈怠者、畏难者。全党一定要保持艰苦奋斗、戒骄戒躁的作风,以时不我待、只争朝夕的精神,奋力走好新时代的长征路。""大道之行,天下为公。站立在九百六十多万平方公里的广袤土地上,吸吮着五千多年中华民族漫长奋斗积累的文化养分,拥有十三亿多中国人民聚合的磅礴之力,我们走中国特色社会主义道路,具有无比广阔的时代舞台,具有无比深厚的历史底蕴,具有无比强大的前进定力。"[4]我们要高举习近平新时代中国特色社会主义思想伟大旗帜,攻坚克难,勠力同心,向着社会主义现代化强国奋进。

---

① 习近平:《中国始终是世界和平的建设者、全球发展的贡献者、国际秩序的维护者》,人民网,2016 年 7 月 1 日。
② 《邓小平文选》第 3 卷,人民出版社 1993 年版,第 380 页。
③ 《习近平谈治国理政》,外文出版社 2014 年版,第 36 页。
④ 《党的十九大报告辅导读本》,人民出版社 2017 年版,第 68—69 页。

　　综上所述,不论从我国现代国家的历史转型,还是从全面建成小康社会的实现程度;不论从区域现代化建设的实践探索,还是从全面建成社会主义现代化强国的宏伟目标的战略安排看,都体现了中国现代化进程和实现中华民族伟大复兴的周期表、坐标系和路线图。中国的现代化既是一种世界潮流,也是一种民族的伟大复兴。站在新时代的起点,眺望中华民族伟大复兴的 21 世纪前景,每一个中国人都心潮澎湃、兴奋不已,期待着全面建成社会主义现代化强国宏伟目标的实现,使中华民族巍然屹立于世界民族之林。

第五章 价值与启示

建设社会主义现代化强国，实现中华民族伟大复兴中国梦，是坚持和发展中国特色社会主义的总任务，是我们党和国家以实现中华民族的伟大复兴中国梦为基本内核的奋斗目标，深刻表明我们党不断坚持和发展中国特色社会主义的历史自觉，彰显了对国家富强、民族振兴的大度，对人民实践认识的力度，对"三大规律"把握的深度，对全面从严治党的高度，开辟了中国特色社会主义新境界，深刻诠释了实现民族复兴的价值追求。这不仅具有重大的理论价值和实践价值，而且具有深刻的历史启示。

第一节 现代化与民族复兴的价值意蕴

建设现代化、实现民族复兴是新时代中国共产党的历史使命，是近代以来中华民族最伟大的梦想。建设现代化强国，实现伟大梦想，必须进行伟大斗争、建设伟大工程、推进伟大事业。从理论形态看，民族复兴中国梦是习近平新时代中国特色社会主义思想的重要组成部分，与毛泽东思想、邓小平理论、"三个代表"重要思想、科学发展观一脉相承，丰富和发展了中国特色社会主义理论体系；从实践逻辑看，民族复兴中国梦是我们沿着中国特色社会主义道路，实现"两个一百年"奋斗目标、实现民族伟大复兴中国梦的行动指引；从价值维度看，民族复兴中国梦是"为中国人民谋幸福、为中华民族谋复兴"的价值追求，在当代中国具有重要的时代价值。

一、迎来新的伟大飞跃

我们进入新时代,新时代最鲜明的特征是中华民族强起来。习近平总书记在十九大报告中指出,"中国特色社会主义进入新时代,意味着近代以来久经磨难的中华民族迎来了从站起来、富起来到强起来的伟大飞跃,迎来了实现中华民族伟大复兴的光明前景","是全体中华儿女勠力同心、奋力实现中华民族伟大复兴中国梦的时代"。① 十九大对中国特色社会主义进入新时代的重大判断,是我们党准确把握所处历史方位得出的正确结论,也标志着中华民族迎来了从站起来、富起来到强起来的伟大飞跃,赋予了现代化与民族复兴最鲜明的时代内涵。

从承载中华民族历史的选择看,以历史维度认识中国现代化与民族复兴的时代价值,搞清中国近现代历史发展历程,搞清中国特色社会主义历史发展轨迹,就能明白,我们党在推进革命、建设、改革开放过程中,怎样经过反复比较和总结,历史地选择了马克思主义、选择了社会主义道路;怎样把马克思主义基本原理同中国实际和时代特征结合起来,独立自主走自己的路;怎样历经千辛万苦、付出各种代价,开创和发展中国特色社会主义。历史和现实都告诉我们,只有社会主义才能救中国,只有中国特色社会主义才能发展中国。这是历史的结论、人民的选择。② 概括地讲就是用社会主义拯救了中国,开创了中国革命道路,形成了毛泽东思想,建立了中华人民共和国和社会主义制度;用社会主义发展中国,进入中国特色社会主义新时代,开始走向繁荣富强,迎来了实现中华民族伟大复兴的光明前景。

从我国社会发展阶段性特征看,准确把握进入新时代是实现现代化与民族复兴的重要依据。经过改革开放 40 年发展,特别是党的十八大以来的五年,我国取得了改革开放和社会主义现代化建设的历史性成就,推动党和国家事业发生历史性变革,中国特色社会主义进入了新的发展阶段。从新

---

① 《党的十九大报告辅导读本》,人民出版社 2017 年版,第 10—11 页。
② 参见黄相怀:《"三个意味着"到底意味着什么》,《辽宁日报》2017 年 10 月 23 日。

矛盾变化看,"我国社会主要矛盾已经转化为人民日益增长的美好生活需要和不平衡不充分的发展之间的矛盾"。这一重大判断是对五年来中国发展历史性成就和变革的深刻总结,也是对 40 年来改革开放发展成果的历史回应,更是对未来中国发展方向、发展目标的精准定位。我国社会主要矛盾的变化迫切需要破解发展不平衡、发展不充分的深层次问题。人民群众对过上幸福美好生活有了新期待,党推动发展的理念和方式有了重大转变,对发展水平和质量的要求比以往更高。从产业变革看,新一轮世界科技革命和产业变革孕育兴起,具有极大的冲击力,正在对人类社会带来难以估量的作用和影响,将引发未来世界经济政治格局深刻调整,可能重塑国家竞争力在全球的位置,颠覆现有很多产业的形态、分工和组织方式,实现多领域融通,重构人们的生活、学习和思维方式,乃至改变人与世界的关系。特别是大数据、云计算、互联网的发展,改变了人们认识世界、改造世界的思维和能力,改变着人类生产生活方式,使人类文明继农业革命、工业革命之后迈向新的"智能革命"时代。从面临的风险和挑战看,一方面,中国"发展起来以后的问题不比不发展时少",要解决发展不平衡不充分问题,从高速增长向高质量增长转变,从投资驱动向创新驱动转变,加大力度防范各种风险;另一方面,要完善和发展中国特色社会主义制度体系,使各项制度更加成熟更加定型。在实现民族复兴的实践进程中,我们面临着各种各样的"陷阱",尤其是表现为外部忧患的"修昔底德陷阱"、内部挑战的"中等收入陷阱"、政府与群众关系的"塔西佗陷阱",这些都是发展起来以后必然要面对的时代性课题。党的十九大作出进入新时代的重大判断,体现了我们党对社会发展规律的深刻认识。

从现代化与民族复兴中国梦的价值目标引领看,实现中华民族伟大复兴是全体中国人的共同追求。民族复兴贵在凝魂聚力,重在价值引领。价值引领是民族复兴最精微、最深沉、最强劲的内在精神动力。"富强民主文明和谐美丽"既是社会主义现代化强国的标志,亦是中华民族伟大复兴的标志,更是当下为之奋斗的价值目标。在实现民族复兴中国梦的新征程中,这些价值目标具有凝聚民族灵魂、聚集民族力量的引领功能。富强民主文明和谐美丽的价值目标,是全社会意愿和要求的最大公约数,是中华民族的最大共识,既超越了各民族具体目标的差异性,又与人民日益增长的美好生活需要紧密契合,与现实相联系,是各民族创造"中华民族命运共同体"的共同价值追求,具有引领中华民族伟大复兴的信仰规范功能。我国社会倡导的理想信念和信仰,是理性的、科学的、可实现的信仰,是具有层次差异并相互衔接的信仰体系。就内容而言,有共产主义远大理想、中国特色社会主义共同理想和社会主义现代化现实理想;就时空效应来说,共产主义是最高层次、最持久的信仰,中国特色社会主义是宏伟而远大的信仰,社会主义现代化是具有最大共识性、普遍性和现实性的信仰。社会主义现代化信仰与共产主义信仰、中国特色社会主义信仰是紧密相连的,是实现中国特色社会主义信仰、共产主义信仰的现实途径和具体道路。① 从一定意义上讲,信仰社会主义现代化,就是信仰中国特色社会主义、信仰共产主义。社会主义现代化是我国当下正在从事的中国特色社会主义的壮丽事业,也是实现民族复兴的伟大事业。社会主义现代化的价值目标,凝聚着中华民族实现现代化的强大力量,引领着中国社会发展的前进方向。富强民主文明和谐美丽与国家富强、民族振兴、人民幸福的中国梦,具有同等的信仰规范功能。

从实现现代化与民族复兴中国梦的价值支撑看,社会主义核心价值观是当代中国精神的集中体现,凝结着全体人民的共同价值追求。十九大报告指出:"文化是一个国家、一个民族的灵魂。文化兴国运兴,文化强民族强。没有高度的文化自信,没有文化的繁荣兴盛,就没有中华民族伟大复兴。"②从文化自信的核心意蕴上揭示和阐述社会主义现代化价值目标的文化属性,更加彰显其科学性、价值性和实践性;亦更体现出中国特色社会主义现代化的合理性、人民性和正义性。遵循富强民主文明和谐美丽的社会主义现代化的价值目标,能够最大限度地激发实践主体的自觉能动性,是引领全国人民实现中华民族伟大复兴中国梦的价值遵循。习近平指出:"人民有信仰,民族有希望,国家有力量。实现中华民族伟大复兴的中国梦,物

---

① 参见夏建国:《习近平新时代中国特色社会主义思想在民族复兴中的历史作用》,人民网—人民论坛,2017 年 12 月 13 日。

② 《党的十九大报告辅导读本》,人民出版社 2017 年版,第 40 页。

质财富要极大丰富,精神财富也要极大丰富。"①中国特色社会主义现代化是经济、政治、文化、社会和生态"五位一体"共同建设的现代化。富强民主文明和谐美丽是"五位一体"的社会主义现代化的价值目标,共同构建起了中华民族信仰的精神家园,实质上亦成为了文化自信的核心意蕴。一个民族,只有文化体现出比物质和资本更强大的力量,才能造就更大的文明进步;一个国家,只有经济发展体现出文化的品格,才能进入更高的发展阶段。如果说,经济发展水平是一个国家的脸面和躯体,治理水平是一个国家的内部生理系统,那么价值观、财富观、幸福观则是一个民族的精神与灵魂。②先进的文化和价值观,是我们最珍贵的精神财富,能管根本和长远。我们之所以反复强调培育社会主义核心价值观,正是要为呼啸前行的中国列车增添恒久强劲的精神动力,养足健康茁壮的精气神,我们就会在快速的生活节奏里,多一些心灵的沉静;在现代化的外表下,多一些思想的厚重;在市场化的大潮中,多一些内心的坚守,始终向着现代化和民族复兴的伟大目标前行。

二、破解新的历史课题

世界社会主义国家如何坚持和发展社会主义、怎样坚持和发展社会主义,中国如何坚持和发展社会主义、怎样坚持和发展社会主义。这是一个新的历史性课题。党的十八大以来,国内外形势变化和我国各项事业发展都给以习近平同志为核心的党中央提出一个重大的时代课题,就是必须从理论和实践结合上系统回答新时代坚持和发展什么样的中国特色社会主义、怎样坚持和发展中国特色社会主义,这也是实现中国社会主义现代化和中华民族伟大复兴必须破解的新的历史性难题。实现伟大梦想、践行新思想、推进"四个伟大"的时代价值就是在对这个问题的探索和回答中,我们党团结带领人民进入了中国特色社会主义新时代,开启了建设社会主义现代化国家的新征程,担负起实现中华民族伟大复兴的历

---

① 《人民有信仰,民族有希望,国家有力量——党的十八大以来习近平总书记关于文化建设的新理念、新思想、新战略》,求是网,2016 年 2 月 1 日。

② 参见《人民有信仰,民族有希望,国家有力量——党的十八大以来习近平总书记关于文化建设的新理念、新思想、新战略》,求是网,2016 年 2 月 1 日。

史使命。

我们党领导中国人民在中国特色社会主义道路上实现了从站起来到富起来到迎来强起来的历史性飞跃。我们现在最为接近民族复兴这个伟大目标，也最有能力和信心实现民族复兴这个伟大目标。从社会主义由空想到科学发展看，科学社会主义自创立到现在已有170年，在这段时间里，科学社会主义从空想到科学、从理论到实践、从挫折到复兴。我们要弄清社会主义从空想到科学的思想渊源，认清人类社会发展的总趋势，坚定社会主义必胜的信念，更加坚定社会主义理论自信。通过重温国际共产主义的发展历程，更加坚定社会主义的道路自信。澄清坚持和发展中国特色社会主义重大理论和实践问题，强化社会主义制度自信。搞清楚世界社会主义发展的历史经验教训，使我们的社会主义建设少走弯路，避免重蹈覆辙。十月革命的一声炮响，给中国送来了马克思主义列宁主义。我们党把马克思主义与中国实际相结合，用土地制度改革把农民革命的积极性调动起来，找到了农村包围城市、武装夺取政权的革命道路，在长期革命和战争的实践中形成了毛泽东思想，实现了马克思主义中国化的历史性飞跃。邓小平在继承和发展毛泽东思想的基础上，开创了中国特色社会主义，把社会主义与市场经济相结合，摆脱计划经济的束缚，极大地解放和发展生产力；把社会主义与民主法治相结合，摆脱了以阶级斗争为纲解决社会矛盾的思维束缚；把社会主义与现代化建设相结合，奠定了社会主义发展的物质基础，用社会主义发展现代化，用现代化巩固和发展社会主义，解决怎样坚持和发展中国特色社会主义问题。从邓小平理论到"三个代表"重要思想，从科学发展观到习近平新时代中国特色社会主义思想，我们党始终坚定不移地高举中国特色社会主义伟大旗帜，一代又一代地推进中国特色社会主义伟大事业，使中国特色社会主义呈现出强大的生机和活力。

加快中华民族伟大复兴中国梦为世界现代化发展提供了一种可资借鉴的发展新模式，证明通往现代化并非只有华山一条路。中华民族伟大复兴为破解人类面临的共同难题提供中国方案。如何实现现代化和民族复兴，我国有自己的判断，没有简单复制西方的发展模式。邓小平指出，"我们搞的现代化，是中国式的现代化。……我们建设的社会主义，是有中国特色的社会主义。……我们主要是根据自己的实际情况和自己的条件,以自力更生为主"。① 习近平强调,"中国特色社会主义道路,是实现我国社会主义现代化的必由之路,是创造人民美好生活的必由之路"。② 中国要完成现代化任务,实现"两个一百年"奋斗目标,必须坚持走中国特色社会主义道路,既要坚持以经济建设为中心,又要全面推进经济建设、政治建设、文化建设、社会建设、生态文明建设以及其他各方面建设;既坚持四项基本原则,又坚持改革开放;既不断解放和发展社会生产力,又逐步实现全体人民共同富裕,促进人的全面发展。中国特色社会主义道路顺应世界发展潮流,是以社会主义为底色、以中国特色为标志、以现代化为目标的发展道路。过去那般艰难困苦我们都没有进入西方设定的历史轨迹,今天就更没有理由跟随西方的脚步。中国道路是中国自主开辟的现代化道路,是不同于西方模式的伟大创举,是具有自主"知识产权"的中国创造,是破解人类面临的共同难题的中国方案。中国道路是对人类社会发展规律的新探索,为世界特别是广大发展中国家提供了一种可资借鉴的新模式;中国道路的成功改变了全球发展观念,证明了"单一发展模式与模式可输出理论的简单和偏颇";中国道路的成功打破了西方经验唯一正确的神话,终结了西方模式主宰世界的线性史观;中国道路的成功证明了通往现代化并非只有华山一条路,所谓"全球化=西方化"、"现代化=西方化"不过是西方编造的神话;中国道路的成功将西方的"普世模式"还原为地区性模式,人类开启了一个没有"普世模式"的多元化时代;中国道路的成功向世界揭示了"走自己的路"、寻找适合本国国情的发展模式才是不变的法则、永恒的真理。中国道路所蕴含的方法论不只属于中国,也属于世界。③ 中国所创造的坚持和发展中国特色社会主义的"中国经验"、"中国方案",对世界发展中国家的现代化建设具有很好的借鉴作用,对贫穷落后的国家脱贫致富、加快生产力的发展具有重要的实践价值。

英国著名经济学家彼得·诺兰(Peter Nolan)在《处在十字路口的中

① 《邓小平文选》第3卷,人民出版社1993年版,第29页。
② 《习近平谈治国理政》,外文出版社2014年版,第9页。
③ 韩庆祥、陈曙光:《中华民族伟大复兴的世界意义》,《人民日报》2016年5月5日。

国》的一文中指出："如果我们所说的'第三条道路'是指国家与市场之间的一种创造性、共生的相互关系,那么我们可以说,中国2000多年来一直在走它自己的第三条道路。这是中国令人印象深刻的长期经济和社会发展的基础。中国的第三条道路是一种完整的哲学,把既激励又控制市场的具体方法与一种源于统治者、官员和老百姓的道德体系的深刻思想结合在了一起。"他认为,中国特色社会主义是既不同于资本主义又与经典社会主义相异的"第三条道路"。① 中国是世界上最大的社会主义国家,中国特色社会主义建设所取得的世界性、历史性成就,使中国特色社会主义伟大旗帜在世界上高高飘扬。新时代中国特色社会主义,既坚持科学社会主义基本原则,又根据时代条件赋予其鲜明的中国特色,以全新的视野和全新的前景深化了对共产党执政规律、社会主义建设规律、人类社会发展规律的认识。

三、贯穿新的伟大实践

实现中华民族伟大复兴,必须推进"四个伟大"。"四个伟大"统一于新时代中国特色社会主义伟大实践。在"四个伟大"中,"伟大梦想"是我们党肩负的历史使命和宏伟奋斗目标,体现了根本方向,具有统领作用。"伟大事业"是实现伟大梦想的旗帜和道路,明确了我们要"举什么旗,走什么路"的根本问题。"伟大工程"是实现"伟大梦想"、进行"伟大斗争"、推进"伟大事业"的根本保证,起着决定性作用,担负着至关重要的独特作用。"伟大斗争"是动力,指明了我们党在实现"伟大梦想"中以永不懈怠的精神状态和一往无前的奋斗姿态,凝聚力量、攻坚克难,推动"伟大事业"和"伟大工程"。"四个伟大"由伟大梦想引领,由伟大事业承担,由伟大工程保障,由伟大斗争支撑,是逻辑严密的有机统一体,深刻揭示了我们党干什么、怎么干和干成什么样的问题,集中体现了当代中国最具时代特色的伟大实践,更加明确了新时代赋予当代中国共产党人的责任与使命,使其具有了覆盖

---

① 参见杨宜勇:《"四个伟大"是一个顶层设计——学习习近平总书记"7·26"重要讲话精神心得体会》,《人民论坛·学术前沿》2017年10月(下)。

全局、引领全局的重要地位和重大作用①,这是我们党在勇于推进实践基础上理论创新的重要成果,是习近平新时代中国特色社会主义思想的重要内容,体现了实现现代化与民族复兴的政治价值、理论价值和实践价值。

实现伟大梦想,进行伟大斗争——实现民族复兴的政治勇气和责任担当。十九大报告指出:"行百里者半九十。中华民族伟大复兴,绝不是轻轻松松、敲锣打鼓就能实现的。全党必须准备付出更为艰巨、更为艰苦的努力。"②我们党站在新的历史起点上,面对前进道路上的各种艰难险阻,只有带领和团结全国各族人民以敢于斗争的精神状态,坚持不懈地进行具有许多新的历史特点的伟大斗争,"伟大梦想"、"伟大事业"和"伟大工程"才能立于不败之地。唯物辩证法告诉我们,人类社会是在矛盾运动中前进的、发展的,有矛盾就会有斗争。当前,国内外形势正在发生深刻复杂变化,我国发展仍处于重要战略机遇期,前景十分光明,挑战也十分严峻,我们党需要长期经受"四大考验",克服"四种危险"。在发展进程中会遇到许多困难和挑战,各种风险和隐患增多,社会矛盾和问题交织叠加,意识形态领域斗争依然复杂,国家安全面临新情况。我国所面临的外部环境更趋复杂,需要应对国家安全的挑战;在国内发展中需要防止"中等收入陷阱",改革中需要突破利益固化藩篱等。未来要通过破解大矛盾赢得大发展,解决大问题实现大进步,这是时代赋予我们的担当。我们党要团结带领人民有效应对重大挑战、抵御重大风险、克服重大阻力、解决重大矛盾,必须进行具有许多新的历史特点的伟大斗争。这里的伟大斗争,既指所做的事情的艰巨性,需要攻坚克难,又指主观上的努力,必须具有的一种敢于斗争的精神状态和奋斗姿态。要充分认识这场伟大斗争的长期性、复杂性、艰巨性,任何贪图享受、消极懈怠、回避矛盾的思想和行为都是错误的,必须发扬斗争精神,提高斗争本领,不断夺取伟大斗争新胜利。

实现伟大梦想,建设伟大工程——实现民族伟大复兴的根本政治保证。

---

① 参见黄中平:《学懂弄通做实十九大精神　大力推进"四个伟大"着力肩负起新使命》,《天津日报》2017 年 11 月 20 日。

② 《党的十九大报告辅导读本》,人民出版社 2017 年版,第 15 页。

办好中国的事情,关键在党。十九大报告指出:"实现伟大梦想,必须建设伟大工程。这个伟大工程就是我们党正在深入推进的党的建设新的伟大工程。"①坚持党的领导是党和国家的根本所在、命脉所在,是全国各族人民的利益所在、幸福所在。历史证明,中国共产党的领导,是中国革命、建设、改革开放不断取得胜利的最根本的保证,是中国特色社会主义最本质的特征,也是中国特色社会主义制度的最大优势,必须毫不动摇地坚持和完善党的领导,毫不动摇把党建设得更加坚强有力。在中国,没有共产党的领导,中华民族就必然一盘散沙、四分五裂,民族复兴就必然是空想。打铁必须自身硬。要确保党的领导,巩固党的执政地位,必须全面从严治党,保持党的先进性和纯洁性。我们党要始终成为时代先锋、民族脊梁,始终成为马克思主义执政党,自身必须始终过硬。改革开放以来,我国在几十年"历史瞬间"走过西方发达国家几百年道路,发展成就充分展现、风险挑战也高度浓缩,最根本的挑战来自党内。我们党面临的执政环境是复杂的,影响党的先进性、弱化党的纯洁性的因素也是复杂的,党内存在的思想不纯、组织不纯、作风不纯等突出问题尚未得到根本解决。我们党所面临的"四大考验"和"四种危险"是长期的、复杂的和严峻的。必须更加自觉地坚定党性原则,勇于直面问题,敢于刮骨疗毒,着力解决党自身存在的突出问题,坚决消除一切损害党的先进性和纯洁性的因素,消除一切侵蚀党的健康肌体的病毒,不断增强党的政治领导力、思想引领力、群众组织力、社会号召力。只有深入推进党的建设新的伟大工程,毫不动摇把党自身建设好、建设强,才能引领承载着中国人民伟大梦想的航船破浪前进,胜利驶向光辉的彼岸。②

实现伟大梦想,推进伟大事业——实现民族伟人复兴的必由之路和正确选择。十九大报告指出:"中国特色社会主义是改革开放以来党的全部理论和实践的主题,是党和人民历尽千辛万苦、付出巨大代价取得的根本成

---

① 《党的十九大报告辅导读本》,人民出版社 2017 年版,第 16 页。
② 参见巴发中:《"四个伟大"的深刻内涵和重大意义》,《中国社会科学报》2017 年 11 月 30 日。

就。"①实现伟大梦想,必须把新时代中国特色社会主义伟大事业推向前进。道路关乎命运,道路决定前途。民族复兴和人民美好生活的实现,关键在于道路的正确选择。中国特色社会主义是由道路、理论体系、制度、文化四位一体构成的有机整体,共同支撑起中国特色社会主义伟大事业,推动社会主义中国不断前行。② 中国特色社会主义道路是实现社会主义现代化、创造人民美好生活的必由之路,中国特色社会主义理论体系是指导党和人民实现中华民族伟大复兴的正确理论,中国特色社会主义制度是当代中国发展进步的根本制度保障,中国特色社会主义文化是激励全党全国各族人民奋勇前进的强大精神力量。改革开放 40 年来,我们党团结带领全国各族人民不懈奋斗,推动我国经济实力、科技实力、国防实力、综合国力进入世界前列,推动我国国际地位实现前所未有的提升,我们党、国家、人民、军队、中华民族的面貌发生了前所未有的变化。十八大以来的五年,以习近平同志为核心的党中央紧紧围绕坚持和发展中国特色社会主义这个主题,顺应实践要求和人民愿望,迎难而上、开拓进取,推动党和国家事业发生历史性变革,取得历史性成就。事实雄辩地证明,中国特色社会主义道路是实现社会主义现代化、创造人民美好生活的必由之路,是实现伟大梦想唯一正确的选择。十九大作出了中国特色社会主义进入新时代的重大判断,对新时代推进中国特色社会主义伟大事业作出了全面部署。必须更加自觉地增强道路自信、理论自信、制度自信、文化自信,既不走封闭僵化的老路,也不走改旗易帜的邪路,不为任何风险所惧,不为任何干扰所惑,保持政治定力,坚持实干兴邦,始终坚持和发展中国特色社会主义。③ 全面贯彻党的基本理论、基本路线、基本方略,继续统筹推进"五位一体"总体布局,协调推进"四个全面"战略布局,推进"四个伟大",决胜全面建成小康社会,开启全面建设社会主义现代化国家新征程。

---

① 《党的十九大报告辅导读本》,人民出版社 2017 年版,第 16 页。

② 参见黄中平:《学懂弄通做实十九大精神 大力推进"四个伟大"着力肩负起新使命》,《天津日报》2017 年 11 月 20 日。

③ 参见巴发中:《"四个伟大"的深刻内涵和重大意义》,《中国社会科学报》2017 年 11 月 30 日。

四、回应新的时代要求

中国如何发展？世界如何发展？人类向何处去？全面建设社会主义现代化强国、实现中华民族伟大复兴，不仅是新时代中国特色社会主义发展的目标要求，而且顺应了世界发展潮流。从新时代中国发展的新阶段看，"我国社会主要矛盾已经转化为人民日益增长的美好生活需要和不平衡不充分的发展之间的矛盾"。以往的发展解决的是有没有、快不快的问题，注重的是规模扩张和不平衡发展，现在的发展强调稳不稳、好不好的问题，强化的是发展质量和平衡、充分发展。从世界大发展大变革大调整的发展时期看，中国的发展离不开世界，世界的发展离不开中国，你中有我，我中有你，彼此联系增多，但挑战和风险也增多，要把中国的问题与世界的问题有机结合和联系起来谋划。因此，全面建设社会主义现代化、实现中华民族伟大复兴，是从中国与世界发展的大背景、大视野、大谋划提出的新理念、新思想、新战略，是习近平新时代中国特色社会主义思想的核心要义，体现出最鲜明的时代价值和世界意义。

首先，实现现代化与民族复兴，准确把握社会主要矛盾发生的历史性变化。在"比历史上任何时期都更接近、更有信心和能力实现中华民族伟大复兴的目标"的伟大时刻，我们应当如何思考实现中华民族从站起来、富起来到强起来的伟大飞跃的历史命题。十九大报告关于社会主要矛盾的新论断为我们指明了行动方向，提供了解惑钥匙。开创中国特色社会主义事业的新辉煌，首先我们必须准确把握和认识新时代下的新矛盾。

正确把握和认识我国主要矛盾的变与不变的关系。[①] 我国主要矛盾的发展阶段在变，但所处基本国情最大实际不变。社会主义初级阶段是由许多阶段构成的一个较长的历史时期，每个阶段又有各自的特征。近代以来的中国，基本国情经历了一次根本性转变，就是从半殖民地半封建社会变革到社会主义社会初级阶段。准确理解新时代我国社会的主要矛盾，既要深刻认识主要矛盾发生了新变化，又要深刻认识"两个没有变"，才

---

① 参见王润斌：《辩证看待社会主要矛盾的"变"与"不变"》，求是网，2017 年 12 月 21 日。

能牢牢把握"基本国情"和"最大实际"。我国主要矛盾双方的内涵在变，结构不变。进入新时代，主要矛盾双方的内涵发生了变化，表述发生了变化，但矛盾内部实质结构"需要"和"满足需要"是不变的，无论是日益增长的"物质文化需要"，还是"美好生活需要"，都是围绕群众"需要"变化的；同样"落后的社会生产"和"不平衡不充分的发展"紧扣的也是矛盾的另一端"满足需要"，两者之间的不协调始终存在于主要矛盾的演变过程之中，贯穿于整个社会主义初级阶段。我国主要矛盾发挥的作用在变，地位不变。主要矛盾的历史作用虽有不同，但地位是不变的。从一定意义上讲是社会主要矛盾的变化，决定了新时代的出现。新时代中国特色社会主义是以出现新的社会主要矛盾转化为基础、为支撑的。我国主要矛盾的解决途径在变，目标不变。主要矛盾的变化，带来解决途径的变化，但无论途径如何变化，路径指向的目标都是一样的。中国共产党人的初心和使命，就是为中国人民谋幸福，为中华民族谋复兴。这个永远不变的初心和使命是激励中国共产党人不断前进的根本动力，也是中国共产党全心全意为人民服务宗旨意识的集中体现。我国主要矛盾双方的斗争性在变，同一性不变。当前，人们在生活需要不断得到满足的情况下，激发出更多更高的经济、政治、文化、社会、生态需要，从而使满足需要对社会生产的作用力、影响力越来越大，矛盾双方之间的张力逐渐倾向于需要一侧。进入新时代，无论主要矛盾如何变化，矛盾内部张力如何变化，都是存在于矛盾双方形成的统一体当中，而且矛盾双方的斗争性对事物的发展起到了推动作用。

　　正确把握和认识解决新矛盾的"四个需要"。[①] 解决新矛盾需要党的坚强领导。历史已经并将继续证明，没有中国共产党的领导，民族复兴必然是空想。党的坚强领导是解决新矛盾的政治保障。一方面，继续坚决遵循"人民对美好生活的向往就是我们的奋斗目标"的初心；另一方面，进一步坚持党要管党、从严治党，不断增强党的政治领导力、思想引领力、群众组织力、社会号召力，确保我们党永葆旺盛生命力和强大战斗力。解决新矛盾需

---

　　① 参见田霞：《认识新矛盾迎接新时代》，人民论坛网，2017 年 10 月 31 日。

要凝聚最广泛的中国力量。离开了人民的共同奋斗,这是不可能完成的。人民是历史的创造者,是决定党和国家前途命运的根本力量。进入新时代,对新矛盾的解决同样需要我们以实现中国梦来凝聚起包括海外同胞在内的广大中华儿女的磅礴力量。最广泛的中国力量是解决新矛盾的力量支撑。解决新矛盾需要日益精湛的国家治理。社会发展不平衡不充分,既是当前社会发展的客观反映,也是国家治理需要解决的问题。要深刻分析基本的国情党情、世情民情,推出现代化的国家治理方案,实现具有中国特色、中国风格、中国气派的国家治理。解决新矛盾需要良好友善的国际环境。中国的发展离不开世界的发展,实现中国梦离不开和平的国际环境和稳定的国际秩序。一方面,我们"必须统筹国内国际两个大局,始终不渝走和平发展道路……始终做世界和平的建设者、全球发展的贡献者、国际秩序的维护者";另一方面,面对诸如"世界经济增长动能不足,贫富分化日益严重,地区热点问题此起彼伏,恐怖主义、网络安全、重大传染性疾病、气候变化等非传统安全威胁持续蔓延"等世界性共同挑战,需要全世界人民确立"人类命运共同体"意识,同舟共济,共同面对传统和非传统威胁,保护好人类赖以生存的地球家园,推动经济全球化朝着更加开放、包容、普惠、平衡、共赢的方向发展。

其次,实现现代化与民族复兴,加快从高速增长阶段转向高质量发展阶段。十九大报告指出:"我国经济已由高速增长阶段转向高质量发展阶段,正处在转变发展方式、优化经济结构、转换增长动力的攻关期,建设现代化经济体系是跨越关口的迫切要求和我国发展的战略目标。"[①]以深化供给侧结构性改革为统领,推动质量、效率、动力三大变革。质量变革是核心,是全面建设社会主义现代化国家的内在要求;效率变革是主线,是经济发展的永恒主题;动力变革是根本,是建设现代化经济体系的战略支撑。国务院发展研究中心赵昌文认为[②],这一重要论述,包含两层含义,一是我国经济已经进入到一个新阶段。这个阶段的主要目标和任务是高质量发展,我们必须

[①] 《党的十九大报告辅导读本》,人民出版社 2017 年版,第 29 页。

[②] 参见赵昌文:《贯彻新发展理念,建设现代化经济体系》,根据江苏省管干部学习贯彻党的十九大精神轮训班讲课内容整理,2017 年 12 月 17 日。

坚持而不能离开这个方向。二是我国还处在"转向"高质量发展阶段的过程中。现在还不是真正的高质量发展阶段。这一过程是充满荆棘甚至可能会出现局部反复的,我们要从这个实际出发,加倍努力,攻坚克难。高质量发展可以从不同维度不同方面进行度量,至少有长期与短期、宏观与微观、总量与结构、全局与局部。比如从长期看,能够适应发展阶段的转换,抓住科技革命和产业变革的机遇就是高质量发展;从宏观看,经济运行不存在重大结构性失衡,全要素生产率不断提高,整体风险可控,就是高质量发展;从总量看,经济增长保持持续健康稳定,没有明显偏离潜在增长率,就是高质量发展;从全局看,经济发展与民主、文明、和谐、美丽基本协调,就是高质量发展。我国经济发展进入高质量发展阶段,意味着我们从理念到战略,从政策到行动、从考核到评价体系等都将有很多新的不同于过去的一些标准。

什么是高质量发展、怎样高质量发展？赵昌文认为,高质量发展指导思想是新发展理念,第一要务是解决发展的不平衡不充分,核心目标是满足人民日益增长的美好生活需要,基本路径是建设现代化经济体系,根本保障是国家治理体系和治理能力的现代化。高质量发展必须是科学发展。要遵循经济规律,使市场在资源配置中起决定性作用,更好发挥政府作用,着力转变发展方式,着力构建市场机制有效,微观主体有活力,宏观调控有度的经济体制。高质量发展必须是创新驱动发展。要激发全社会创造力和发展活力,深度参与和引领新一轮科技革命和产业变革,建设创新型国家,让一切劳动、知识、技术、管理、资本的活力竞相迸发,让一切创造社会财富的源泉充分涌流。高质量发展必须是高质量效益型发展。坚持质量第一、效益优先,把提高工艺体系质量作为主攻方向,推动质量变革、效率变革和动力变革。高质量发展必须是以人民为中心的发展。把人民对美好生活的向往作为发展的根本目标,保证全体人民在共建共享发展中有更多获得感,不断促进人的全面发展,全体人民共同富裕。高质量发展必须是人与自然和谐共生的发展。走生产发展、生活富裕、生态良好的文明发展道路,着力推动绿色发展,解决突出环境问题,加大生态系统保护力度,构建资源节约型、环境友好型社会。

立足新阶段牢牢把握高质量发展这个根本要求。① 中国特色社会主义进入了新时代,我国经济发展也进入了新时代,我国经济已由高速增长阶段转向高质量发展阶段。高质量发展,就是能够很好地满足人民日益增长的美好生活需要的发展,是体现新发展理念的发展,是创新成为第一动力、协调成为内生特点、绿色成为普遍形态、开放成为必由之路、共享成为根本目的的发展。推动高质量发展,就要建设现代化经济体系,这是我国发展的战略目标。实现这一战略目标,必须牢牢把握高质量发展的要求,坚持质量第一、效益优先;牢牢把握工作主线,坚定推进供给侧结构性改革;牢牢把握基本路径,推动质量变革、效率变革、动力变革;牢牢把握着力点,加快建设实体经济、科技创新、现代金融、人力资源协同发展的产业体系;牢牢把握制度保障,构建市场机制有效、微观主体有活力、宏观调控有度的经济体制。

再次,实现现代化与民族复兴,构建人类命运共同体为世界贡献中国智慧。十九大报告指出:"中国共产党是为中国人民谋幸福的政党,也是为人类进步事业而奋斗的政党。中国共产党始终把为人类作出新的更大贡献作为自己的使命。"②构建人类命运共同体,体现了马克思主义理论在当代的创新,展示了中国共产党人统筹国内国际两个大局的高超智慧,是习近平新时代中国特色社会主义思想的重要组成部分,是新时代坚持和发展中国特色社会主义的基本方略之一,体现了中国梦国家富强、民族振兴、人民幸福的深刻内涵,丰富和发展了中华民族伟大复兴理论。

人类命运共同体将历史和未来相结合,是中国共产党人对中国和世界前途命运的战略塑造。③ 中国共产党一直以实现国家富强、民族振兴、人民幸福为己任,始终把为人类作出新的更大的贡献作为自己的使命。当前,中国正在走近世界舞台的中央,世界正在拉开"重塑的序幕"。带领人民奋力实现中华民族伟大复兴,确保这一历史进程不被迟滞和打断,是

---

① 《牢牢把握高质量发展这个根本要求》,《人民日报》2017 年 12 月 21 日。
② 《党的十九大报告辅导读本》,人民出版社 2017 年版,第 56—57 页。
③ 参见马建堂:《构建人类命运共同体　为世界贡献中国智慧》,《求是》2017 年第 22 期。

当代中国共产党人的历史使命和责任担当。在民族复兴的历史关头,我们既不能把命运寄托在别人身上,也不能做脱离世界的"独行侠"。我们与世界的关系正处于从"改变自己,适应世界"向"改变自己,塑造世界"转变的十字路口。构建人类命运共同体,就是要实现将中国的发展机遇转变为世界的发展机遇,将世界的机遇转化为中国的机遇,通过睿智运用"中国智慧"、合理提出"中国方案"、正确使用"中国力量",推动中国与世界的良性互动。

人类命运共同体理念构建世界共同繁荣的大逻辑。① 人类命运共同体理念从政治、安全、经济、文化、生态等方面,向国际社会响亮回答了"中国想要一个什么样的世界"这一重大问题,阐明了中国坚持走和平发展道路的坚定决心,展示了中国同世界一起共享繁荣的博大胸怀。强调多样性和共同性的辩证统一,回答了不同国家共同发展的历史课题。习近平指出,世界上没有放之四海而皆准的发展模式,各方应该尊重世界文明多样性和发展模式多样化。人类命运共同体不是高度一体化、机制化的共同体,也不是传统意义上的安全共同体,而是建立在尊重多样性和差异性基础上的共同体。当今世界共有 200 多个国家和地区,不同的地理环境、气候类型、历史文化、社会制度等形成了各具特色的国家风貌。正是有了这种多样性,世界才显得丰富多彩。同时,多样的世界中也蕴含共同的追求,在"多"中求"一",在"异"中求"同"。强调国别性和全球性的辩证统一,阐明了国家发展与世界治理的相互关系。世界上不同的国家面对的问题千差万别,解决这些问题,既需要各国自己的努力,也需要从全球治理的视野、从人类命运共同体的高度寻求最佳方案。人类命运共同体理念坚持问题导向,把国家发展和全球治理紧密结合在一起,为实现共同繁荣指明了新方向。强调自主性和依存性的辩证统一,指出了主权国家合作共赢的现实选择。人类生活在同一个地球村,处在同一个历史和现实交汇的时空,利益交融、荣辱与共,合作共赢是必然选择。命运共同体的根基是利益共同体,经济全球化的深入发展已经使得各国事实上形成了

---

① 参见马建堂:《构建人类命运共同体　为世界贡献中国智慧》,《求是》2017 年第 22 期。

你中有我,我中有你的利益共同体,各国之间具有共同利益、整体利益。人类命运共同体尊重各国的主权完整、道路选择、文化价值,坚持在各国独立自主基础上实现相互依存、相互理解、互利共赢。它不是国家间的联盟,不是建立以中国为中心的国际秩序,而是为了解决全球性问题,如全球气候变暖、人口增长过快、国际金融冲击、贸易保护主义、网络安全、能源安全等问题。要应对全球性挑战,推动全球治理进一步发展和完善,推动国家间合作关系良性互动。

大道之行,天下为公。中国的新时代,也是世界的新机遇。今天,中国共产党以更加积极的姿态参与国际事务发挥负责任大国的作用,共同应对全球治理的新挑战,着力构建人类命运共同体。我们党始终不渝走独立自主的和平发展道路,不仅从根本上改变了中华民族的落后面貌,而且开启了世界近代以来大国崛起历史上前所未有的"和平崛起"的历史进程。从"人类命运共同体"理念激荡全球,到"一带一路"合作风生水起,再到主场外交精彩纷呈,中国特色大国外交全面推进,我国国际影响力、感召力、塑造力进一步提高。事实证明,中国不仅拓展了发展中国家走向现代化的途径,也为解决人类问题贡献了中国智慧和中国方案。

第二节　现代化与民族复兴的价值逻辑

中国现代化建设和实现民族复兴中国梦,贯穿于中华民族从"站起来"到"富起来"再到"强起来"的全过程,集中体现了中华民族的最高利益和根本利益,是新时代中国共产党人的崇高历史使命。马克思唯物史观是民族复兴价值生成的理论基础,中国共产党是民族复兴价值生成的逻辑主体,国家综合实力是民族复兴价值生成的物质条件,社会主义核心价值观是民族复兴的价值支撑,人的自由全面发展是民族复兴的价值依归,习近平新时代中国特色社会主义思想是实现民族伟大复兴的行动指南。民族复兴中国梦体现了我们党坚定的责任担当、远大的价值追求、崇高的精神境界和开放的世界眼光,具有重大的理论价值和实践意义。

一、民族历史与时代潮流的统一

历史是最好的教科书。在中华民族漫长的历史长河中,既经历过让国人骄傲自豪、独领世界风骚的千年辉煌,也经受过落后挨打的屈辱。但无论时代如何变迁,中华民族对国家富强、民族振兴、人民幸福的追求始终没有变。中华民族由曾经的辉煌,到近代的衰败,再到今天的走向现代化和民族复兴,生生不息的现代化建设和民族复兴体现了民族性与时代性的辩证统一。

中华民族几千年辉煌的历史曾经是引领世界发展潮流的历史。一个民族只有顺应时代发展潮流和人民愿望才能发展进步,也才有可能引领世界发展潮流,实现民族振兴的梦想;落后于时代潮流,甚至反其道而行,就会被时代的大潮无情地淘汰。[1] 中华文明是当代世界三大主要文明之一,在5000 年的发展史上中华民族辉煌灿烂,为世界作出过巨大的历史贡献,从古至今一直孜孜不倦地追求民族复兴中国梦——"古代的强国富民梦、近代的救亡图存梦、现代的独立富强梦和当代的伟大复兴梦"[2]。近代以前,中国一直是东方世界甚至整个世界的政治中心,是世界历史中较为强大的一极力量。大一统的中国创造了优秀的人类文明,它能最大限度地整合各种资源。大一统的独特性中蕴含的优越性是不可否认的。"过去的2000 年里,有1800 年中国在世界国内生产总值中所占的比例都要超过任何一个欧洲国家。直至1820 年,中国在世界国内生产总值的比例仍大于30%,超过了西欧、东欧和美国国内生产总值的总和"。[3] 法国启蒙思想家伏尔泰在《路易十四时代》一书中写道,"由于它是世界上最古代的民族,它在伦理道德和治国理政方面堪称首屈一指"[4]。这充分说明中华民族是一个敢于追求伟大梦想并勇于圆梦的民族,能够在5000 年的历史长河中具有如此强大

---

① 参见施敏、陈超慧:《中国梦的价值逻辑分析》,《胜利油田党校学报》2015 年第 5 期。
② 参见王秋山:《"中国梦"的理论渊源与内涵研究》,青岛理工大学硕士学位论文,2014 年,第 36—37 页。
③ 安格斯·麦迪森:《世界经济千年统计》,北京大学出版社 2009 年版,第 261—263 页。
④ 伏尔泰:《路易十四时代》,吴模信等译,商务印书馆 1982 年版,第 594 页。

的生命力,并创造了具有独一无二的完整性、延续性、丰富性、包容性,堪称人类历史奇迹的中华文明。

我们党从成立之日起,就把实现共产主义作为自己的最高理想和最终目标,义无反顾地肩负起了实现中华民族伟大复兴的历史使命。我们党团结带领人民经过 28 年浴血奋战,胜利完成了新民主主义革命,推翻了压在中国人民头上的"三座大山",成立了中华人民共和国,"中国人从此站起来了"。中华人民共和国成立后,我们党团结带领人民进行了社会主义改造,确立了社会主义基本制度,推进了社会主义建设,完成了中华民族有史以来最为广泛而深刻的社会变革,为当代中国一切发展进步奠定了根本政治前提和制度基础。党的十一届三中全会以来,我们党团结带领人民进行改革开放新的伟大革命,开辟了中国特色社会主义道路,极大地解放和发展了社会生产力,增强了综合国力,提高了人民生活水平,实现了从温饱不足到总体小康再向全面小康迈进的跨越,使中国人"唱着春天的故事,改革开放富起来"。[①] 可以说,新民主主义革命谱写了世界民族解放运动的精彩篇章,改革开放是中华民族全面融入当今世界现代化发展潮流的重要标志。

党的十八大以来,以习近平同志为核心的党中央举旗定向、运筹帷幄,以巨大的政治勇气和强烈的责任担当,统筹推进"五位一体"总体布局、协调推进"四个全面"战略布局,解决了许多长期想解决而没有解决的难题,办成了许多过去想办而没有办成的大事,推动党和国家事业发生历史性变革,中国特色社会主义进入了新时代。中国"内修而外治",内政外交高歌猛进,再创辉煌。全面从严治党释放出中国共产党强大的自我更新能力,在道路自信、理论自信、制度自信和文化自信中迈出新的前进步伐;"一带一路"倡议让"中国梦"与"世界梦"共鸣齐奏,交相辉映,中国以一个谋求和平的负责任大国形象登上了世界中心舞台,实现了从"世界之于中国"到"中国之于世界"的飞跃,古老悠久的中华民族以其顽强且鲜活的生命力,再一次迸发出艳丽璀璨的文明之光。[②] 中国大踏步赶上了新时代潮流,经济总

①　《中国梦是中华民族近代以来最伟大的梦想》,《求是》2017 年第 23 期。
②　参见张珊珍:《党史必修课》,人民出版社 2017 年版,第 319 页。

量 2017 年达到 80 多万亿元,以世界第二大国的崭新面貌,巍然屹立于世界的东方,中华民族的伟大复兴展现出光明前景。在中国特色社会主义新时代,我们要从全面建成小康社会到基本实现现代化,再到全面建成社会主义现代化强国,奋力谱写社会主义现代化征程的壮丽篇章。

二、中国道路、中国精神、中国力量的统一

中国道路、中国精神、中国力量是实现现代化与民族复兴中国梦的三大要素和逻辑支撑,三位一体、相得益彰。全面建设社会主义现代化国家、实现民族复兴,必须坚持中国道路、弘扬中国精神、凝聚中国力量,为实现民族复兴中国梦提供了科学的基本遵循。从道路、精神、力量的逻辑关系看,民族复兴融合道路、理想、动力形成内在的有机联系,体现了三者的有机统一。

中国道路是实现现代化与民族复兴中国梦的必由之路。中国道路就是中国特色社会主义道路。中国道路是对中国历史与现实的传承,是对改革开放 40 年、对中华人民共和国成立 69 年、对近代中国历史 170 多年、对中华民族 5000 多年悠久文明的深刻总结和传承。① 民族复兴中国梦与中国道路是理想与现实的相互映照。民族复兴中国梦与中国道路有机地把历史夙愿、现实期盼与未来憧憬融为一体,把历史、现实、未来的连续性与理想联结起来,用理想照亮现实、理想让现实憧憬,理想回归现实、扎根实干,理想与现实产生了相互映照、浑然一体的贯通效应。中国梦与中国道路是理论与实践的有机结合,没有民族复兴为指引的中国道路看不到光明前景,没有中国道路作基础的中国梦也是缥缈无期的;正是由于对中国社会主义的建设历程和经验的深刻总结,对中国特色社会主义的自信,我们才确定了实现中国梦的伟大道路。中国梦体现了道路认同,并从历史、现实、未来三个时空节点告诉我们,实现民族复兴中国梦必须走中国特色社会主义道路,从历史与逻辑的视角看到中国梦和中国道路的辩证统一,才能使中国特色社会主义永葆青春活力,永具创新魅力。② 回首近代以来中国波澜壮阔的历史,

---

① 参见施敏、陈超慧:《中国梦的价值逻辑分析》,《胜利油田党校学报》2015 年第 5 期。
② 参见龙玲玲:《论中国梦与中国道路、中国精神、中国力量的理论逻辑》,《理论研究》2016 年第 2 期。

展望中华民族充满伟大复兴希望的未来,一个基本结论就是实现民族复兴顺应时代发展潮流,必须坚定不移走中国特色社会主义道路。

中国精神是实现现代化与民族复兴中国梦的思想灵魂。民族精神是一个民族的脊梁,是一个民族信心和力量的源泉。中国精神就是以爱国主义为核心的民族精神和以改革创新为核心的时代精神。爱国主义是中华民族最深厚的思想传统,最能感召中华儿女团结奋斗;改革创新是当代中国最鲜明的时代特征,最能激励中华儿女锐意进取。中国精神是中华民族共同创造、共同传承、共同寄托的文化精神、价值理念、道德观念的总和,是中华民族赖以生存和发展的宝贵精神财富,是中华民族生生不息、团结奋进的精神动力和道德支撑。中国梦是中国精神的价值提炼,中国精神是中国梦的通俗表达;中国梦是中国精神的前瞻指引,中国精神是中国梦的时代回应。没有中国梦作引领,中国精神就会迷失方向。没有中国精神作支撑,中国梦就会苍白无力。中国精神将为民族复兴的实现提供持久不衰的精神动力,也将成为民族复兴中国梦的显著精神标识。[1] 十九大报告指出:"我们要不负人民重托、无愧历史选择,在新时代中国特色社会主义的伟大实践中,以党的坚强领导和顽强奋斗,激励全体中华儿女不断奋进,凝聚起同心共筑中国梦的磅礴力量!"[2]中国精神激发了人们追逐梦想、发展中国特色社会主义事业的强大原动力,让中华民族不朽的追梦精神焕发新时代的光辉。

中国力量是实现现代化与民族复兴中国梦的力量源泉。实现中华民族伟大复兴的中国梦,不仅凝聚了几代中国人的理想夙愿,而且集中体现了中华民族和中国人民的最高利益和根本利益。习近平指出,"中国梦的本质是国家富强、民族振兴、人民幸福",是"中华民族的最高利益和根本利益"。正是实现中华民族伟大复兴这一共同梦想,才把国家、民族和个人连接为一个荣辱与共的命运共同体。只有这面旗帜,才能巩固全国各族人民大团结,加强海内外中华儿女大团结,齐心协力走向中华民族伟大复兴的光明前

---

① 参见龙玲玲:《论中国梦与中国道路、中国精神、中国力量的理论逻辑》,《理论研究》2016 年第 2 期。

② 《党的十九大报告辅导读本》,人民出版社 2017 年版,第 17 页。

景。① 中国梦是民族的梦,也是每个中国人的梦,每个中国人共同享有人生出彩的机会,共同享有梦想成真的机会,共同享有同祖国和时代一起成长与进步的机会。中国力量在革命年代蕴藏在人民群众支援前线作战的小推车里,在建设岁月激情燃烧在劳动光荣的热血奉献中,在改革开放年代蕴藏在各行各业劳动者的辛勤工作里,"人民,只有人民,才是创造世界历史的动力。"只要13多亿人团结一心,这种不可战胜的磅礴之力,必将成为中华民族复兴之路上的胜利之本、力量之源。② 只有用中国梦凝聚共识、激励人心、引领未来,才能汇聚成坚不可摧的中国长城,凝聚起全国各族人民大团结的力量,建设社会主义现代化强国。

三、为人民谋幸福与为民族谋复兴的统一

中国共产党为什么能得到人民群众的支持? 为什么能保持旺盛的生机和活力? 我们党的初心和使命回答了这个问题,我们党的奋斗历程也很好地回答了这个问题。十九大报告指出:"中国共产党人的初心和使命,就是为中国人民谋幸福,为中华民族谋复兴。这个初心和使命是激励中国共产党人不断前进的根本动力。"③没有"为中华民族谋复兴"的远大理想和使命,就没有实现"为中国人民谋幸福"的实现路径,没有"为中国人民谋幸福"的根本价值追求,就没有"为中华民族谋复兴"的根本动力,这两者是一个相互联系、相辅相成的有机整体,体现了两者的紧密结合和统一。我们不仅要建设"美丽中国"、"健康中国",还要建设"幸福中国",不断丰富和发展社会主义现代化强国的内涵。

为人民谋幸福是为民族谋复兴的根本目的。实现中国梦意味着必须实现人民幸福。民族复兴中国梦是国家民族整体的梦,也是每个中国人个体梦的升华,中国梦最终目的和价值追求是实现人民的梦想,这是民族复兴中国梦的根本价值取向。人民是历史的创造者,是决定党和国家前途命运的

---

① 参见《中国梦是中华民族近代以来最伟大的梦想》,《求是》2017 年第 23 期。

② 参见龙玲玲:《论中国梦与中国道路、中国精神、中国力量的理论逻辑》,《理论研究》2016 年第 2 期。

③ 《党的十九大报告辅导读本》,人民出版社 2017 年版,第 1—2 页。

根本力量。习近平指出："实现中国梦,就是要实现人民幸福","中国梦最根本的是实现中国人民的美好生活"。这集中体现了我们党全心全意为人民服务的根本宗旨,体现了我们党"立党为公、执政为民"的执政理念。习近平指出:"中国梦的本质是国家富强、民族振兴、人民幸福",是"中华民族的最高利益和根本利益"。正是实现中华民族伟大复兴这一共同梦想,才把国家、民族和个人连接为一个荣辱与共的命运共同体。只有这面旗帜,才能巩固全国各族人民大团结,加强海内外中华儿女大团结,齐心协力走向中华民族伟大复兴的光明前景。[1] 我们党凭初心和使命深得民心,立党为公、执政为民。从党的一大党纲指出"以无产阶级革命军队推翻资产阶级,由劳动阶级重建国家",到十九大习近平提出"党的一切工作必须以最广大人民根本利益为最高标准",一以贯之的是不忘初心、牢记使命、立党为公、忠诚为民。党的性质决定了党代表全体中国人民的根本利益。十九大报告指出,"我们要坚持把人民群众的小事当作自己的大事,从人民群众关心的事情做起,从让人民群众满意的事情做起,带领人民不断创造美好生活。"十九大报告充分彰显着以习近平同志为核心的党中央深厚的为民情怀。[2] 不论时代发展怎么变化、不同发展阶段的目标任务怎么变化、奋斗措施怎么变化,但始终不变的就是为人民谋幸福,这是我们党的性质和根本宗旨决定的。我们要牢固树立群众观点,站稳群众立场,坚持以人民为中心的发展思想,践行新发展理念,做到"一切为了群众、为了群众一切",不断带领人民群众创造更加幸福美好的生活。

为民族谋复兴是为人民谋幸福的实现路径。中国共产党为挽救民族的危难而诞生,把民族复兴作为自己的使命。在马克思主义同中国工人运动的结合中,中国共产党应运而生,并且成为了中国人民谋取民族独立、人民解放、国家富强、人民幸福的主心骨,担当起了为中国人民谋幸福、为中华民族谋复兴的历史使命。我们党依靠人民支持拥护而执政,把为人民谋幸福作为最大追求。我们党来自人民,植根于人民,和人民血肉相连。在革命战

---

① 《中国梦是中华民族近代以来最伟大的梦想》,《求是》2017 年第 23 期。

② 参见王友明:《为人民谋幸福、为民族谋复兴的政治宣示》,《大众日报》2017 年 12 月 6 日。

争年代,人民倾其所有支持我们,把最后一个儿子送去当红军,把最后一碗红米饭当作军粮,把最后一尺土布送去做军装,把最后一碗盐水用来救伤员。建设时期,人民与中国共产党同甘共苦,在遭受严重封锁的情况下,自力更生,艰苦奋斗,掀起社会主义建设新高潮。改革开放时期,人民群众积极支持和参与改革,在实践中做出了许多开创性的举措,形成了很多有价值的宝贵经验,很多经验被党和国家采用,并向全国推广开来,促进了改革不断向纵深发展。没有哪一个时期,也没有哪一件事,能离开人民的支持。人民是我们党革命时期的支持者、建设时期的参与者、改革时期的推动者,人民是共产党执政的基础,执政的共产党理应为人民谋幸福。我们的每句话、每个行动、每项政策都要适合人民的利益。我们党夺取政权是为了人民的利益,执掌政权也是为了人民的利益,人民群众之所以支持我们党,是因为他们信任我们党,知道我们党是为人民服务的政党,是为人民打天下的政党。① 今天,我们党要把人民的利益作为最大追求,怀着对人民无比崇敬的心情,把人民当英雄来敬畏,当主人来尊重,当亲人来服务,当老师来请教。把人民的喜怒哀乐放在心上,把维护人民权益的责任扛在肩上,把服务人民的工作落实在行动上,时刻关注人民最关心、最直接、最现实的利益。人民对美好生活的向往,就是我们党的奋斗目标。

为人民谋幸福、为民族谋复兴是党的昨日初心、也是未来奋斗的目标。从幸福指数看,民族复兴中国梦要实现人民生活水平的提高、幸福感的提升。民族复兴中国梦的动力与追求就是实现好、维护好、发展好最广大人民的根本利益,提高生活水平,提升全民幸福指数。"唯有不忘初心,方可告慰历史、告慰先辈,方可赢得民心、赢得时代,方可善作善成、一往无前。"党的十九大擘画了党和国家事业发展的目标和任务,全党同志必须坚持全心全意为人民服务的根本宗旨,不断带领人民创造更加幸福美好的生活。中国共产党是一个解放思想、改革开放、充满生机和活力的政党,是一个实事求是、与时俱进、朝气蓬勃的政党,是一个顺应时代潮

---

① 参见徐晨光:《为什么说党的初心使命是为中国人民谋幸福、为中华民族谋复兴》,《湖南日报》2017 年 11 月 14 日。

流、对未来充满自信的政党。我们已经进入中国特色社会主义新时代,社会主要矛盾已经转化为人民日益增长的美好生活需要和不平衡不充分的发展之间的矛盾。我们党要不忘初心,牢记使命,引领未来。过去解决人民群众温饱问题是党的使命,今天解决发展不平衡不充分的问题,更好满足人民美好生活的需要也是党的使命。① "坚持在发展中保障和改善民生"是十九大提出的新时代中国特色社会主义的基本方略之一,要根据人民需要的变化,适时调整不同发展阶段的战略重点和工作目标。把增进民生福祉作为发展的根本目的,多谋民生之利、多解民生之忧,在发展中补齐民生短板、促进社会公平正义,在幼有所育、学有所教、劳有所得、病有所医、老有所养、住有所居、弱有所扶上不断取得新进展,深入开展脱贫攻坚,保证全体人民在共建共享发展中有更多获得感,不断促进人的全面发展、全体人民共同富裕。

实现现代化与民族复兴中国梦是新时代中国共产党人的崇高历史使命。从客观依据看,党的群众路线是立党为公、执政为民的制胜法宝,是习近平新时代中国特色社会主义思想的具体体现,是民族复兴中国梦的内在要求。在改革开放的实践中,党始终坚持中国特色社会主义道路,始终坚持马克思主义的指导思想,始终坚持人民群众主体地位,极大推进了社会主义事业的发展,大大提升了国家综合实力,快速提高了人民群众生活水平。从价值取向看,民族复兴中国梦为了人民幸福,中国特色社会主义理论体系始终坚持人民主体地位,坚持人民主体价值观。在改革开放过程中,始终坚持以人民为中心的发展思想,把人民群众根本利益贯穿于经济社会发展进步的各个领域;始终把解放生产力、发展生产力作为实现人民群众根本利益的重要工作;始终把充分依靠人民群众当成助推高质量发展的源动力。从实践层面看,民族复兴中国梦坚持党的思想路线,坚持实事求是,解放思想,与时俱进,不断推动中国特色社会主义理论创新、实践创新和价值创新。在不断深化改革、扩大开放的进程中,真正地依靠人民群众,

---

① 参见徐晨光:《为什么说党的初心使命是为中国人民谋幸福、为中华民族谋复兴》,《湖南日报》2017 年 11 月 14 日。

体现广大人民群众的意志,实现人民幸福生活的愿望,谋划未来人民幸福生活的趋向。

四、肩负全球治理责任与构建人类命运共同体的统一

当代中国已经进入日益走近世界舞台中央、不断为人类作出更大贡献的新时代。中国秉持共商共建共享的全球治理观,继续发挥负责任大国作用,积极参与全球治理体系改革和建设,不断贡献中国智慧和中国方案,是实现民族复兴中国梦的题中应有之义。实现民族复兴中国梦,必须为推动构建人类命运共同体而不懈努力。习近平多次强调:"中国梦既是中国人民追求幸福的梦,也同世界人民的梦想息息相通","实现中华民族伟大复兴是海内外中华儿女的共同梦想",中国梦"是和平、发展、合作、共赢的梦"。在党的十九大报告中,他再次强调"中国人民的梦想同各国人民的梦想息息相通,实现中国梦离不开和平的国际环境和稳定的国际秩序。……始终做世界和平的建设者、全球发展的贡献者、国际秩序的维护者。"①实现民族复兴中国梦,我们既肩负全球治理责任,又要推动构建人类命运共同体,促进全球治理体系变革,为人类和平与发展事业作出新的更大贡献,两者是一个相互联系、相互促进的有机整体。

中国承载着全球治理的国际责任。经济发展方式的升级带来了世界各国的经济竞争,经济危机强化了经济合作与竞争的针对性。任何区域与国家都有权参与区域经济一体化,分享世界发展机遇,共享经济发展成果,对人类进步与社会发展肩负不可推卸的责任。中国作为一个发展中负责任大国,承载着全球治理的国际责任,民族复兴中国梦正在努力向世界展示传达当代中国的责任意识,见证记录了党和人民孜孜不倦前赴后继的历史责任担当,彰显了党和人民艰苦奋斗、自强不息的当代国际责任。2015 年 10 月12 日,中共中央政治局专门就"全球治理格局和全球治理体制"进行集体学习,习近平总书记强调全球治理体制变革正处在"历史转折点上"。在指导思想上,中国参与全球治理的根本目的,就是服从服务于实现"两个一百

---

① 《党的十九大报告辅导读本》,人民出版社 2017 年版,第 25 页。

年"奋斗目标、实现中华民族伟大复兴的中国梦。在战略定位上,加强全球治理、推进全球治理体制变革不仅事关应对各种全球性挑战,而且事关给国际秩序和国际体系"定规则、定方向"。在战略目标上,推动 IMF、世行等国际经济金融组织切实反映国际格局的变化,特别是要"增加新兴市场国家和发展中国家的代表性和发言权",推动各国在国际经济合作中"权利、机会、规则"平等,推进全球治理规则民主化、法治化,使全球治理体制更加平衡地反映"大多数国家"意愿和利益;在战略原则方面,推动全球治理理念创新发展,应积极发掘中华文化中积极的处世之道和治理理念同当今时代的"共鸣点",继续丰富打造"人类命运共同体"等主张,弘扬"共商共建共享"的全球治理理念。2016 年 9 月 3 日,习近平主席在出席 G20 工商峰会上强调共同完善全球经济治理,提出"以平等为基础"、"以开放为导向"、"以合作为动力"、"以共享为目标";共同构建公正高效的全球金融治理格局,开放透明的全球贸易和投资治理格局,绿色低碳的全球能源治理格局,包容联动的全球发展治理格局。2016 年 9 月 27 日,中共中央政治局就"二十国集团领导人峰会和全球治理体系变革"进行集体学习,习近平提出四点要求:一是坚持两大原则。中国要积极参与全球治理,主动承担国际责任,但也要"尽力而为、量力而行";推动全球治理体系变革是国际社会大家的事,要坚持"共商共建共享"原则。二是优先落实既定任务。包括拓展杭州峰会成果,深入推进"一带一路"国际合作,整合地区自贸谈判架构,加大对网络、极地、深海、外空等"新兴领域"规则制定的参与等。三是继续向国际社会阐释中国关于推动全球治理体系变革的理念,坚持要合作而不要对抗,要"双赢、多赢、共赢"而不要"单赢",不断寻求"最大公约数"、扩大合作面。四是强化自身相关能力建设。着力增强"规则制定、议程设置、舆论宣传、统筹协调"四种能力。① 从中国治理而言,中国坚持和发展中国特色社会主义,紧扣时代主题,顺应世界潮流,凝聚民心民力,坚持和平发展,以"两个一百年"的阶段性目标绘制中国梦,实现国家富强、民族振兴和人民幸福。这本身就是一种国家治理负责的体现,是对世界、对人类的重

---

① 参见陈向阳:《习近平全球治理思想的大智慧》,人民论坛网,2017 年 10 月 20 日。

大贡献。从世界治理而言,通过中国的和平发展大国崛起实践,在世界范围内凝聚和平共识,开辟和平发展新模式,推动全球治理思维和理念的创新,共同肩负起全球治理责任。因而国内外理论界关于中国发展、中国道路、中国梦的关注,也是对全球治理体系中中国发展及中国梦的前瞻性借鉴。

实现民族复兴中国梦,必须为推动构建人类命运共同体而不懈努力。构建人类命运共同体,是习近平新时代中国特色社会主义思想的重要组成部分,是新时代坚持和发展中国特色社会主义的基本方略之一。"中国共产党是为中国人民谋幸福的政党,也是为人类进步事业而奋斗的政党。"十九大报告指出,高举和平、发展、合作、共赢的旗帜,统筹国内国际两个大局,明确中国特色大国外交要推动构建新型国际关系,推动构建人类命运共同体,对新时代外交工作进一步指明方向、作出部署,彰显了我们党对人类前途命运的思考、对世界和平与发展事业的担当。十九大明确构建人类命运共同体,就是要建设持久和平、普遍安全、共同繁荣、开放包容、清洁美丽的世界。实现持久和平,关键在于相互尊重、平等协商,坚决摒弃冷战思维和强权政治,走对话而不对抗、结伴而不结盟的国与国交往新路;确保普遍安全,以对话解决争端、以协商化解分歧是必由之路;迈向共同繁荣,唯有推动经济全球化朝着更加开放、包容、普惠、平衡、共赢的方向发展;坚持开放包容,需要尊重世界文明多样性,以文明交流超越文明隔阂、文明互鉴超越文明冲突、文明共存超越文明优越;守护清洁美丽,必须坚持环境友好,保护好人类赖以生存的地球家园。世界命运掌握在各国人民手中,人类前途系于各国人民的抉择。各国同舟共济、同心协力,推动人类命运共同体建设,必将共同创造人类的美好未来。① 我们要不忘初心,继续前进,加快构建人类命运共同体,进一步提高我国国际影响力、感召力、塑造力,提升我国世界话语权,为解决人类问题贡献更多中国智慧和中国方案,为世界和平与发展作出新的重大贡献。

---

① 参见《与世界携手构建人类命运共同体——八论学习贯彻党的十九大精神》,新华网,2017 年 11 月 3 日。

第三节 现代化与民族复兴的价值依归

实现中华民族伟大复兴的中国梦，把我国建成富强民主文明和谐美丽的社会主义现代化强国，根本目标是"为中国人民谋幸福"。从我们党的根本属性、根本宗旨以及中国特色社会主义的本质看，发展为了人民、发展依靠人民、发展成果由人民共享是目的追求。这是与中国共产党人以实现共产主义为最终的价值追求相一致的，而促进人的自由全面发展是共产主义的根本原则和最终目标，我们党在不同时期提出不同的具体追求，可以理解为是手段与目的、阶段与最终结果之间的关系。习近平总书记在十九大报告中指出，到 21 世纪中叶，"我国物质文明、政治文明、精神文明、社会文明、生态文明将全面提升，实现国家治理体系和治理能力现代化，成为综合国力和国际影响力领先的国家，全体人民共同富裕基本实现，我国人民将享有更加幸福安康的生活，中华民族将以更加昂扬的姿态屹立于世界民族之林。"[1]没有人民富裕，发展就不算成功；没有人民幸福，复兴就不算完成。民族复兴中国梦坚持把人民幸福作为最高价值目标，这一价值目标在实践逻辑上有现实价值标准、根本价值标准和终极价值标准的考量。民族复兴中国梦蕴含着浓郁的为民情结，"以造福人民为最大政绩"，我们要为实现人的自由全面发展准备条件，引领人民向着共产主义的方向前进。因此，实现人的自由全面发展是民族复兴的最终的价值依归，体现了最鲜明的人民性价值取向。

一、价值依据

现代化建设既是实现民族复兴的现实路径，也是实现民族复兴的目的。人民幸福是民族复兴的最高价值目标，体现了以人民为中心的发展思想，诠释了中国共产党的根本政治立场和价值追求，体现了中国共产党对马克思

---

① 《党的十九大报告辅导读本》，人民出版社 2017 年版，第 28—29 页。

主义唯物史观的继承和创新发展。民族复兴中国梦的人民性价值取向,有着深厚的思想基础,根植于党领导人民探索复兴之路的伟大实践,彰显了当代中国社会发展的价值诉求。

人民幸福是马克思主义的"初心"。① 河北大学柴素芳教授认为,马克思主义幸福观,坚持实践的、辩证的、历史的唯物主义观点,以"人民幸福"为"初心",使幸福的内容、获得幸福的方法和途径更为科学,不仅是中国共产党为人民谋幸福的理论依据,也是人民正确认知幸福、努力创造幸福、积极体验幸福、用责任和担当传递幸福的行动指南。马克思主义是一个有明确价值取向的科学理论体系。"实现人民的现实幸福"是马克思的人民观、价值观、幸福观的体现,也是马克思主义孜孜以求的终极目标。在辩证唯物主义和历史唯物主义光芒的照耀下,马克思主义以广大人民群众的利益为立足点,主张生命是幸福的载体,需要是幸福的动力,劳动是幸福的源泉;幸福具有多维性,是物质幸福与精神幸福、个人幸福与社会幸福、创造幸福与享受幸福的有机统一。这是马克思主义幸福观与以往思想家幸福观的显著区别。马克思在 1851 年曾提出:"现在已经发现德国未来运动的意义,这就是人民性的原则。"②马克思主义高扬了人民群众的历史地位,预设了一条由阶级的解放到每一个人都得到解放的社会发展路径,把每个人的自由全面发展作为未来新社会的价值追求。

人民幸福是中国共产党的"初心"。我们党自诞生之日起就高扬起马克思主义的旗帜,把马克思主义关于人的解放、发展和自由的理念贯彻于我国革命、建设和改革开放的全过程,在实践中促成着马克思主义理想价值的实现。这个过程,也是党领导和凝聚广大人民群众的力量,推动各项事业不断实现新发展的过程。在马克思主义中国化的过程中,我们党坚持以马克思主义为指导,践行和发展马克思主义的幸福观,把人民幸福作为执政的出发点和奋斗目标。以毛泽东同志为核心的第一代中央领导集体,通过带领全党和全国各族人民创建劳动人民当家作主的国家政权,"让中国人民站

---

① 参见柴素芳:《人民幸福是马克思主义的"初心"》,《光明日报》2016 年 7 月 14 日。
② 《马克思恩格斯全集》第 48 卷,人民出版社 2007 年版,第 424 页。

起来"而获得幸福。以邓小平同志为核心的第二代中央领导集体,通过改革开放"让中国人民富起来"而获得幸福。① 以江泽民同志为核心的第三代中央领导集体践行"三个代表"重要思想和以胡锦涛同志为总书记的党中央坚持科学发展观,深入推动全面建设小康社会,不断提高人民群众的幸福感。进入中国特色社会主义新时代,以习近平同志为核心的党中央,坚持和发展中国特色社会主义,牢记"为中国人民谋幸福,为中华民族谋复兴"的初心和使命,决胜全面小康建设,实现了从"富起来"到迎来"强起来"的伟大飞跃。十九大报告指出:"明确新时代我国社会主要矛盾是人民日益增长的美好生活需要和不平衡不充分的发展之间的矛盾,必须坚持以人民为中心的发展思想,不断促进人的全面发展、全体人民共同富裕。"②再一次彰显出马克思主义、中国共产党坚守的价值追求。

人民幸福是民族复兴中国梦的本质要求。中国梦的内涵是国家富强、民族振兴和人民幸福。民族复兴的出发点和落脚点就是实现人民幸福,无论是国家富强梦还是民族振兴梦,归根结底都是为了实现人民幸福梦。③一是国家富强的根本目的是实现人民幸福。一般来说,国家富强既体现在国家的经济实力、科技实力、国防实力强大上,同时也体现在文化软实力、文化创新力和民族凝聚力强大上,所有这些"富强"的目的只有一个,那就是实现人民幸福。二是民族振兴的目的同样是为实现人民幸福提供条件。在革命战争年代,民族振兴主要体现为通过全民族的不懈抗争来实现民族独立和人民解放;在和平建设和改革开放时期,民族振兴主要体现在经济、政治、文化、社会和生态各方面的快速发展与进步过程。进入中国特色社会主义新时代,实现民族振兴,主要是建成富强民主文明和谐美丽的社会主义现代化强国。三是人民幸福是中国梦的重要价值目标。人民群众是中国特色社会主义事业的依靠力量,人民幸福是中国特色社会主义现代化建设的一个重要目标,也是当代中国共产党人的崇高价值追求。我们党把实现人民幸福作为实现中华民族伟大复兴中国梦的重要价值目标,这本身就体现了

---

① 参见柴素芳:《人民幸福是马克思主义的"初心"》,《光明日报》2016 年 7 月 14 日。
② 《党的十九大报告辅导读本》,人民出版社 2017 年版,第 19 页。
③ 参见纪淑云、韩振峰:《中国梦的根本价值目标》,《光明日报》2013 年 12 月 31 日。

党的全心全意为人民服务的根本宗旨,体现了我们党"立党为公、执政为民"的核心价值理念和"以人民为中心"的根本要求。

实现现代化与民族复兴中国梦的过程就是为人民谋幸福的过程。从本质上看,"为人民谋幸福"是实现中国梦的出发点,也是根本落脚点。实现中国梦的整个过程就是不断"为人民谋幸福"、让人民共享最大机会的过程。民族复兴中国梦的实现过程,本质上就是我们党带领亿万群众实现自己梦想的过程,这个过程的起点不是为少数人谋利益,而是为最广大的人民群众谋利益、谋幸福。这一点不明确就有可能走偏方向,有可能使梦想落空。为人民谋幸福是实现中国梦的根本目的。我们党是领导人民实现中国梦的领导力量,根本宗旨是全心全意为人民服务,为民造福是当代中国共产党人的崇高价值追求,也是实现中国梦的根本目的。实现人民幸福"共享"是中国梦的本质要求。习近平指出:"生活在我们伟大祖国和伟大时代的中国人民,共同享有人生出彩的机会,共同享有梦想成真的机会,共同享有同祖国和时代一起成长与进步的机会。"①这三个"共享"的统一体现了民族复兴中国梦的本质要求。社会主义为每个中国人在共同创造财富的基础上,为实现幸福"共享"即共同享有劳动成果、共同享有人生出彩机会、共同享有梦想成真机会,提供了制度保证。

二、价值主体

"以造福人民为最大政绩","中国梦归根到底是人民的梦",这是对民族复兴中国梦人民性价值取向高度凝练的概括。"以造福人民为最大政绩",这是坚如磐石的信念,更是坚定有力的行动。一分钟脱贫 20 多人,多少贫困群众从吃不起肉到用起了互联网、住上了砖瓦房;一天新增 4 万多家市场主体,多少创业者找到了梦想的落脚点;五年新增就业人口相当于一个英国,多少人通过奋斗支撑家庭、改变命运……普通人的幸福感、获得感、安全感,留下新时代温暖的印记,昭示"以人民为中心"的发展思想,彰显习近平主席大国领袖的为民情怀,让世界再次看到中国共产党"为中国人民谋幸

---

① 《习近平谈治国理政》,外文出版社 2014 年版,第 40 页。

福,为中华民族谋复兴"的使命和初心。①

从价值主体维度看,民族复兴中国梦是国家梦、民族梦、人民梦,也是每一个中国人的梦,是集体梦与个体梦的辩证统一。史家亮认为②,不论是国家梦、民族梦,还是人民梦、个人梦,都显示出中国梦的价值主体,蕴含着人民性取向。从国家这一中国梦的价值主体看,中国梦承载了近代以来国家走向统一与独立的历史诉求,更承载了中华人民共和国成立以来国家走向现代化的实践诉求。在近代中国那个内忧外患接踵而至的年代里,无数仁人志士对"中国向何处去"追问与探求的背后,是对国家统一与独立的深切渴盼。因为,只有实现了国家的统一与独立,才能进一步探索国家的自由与发展,探索国家的现代化发展之路。中华人民共和国的成立,掀起了国家走向现代化的新篇章。改革开放的伟大实践,掀开了全面建设小康社会和国家走向现代化的新纪元。进入中国特色社会主义新时代,开启了全面建成富强民主文明和谐美丽的社会主义现代化强国的新征程。"富强民主文明和谐美丽"成为社会主义中国走向现代化的价值诉求,中国梦由此承载着这些价值理想、价值目标。这些价值理想和价值目标与每个人的人生理想和价值目标在根本意义上是一致的。"历史告诉我们,每个人的前途命运都与国家和民族的前途命运紧密相连。"社会主义中国的伟大复兴符合每一个中国人的根本利益。从民族这一中国梦的价值主体看,"实现中华民族伟大复兴,就是中华民族近代以来最伟大的梦想"。近代中国积贫积弱的历史同时也是一部中华民族的屈辱史和抗争史。与对国家统一与独立探索相伴随的是对民族复兴的渴盼。历史证明,"为中国人民谋幸福,为中华民族谋复兴",符合每一个中华儿女的根本利益。因此,中华民族伟大复兴中国梦,"凝聚了几代中国人的夙愿,体现了中华民族和中国人民的整体利益,是每一个中华儿女的共同期盼。"③从政党这一中国梦的价值主体看,中国梦反映了中国共产党的宗旨意识和责任担当。全心全意为人民服务是我

①　《以造福人民为最大政绩——习近平主席2018年新年贺词启示录》,新华网,2017年12月31日。

②　参见史家亮:《论中国梦的人民性价值取向》,《观察与思考》2016年第8期。

③　《习近平谈治国理政》,外文出版社2014年版,第36页。

们党的根本宗旨,实现中华民族独立和解放的使命历史地落到了中国共产党身上。在新的时代条件下,离开了中国共产党的坚强领导,中华民族的伟大复兴也就无从谈起。我们党赋予中国梦以新的内涵,并主动承担起带领中华民族实现伟大复兴的历史使命。实现这一使命的过程是坚持党性的过程,核心是坚持和发展中国特色社会主义,最大限度地调动人民群众的积极性和创造性。由此,实现这一使命的过程也是坚持人民性的过程,可以说,在实现民族复兴的伟大实践中,党性和人民性达到了高度的统一。

三、价值标准

从价值标准维度看,民族复兴中国梦主要体现为造福人民。在价值活动中,价值标准是价值主体进行价值评价的依据,也是衡量价值取向的依据。民族复兴中国梦坚持把人民幸福作为最高价值目标。从人民幸福的价值标准看,大体可以分为五个维度,即民生维度、政治维度、经济维度、文化维度、生态维度。[①] 2015 年 8 月 11 日,新华网刊发《习近平"幸福十谈"》,主要内容为"生活的幸福"、"人民的幸福"、"团结的幸福"、"和平的幸福"、"劳动的幸福"、"共享的幸福"、"平安的幸福"、"健康的幸福"、"蓝天的幸福"和"精神的幸福"10 个方面,体现了习近平总书记的人民幸福观和深厚的爱民情怀。

一是民生维度,即"人民的幸福"、"生活的幸福"、"平安的幸福"和"健康的幸福"。"坚持在发展中保障和改善民生"是新时代中国特色社会主义基本方略的内容之一。人民是国家的主人,是社会生活的主体,解决人民的基本生活问题是中国共产党人坚持不懈的奋斗目标。人民追求更高的生活水平,对教育、工作、收入、社会保障、医疗卫生服务、居住条件、居住环境的要求也越来越高,对孩子们成长、工作、生活的期待也越来越高。"平安是人民幸福的基本要求,是改革发展的基本前提。"平安人民群众才能安居乐业。"人民身体健康是全面建成小康社会的重要内涵,是每一个人成长和实现幸福生活的重要基础。"

---

① 郭景瑞:《习近平人民幸福思想研究》,《山西青年》2017 年第 15 期。

二是政治维度，即"团结的幸福"与"和平的幸福"。习近平指出："我国是一个有着13亿多人口、56个民族的大国，确立反映全国各族人民共同认同的价值观'最大公约数'，使全体人民同心同德团结奋进，关乎国家前途命运，关乎人民幸福安康。"①只有实现民族大团结，才能共同为实现中华民族伟大复兴贡献智慧和力量。人民的幸福生活离不开和谐的国际、国内环境，如果没有一个和平的生活环境，老百姓面临着流离失所的境地，根本就没有幸福可言。

三是经济维度，即"劳动的幸福"和"共享的幸福"。"劳动是财富的源泉，也是幸福的源泉。""人世间的一切成就、一切幸福都源于劳动和创造。"人民在劳动中创造财富、用自己的劳动推动经济发展，同时也享受着由劳动带来的幸福生活。共享的幸福与改革开放以来我们党始终坚持的共同富裕目标高度一致。正如十九大报告所指出的"坚持人人尽责、人人享有，坚守底线、突出重点、完善制度、引导预期，完善公共服务体系，保障群众基本生活，不断满足人民日益增长的美好生活需要，……使人民获得感、幸福感、安全感更加充实、更有保障、更可持续。"②

四是文化维度，即"精神的幸福"。十九大报告指出："满足人民过上美好生活的新期待，必须提供丰富的精神食粮。"③随着社会的不断发展，人民的物质需求得到满足、受教育程度不断提高之后，其对更高层次的精神文明的需求就更加强烈。习近平指出："要把社会主义核心价值观的要求融入各种精神文明创建活动之中，吸引群众广泛参与，推动人民在为家庭谋幸福、为他人送温暖、为社会作贡献的过程中提高精神境界、培育文明风尚。"④

五是生态维度，即"蓝天的幸福"。习近平指出："环境就是民生，青山就是美丽，蓝天也是幸福。要像保护眼睛一样保护生态环境，像对待生命一样对待生态环境。""保护生态环境就是保护生产力，绿水青山和金山银山

---

① 《习近平"幸福十谈"》，新华网，2015年8月11日。
② 《党的十九大报告辅导读本》，人民出版社2017年版，第44页。
③ 《党的十九大报告辅导读本》，人民出版社2017年版，第43页。
④ 《习近平"幸福十谈"》，《新华网手机看新闻》2015年8月11日。

绝不是对立的,关键在人,关键在思路。空气质量直接关系到广大群众的幸福感。"①优美的生活环境能够使人的身心舒畅,人民的幸福生活也必然不能缺少良好的生态环境。如十九大报告所述,"我们要建设的现代化是人与自然和谐共生的现代化,既要创造更多物质财富和精神财富以满足人民日益增长的美好生活需要,也要提供更多优质生态产品以满足人民日益增长的优美生态环境需要。"②

四、价值实现

从价值实现维度看,实现现代化与民族复兴中国梦最终表现为价值实现的人民性。价值实现是价值主客体之间满足关系生成的关键环节,是一个动态的实践过程。史家亮认为③,中国梦的人民性价值取向最终表现为价值实现的人民性,也就是说实现中国梦,必须紧紧依靠人民来实现,必须不断为人民造福。这内在地包含两个方面的问题,一是实现中国梦的历史主体问题,二是在实现中国梦的进程中人民利益的维系问题。从实现民族复兴中国梦的历史主体看,人民是建设社会主义现代化强国和实现中国梦的主体。人民是创造历史的主体。中国梦是推动中国特色社会主义事业取得新胜利的重要战略思想,其价值的实现,必须走中国道路、弘扬中国精神、凝聚中国力量。这三条路径表达了一个共同的主题,即实现中国梦,必须尊重人民群众的主体地位。坚持走中国道路实现中国梦,必须尊重人民群众的主体地位。"中国特色社会主义是我们党带领人民历经千辛万苦找到的实现中国梦的正确道路"④,中国特色社会主义是理论、道路和制度的有机统一,它凝聚了群众的智慧,是亿万群众长期实践探索的结晶。坚持弘扬中国精神实现民族复兴中国梦,必须尊重人民群众的主体地位。中国精神是实现中国梦的精神纽带和强大精神动力。在当代中国,以爱国主义为核心的民族精神和以改革创新为核心的时代精神,构成了中国精神的丰富内涵,

---

① 《习近平"幸福十谈"》,《新华网手机看新闻》2015 年 8 月 11 日。
② 《党的十九大报告辅导读本》,人民出版社 2017 年版,第 49—50 页。
③ 参见史家亮:《论中国梦的人民性价值取向》,《观察与思考》2016 年第 8 期。
④ 《习近平谈治国理政》,外文出版社 2014 年版,第 50 页。

是兴国、强国之魂。坚持凝聚中国力量实现民族复兴中国梦，必须尊重人民群众的主体地位。中国力量就是中国各族人民大团结的力量，这种力量源自个体力量与整体力量的结合、传统力量与现实力量的结合、国内各族人民大团结与全体中华儿女大团结的结合。

"我为中国人民迸发出来的创造伟力喝彩"，"千千万万普通人最伟大"，"幸福都是奋斗出来的"，"逢山开路，遇水架桥"，"将改革进行到底"，"不驰于空想、不骛于虚声"，"以造福人民为最大政绩"。这是习近平主席2018年新年贺词的名句，它激荡光荣与梦想，充满信心与斗志，见证情怀与担当。这些铿锵有力的话语，点燃了亿万人民在新时代奋发向前的激情。发展的最终目的，是造福人民；造福人民，是我们一切工作的出发点和落脚点。把全国人民"一个都不能少"地带入全面小康，将是中华民族几千年历史上首次整体消除绝对贫困现象。打赢脱贫攻坚战只有三年时间了，时间紧任务重。"千千万万普通人最伟大"，人民的力量一旦被激发出来，就成为改天换地的伟力。只要我们坚守"以人民为中心"这个根本思想，把握"人民的美好生活"这个首要目标，尽锐出战，精准施策，就一定能带领全国人民一起完成这个对中华民族、对整个人类都具有重大意义的伟业。[①]

人民是建设现代化与实现民族复兴中国梦的历史主体，为中国梦的价值实现奠定了前提和基础。从根本意义上讲，现代化与民族复兴中国梦价值实现的人民性，表现为中国梦把维护人民利益，促进人民幸福作为出发点，更作为落脚点。实现人民幸福需要主观性与客观性相统一，既要发挥主观能动性，又要尊重客观实际。人只有幸福的需求，才能有动力，通过各种实践活动获得幸福，这两方面的有机结合，才能更好地实现人民对幸福生活的创造。人民追求幸福要与自身的实际结合起来，既要仰望天空，更要脚踏实地，"幸福都是奋斗出来的"，脱离社会生活实际的幸福观是不正确的。实现人民幸福需要物质生活与精神生活相统一，不仅要给人民群众带来物质上的幸福，同时也要注重精神上的富足，把"精神的幸福"放在与"劳动的

---

① 参见《以造福人民为最大政绩——习近平主席2018年新年贺词启示录》，新华网，2017年12月31日。

幸福、共享的幸福"同等的地位,而且"精神的幸福"是高质量的幸福。实现人民幸福要做到享受与劳动相结合,劳动是享受的前提,劳动创造价值,人们在创造价值的同时也享受着自己的劳动所带来的幸福和快乐,不能一味地只知道享受,而不知用自己的劳动来回馈社会。实现人民幸福需要实现个人幸福与社会幸福相统一,在追求个人幸福的同时要兼顾社会的幸福,个人的价值只有在社会这个大集体中才能很好地实现,社会的幸福也离不开个人的努力。因此,不能把个人幸福与社会幸福对立起来,而要把两者统一起来,把个人的幸福融入社会实践中,才能使个人幸福放射出耀眼的光芒。

第四节　现代化与民族复兴的历史启示

历史是一面镜子,它照亮现实,也照亮未来。习近平总书记在庆祝中国共产党成立 95 周年大会上的讲话,阐释了中国共产党紧紧依靠人民为中华民族作出"三大历史贡献"和实现"三个伟大飞跃",在此基础上提出了"三大历史启示"。其主要内容为理论是行动的指南,具有先进理论武装的党才是先进政党,才能发挥领导作用,先进政党必须有担当精神;党的历史是不能忘却、不容否定的壮丽篇章,要采取严肃科学的态度对待历史,历史是宝贵财富,是继续前进的现实基础;历史和人民选择中国共产党领导中华民族伟大复兴的事业是正确的,中国共产党领导中国人民开辟的中国特色社会主义道路是正确的,中国实现国家发展的战略是正确的,必须长期坚持、永不动摇。① 习近平总书记这些重要论述,深刻揭示了中国近现代历史的发展规律,阐明了中华民族为什么复兴和怎样实现复兴的深刻道理,深刻地启迪人们,只有牢记历史才能更加深切地关注现实和开创未来;只有中国共产党才能够成为领导人民建设社会主义现代化与实现民族伟大复兴的核心

① 参见王炳林:《历史启迪与现实基础——把"三大历史启示"贯彻到"纲要"课教学中》,《重大理论和现实问题研究》2016 年第 9 期。

力量；只有社会主义才能救中国；只有中国特色社会主义才能实现现代化与民族伟大复兴。

一、铭记"三次历史选择"：实现现代化与民族复兴，必须有坚强的领导核心、根本制度保障和正确方向指引

打开世界民族发展史，可以清醒地看到，任何一个民族的崛起都离不开先进理论的指导、先进社会力量的领导和正确的道路选择。在中华民族伟大复兴的进程中，历史和人民最终选择了中国共产党，选择了社会主义，选择了中国特色社会主义道路，历史证明这是正确的，是实现中华民族伟大复兴的必由之路。

历史和人民选择中国共产党，承担起领导实现民族复兴的历史使命，为根本改变民族命运铸就了坚强的领导核心。① 从鸦片战争到"五四运动"近80年间，中国社会各阶级、各阶层和各种政治力量都曾登上历史舞台，力图挽救中国于危亡之中。但无论是太平天国起义还是戊戌变法，都以失败而告终。为改变民族命运，不同政治派别先后登上历史舞台进行过不同道路的尝试，最终只有中国共产党能够承担起领导实现中华民族伟大复兴的历史使命。中国共产党一经成立就义无反顾地肩负起实现中华民族伟大复兴的历史使命。这根本上是由其马克思主义新型政党的性质所决定的。习近平指出："历史告诉我们，没有先进理论的指导，没有用先进理论武装起来的先进政党的领导，没有先进政党顺应历史潮流、勇担历史重任、敢于作出巨大牺牲，中国人民就无法打败压在自己头上的各种反动派，中华民族就无法改变被压迫、被奴役的命运，我们的国家就无法团结统一、在社会主义道路上走向繁荣富强。""历史还告诉我们，历史和人民选择中国共产党领导中华民族伟大复兴的事业是正确的，必须长期坚持、永不动摇。"②中国共产党团结带领人民进行28年浴血奋战，取得了新民主主义革命的胜利，建立了中华人民共和国。这一伟大历史贡献，其意义在于彻底结束了旧中国半

---

① 参见孙勇：《民族复兴的使命担当：中国共产党90年历程的启示》，《军事历史研究》2011年第4期。

② 《习近平在庆祝中国共产党成立95周年大会上的讲话》，新华网，2016年7月1日。

殖民地半封建社会的历史,彻底结束了旧中国一盘散沙的局面,彻底废除了列强强加给中国的不平等条约和帝国主义在中国的一切特权,实现了中国从几千年封建专制政治向人民民主的伟大飞跃。

历史和人民选择走社会主义道路,推进国家富强、民族振兴历史进程,为实现民族复兴建立了根本制度保障。新民主主义革命的胜利,建立起人民当家作主的中华人民共和国,只是走完了万里长征第一步,摆在中国共产党人面前的紧迫而又艰巨的历史任务,是走什么样的道路实现国家繁荣富强和人民富裕。从当时中国社会发展的实际看,触动帝国主义、封建主义统治根基的改良主义失败了,中国人民才选择了革命道路;走资本主义道路的各种方案都行不通,中国人民才选择了经过新民主主义走向社会主义的道路。1949 年 10 月 1 日,中华人民共和国成立以后,在民族伟大复兴的征程上,中国人民坚定不移地选择了中国共产党领导下的社会主义道路,即通过社会主义改造在当代中国建立起社会主义的基本制度,消灭一切剥削制度,在此基础上通过制度优势发挥追赶世界文明的先进潮流,实现国家富强,人民富裕的民族夙愿。实践证明,这是一条通往民族复兴的光明大道,这也是我们党自成立以来所完成的"第二件大事"。这一伟大历史贡献,其意义在于完成了中华民族有史以来最为广泛而深刻的社会变革,为当代中国一切发展进步奠定了根本政治前提和制度基础,为中国发展富强和中国人民富裕起来奠定了坚实基础,实现了中华民族由近代不断衰落到根本扭转命运、持续走向繁荣富强的伟大飞跃。①

历史和人民选择中国特色社会主义道路,全面建设社会主义现代化强国,为实现民族伟大复兴指引了正确发展方向。历史选择了共产党,选择了社会主义,并不意味中国就可以按照"老祖宗"的设想来建设社会主义。马克思完整意义上的"社会主义"建立于生产力高度发达的现代文明基础之上。我国是在半殖民地半封建社会、生产力极端落后的条件下进入社会主义的,并没有经过高度发达的资本主义社会阶段。这意味着中华民族不可

---

① 参见曲青山:《实现中华民族伟大复兴是近代以来中华民族最伟大的梦想》,《人民日报》2017 年 11 月 29 日。

能生搬硬套地在马克思设想的社会主义框架下实现其伟大复兴。实际上民族复兴的过程就是社会主义现代化建设的过程。曾经在相当长一段时间内,有人将"现代化"等同于"资本主义",而试图建立纯而又纯的社会主义,在较长一段时间内我们没有摆脱苏联社会主义模式的束缚,在计划经济体制内"打转转",严重地制约了生产力的发展,使国民经济发展陷入举步维艰的境地。在经历了近30年的曲折探索之后,历史再一次到了中华民族走向选择的关键性抉择。正如邓小平所说的,"把马克思主义的普遍真理同我国的具体实际结合起来,走自己的道路,建设有中国特色的社会主义,这就是我们总结长期历史经验得出的基本结论。"①在邓小平理论指导下,我国拉开了改革开放的宏伟序幕,开辟了中国特色社会主义道路,形成了中国特色社会主义理论体系,确立了中国特色社会主义制度,冲破"姓资"还是"姓社"、"姓公"还是"姓私"的思想束缚,实现了从计划经济向社会主义市场经济体制的历史性转变。我们党团结带领人民进行改革开放新的伟大变革,极大地激发了广大人民群众的创造性,极大地解放和发展了社会生产力,极大地增强了社会发展活力,人民生活显著改善,综合国力显著增强,国际地位显著提高,使中国大踏步赶上时代,实现了中国人民从站起来、富起来到强起来的伟大飞跃。胡锦涛同志在纪念建党90周年的讲话中将改革开放及其中国特色社会主义道路的开辟,称之为我们党90年来所做的"第三件大事",并突出强调这场"新的历史条件下领导人民进行的新的伟大革命,是决定当代中国命运的关键抉择,是坚持和发展中国特色社会主义、实现中华民族伟大复兴的必由之路。"②习近平指出:"今天,我们比历史上任何时期都更接近、更有信心和能力实现中华民族伟大复兴的目标。"③中华民族充满自信,日益走近世界舞台中央,迎来了实现伟大复兴的光明前景。中国这个世界上最大的发展中国家在短短30多年里摆脱贫困并跃升为世界第二大经济体,创造了人类社会发展史上惊天动地的发展奇迹,使中华民

---

① 《邓小平文选》第3卷,人民出版社1993年版,第3页。

② 胡锦涛:《在庆祝中国共产党成立90周年纪念大会上的讲话》,人民出版社2011年版,第18—19页。

③ 《党的十九大报告辅导读本》,人民出版社2017年版,第15页。

族焕发出新的蓬勃生机。社会主义、现代化建设和民族复兴是当代中国的时代主题,这三者在中国特色社会主义框架内实现了发展目标的高度契合,展示出现代化建设与社会主义相结合、与改革开放相结合、与世界的外部环境相联接,是一个全面发展的目标,是在新的历史时期的创造,使民族复兴的实现路径更加切实可行。中国特色社会主义,既是我们必须不断推进的伟大事业,又是我们开辟未来的根本保证。

总之,坚持和发展中国特色社会主义道路是实现中华民族伟大复兴的必由之路,走好这条道路最根本的是坚持中国共产党的领导。实践证明,只有社会主义才能救中国,只有中国特色社会主义才能发展中国,只有中国共产党领导才能振兴中国。我们党从一成立就面临着两大历史使命:一是国家独立、民族解放,即"救亡";二是国家富强、民族振兴、人民幸福,即"复兴"。只有完成前一个历史使命,才能为后一个历史使命的实现而奋斗。而后一个历史使命的完成就是中国梦的实现。民族复兴贯穿中国特色社会主义道路全过程。只有沿着中国特色社会主义道路继续前进,才能实现现代化与民族伟大复兴的中国梦。

二、科学把握"四个规律":实现现代化与民族复兴,必须遵循世界现代化基本规律、经济规律、自然规律和社会规律

规律就是事物内在的、本质的联系,是实践经验的科学总结。中华民族的伟大复兴与中国社会主义现代化进程紧密相连,现代化理想寄托着中华民族复兴的希望。在我国漫长的现代化探索过程中,既有成功的经验,也经受过严重挫折。历史告诉我们,什么时候遵守社会主义现代化发展规律,我们什么时候就会发展顺利,否则,什么时候违背社会主义建设规律,我们什么时候就会走弯路和遭受各种挫折。因此,不可忽视世界现代化发展基本规律、经济规律、自然规律和社会规律的指导作用,这已是被现代化发展历史所证明了的一个深刻道理。

全面建设现代化必须遵循世界现代化发展的普遍规律。中国的现代化同样是现代文明的形成、发展、转型和国际互动,包含着文明要素的创新、选择、传播和退出,包括国际地位的变化等。这都是现代化发展的基本内涵。

我们要深化对现代化发展规律的认识,要搞清楚世界上发达国家现代化有什么一般规律,发展中国家现代化有什么普遍规律,中国的现代化发展有什么特殊规律。中国是一个超大规模的国家,现代化的任务超过世界发达国家的总和,国际现代化建设的经验不足以解决中国现实艰巨复杂的难题,一定要有自己的个性。对这一点一定要保持头脑清醒。从世界现代化的发展特点看,现代化是工业革命以来,世界各国的普遍追求,但又具有很强的民族性和特殊性。世界各国和地区的资源禀赋、文化传统、民族特性、历史背景存在差异,决定了现代化的发展模式、推进路径、生活方式明显不同。各国和地区的现代化进程各具特色、形式多样、异彩纷呈。现代化是人类社会不断进步和不断提升的过程,在不同的时期呈现不同的阶段性特征。以往的现代化注重农业社会向工业社会、农业经济向工业经济、农业文明向工业文明的转变。而现在的现代化注重工业社会向知识社会、工业经济向知识经济、物质文明向生态文明的转变,体现了工业化和信息化的高度融合。现代化是社会整体系统的深刻变革和全面进步。一个国家或区域实现现代化,是社会生产方式、生活方式、治理形式和价值观念的深刻变化,是经济、政治、文化、社会和生态等构成的要素及其相互关系的深刻变动,在物质文明、政治文明、精神文明和生态文明等方面达到世界先进水平。总之,西方现代化的特点是把经济现代化作为基础,把社会现代化纳入目标,把人的现代化作为关键,把推进制度现代化作为保证。但是,西方国家在现代化进程中也走了一些弯路,教训十分深刻。如早期的西方国家的殖民侵略,对发展中国家进行剥削和掠夺;资本家对工人过度压榨,贫富差距过大,社会矛盾一度十分尖锐;经济发展与生态环境没有协调发展,包括资源能源消耗过大等。我们应积极借鉴西方国家现代化的成功经验,同时也要吸取教训、引以为戒,努力超越西方国家的现代化发展模式,坚定不移地走中国特色社会主义现代化之路,建设人与自然和谐共生的现代化。

全面建设现代化遵循经济规律的科学发展至关重要。在未来长期的现代化建设实践中,以经济建设为中心是第一要务,经济现代化的发展必须坚持科学发展。中国的现代化面临着资源、能源和环境的挑战。一方面,我们要实施创新驱动战略,转变经济发展方式,翻过转型升级"这座大山",在创新发展、协调发展、绿色发展、开放发展、共享发展中继续创造"中国奇迹"。另一方面,我国需要拓展国际空间。现代化建设需要物质资源。我国现代化人口超过 10 亿,一个 10 多亿人口的现代化对世界资源和环境的压力还是很大的。即使我们扣除知识经济对物质资源的替代效应,也不可低估对世界资源和环境的压力。我国要大力改善国际环境,抓住"一带一路"国际合作机遇,充分用好国际市场和资源,在合作共赢、共建共享中推进现代化进程。我国经济已由高速增长阶段转向高质量发展阶段,正处在转变发展方式、优化经济结构、转换增长动力的攻关期,建设现代化经济体系是跨越关口的迫切要求和我国发展的战略目标。要遵循经济发展规律,围绕建设现代化经济体系的目标要求,着力于高质量发展,努力实现我国现代化发展体现更高效益的经济水平和经济增速,更高质量的经济增长方式,更平衡的区域和城乡发展格局,更完善的市场经济体制,更全面的对外开放,更完善的现代化产业体系、空间布局结构和协调程度,最终建成实体经济、科技创新、现代金融和人力资源协同发展的产业体系。

全面建设现代化遵循自然规律的可持续发展非常重要。十九大报告指出:"人类只有遵循自然规律才能有效防止在开发利用自然上走弯路,人类对大自然的伤害最终会伤及人类自身,这是无法抗拒的规律。"①生态现代化是中国现代化的重要组成部分,更是未来中国现代化建设的短板。在经济发展方面,我国现代化建设的许多指标可以提前实现,而在生态指标方面却需要付出艰苦的努力才能达到。近年来,我国许多地方雾霾频发、青山不现、绿水难寻,传统的粗放型经济增长模式已经走到尽头,正处在向绿色转型的关键时期。绿色发展、循环发展和低碳发展强调的是要遵循自然规律,要形成人与自然和谐发展的绿色生产方式,实现生态系统与经济系统的绿色协调可持续发展。因此,要在遵循自然规律、保证基本生存的前提下,科学改造自然、合理开发资源、维护生态平衡、防止环境污染,从而实现人与自然的良性互动、和谐统一,真正让绿色发展的理念变成现实,让绿色化嵌入中国特色社会主义市场经济之中,从而让中国经济的绿色转型为全球生态

---

① 《党的十九大报告辅导读本》,人民出版社 2017 年版,第 49 页。

安全助力。按照建设人与自然和谐共生的现代化,我们要在观念层面,像对待生命一样对待生态环境;在制度层面,要统筹山水林田湖草系统治理,形成绿色发展方式和生活方式;在实践层面,着力解决突出环境问题,着力补齐生态短板,让良好生态成为中国现代化的显著标志。

全面建设现代化必须是遵循社会规律的包容性发展。与单纯追求经济增长相比,社会规律的包容性发展强调把"人的发展"统筹到发展的概念中来,使经济发展更有利于人的发展、更好地平衡社会利益、调节社会关系、规范社会行为,从而实现社会公平正义、共享发展,增进人民福祉。迈向现代化的过程,也是实现社会公平正义的过程。一方面,要保证人人享有发展机遇、享有发展成果,全体人民推动发展的积极性、主动性、创造性才能被充分调动起来;另一方面,要着力解决分配不公、收入差距、城乡区域公共服务水平差距较大的问题,大力增加公共服务供给、实施精准脱贫、提高教育质量、缩小收入差距、建立公平的社会保障、推进健康中国建设、促进人口均衡发展。中国的现代化一定是惠及全体人民的现代化,是朝着共同富裕前进的现代化,绝不能出现"富者累巨万,贫者食糟糠"的现象。只有让发展成果公平共享,现代化建设才能凝心聚力;只有让全体人民幸福安康,才能在现代化的康庄大道上"蹄疾而步稳"。

三、做硬"三个软实力":实现现代化与民族复兴,必须发挥人的观念、制度和文化现代化的内生基因活力作用

提高国家文化软实力是我们党和国家的一项重大战略任务。习近平指出:"提高国家文化软实力,关系'两个一百年'奋斗目标和中华民族伟大复兴中国梦的实现。"[1]我国经济创造"世界奇迹"的背后,都与先进的理念、先进的制度和先进的文化引领密切相关。中国现代化建设的历史启示我们,不可忽视人的观念、制度和文化现代化的重要作用。在知识经济时代,知识、创新和制度、理念以及文化更为重要。在过去的 100 多年时间里,我国在大多数的时期是把工业优先作为现代化的发展模式。自洋务运动以

---

[1]　《习近平谈治国理政》,外文出版社 2014 年版,第 160 页。

来,人们一直重视物质和技术层面的现代化,但是对人的观念、制度和文化的现代化重视不够或摇摆不定。而人的观念和制度现代化滞后的负面效应,将会随着物质和技术现代化的推进不断显露出来,有可能成为影响我国现代化成败的关键因素。人的观念现代化、制度现代化和文化现代化在全面建设现代化实践中至关重要,实现民族复兴不可忽视人的观念现代化、制度现代化和文化现代化,必须从内生基因活力推进现代化。重视人的观念、制度和文化现代化,已经成为不可回避的战略选择。

观念现代化是先导。在社会现代化进程中,人的思想观念、心理状态和思维方式从传统向现代的转化,是破除陈旧观念,树立符合时代要求并形成与社会现代化相适应的观念的过程。社会现代化的实现归根结底要依赖于人的现代化,实现人的现代化的首要前提是实现人的观念现代化,这是人的现代化的灵魂。人的观念现代化为深化改革、扩大开放提供了精神动力。只有解放思想冲破思想观念的障碍,才能实现人的心理状态、思维方式与思想观念的现代化。观念变革是人的观念现代化的本质规定,体现了人的素质提升、潜能开发与全面发展的和谐统一,成为人的发展的核心、社会发展的灵魂、民族复兴的先导。只有实现人的观念现代化,才能更好地指导现代化实践。习近平指出:"古人说:'理者,物之固然,事之所以然也。'发展理念是发展行动的先导,是管全局、管根本、管方向、管长远的东西,是发展思路、发展方向、发展着力点的集中体现。发展理念搞对了,目标任务就好定了,政策举措也就跟着好定了。"①发展理念是战略性、纲领性、引领性的东西,现代化建设不能缺少好的发展理念。发展理念犹如灵魂,对发展的全局和整体、对发展的各个领域各个阶段都不可或缺。我国社会的封建观念历史悠久,消除封建残余意识并非是一件容易的事。如果不能彻底铲除长期束缚人们的封建残余思想,那么就很难解放思想、更新观念,开放的、创新的、包容的、生态的、共赢共享的先进理念就很难确立,实现中国现代化的闸门就无法打开,就难以实现现代化。这是一条常被人们忽视而又很重要的方面,必须把人的观念现代化纳入全面现代化建设的重要内容。

---

①　《党的十八届五中全会〈建议〉学习辅导百问》,党建读物出版社 2015 年版,第 40 页。

制度现代化是根本。制度建设是人类社会进步和文明的根本标志。人类社会的发展史是文明的演进史,是农业文明、工业文明、知识经济文明的演进史,也是物质文明、精神文明、制度文明共生共融的演进史。当今世界的竞争归根到底是制度的竞争。通过制度现代化形成制度优势,是在竞争中取得有利地位的根本保证。制度优势是一个国家软实力的集中体现。一个国家被认为具有软实力,真正得到认可,从根本上是因为其制度具有优势。从世界现代化历史经验看,制度治理是现代化国家治理的重要基石、发展的重要动力。大家知道,现代化起步最早的英国,1688 年"光荣革命"的成功,为 18 世纪开始的现代化准备了条件;美国的现代化进程,得益于建国之初的宪政制度设计;日本的现代化之路,是从"明治维新"开始的;等等。大致可以这样说,现在被认为走在现代化前列的国家,现代化道路几乎都是从解决制度治理起步。制度治理解决好了,现代化的道路就比较顺畅;制度治理解决不好,现代化的道路就可能比较坎坷。① 制度文明好比新鲜空气,虽然看不见、摸不着,但它时时刻刻都在对人体的健康发挥着至关重要的作用。一般世界发达国家现代化有两个重要标准:一是经济综合实力强,位居世界前列;二是制度比较先进和完善。中国特色社会主义制度集中体现了中国特色社会主义的特点和优势,这是我们保持制度自信的源泉。中国特色社会主义制度模式的优越性表现在鲜明的方向性、制度的独创性和体系的全面性。但是,中国特色社会主义制度体系还没有更加成熟、更加定型,需要进一步发展与完善,需要不断使中国特色社会主义制度模式更加完善,优势更加明显。实际上中国复兴的过程,就是国家转型而随着政治制度文明不断发展完善的过程,这个转型我们已经走过了 100 多年,我们现在还处在转型、成型和定型的进程之中。同时也要注意到,不能将制度的现代化等同于西方化与资本主义化。中国的现代化是有方向、有立场、有原则的,必须以中国特色社会主义基本制度为基础,以更大的政治勇气和智慧,不失时机地深化重要领域改革,坚决破除一切妨碍科学发展的思想观念和体制机制弊端,构建系统完备、科学规范、运行有效的制度体系,使各方面制

---

① 参见温宪元:《制度治理:国家治理的重要基石》,光明网,2014 年 12 月 1 日。

度更加成熟、更加定型。

文化现代化是泉水。人类创造了文化,文化孕育了社会文明。历史实践证明,春秋战国时代的"百花齐放、百家争鸣"的文化盛世,为中国的统一和强大扫清了道路;欧洲文艺复兴运动,引发了资本主义社会的崛起;"五四运动"的思想解放运动,为中国共产党的创立提供了思想基础、社会基础。中国进入新时代,再一次在现代历史的交汇点上放射出文化的光芒,文化以巨大的活力推动着中国的现代化进程。中国特色社会主义文化,为现代化建设提供精神动力,为现代化事业提供智力支持。十九大报告指出:"文化兴国运兴,文化强民族强。没有高度的文化自信,没有文化的繁荣兴盛,就没有中华民族伟大复兴。要坚持中国特色社会主义文化发展道路,激发全民族文化创新创造活力,建设社会主义文化强国。"[1]文化现代化是全面建设现代化的重要内容。在现代化建设中不能忽视文化的融合推动作用,要注重文化的多样性。一方面,要弘扬中华民族的优秀传统文化,发扬创新文化,培育竞争文化,共享包容文化,践行社会主义核心价值观,集聚智慧、凝聚力量,最大限度地释放文化软实力效应。激活制度因素和人文情怀这些活力因子,就能充分释放现代化建设的巨大能量。另一方面,要理性面对文化的多样性。我国是一个多民族的国家,每一个民族都有不同的文化特点。要在发展先进主流文化的同时,尊重和保护文化的多样性。文化现代化是一种世界潮流,文化的多样性也是一种世界趋势。既要大胆引进世界先进文化洋为中用,又决不能松懈意识形态领域的斗争。同时,还不可忽视现代化建设中的地区差距,需要把地区和贫富差距控制在最小范围,建设和谐社会,提高现代化进程的同步性,解决现代化发展中不平衡、不充分问题。

四、完成"三大历史任务":实现现代化与民族复兴,必须有序推进现代化建设、完成祖国统一、维护世界和平与促进共同发展

推进现代化建设、完成祖国统一、维护世界和平与促进共同发展,是中华民族伟大复兴征程上时代赋予中国共产党人的光荣任务和使命,也是中

---

[1] 《党的十九大报告辅导读本》,人民出版社 2017 年版,第 40 页。

华民族走向复兴不可或缺的基础和前提。进入新时代,我们开启了全面建设社会主义现代化国家新征程,坚持"一国两制"、推进祖国统一,坚持和平发展道路、推动构建人类命运共同体,可以说实现这"三大历史任务"的目标更加接近,展现出中华民族伟大复兴前所未有的光明前景。

1. 推进现代化建设,不可忽视现代化路径选择,坚定不移走中国特色社会主义现代化道路

邓小平同志曾告诫全党:"能否实现四个现代化,决定着我们国家的命运、民族的命运。"①他还强调,"如果我们基本上实现现代化,那就可以进一步断言社会主义成功。"②中国的现代化道路是一条什么样的道路,毫无疑问是中国特色社会主义现代化道路。未来中国的现代化发展之路,既不能照搬西方的现代化发展之路,又要超越西方的现代化发展之路,对于人多、资源相对较少、环境制约严重的超大规模中国来说,必须把绿色、循环、低碳、智能、节约和可持续发展作为重要的目标选择,建设现代化经济体系。中国特色社会主义道路还包括中国特色自主创新道路、新型工业化道路、农业农村现代化道路、特色城镇化道路、政治发展现代化道路等。

坚持中国特色社会主义现代化发展道路,要进一步细化现实发展路径。从宏观层面看,中国应走具有自己特点和优势的现代化发展路径。何传启提出"运河战略",或叫"综合现代化道路"。③ 他认为这条现代化的路径,不同于过去发达国家走过的老路。发达国家的现代化是先从农业社会向工业社会转型,先做第一次现代化,带来了环境污染、资源的浩劫。然后再做第二次现代化,从工业社会向知识社会,从物质文明向生态文明转型。这两个阶段是完全分开的。我国应当走一条新型现代化道路,把两次现代化的优点结合起来,避免走发达国家走过的老路,避免发达国家所犯的错误,寻求一条新的现代化发展之路。他形象地说,工业社会是第一条河,知识社会是第二条河。这两条河之间有一个拐角。如果在两条河之间挖一条运河的

---

① 《邓小平文选》第 2 卷,人民出版社 1994 年版,第 162 页。

② 《邓小平文选》第 3 卷,人民出版社 1993 年版,第 320 页。

③ 参见何传启:《中国复兴之路需全面实现"六个现代化"》,中国新闻网,2013 年 2 月 3 日。

话，那么我国就有可能迎头赶上 21 世纪中后期的发达国家的先进水平，而不是跟踪、模仿发达国家走过的老路。这样一条现代化路径叫作"运河战略"，或者称为"综合现代化道路"。其实质意义是第二次现代化要用知识经济、生态文明、知识社会这种新的理念来改造过去的工业经济和工业社会，寻求现代化最有效的路径和最小的时间成本和资源成本。用知识、信息、创新来替代一部分过去需要的资源成本和环境成本，形成一种知识替代、创新替代或者信息替代。这样我们有可能形成一种高效率、低消耗的路径，探索创新价值高、生活质量高的具有生态系统特征的新型现代化发展之路。

历史经验表明，世界现代化的动力因素有很多，机会也有不少。但是创新是现代化的根本动力，科技革命和产业革命是重大机遇，国家创新体系是关键因素。创新驱动发展，科技要起四两拨千斤的作用。给科技创新一个支点，科技创新就可以推动现代化。给现代化科学一个支点，现代化科学便可以促进现代化。中国的现代化只能靠自己、只能靠创新，只能走人与自然和谐共生的现代化之路。创新是现代化建设的动力之源。

2. 坚持"一国两制"、推进祖国统一，加快两岸同心实现中华民族伟大复兴

十九大报告指出："解决台湾问题、实现祖国完全统一，是全体中华儿女共同愿望，是中华民族根本利益所在。"[1]这是对历史经验的科学总结，也是面向未来的庄严宣示。中国自古就是一个统一的多民族国家，国家统一是中华民族发展史的主旋律，也是中国人民根深蒂固的价值观。半个多世纪以来，尽管两岸尚未统一，但大陆和台湾同根同祖、同属一个中国的事实从未发生改变，两岸同胞始终是血脉相连的命运共同体。孙中山先生一贯主张维护国家的统一，曾语重心长地指出："中国是一个统一的国家，这一点已牢牢地印在我国的历史意识之中，正是这种意识才使我们能作为一个国家而被保存下来，尽管它过去遇到了许多破坏的力量。"他又说："'统一'

---

① 《党的十九大报告辅导读本》，人民出版社 2017 年版，第 55 页。

是中国全体国民的希望。……能够统一,全国人民便享福,不能统一,便要受害。"①中华人民共和国成立后,中国共产党人就一直把实现祖国完全统一作为自己的崇高历史任务,团结带领人民为祖国统一大业而奋斗。在实现大陆的完全统一后,又先后于 1997 年实现香港回归祖国、于 1999 年实现澳门回归祖国,现在在继续为解决台湾问题、实现祖国完全统一而奋斗。和平统一最符合包括台湾同胞在内的中华民族的整体利益。为了解决台湾问题,邓小平同志提出了"和平统一、一国两制"方针,我们党不断完善相关政策,不断推进祖国和平统一进程。2008 年后,两岸关系走上和平发展道路,这是一条维护两岸和平、促进共同发展、造福两岸同胞的正确道路,也是通向和平统一的光明大道。正如习近平所指出的:"两岸关系发展历程告诉我们,台海动荡紧张,两岸冲突对抗,民众深受其害;走和平发展之路,谋互利共赢之道,利在两岸当下,功在民族千秋。"十九大报告提出:"必须继续坚持'和平统一、一国两制'方针,推动两岸关系和平发展,推进祖国和平统一进程。"这就昭告世人,解决台湾问题,我们坚持"和平统一、一国两制"方针,坚持一个中国原则,秉持"两岸一家亲"理念,扩大两岸经济文化交流合作,坚决反对"台独"分裂势力及其活动,坚持两岸关系和平发展道路,继续为实现祖国和平统一而奋斗,为两岸同胞谋福祉、共同创造全体中国人的美好未来。②

3. 维护世界和平与促进共同发展,构建人类命运共同体,共同创造人类的美好未来

自从 1840 年鸦片战争以来,在 170 多年的历史长河中,中华民族的前途命运就已经与世界紧密地联系在一起。前 100 年因闭关自守和盲目自大而导致落后挨打;后 70 多年特别是改革开放近 40 年,中国已经深深融入世界的文明体系,在与各国共同分享发展机遇、应对风险挑战的同时,显示出蓬勃的生机与活力。一个强大中国的兴起,不仅不会对世界各国的发展构成威胁,而且有利于世界的繁荣与稳定,中国以一个谋求和平的负责任大国

---

① 转引自《彭真文选》,人民出版社 1991 年版,第 586 页。

② 参见郭宗欣:《推动两岸关系和平发展》,《光明日报》2017 年 11 月 20 日。

的形象登上世界中心舞台。习近平指出："自古以来,和平就是人类最持久的夙愿。和平像阳光一样温暖、像雨露一样滋润。有了阳光雨露,万物才能茁壮成长。有了和平稳定,人类才能更好实现自己的梦想。"①中国共产党和中国人民历来是促进世界和平与发展的积极力量,为人类作出应有贡献是中国共产党和中国人民早就作出的庄严承诺。十九大报告指出:"世界正处于大发展大变革大调整时期,和平与发展仍然是时代主题。"人类生活在同一个地球村,各国日益相互依存、命运与共,越来越成为你中有我、我中有你的命运共同体。没有哪个国家能够独自应对人类面临的各种挑战,也没有哪个国家能够退回到自我封闭的孤岛。世界各国更需要以负责任的精神同舟共济,共同维护和促进世界和平与发展。构建人类命运共同体反映了中外优秀文化和全人类共同价值追求。和平、发展、公平、正义、民主、自由,是全人类共同的价值追求。近代以来,建立公正合理的国际秩序,维护世界和平,实现共同繁荣,是人类孜孜以求的目标。② 我们坚信,只要世界各国人民同心协力,着力构建人类命运共同体,就一定能够建设一个持久和平、普遍安全、共同繁荣、开放包容、清洁美丽的世界。

"万物并育而不相害,道并行而不相悖"。在中国共产党的领导下,走向伟大复兴的中华民族向世界表达的是"惠本国、利天下"的美好情怀,彰显的是中华文明所蕴含的道德智慧和世界大义。③ 13亿多中国人民的中国梦必将对人类文明有所贡献,一个充满生机活力、不断发展进步的中国,必将为当今世界复杂问题的解决奉献更多的中国智慧,提供更多的中国方案,传递更多的中国信心,为人类和平与发展的崇高事业作出新的更大的贡献。

历史告诉我们,只有社会主义能够救中国,只有中国特色社会主义才能发展中国,只有中国共产党领导才能振兴中国。把社会主义与现代化建设相结合,奠定了社会主义发展的坚实基础,用社会主义发展现代化,用现代

---

① 张珊珍:《党史必修课》,人民出版社2017年版,第332页。

② 参见杨洁篪:《推动构建人类命运共同体》,《人民日报》2017年11月19日。

③ 参见张珊珍:《党史必修课》,人民出版社2017年版,第332页。

化巩固和发展社会主义,解决怎样坚持和发展中国特色社会主义问题。社会主义、现代化建设和民族复兴是当代中国的时代主题。这三者在中国特色社会主义框架内实现了发展目标的高度契合,展现出现代化建设与社会主义相结合、与改革开放相结合、与世界的外部环境相联接,是在新的历史时期的创造,使民族复兴的实现路径更加切实可行。

跋:感悟民族复兴的真谛

"文章千古事,得失寸心知。"我写这本书心动于 2017 年 4 月,承担了江苏省决策咨询研究基地立项的重点课题。2017 年 8 月承担了江苏省中国特色社会主义理论体系研究中心的专项重点课题。在学习调研这两个课题的过程中,恰逢党的十九大胜利召开。我把学习党的十九大报告精神与做课题紧密结合起来,从学习体会的角度围绕现代化与民族复兴主题,完成了这本拙作。《现代化与民族复兴研究》既是这两个课题研究的阶段性成果,也是江苏省党的群众工作研究基地的重要研究成果,还是我学习党的十九大精神的肤浅认识和体会。

精思是学习之要。撰写一本书首要的任务是带着问题学习。时常有这样的一些重大问题引发我的深思。如当代中国遇到了什么问题,与革命战争年代和改革开放初期的矛盾和问题有什么不同? 还有怎样在世界历史的长河中看中华民族的伟大复兴? 历史和人民为什么最终选择中国共产党承担起领导实现民族复兴的历史使命? 历史和人民为什么最终选择走社会主义道路? 历史和人民为什么最终选择中国特色社会主义道路? 还有,美国人预言市场化、全球化和信息化将会冲垮中国共产党,为什么中国共产党不仅挺住了,而且还继续保持生机和活力? 建设什么、怎样建设社会主义现代化国家? 针对这些问题,我们应当如何从历史的、现实的和未来的逻辑关系中找到答案? 怎样从理论的、实践的和价值的层面寻求基本的原理? 一句话,我们怎样感悟民族复兴的真谛?

理论是思考的根本。在研究和写作过程中,使我进一步深刻认识到民族复兴中国梦是一个内涵丰富的思想体系,这个体系有着鲜明的思想主题、先进的理论品格、深厚的实践基础、厚重的历史底蕴和为民的价值依归,体现了对马克思主义认识论、方法论的科学运用、对"三大规律"认识的深化，折射出真理尺度与价值尺度的辩证统一，使我们探寻到解决当代中国发展起来以后的问题和完成中国特色社会主义制度成熟、成型和定型的思想观点、思想方法与实现路径，在写作的实践中体悟到理论的魅力。围绕现代化建设与民族复兴中国梦主题，力求阐释清楚"为什么、是什么和怎么样"的道理，但作者不提某种答案，而是希望和大家一同思考、思考、再思考。

实践是思想的真理。"一个正确的认识，往往需要经过由物质到精神，由精神到物质，即由实践到认识，由认识到实践这样多次的反复，才能够完成。这就是马克思主义的认识论，就是辩证唯物论的认识论。"①毛泽东同志的这段精辟论述，回答了人的正确思想是从哪里来的问题。我作为一名普通的社科理论工作者和党刊媒体人，能够在参与现代化建设的实践中认识和体验"两个一百年"奋斗目标的发展进程，不仅是人生之幸，更是一种使命和快乐。这也是本书把"理论与实践"作为重点研究的缘由，探索用理论的逻辑写实践、用实践的逻辑写理论，并把历史逻辑、现实逻辑、未来逻辑和价值逻辑联系起来、融会贯通起来，力求增强逻辑的力量。

写作是最好的萃取。人往往在写作情境下学习和思考处在最佳状态。一般我每天坚持写 1000—2000 字，节假日和晚上是我最好的时间伴侣。在写作书稿过程中，我阅研了国内外大量公开发表的文献资料和相关政策文件。由于笔者研究能力和时间所限，虽数易其稿但还存在一些不足。与其说这是一本研究探讨性的专著，毋宁说这是一本现代化与民族复兴方面论点的刍议，无论书中学习引用专家学者观点的表述，还是一些章节具体观点的阐述，皆为笔者从学术和研究角度进行的初步思考，难免挂一漏万，书中仍然还有一些尚待深入研究的问题。在此恳请各位领导、学者和读者给予更多的批评和指教，以便在今后的学习和研究中不断改进。

本书在写作、修改和出版过程中，中共中央政策研究室原副主任、中国国际经济交流中心常务副理事长郑新立教授给予精心指导和修改；中央政策研究室巡视员焦庆杰同志、《红旗文稿》总编辑于波同志，江苏省社科联

---

① 《毛泽东著作专题摘编》（上），中央文献出版社 2003 年版，第 65 页。

党组书记、常务副主席刘德海同志进行具体指导和帮助;群众杂志社周锋总编、朱维宁原总编等各位领导和江苏省党的群众工作研究基地同仁给予了大力支持和帮助;中央编译局薛晓源主任、省委宣传部尤健和尚庆飞处长、南京邮电大学人口研究院沙勇院长、省社科联刘西忠主任、臧雷振博士、黄建军副教授等提出了宝贵的修改意见;尤展、杭邦华、袁文、贾凯军、陆国建、赵扬波、王昆鹏、包咏菲、王婷、段培华、陈亮、金浩昊等同志和我的家人为数据资料收集和核校付出了辛勤的努力,在此一并深表敬意和感谢!

苗成斌

2018 年 5 月 6 日

责任编辑:毕于慧
封面设计:石笑梦
版式设计:岳秋婧

图书在版编目(CIP)数据

现代化与民族复兴研究/苗成斌 著. —北京:人民出版社,2018.9
ISBN 978－7－01－019778－4

Ⅰ.①现…　Ⅱ.①苗…　Ⅲ.①中国特色社会主义-社会主义建设模式-研究　Ⅳ.①D616

中国版本图书馆 CIP 数据核字(2018)第 211862 号

现代化与民族复兴研究

XIANDAIHUA YU MINZU FUXING YANJIU

苗成斌　著

人民出版社 出版发行
(100706　北京市东城区隆福寺街 99 号)

北京中科印刷有限公司印刷　新华书店经销

2018 年 9 月第 1 版　2018 年 9 月北京第 1 次印刷
开本:710 毫米×1000 毫米 1/16　印张:22.25
字数:341 千字

ISBN 978－7－01－019778－4　定价:68.00 元

邮购地址 100706　北京市东城区隆福寺街 99 号
人民东方图书销售中心　电话 (010)65250042　65289539